A LIBRARY OF
DOCTORAL
DISSERTATIONS
IN SOCIAL SCIENCES IN CHINA

中国
社会科学
博士论文
文库

明代苏州府赋税研究

Study on Taxation of Suzhou Prefecture in Ming Dynasty

侯官响　著

导师　万　明

中国社会科学出版社

图书在版编目（CIP）数据

明代苏州府赋税研究／侯官响著．—北京：中国社会科学出版社，2019.3
（中国社会科学博士论文文库）
ISBN 978 - 7 - 5203 - 4043 - 4

Ⅰ.①明… Ⅱ.①侯… Ⅲ.①赋税—财政史—研究—苏州—明代
Ⅳ.①F812.948

中国版本图书馆 CIP 数据核字（2019）第 027199 号

出 版 人	赵剑英
责任编辑	宋燕鹏
责任校对	刘 娟
责任印制	李寡寡

出 版	中国社会科学出版社
社 址	北京鼓楼西大街甲 158 号
邮 编	100720
网 址	http://www.csspw.cn
发 行 部	010 - 84083685
门 市 部	010 - 84029450
经 销	新华书店及其他书店

印 刷	北京明恒达印务有限公司
装 订	廊坊市广阳区广增装订厂
版 次	2019 年 3 月第 1 版
印 次	2019 年 3 月第 1 次印刷

开 本	710 × 1000 1/16
印 张	23
插 页	2
字 数	380 千字
定 价	98.00 元

总　序

　　在胡绳同志倡导和主持下，中国社会科学院组成编委会，从全国每年毕业并通过答辩的社会科学博士论文中遴选优秀者纳入《中国社会科学博士论文文库》，由中国社会科学出版社正式出版，这项工作已持续了12年。这12年所出版的论文，代表了这一时期中国社会科学各学科博士学位论文水平，较好地实现了本文库编辑出版的初衷。

　　编辑出版博士文库，既是培养社会科学各学科学术带头人的有效举措，又是一种重要的文化积累，很有意义。在到中国社会科学院之前，我就曾饶有兴趣地看过文库中的部分论文，到社科院以后，也一直关注和支持文库的出版。新旧世纪之交，原编委会主任胡绳同志仙逝，社科院希望我主持文库编委会的工作，我同意了。社会科学博士都是青年社会科学研究人员，青年是国家的未来，青年社科学者是我们社会科学的未来，我们有责任支持他们更快地成长。

　　每一个时代总有属于它们自己的问题，"问题就是时代的声音"（马克思语）。坚持理论联系实际，注意研究带全局性的战略问题，是我们党的优良传统。我希望包括博士在内的青年社会科学工作者继承和发扬这一优良传统，密切关注、深入研究21世纪初中国面临的重大时代问题。离开了时代性，脱离了社会潮流，社会科学研究的价值就要受到影响。我是鼓励青年人成名成家的，这是党的需要，国家的需要，人民的需要。但问题在于，什么是名呢？名，就是他的价值得到了社会的承认。如果没有得到社会、人民的承认，他的价值又表现在哪里呢？所以说，价值就在于对社会重大问题的回答和解决。一旦回答了时代性的重大问题，就必然会对社会产生巨大而深刻的影响，你也因此而实现了你的价值。在这方面年轻的博士有很大的优势：精力旺盛，思维敏捷，勤于学习，勇于创新。但青年学者要多向老一辈学者学习，博士尤其要很好地向导师学习，在导师的指导下，发挥自己的优势，研究重大问题，就有可能出好的成果，实现自己的价值。过去 12 年入选文库的论文，也说明了这一点。

什么是当前时代的重大问题呢？纵观当今世界，无外乎两种社会制度，一种是资本主义制度，另一种是社会主义制度。所有的世界观问题、政治问题、理论问题都离不开对这两大制度的基本看法。对于社会主义，马克思主义者和资本主义世界的学者都有很多的研究和论述；对于资本主义，马克思主义者和资本主义世界的学者也有过很多研究和论述。面对这些众说纷纭的思潮和学说，我们应该如何认识？从基本倾向看，资本主义国家的学者、政治家论证的是资本主义的合理性和长期存在的"必然性"；中国的马克思主义者，中国的社会科学工作者，当然要向世界、向社会讲清楚，中国坚持走自己的路一定能实现现代化，中华民族一定能通过社会主义来实现全面的振兴。中国的问题只能由中国人用自己的理论来解决，让外国人来解决中国的问题，是行不通的。也许有的同志会说，马克思主义也是外来的。但是，要知道，马克思主义只是在中国化了以后才解决中国的问题的。如果没有马克思主义的普遍原理与中国革命和建设的实际相结合而形成的毛泽东思想、邓小平理论，马克思主义同样不能解决中国的问题。教条主义是不行的，东教条不行，西教条也不行，什么教条都不行。把学问、理论当教条，本身就是反科学的。

在 21 世纪，人类所面对的最重大的问题仍然是两大制度问题：这两大制度的前途、命运如何？资本主义会如何变化？社会主义怎么发展？中国特色的社会主义怎么发展？中国学者无论是研究资本主义，还是研究社会主义，最终总是要落脚到解决中国的现实与未来问题。我看中国的未来就是如何保持长期的稳定和发展。只要能长期稳定，就能长期发展；只要能长期发展，中国的社会主义现代化就能实现。

什么是 21 世纪的重大理论问题？我看还是马克思主义的发展问

题。我们的理论是为中国的发展服务的，决不是相反。解决中国问题的关键，取决于我们能否更好地坚持和发展马克思主义，特别是发展马克思主义。不能发展马克思主义也就不能坚持马克思主义。一切不发展的、僵化的东西都是坚持不住的，也不可能坚持住。坚持马克思主义，就是要随着实践，随着社会、经济各方面的发展，不断地发展马克思主义。马克思主义没有穷尽真理，也没有包揽一切答案。它所提供给我们的，更多的是认识世界、改造世界的世界观、方法论、价值观，是立场，是方法。我们必须学会运用科学的世界观来认识社会的发展，在实践中不断地丰富和发展马克思主义，只有发展马克思主义才能真正坚持马克思主义。我们年轻的社会科学博士们要以坚持和发展马克思主义为己任，在这方面多出精品力作。我们将优先出版这种成果。

2001 年 8 月 8 日于北戴河

序

赋税即最早出现的财政范畴，它是国家存在的经济体现。由于赋税的征收和使用事关国计民生，甚至影响或改变历史的发展方向，赋税史、财政史的研究，也因此成为经济史研究至为重要的组成部分。在中国历史发展过程中，曾经先后出现了租庸调制、两税法、一条鞭法等影响历史进程的赋役制度，也出现了桑弘羊、杨炎、王安石、张居正等理财能臣，而历朝历代重要的革新或改革实践，无不打上了赋役和财政的印记。关于明代赋税问题，朝堂之上议论纷纭，明末顾炎武对明代官田和苏松重赋的研究也已开端。

有明一代，两税法逐渐向一条鞭法转变，而围绕一条鞭法的赋役改革，中心议题是赋役合一，统一征银。白银作为贵金属，具有储藏、支付、价值尺度的作用；白银作为货币，其价值相对纸币和铜钱稳定，且无须任何信用提供保障。因此，白银可以作为计量不同物品、不同劳役的最佳等价物。然而，一直到元末，白银还算不上十足的货币。白银从贵金属最终走向完全的货币形态，是在明代。白银货币化，对明代经济的发展有明显的促进作用，同时也改变了明代的赋税结构和财政结构。

苏州府是明代中国经济最发达、承担赋役最多的地区，也是随着明代社会经济发展，进行赋役制度改革较早、较快的地区。苏州成为全国赋税中心，虽不始于明代，然至明代中叶苏州已是全国最大的商业中心，并且其商业功能覆盖了中国相当大的一部分经济区。苏州在成为财赋重地的同时，也是全国的文化中心，其间文化名人辈出，书香雅尚绵延，亦为今人研究其赋税和财政问题，提供了丰厚的历史资料。因而对该府明代赋税制度进行研究，将加深对明代整个社会经济发展状况的认知，颇有学术价值。侯官响博士《明代苏州府赋税研究》的出版，令人欣喜。

该著对明代苏州府赋税进行了全面系统的考察。作者认真挖掘了大量资料，采取定性研究与定量研究相结合、整体研究与个案研究相结合、理论与实际相结合的方法，按照明初、宣德—正德、嘉隆、万历、明末清初五个时期，分析论证了二百年来官府治理苏州重赋的过程、内容及成效，条分缕析了苏州赋税从"以粮补丁"、征收"里甲银"和"金花银"，到"征一法""均平法""一条鞭法"乃至"摊丁入亩"的演进脉络。

作者以白银货币化、赋税白银化为视角展开论证，勾勒了苏州赋税改革的清晰线索。以此为基础，作者制作了与苏州赋税相关的大量表格，可以更加清楚地说明苏州府的赋税结构和演变过程。作者在使用各种官方数据时细加考辨，尤其是将《万历会计录》中苏州田赋资料进行了量化处理，详细分析了苏州府的财政结构、赋税结构和白银货币化程度，从而透视出中国赋税制度从实物财政向货币财政演进的轨迹，加深了对苏州赋税制度及其变化的认识。

作者在前贤研究的基础上，提出了一些颇有新意的见解。《万历会计录》是中国古代唯一保存下来的中央财政会计总册，通过对苏州府田赋数据的量化分析，作者计算出万历六年苏州府田赋货币化率只有38.7%。田赋货币化程度不能反映实际情况，是因为中央账册记录不完整，没有包括地方的存留数据。作者从商品经济发展、赋役结构变迁的角度，大力发掘和利用地方文献，对苏州民户的赋税负担与生活状况进行了全面量化考察，从而对苏州重赋问题进行了新的阐释，深化了明代赋税研究。

该著由其博士论文修订而成，并经专家委员会评定，入选中国社会科学院2017年度《中国社会科学博士论文文库》。作为他的导师，见证了近些年其在学术道路上的努力和成长，对他今天取得的成绩感到由衷高兴。作者就读博士以前，曾作为会计人员工作多年，在进入历史研究领域时所遇到的困难可想而知。该著的出版，不仅是其近年孜孜不倦学术探索的一个总结，也必将推动其在今后的经济史研究道路上越走越远，获得新成就。

是为序。

万　明

戊戌年八月于北京

摘　　要

唐宋以降，以苏州为代表的江南地区成为国家赋税中心。有明一代，苏州在全国的经济地位更加彰显。其缴纳的赋税，几占全国税粮的十分之一，居于全国各直隶府、各布政司之首。作为国家财赋中心，苏州府不仅赋税较其他地区为重，亦成为明代赋税改革的肇始之地。因此本书以白银货币化和赋税白银化为研究视角，选定明代苏州赋税为题。

除绪论和结语以外，正文共分六章。在充分吸收前人研究成果的基础上，拟通过梳理官私文书、地方志、碑刻资料等，以期还原明代苏州府赋税征纳实态，并揭示其演进脉络和发展趋势。

第一章"东南财赋中心的形成"，利用大量历史文献及研究成果，描述了明代之前苏州的经济发展状况，以及历代赋税征纳及演变情况。稍作展开而言，唐代之前，关中和中原地区为中国经济之中心，苏州经济并不为盛；唐中叶后，苏州经济地位上升，逐渐成为国家重要赋税供应地。两宋时期，中国经济重心南移完成，苏州成为国家财赋中心。

第二章"明初苏州府的赋税制度"，由三节组成，论述了明初苏州府赋役黄册、鱼鳞图册的编定，赋税项目的构成，以及征收过程中折色或折征的出现。表明明初统治集团通过整顿户籍、地籍，加强里甲组织建设，建立了小农经济体系，其赋税征收亦是围绕里甲组织展开，以征收实物为主，并轮流应役，带有鲜明的自然经济特色。

第三章"宣德—正德苏州府的赋税征纳"，重点论述内容有二。一是理财重臣周忱、况钟在苏州府进行的系列赋税改革，梳理了"以粮补丁"、纳银代役、重赋、漕粮、马草折银的由来及演化，认为上述措施具有赋役合一，并且征银的倾向。二是对苏州府的徭役编佥进行了细致剖析，认为成化时期的徭役编银，将徭役按丁田折银征收，应是"摊丁入亩"的开端。

第四章"嘉隆时期苏州府的赋税折银"。明代中后期，适应商品货币经济的发展，白银逐渐从非法货币转而成为国家主币。在此背景下，欧阳铎、王仪、海瑞等在苏州推行了具有一条鞭法性质的改革。欧阳铎、王仪的重要贡献有二：一是以折银率为手段，历史性地统一了官民田科则。二是吸收均徭法等编佥原则，在苏州推广徭役折银、计亩均输的征一法。海瑞则在苏州推行一条鞭法，将力差全部变为银差，两者都具有明显的摊丁入亩之趋势。

第五章"万历时期苏州府的田赋折银与赋税结构"。本章以《万历会计录》中的苏州赋税资料为中心，对万历六年（1578）苏州府财政起运与存留划分、白银货币化程度、赋税结构、赋税总额进行了计算，并对其中某些指标与扬州、浙江、山西、河南等地进行比较分析。在此基础上，重点分析了万历时期苏州府的赋税结构，并进一步探究了苏州民户的赋税负担与生活状况，并对苏州重赋提出了新的解释。

第六章"明末清初苏州府一条鞭法的推进与摊丁入亩的展开"。一是对万历以降苏州府一条鞭法的整体推进，结合个案进行分析；二是对明代一条鞭法未能彻底实现的得失及原因进行检讨；三是考察并分析了清代对明代赋税制度的承继和改进；四是着重论证了顺康雍时期苏州府摊丁入亩的实施与完成。

最后是结语部分，主要结论如下：一是明代苏州府长达近两个世纪的赋税改革，只是全国赋税改革的一个缩影，却透视出中国赋税制度演进的轨迹。从以实物和力役为主，到赋税征收以白银为主，这是实物财政体系向货币财政体系转换的过程。二是明代苏州府赋税演变的脉络表明，商品经济的发展、白银货币的流通，是明代赋税改革不断推向深入的动力和先决条件。三是明代苏州重赋问题，亦应从赋税结构、经济发展的角度进一步阐释。"贫乏之民得以俯仰有资"，是拜以市场需求为导向、商品货币经济发展之所赐。四是明代苏州府赋税演变的曲折历程，昭示出改革的复杂性，而缺乏顶层设计和制度建设加剧了这种复杂性。五是明代一条鞭法的改革未能真正实现赋役合一和摊丁入亩，但为清康雍乾时期在全国范围内彻底实现上述制度奠定了基础。

关键词：明代；苏州府；赋税折银；白银货币化；一条鞭法；摊丁入亩

Abstract

Since the Tang and Song Dynasty, Jiangnan area, which was represented by Suzhou, had been the tax center of the nation. In Ming Dynasty, Suzhou highlighted its national economic status. The payment of taxes accounted 1/10 of the national tax, which was the first place of the Zhili area and every province of the whole nation. As the national financial center, Suzhou government' taxes were not only more than other areas, also became the beginning place of the Ming Dynasty's tax reform. So the thesis selected taxes of Suzhou in the Ming Dynasty as the topic with the silver monetization as the research angle.

In addition to the introduction and conclusion, the thesis is divided into six chapters. Basing on the achievements of predecessors, the thesis is to restore the real state of the tax levy of Suzhou in the Ming Dynasty and reveal its evolution and development trend by teasing out the official documents, local materials and previous research results.

The first chapter is "The Formation of Southeast Finance Center". This part describes the situation of economic development, the tax levy and evolution of Suzhou before the Ming Dynasty, using a large number of historical literatures and the research results. As a start, before the Tang Dynasty, Guanzhong and the Zhongyuan was the center of Chinese economy and Suzhou economy was not prosperous. After the middle period of the Tang Dynasty, the economic status of Suzhou began to rise, and gradually became an important supply area of the national taxes. In the Song Dynasties, Chinese economic center moved to the south, and Suzhou became the center of the national wealth.

The second chapter is "Tax and corvee policies of Suzhou in the Prefecture of the Ming Dynasty", which is composed of three sections. It would discusse the land and household registration system in the prefecture of the Ming Dynasty, the constitutes of the tax items, and the preliminary changes in the process of collecting. It shows that the ruling group in the prefecture of the Ming Dynasty built small-scale peasant economy system , strengthening the construction of the organizations of LiJia system, and the collection of taxes was also focused on the organizations of LiJia system by collecting materials and responsive service, with distinct characteristics of natural economy.

The third chapter is "Tax Levy in Suzhou In Xuande-Zhengde Period". This part focuses mainly on two questions. The first puts the financial minister Zhou Chen and Kuang Zhong's series of reform in Suzhou under the background of the preliminary beginning period of the Suzhou heavy taxes, systematically analyzes the origin and evolution of the Yiliangbuding, Nayindaiyi, heavy taxes, tribute grain, forage into silver. It is concluded that the above measures has some attributes of the Law of Uniform Taxation. The second carefully analyze of corvee arranges of Suzhou and it is concluded that the corvee for silver of Chenghua period should be the beginning of the Sharing Man Taxation into Fields.

The fourth chapter is "Tax Converting to Silver in Suzhou in Jialong period" . In the middle and late Ming Dynasty, to adapt to the development of commodity economy, the silver gradually became the national standard currency from the illegal money. This part focuses on the reform of the Law of Uniform Taxation of Ouyang Duo, Wang Yi, Hai Rui in Suzhou. Firstly, The first two officials historically unified the rules of public and private fields with the silver rate as the means. And Hai Rui's contribution is the implement of the Law of Uniform Taxation. in Suzhou, both having obvious trend of Sharing Man Taxation into Fields.

The fifth chapter is "The Deepening of tax silverization in Wanli period in Suzhou" . And there are three main parts. Firstly, using the tax data in the *Accounting Records of Wanli* as the center, the thesis calculated and analyzed Suzhou shipment, remaining fiscal division, degree of silver monetization, tax structure, tax amount in the Wanli sixth year. On this basis, it reinterpret the Suzhou heavy tax and systemically analyze the tax burden of people. Secondly, the thesis conducts a case analysis of the whole advancement of the Law of Uniform Taxation of Wanli has dropped Suzhou.

The sixth chapter is "The promote of single-whip method of taxation and the completion of Sharing Man Taxation into Fields in the Ming and early Qing dynasty in Suzhou". The first is the overall promotion of single-whip method of taxation. Second, the paper reviews the gain and loss of single-whip method of taxation in Ming dynasty. The third is to investigate and analyze the inheritance and improvement of the taxation system of Ming dynasty in qing dynasty. Fourth, the paper mainly demonstrates the implementation and completion of Sharing Man Taxation into Fields in suzhou in early Qing dynasty.

The last part is the conclusion, and the main conclusions are as follows: firstly, Suzhou Prefecture in Ming Dynasty for nearly two centuries of tax and corvee reform, is just a microcosm of the national of the tax system, but reflects the trajectory and evolution of the tax reform in China. This is the conversion process of real financial system to the currency financial system. Secondly, the development of the evolvement of Suzhou taxes in Ming Dynasty shows that the development of commodity economy and the silver currency in circulation are the power and prerequisites for the continuous deepening of the the reform of taxes. Thirdly, the problem of heavy taxes in Ming Dynasty In Suzhou need to be further explained from the perspective of tax structure and economic development. Fourthly, the tortuous process of Suzhou taxes evolution in Ming Dynasty reveals the complexity of the reform, and the lack of top design and system construction exacerbated this complexity. Fifthly, the single-whip method of taxation in the Ming Dynasty failed to realize the combination of Sharing Man Taxation into Fields, but it laid the foundations for the complete realization nationwide in Kangxi-Qianlong period.

Keywords: Ming Dynasty; Suzhou; Silver Monetization; Single-whip Method of Taxation; Sharing Man Taxation into Fields

目　　录

图表目录

绪　　论

第一节　研究视角

　　明代中晚期是中国社会发生令人瞩目变化的时期，无论是国家与社会，还是政治、经济和文化，渐次出现了由传统社会向近代社会递嬗和转型的端倪。尤其社会经济方面，前贤一些视点已敏锐捕捉到蕴含其中的实态或趋向。譬如明中期以后，中国"商业发展取得了一种全球化背景，超出前代的范围、规模"①，中国市场的转化是从16世纪，即明嘉靖、万历间开始的，在"16世纪已可看到市场经济的萌芽"②，并进一步提升为"现代化的因素或萌芽"③。中国全国市场的形成始于明代中期的1500年，因而1500—1840年这段时期成为中国的"近代早期"④。而且"16—18世纪中国是世界最大的商品出口国，有数十种商品向海外输出……为世界各地商人所运销"⑤。又如明中叶之前中国的商品经济主要由赋税收入所产生的有效需求拉动，而自明中叶后则有了很大改变。⑥ 明代中国社会经济的转变，沿着白银货币化→市场扩大化→与世界连接的路径。⑦ 如果将

---

① 赵轶峰：《明清帝制农商社会研究（初编）》，科学出版社2017年版，第133页。

② 吴承明：《传统经济·市场经济·现代化》，《中国经济史研究》1997年第2期；《十六、十七世纪的中国市场》，《货殖》1995年第1辑。

③ 吴承明：《多视角看历史：地域经济史研究的新方向》，李伯重、周生春主编《江南的城市工业与地方文化（960—1850）》，清华大学出版社2004年版，第2页。

④ 李伯重：《中国全国市场的形成，1500—1840年》，《清华大学学报》1999年第4期。

⑤ 薛国中：《世界白银与中国经济——16—18世纪中国在世界经济体系中的地位》，《中国政法大学学报》2007年第1期。

⑥ 方行：《中国封建赋税与商品经济》，《中国社会经济史研究》2002年第1期。

⑦ 万明主编：《晚明社会变迁：问题与研究》，商务印书馆2005年版，第27页。

视域聚焦于江南，则这一转变更为明显。从嘉靖时期直到崇祯年间，商品经济的发展，使中国经济从"广泛性增长"，向"斯密型增长"方式转变。①

晚明发生的社会经济转型，为今人研究明代赋役制度的运行提供了全新的视角和广阔的视域。以往对于明代社会经济史的研究，以赋役制度的讨论最为集中。在此领域，梁方仲先生凭借赋役黄册、鱼鳞图册、粮长制度、一条鞭法之研究，奠基于前，王毓铨、唐文基、栾成显诸先生开拓于后，加之日本学者清水泰次、山根幸夫、滨岛敦俊、森正夫诸君于 20 世纪 30—80 年代不遗余力的追索，似乎对明之赋税制度的研究已然穷尽，后学面对的将是难以突破的逼仄境地。其实不然，前人研究成果越多，讨论越充分，则为后学提供的借鉴越充足，后学在感到高山仰止的同时，可获得更多的安全感和充实感。近二十年来该领域新的研究成果不时涌现，即为明证。

万明先生是明代白银货币化理论的构建者，近年来，致力于明代赋役改革、财政转型之研究，尤其倾十年之功于明代财政典籍《万历会计录》的整理工作。笔者有幸参与了"明代《万历会计录》整理与研究"课题，并对山西田赋资料进行了个案研究。《万历会计录》乃明代中国国家财政账册，其价值不仅在于它是宋明《会计录》中，迄今唯一留存于世者，还由于其蕴含的丰富史料信息，包括田赋、边镇粮饷、内库供应、光禄寺供应、宗藩禄粮、屯田、盐法、茶法、钞关、杂课的具体收支及沿革情况，为今人探究明代财政体系的演变实态及其发展趋势，提供了丰富的原料。在整理过程中，笔者凭借账册中山西赋税资料及所列折银标准，结合其他政史资料，着重分析了万历时期山西省的财政结构，以及白银货币化程度。

通过整理与研究山西田赋资料，笔者首先认识到赋役征银之于财政转型的重要意义。财政是国家的命脉，田赋是传统社会财政的主要来源。从明初征米麦丝绢等实物，到部分用白银折纳，再到纳银代役直至役归于田、统一征银，是一个从实物税、人头税到货币税、财产税的发展过程。这个过程是漫长的、艰难的，但也是不可阻挡的。其次，虽然万历时期山西布政司白银货币化程度并不高，白银货币尚未占据主要地位，但在中国

① 李伯重：《历史上的经济革命与经济史的研究方法》，《中国社会科学》2001 年第 6 期。

北方这个"近边苦寒"、地狭人稠的省份，白银货币化因素亦在逐渐增多，程度在不断增强。也许有时缓慢，有时停滞，却与其他地区和整个国家的发展亦步亦趋，直至完成其役归于田的历史使命。

然而从全国范围来看，明代赋役改革从宣德初期，至万历时期，连绵一个半世纪，其肇始之地和推进之所，乃是以苏州府为中心的江南地区。与山西不同，苏州自唐宋以来，一直作为国家粮仓和商品集散之地而存在。作为重赋之地，前人多从整个江南的视域，解读为治理重赋、通赋而进行的各种努力。鉴于前面分析，笔者倾向于从以下两个方面进行研究视角和研究内容的转换和分析。

一　白银货币化视角下的赋税史研究

赋税即最早出现的财政范畴，"它是行政权力整个机构的生活源泉"①，也"是政府机器的经济的基础，而不是其他任何东西的经济的基础"②，国家存在的经济体现就是赋税。前人对明代赋税制度的研究，侧重于以土地制度和户籍制度作为立论的基础，以说明明代中国社会经济性质和运行规律，这当然是十分正确和必要的。然明代赋税制度除继承唐宋以来的两税法之外，又有许多创新和发展，尤其是以白银由贵金属向货币转化后，实现了实物税向货币税的转型。

20世纪80年代，赵轶峰即提出了货币白银化的概念③。高王凌在对明代田赋改征研究中，亦将白银与货币化联系起来，认为明中后期"不但民间用银，政府赋税收入和财政支出也都逐渐用银。在中国历史上，白银终于真正货币化，并取得主要货币的地位"④。王文成研究宋代白银货币化问题，得出宋代白银已成为主要货币的结论。⑤万明则较早注意到白银在明代社会变迁中的作用，其研究重点是白银货币化理论的构建和财政

---

① 《马克思恩格斯选集》卷一《路易·波拿巴的雾月十八日》，人民出版社1995年版，第697页。

② 《马克思恩格斯选集》卷三《哥达纲领批判》，人民出版社1995年版，第315页。

③ 赵轶峰：《试论明代货币制度的演变及其历史影响》，《东北师大学报》1985年第4期。

④ 高王凌：《明代田赋改征的历史——从实物税到货币税》，高小蒙主编《中国粮食问题研究》，经济管理出版社1987年版，第154页。

⑤ 王文成：《丝绸贸易与北宋白银货币化》，《云南社会科学》1998年第2期。

体系的转型。① 明初白银并不是国家合法货币，它经历了从非法到合法，并于明中后期形成货币化形态的过程。白银货币化确立之过程，即为中国赋税史上由实物税向货币税嬗替的过程。

上述学者研究白银问题，缘起于对中国赋税制度的考察。中国自古以来以农立国，依生产要素而税，且以征收实物为主。唐德宗建中元年（780），杨炎实施两税法，"按以钱输税而不以谷帛，以资力定税而不问身丁"②。这是以国家政令的方式确立了赋税制度的转向，实际执行却难以到位。名义上，赋税额征收货币，但实际缴纳一般以布帛折纳。延至宋代，随着商品经济的发展，货币流通较为活跃。政府年铸铜币达100万两，辅以白银流通，钞币、铁钱亦在局部区域通行，但多种货币并行的局面，并未改变实物财政为主的状况，甚而形成更加严重的"钱荒"。苏辙曾谈论两税法施行之情形："自熙宁（1068—1077）以前，民间两税皆用米麦、布帛，虽有沿纳诸色杂钱，然皆以谷帛折纳，盖未尝纳钱也。"③宋史专家王曾瑜认为上述论断虽有夸张，却是事实。④ 汪圣铎先生因之断言，在唐宋时期的社会经济条件下，尚不能在全国范围内实行赋税征纳货币的制度。⑤

明代以前，历朝通行的货币是铜钱，唐代用白银缴纳赋税之例，史籍记载极为鲜见。唐人王建《宋吴谏议上饶州》诗云"养生自有年支药，税户应停月进银"，盖因饶州为唐朝产银之地。明人于慎行《谷山笔麈》称："汉币用黄金，杂以泉货；唐纯用钱；……宋始用白金及钱，

① 万明：《明代白银货币化的初步考察》，《中国经济史研究》2003年第2期；《明代白银货币化与明代变迁》，《暨南史学》2003年第2期；《明代白银货币化：中国与世界联系的新视角》，《河北学刊》2004年第3期；《关于明代白银货币化的思考》，《中国社会科学院院报》2004年5月18日；《白银货币化与中外变革》，万明主编《晚明社会变迁：问题与研究》第三章，商务印书馆2005年版；《明代白银货币化与社会变迁》，张国刚主编《中国社会历史评论》第五辑，商务印书馆2007年版；《白银货币化视角下的明代赋税改革》，《学术月刊》2007年第5、6期；《明代白银货币化再探——以〈万历会计录〉河南田赋资料为中心》，《"基调与变奏"7—20世纪的中国》2008年第7期；《传统国家近代转型的开端：张居正改革新论》，《文史哲》2015年第1期；《明代白银货币化的总体视野：一个研究论纲》，《学术研究》2017年第5期。
② （元）马端临：《文献通考》卷三《田赋三》，中华书局1986年版，第45页下。
③ （宋）苏辙：《栾城集》卷三八《乞借常平钱置上供及诸州军粮状》，上海古籍出版社2009年版，第839页。
④ 王曾瑜：《宋朝的两税》，《文史》第14辑，中华书局1982年版。
⑤ 汪圣铎：《北宋两税税钱的折科》，《许昌师专学报》1989年第2期。

间以交子。"① 宋代两税由钱、绢、秋苗及附加税构成，赋税纳银并不普遍。顾炎武《日知录》云："唐宋以前，上下通行之货，一皆以钱而已，未尝用银。……今民间输官之物皆用银，而犹谓之钱粮。盖承宋代之名，当时上下皆用钱也。"② 宋代白银虽已开始货币化，因其尚未上升为主币，亦难以对实物税产生实质性影响。

有明一代，两税法逐渐向条鞭法转变，围绕一条鞭法的赋税改革，中心议题是赋役合一，统一征银。白银作为贵金属，具有储藏、支付、价值尺度的作用；白银作为货币，其价值相对纸币和铜钱稳定，且无须任何信用提供保障。因此，白银可以作为计量不同物品、不同劳役的最佳等价物。然而，"一直到元末，白银还算不成十足的货币"③。白银从贵重商品最终走向完全的货币形态，是在明朝。这一点在中外学界已经达成共识。根据万明研究，白银成为主币经历了一个民间社会自下而上，再与官方认可自上而下二者合流的发展历程。④ 白银的广泛应用，改变了明初实物财政、等级户役体制下，缺乏统一价值衡量尺度的境况。政府可以统一的价值标准编制预算，并按比例课税。

白银货币化，对明代经济的发展有明显的促进作用。有论者言，明中叶起，国内经济显示了三百年王朝常有的中期繁荣，白银货币化起了燃素的作用。⑤ 倘若没有充分的市场发育和充足的白银供应，一条鞭法的实施，难言不是无源之水，无本之木。更为重要的是，白银作为资源运用、分配和支付的手段，在国家财政领域的广泛运用，直接改变了国家财政运作的方式。⑥ 美国汉学家王国斌在《白银资本》序言中说，中国需要白银，欧洲需要中国商品，此二者的结合导致了全世界的商业扩张。⑦

---

① （明）于慎行：《谷山笔麈》卷一二《赋币》，中华书局 1984 年版，第 139 页。

② （明）顾炎武著，陈垣校：《日知录校注》卷一一《银》，安徽大学出版社 2007 年版，第 632、634 页。

③ 彭信威：《中国货币史》，上海人民出版社 2007 年版，第 514 页。

④ 万明：《明代白银货币化的总体视野：一个研究论纲》，《学术研究》2017 年第 5 期。

⑤ 王家范：《明清江南的"市镇化"》，《东方早报·上海书评》2013 年 7 月 1 日。

⑥ 刘志伟：《从"纳粮当差"到"完纳钱粮"——明清王朝国家转型之一大关键》，《史学月刊》2014 年第 7 期。

⑦ ［德］贡德·弗兰克：《白银资本——重视经济全球化的东方》，刘北城译，中央编译出版社 2000 年版，《序言》第 12 页。

由以上分析可知，白银货币化的最终完成，应该是在明代；白银货币化与中国的赋役制度演变密切相关；同时白银还是中国联系世界的媒介和纽带。以白银货币化为视角，研究赋役制度的变迁，可有助于我们对明代财政体系及其变化的理解。

二　赋役白银化视域中的区域史研究

正如前面所言，研究明代赋税，此前有大量研究成果可以借鉴。认真研读这些论著，可使后人对国家层面的赋税制度有较为清晰的认识。我们可以以此为基础，选择某一经济区，或是经济区的某一地方，作进一步的微观或个案研究。冀朝鼎先生以研究中国水利见长，他于20世纪30年代，提出了基本经济区之概念。他认为"基本经济区的存在，导致了土地制度与赋税方法的地理上的差异，同时，还加强了不同地区走向不平衡发展的自然趋势"①。从某一侧面对某一地域的社会经济作专门研究，也许可以更容易、更准确地把握该区域经济发展的特质。

江南地区自唐代后期成为全国经济中心之后，一直是中国最大的赋税来源之地。明代之中国，先是太祖依托富饶的江南，定都南京；后是成祖都燕，依托运河水系，运漕粮以供京师，江南重要性更为彰显。然"江南"作为地域概念，不同历史时期，其涵盖范围大相径庭；不同研究人员，其心目中的"江南"也有所差异，甚而有天壤之别。如黄今言《秦汉江南经济述略》，将江南地域置于岭南以北，长江流域及其以南的广袤空间之下②；张剑光研究唐五代江南经济史，指江南为唐代的浙东、浙西、宣歙三道③，空间范围大为缩小；李伯重研究唐宋明清江南经济史，则将江南定义为"苏、松、常、镇、宁、杭、嘉、湖"八府及太仓州④；陈学文研究明清江南市镇和商品经济，将视域投向"苏、松、常、杭、嘉、湖"六府⑤；台湾学者刘石吉同样研究明清江南市镇，但将研究范围划定为江苏省的江宁、镇江、常州、苏州、松江、太仓直隶州，以及浙江

①　冀朝鼎：《中国历史上的基本经济区与水利事业的发展》，中国社会科学出版社1981年版，第4页。
②　黄今言：《秦汉江南经济述略》，江西人民出版社1999年版，第2页。
③　张剑光：《唐五代江南工商业布局研究》，江苏古籍出版社2003年版，第1页。
④　李伯重：《简论"江南地区"的界定》，《中国社会经济史研究》1991年第1期。
⑤　陈学文：《明清时期太湖流域的商品经济与市场网络》，浙江人民出版社2000年版。

省的杭州、嘉兴、湖州所属各县①。不过，无论江南之界定多么不同，"国家储积，多倚东南，惟苏为最"②，苏州当仁不让成为江南的中心。

　　近人对江南经济史的研究，始于傅衣凌对地主经济、市民经济③，唐长孺对大土地所有制的探讨④，而繁盛于李伯重对江南经济的全面追索⑤。近四十年来，历经几代学者的耕耘，江南研究已成为区域史中的显学。目前关于江南经济的研究成果，可为叠床架屋，汗牛充栋矣。然亦存在不尽如人意之处，一是以全"江南"、大时段综合研究居多，且只集中于市镇、经贸方面，而个案考察与区域内比较研究相对薄弱。⑥ 二是江南城市史是江南学研究的重要分支，具有极大的视域空间，但有分量的选题和研究成果，仍然多集中于全"江南"、大时段，而且内容包含城市发展的各个方面，如城市发展的背景、市民习俗、市场体系、人口、政府行为诸多方面。⑦ 有鉴于此，本书研究明代苏州府赋税，也算是对全"江南"、大时段这一传统定式的修正。宫崎市定早在 1954 年即已指出，为了对中国这一巨大的研究对象进行整体观察，必须选择最具有时代特征的地域和该时代特有的史料，其中明代以苏松为中心的江南地区最具价值。⑧ 前人研究已经表明，至迟在明代，江南经济区已经初步形成，而且此经济区是以苏、杭为中心城市（苏州是中心的中心），构成了都会、府县城、乡镇、村市等多级层次的市场网络。⑨ 苏州成为全国赋税中心，虽不始于明代，

---

①　刘石吉：《明清时代江南市镇研究》，中国社会科学出版社 1987 年版，第 1 页注释。

②　（明）王锜：《寓圃杂记》卷五，《元明史料笔记》，中华书局 1984 年标点本，第 40 页。

③　傅衣凌：《明代江南市民经济试探》，上海人民出版社 1957 年版。

④　唐长孺：《三至六世纪江南大土地所有制的发展》，上海人民出版社 1957 年版。

⑤　李伯重：《唐代江南农业的发展》，中国农业出版社 1990 年版；《过密型增长理论——江南社会经济史研究的一把钥匙》，《中国经济史研究》1993 年第 1 期；《明清江南肥料需求的数量分析》，《清史研究》1999 年第 1 期；《发展与制约：明清江南生产力研究》，联经出版事业股份有限公司 2002 年版；《江南的早期工业化（1550—1850）》，社会科学文献出版社 2000 年版；《多视角看江南经济史（1250—1850）》，生活·读书·新知三联书店 2003 年版。

⑥　王家范：《明清江南研究的期待与检讨》，《学术月刊》2006 年第 6 期。

⑦　此方面的研究成果主要有王卫平《明清时期江南城市史研究：以苏州为中心》（人民出版社 1999 年版），陈国灿《中国古代江南城市化研究》（人民出版社 2010 年版），以及陈国灿主编《江南城镇通史》（上海人民出版社 2017 年版）。

⑧　［日］森正夫：《明代江南土地制度研究》，伍跃、张学锋译，江苏人民出版社 2014 年版，第 21 页。

⑨　王家范：《明清江南市镇结构及历史价值初探》，《华东师范大学学报》1984 年第 1 期。

然至明代中叶苏州已是全国最大的商业中心①。并且其商业功能覆盖了中国大部分经济区，商业腹地亦包括了中国大部分地区。② 而商业经济的发展，与国家和地方赋税的征收，应该具有正相关的关系。对明代府级赋税进行研究，苏州府是比较具有典型意义的。

实际上，明代赋役制度的演进的脉络，也就是赋役白银化的过程。明代苏州作为中国最大的经济中心，其与北京的关系，相当于日本德川时代大阪与江户的关系，今天的上海与北京的关系。苏州府赋役白银化的过程，足堪视为明代中国赋役改革的缩影。以赋役白银化为视角，进行苏州区域史研究，也有助于揭示明代社会经济财政变迁的规律和趋势。关于明代赋役白银化的研究，日本学者称之为银纳化。其研究用力颇深，如清水泰次《明代に於ける租税銀納の發達》③，最早考察了明代税粮纳银的演变脉络及其原因；岩见宏《銀差の成立をめぐって——明代徭役の銀納化に関する一問題》（收入《明代徭役制度の研究》，同朋舍，1986 年），认为以银代役产生的原因源自官员对白银的欲求。而随着商品经济的发展和赋役改革的深入，货币税收的份额越来越大，最终演变成完全用白银缴纳的"一条鞭法"，而正是明代中国经济的巨大规模，以及由此产生的出口顺差，导致了中国对世界白银的巨大需求，并造成世界白银价格之上涨。④ 因此，以苏州为代表的中国赋役白银化，还具有世界意义。正如夏继果在《全球史读本》导言中所说，"全球史一定要以全球为研究单位吗？答案当然是否定的……全球史注重探讨'小地方'与'大世界'的关系"⑤。而对于中国学者来说，全球史研究更多的应是"在中国研究"⑥。

另外，苏州自唐宋以降成为财赋重地的同时，亦是文化繁荣之所，其

_____

① 李伯重：《工业发展与城市变化：明中叶至清中叶的苏州》，《江南的城市工业与地方文化（960—1850）》，清华大学出版社 2004 年版，第 10 页。

② G. William Skinner, *Marketing Systems and Regional Economies: There Structure and Development*, Paper Presented for the Symposium on Social and Economic History in China from the Song Dynasty to 1900, Beijing: Oct. 26 – Nov. 1, 1980.

③ 清水泰次：《明代に於ける租税銀納の發達》，《東洋学報》第 22 卷第 3 号，1935 年。

④ ［德］贡德·弗兰克：《白银资本——重视经济全球化的东方》，刘北城译，中央编译出版社 2000 年版，第 162 页。

⑤ 夏继果：《全球史读本》导言，北京大学出版社 2010 年版。

⑥ 赵世瑜：《在中国研究：全球史、江南区域史与历史人类学》，《探索与争鸣》2016 年第 4 期。

间文化名人辈出，书香雅尚绵延。在全国明清府县中，苏州府县编撰的地方志书数量最多，质量亦属上乘；而主政苏州或抚按江南的众多官员、数量庞大的士绅群体，亦留存了蔚为大观的官私文书。而其中一些赋役资料，尚未得到充分开发利用。所有这些珍贵资料，无疑成为本书进行系统研究的沃土。

第二节　文献综述

中国自古以来以农立国，赋税征收亦以实物税为主，兼度人而税，亲身供役一以贯之。唐宋以降，中国经济重心南移完成，以苏州为代表的江南地区成为国家的赋税中心。有明一代，苏州在全国的经济地位更加彰显。洪武二十六年（1393），苏州府秋粮米实征数达 2746990 石，占全国总计的 11.11%。[①] 一府之税粮，超过浙江、江西、湖广任一大省的赋税总额。明中后期，随着商品货币经济的发展，苏州成为历次赋役改革的肇始之地。因而对明代苏州赋税制度的研究，亦为历代学者所重视，比如苏州官田和重赋问题，周忱巡抚江南时的赋役改革。然以贯通性古代财政史、赋税史而论，所涉明代苏州赋税部分可谓只鳞片爪。如陈登原先生之《中国田赋史》[②]，论及官田之赋特重时曰："苏松田赋之重，具详《日知录》卷十。"[③] 又如吴兆莘先生的《中国税制史》[④]，仅简要提及"苏州为全国苛税地之一极重者"，"一州七县，税粮二百三万八十石"[⑤]，以及苏州浒墅钞关万历初年钞关税征收额。[⑥] 基于上述缘由，对类似通史性赋税著作关于苏州赋税的论说，在此略过。

一　专门论著

对以苏州为首的江南重赋进行研究，始自明代，而顾炎武是集大成

---

① 万历《明会典》卷二四《会计一·税粮一》，中华书局 1989 年影印本，第 159 页。
② 陈登原：《中国田赋史》，商务印书馆 1938 年版。
③ 陈登原：《中国田赋史》，《中国文化史丛书》，上海书店出版社 1998 年影印本，第 179 页。
④ 吴兆莘：《中国税制史》，商务印书馆 1937 年版。
⑤ 同上书，第 132—133 页。
⑥ 同上书，第 174 页。

者。其《官田始末考》及《苏松二府田赋之重》① 论述苏州重赋缘自官田比重甚多，租额甚重。迨至清代，由于苏州重赋问题长期得不到解决，因而请求减免税粮的奏疏难以计数②。苏州重赋问题成为历史性的课题。

追索 20 世纪上半叶的民国学术史，苏州赋税的研究既是较早受到重视的区域性问题，也是研究成果较为集中的领域。传统见解把明代苏州田赋之重归因于政治说，即所谓明太祖怒苏松各府为张士诚守，为泄愤报复而籍没豪族富民之田为官田，按私租数额征其税。1935 年梁方仲《近代田赋史中的一种奇异制度及其原因》③ 一文没有否定上述论点，但不认为这是唯一原因。作者对明代苏州赋率、赋额做了考订，指出苏、松、常、嘉、湖五府田赋之重，殊不一致，苏州最重，松江次之。苏州府属各县田赋亦轻重有别，崇明一县每亩税率最低，而长洲、吴江、昆山、太仓等州县则数倍之。该文从政治、历史、经济诸端分析了赋重的原因，并指出苏州等府赋重的原因主要在于官田之多，以及该地区经济状况的优越。

20 世纪 50—60 年代，苏州诸府重赋成为热烈讨论的话题，但观点各异，众说纷纭。王仲荦《明代苏松嘉湖四府租额和江南纺织业》④ 从江南纺织业发达的征象出发，来解释苏州重赋的原因，认为超额的田赋乃变相的布缕之征，明政府制定繁重租额，是为加重对纺织业的剥削。周良霄《明代苏松地区的官田与重赋问题》⑤ 一文，从根本上否认苏州重赋的存在。苏松之所以存在重赋之名，根源在于大量官田的存在，使得赋税数字畸高于其他地方，而渲染"重赋"问题的目的，是地主阶级要变官田为民田，兼而并之。时至今日，此类观点已鲜有市场。台湾学者吴缉华《论〈明史·食货志〉载太祖迁怒与苏松重赋》⑥、《论明代税粮重心之地

---

① （明）顾炎武：《官田始末考》，广文书局有限公司 1977 年版；顾炎武：《日知录》卷一〇《苏松二府田赋之重》。

② 参见《吴郡文编》第一、二辑卷三三至卷四二，上海古籍出版社 2011 年影印本。

③ 梁方仲：《近代田赋史中的一种奇异制度及其原因》，《大公报》1935 年 2 月 22 日，《史地周刊》第 23 期。

④ 王仲荦：《明代苏松嘉湖四府租额和江南纺织业》，《文史哲》1951 年第 2 期。

⑤ 周良霄《明代苏松地区的官田与重赋问题》，《历史研究》1957 年第 10 期。

⑥ 吴缉华：《论〈明史·食货志〉载太祖迁怒与苏松重赋》，《中国学报》第六辑，1967 年。

域及其重税之由来》①，否定了"太祖迁怒"的传统看法，认为是唐宋以来历代延续积累下来的问题。另外其《论明代前期税粮重心之减税背景及影响》② 一文，具体分析了对苏州等地赋税的减免，以及重赋对明代社会经济和财政的影响。

20 世纪 80—90 年代，对江南重赋问题的讨论继续升温，苏州诸府不存在重赋以及赋重完全归因于政治说基本上被否定。林金树《试论明代苏松二府的重赋问题》③ 是研究苏州重赋的扛鼎之作。关于苏松是否存在重赋问题，作者首先厘清了官田之赋与民田之赋、官租与私租的概念，认为官田的"官租"和赋税没有什么不同，而是和赋税"合为一体"了。其次从税粮总额、亩均税额、人均税额、与全国重点产粮区比较、与江南地区比较、与南直隶诸府比较、与常镇嘉湖诸府比较七个方面得出苏松赋税确是全国之最的结论。最后，作者批驳了"私田变为官田没有增加农民负担"和"官田得免差徭"的观点。关于苏州重赋之原因，作者以大量史实否定了明太祖"迁怒"说，认为其根源在于历来官田多，并且赋苛重。《关于明代江南官田的几个问题》④ 以苏州为主要例证，从官田构成的角度，深层次探讨重赋的原因，认为占官田数额 70% 的宋元官田是重赋的主体。

郭厚安《明代江南赋重问题析》⑤ 认为江南是明朝立国的基础，苏州诸府重赋首先归因于这里的经济繁荣，其次继承了江南赋税不断加重的历史趋势，还在于朱元璋实行"富者得以保其富，贫者得以全其生"的政策。樊树志《明代江南官田与重赋之面面观》⑥ 对官田最多、赋税最重的苏州作了详细考察。指出苏州等地官田是特殊的民田，其重赋并不像人们估计的那么严重。苏州府税粮全国第一，是与其经济发展水平相适应的。同刊唐文基《明代江南重赋问题和国有官田的私有化》，也论述了明代苏

① 《论明代税粮重心之地域及其重税之由来》，《"中研院"史语所集刊》第 38 册，1968 年。

② 《论明代前期税粮重心之减税背景及影响》，《"中研院"史语所集刊》第 39 册，1969 年。

③ 林金树：《试论明代苏松二府的重赋问题》，《明史研究论丛》第一辑，1982 年。

④ 《关于明代江南官田的几个问题》，《中国经济史研究》1988 年第 1 期。

⑤ 郭厚安《明代江南赋重问题析》，《西北师范大学学报》1984 年第 4 期。

⑥ 樊树志：《明代江南官田与重赋之面面观》，《明史研究论丛》第四辑，1991 年。

州诸府的重赋问题。作者认为苏州赋税负担逐步加重的原因，是两宋以来尤其是明初统治者，用暴力抑制江南大地主土地私有制发展，扩充国有土地以增加财政收入的结果。亩均田赋负担最重的苏州，是全国平均数的八倍以上，以至于税征不及半，逋赋严重。

1993 年，范金民、夏维中专著《苏州地区社会经济史（明清卷）》由南京大学出版社出版，该书对苏州重赋问题着墨甚多。作者批评了苏州不存在重赋、重赋有其名而无其实、重赋归之于政治说等观点，指出重赋在于历代官田的存在和明初官田数额、赋额的巨大飞跃，而苏州社会经济发展水平是重赋形成的内因。此后范金民专论《江南重赋原因的探讨》①则对上述观点有了进一步阐释。作者以苏州府为论述重点，认为江南重赋形成的过程，乃是官田不断扩充的过程，这与大多数学者的观点不谋而合。但作者同时认为重赋是经济发展结果的说法不能成立，此与梁方仲、樊树志、郭厚安等学者的观点不甚一致。同时，该著亦是研究明代苏州经济史的权威著作，对社会经济各方面，尤其是赋役制度的演进，有较为深入的考察。

赵全鹏 20 世纪 90 年代发表的《明代漕运与江南重赋》②，对重赋原因另有论说，且特别强调苏州诸府重赋与漕运的关系。通过考证分析，作者认为江南白粮运输实际耗费接近原额的十倍，漕运实际农民承担为原额的二三倍，其中苏州府仅耗米一项，数额几乎接近正额，因而漕运是江南重赋的原因。郑克晟《明代重赋出于政治原因说》③ 通盘考察明代江南、江西、陕西等重赋区，认为这些地区虽自然、经济、社会条件不同，但其共同点亦非常明显。元末明初，上述地区均为朱氏敌对势力所盘踞，并与明军抗衡多日，此为其遭受重赋政策惩罚的原因。不仅众多明清学者将江南重赋归因于张士诚抵抗朱元璋，而且《明实录》《明史》亦如此认定。这为苏州重赋传统政治说提供了新的支撑。

上述论说，恰如郑克晟先生所言，"有谓朱元璋怒吴民附张士诚以惩一时之顽者；有谓江南重赋是由于朱元璋打击豪强地主所造成者，另有谓江南重赋乃由于宋元时期该地区本已重者，又有谓该地区明代官田甚多，

① 范金民：《江南重赋原因的探讨》，《中国农史》1995 年第 3 期。
② 赵全鹏：《明代漕运与江南重赋》，《历史教学问题》1995 年第 2 期。
③ 郑克晟：《明代重赋出于政治原因说》，《南开学报》2001 年第 6 期。

官田本身必然赋重者；亦有谓系出于明朝统治者财政之需要者；还有谓苏松重赋是由于当地经济繁荣，是经济发展的结果"①。就苏州而言，重赋是客观存在的，是历史、政治的原因使得官田不断增加，以及经济发展等多重原因综合作用的结果，单纯强调某一种原因都是不足取的。尽管在一些大的问题，如政治原因说，和小的问题，如对官田性质的认识，学者们并未取得一致的意见，但不妨碍整体上大家对重赋的理解。

梁方仲是近代明代赋役制度研究的奠基者。其专著《明代粮长制度》② 作为其代表作之一，对粮长制的渊源、职责、演变及粮长的特权、阶级演化，均作了细致入微的考辨，厘清了粮长制与里甲制的关系。梁著对粮长制度在苏州设立的原因、过程、变迁以及作用和危害皆有详细论证。为确保经济中心赋税的足额征收，正是于苏州设立粮长制度的原因。如梁氏所言，"苏州一府的夏税、秋粮额数，便超过了广东、广西两省的合计额数的180%以上"③，也超过了江南杭嘉湖三府所在布政司浙江全省的税额。

伍丹戈《明代土地制度和赋役制度的发展》④ 是在论文《明代中期的赋税改革和社会矛盾：所谓均田、均粮运动的开始和周忱的平米法》⑤ 和《明代均田均粮运动的发展：欧阳铎的赋税改革及其征一法》⑥ 的基础上完成的。作者从官田、民田的分析着手，围绕均田、均粮运动的由来及发展，阐述赋役改革的历史意义。涉及苏州府部分，作者辨析了官田的种类、数量和科则，指出明代税粮从官田中征收到的部分，应该占有压倒性优势。而由于赋税苛敛、农户逃亡导致的逋赋，虽多次蠲免亦不能彻底解决，赋税改革是必然的路径选择。作者以较多篇幅阐述了周忱、欧阳铎在苏州实行的赋役改革。其中征一法改革重点在苏州，作者以昆山、嘉定两县为例，论证了明代只有苏州府做到了官民一则起科。

20 世纪 80 年代，在大陆学者重点探讨苏松诸府重赋问题时，台湾学者则将视线投向江南赋税制度和赋役改革的研究。对苏州赋役制度史研究

① 郑克晟：《明代重赋出于政治原因说》，《南开学报》2001 年第 6 期。
② 《明代粮长制度》，上海人民出版社 1957 年版。
③ 梁方仲：《明代粮长制度》，上海人民出版社 1957 年版，第 6 页。
④ 伍丹戈：《明代土地制度和赋役制度的发展》，福建人民出版社 1982 年版。
⑤ 《社会科学战线》1979 年第 4 期。
⑥ 《中国古代史论丛》1979 年第 4 期。

用力最深者，首先，当推赖惠敏专著《明代南直隶赋役制度的研究》①。作者以苏州等府地方志赋税资料，与官方文献互相印证，来诠释明代重要的赋税制度及其演变趋势。"赋税制度"一章，论述了苏州府鱼鳞图册的编定，官民田税则繁杂、轻重悬绝导致的弊端，以及为解决诸弊所进行的清丈和赋税改革。"徭役制度"一章，论及粮长制度时，引用了苏州府嘉定县方志资料。"税制结构"一章，以苏州府为例，阐述了明初税目结构，重赋的减征以及税制改革措施——加耗折征法和牵耗法。"赋税徭役与地方公费"一章，关涉苏州府赋役改革后，地丁派银之数量和役银的分配。

　　其次，郁维明亦对宣德时苏州诸府的赋役改革有较为深入的探讨。《明代周忱对江南地区经济社会的改革》② 一书，对周忱所创立的均征加耗法、折征法、京俸就支法、均徭法以及济农仓等赋役改革措施进行了梳理，认为周忱江南的赋役改革对明代后期赋税制度的发展，具有先导性的作用。通过引用地方志书记载，并和官方文献相互印证，作者论述了周忱赋役改革的原因、内容和影响，主要包括赋税制度的流弊、徭役科派的不均、整顿税粮租额、创立折征法和均徭法等方面。

　　明代江南赋役制度也是日本学者重点耕耘的领域。清水泰次（1890—1961）是日本明代赋役制度史研究的开拓者，也是最早研究明代苏州经济的日本学者。早在 1916 年，清水氏即发表了《关于明初苏州的田租》③ 一文；《明の世宗朝に於ける蘇州地方の丈量》④，最早对苏州土地的测量和注册更新进行了研究。其后，寺田隆信亦将明代赋税研究聚焦于苏州府，其论文《明代苏州平野の农家经济について》⑤，探讨了明代苏州重赋重役形成的原因，农民负担的不堪承受，以及由此而产生的农家经营的转向。滨岛敦俊《明代江南农村社会の研究》⑥，其中有专章探讨南直隶的役困，以及明末清初康熙、乾隆年间的均田均

　① 赖惠敏：《明代南直隶赋役制度的研究》，台湾大学出版委员会 1983 年版。
　② 《明代周忱对江南地区经济社会的改革》，台湾商务印书馆 1990 年版。
　③ 清水氏：《关于明初苏州的田租》，《历史地理》第 28 卷第 4 号。
　④ 《明の世宗朝に於ける蘇州地方の丈量》，《東亞经济研究》第 26 卷第 1 号，1941 年。
　⑤ 《東洋史研究》第 16 卷第 1 号，1957 年。
　⑥ 滨岛敦俊：《明代江南农村社会の研究》，东京大学出版会 1980 年版。

役法。另滨岛氏《明末南直隶苏、松、常三府的均田均役法》①（《东洋学报》第 57 卷第 3、4 期），指出均田均役法是以限制豁免权和照田派役为内容的徭役改革。

森正夫是日本学者中研究苏州官田、赋役制度集大成者。《明初江南の官田について——蘇州・松江二府におけるその具體像》②，详细探讨了明初以来苏州官民田数量、比例及增长情形；《16 世纪太湖周邊地带における官田制度の改革》③ 考察了太湖周边苏、松、常、嘉、湖五府的均田均役改革，其中重点论述了苏州府的均粮和征一法；《15 世纪前半蘇州府における徭役劳働制の改革》④，论述了宣德时期苏州府实施的赋役改革，指出明代的某种徭役和附加税，从本质上来说是可以相互替代的；《〈官田始末考〉から〈苏松二府田赋之重〉へ——清初苏松地方の土地問題と顾炎武》⑤，将官田制度与地主佃户关系联系起来进行研究。在上述论文基础上完成的《明代江南土地制度の研究》⑥（同朋舍，1988 年），基本上有体系地涵盖了明代江南土地制度的各个方面。此外，森正夫《明中叶江南税粮征收制度的改革》（《明清时代》1985 年），论述了 15 世纪后半叶至 16 世纪前半叶苏州税粮征收制度的发展，并阐明在制度改革的背景中，存在着明显的土地所有关系的矛盾。

二　相关研究

除上述主要论著外，关于明代苏州赋税的相关研究，还广泛存在于明代土地制度史、赋役制度史、财政史的论著中。

樊树志《中国封建土地关系发展史》（人民出版社 1988 年版）从土地关系的角度论述明代的官民田和赋税制度，其对苏州府着墨颇多。作者首先侧重于苏州府县官民田的数量和科则、苏州重赋原因的论述，论证过

---

① 收入陈支平主编《第九届明史国际学术讨论会暨傅衣凌教授诞辰九十周年纪念论文集》，厦门大学出版社 2003 年版，第 42—58 页。

② 《東洋史研究》第 19 卷第 3—4 号，1960—1961 年。

③ 《東洋史研究》第 22 卷第 1—2 号，1963 年。

④ 《名古屋大学文学部研究論集》1966 年第 41 期。

⑤ 《名古屋大学东洋史研究报告》第 6 号，1980 年。

⑥ ［日］森正夫：《明代江南土地制度研究》，伍跃、张学锋译，江苏人民出版社 2014 年版。

程和结论与其前述论文《明代江南官田与重赋之面面观》相仿。其次，例举嘉定县税粮不均、昆山县夏税秋粮征收状况，并论及土地清丈、赋役合并诸方面。

唐文基《明代赋役制度史》①　是在其论文《明中叶东南地区徭役制度的变革》②、《明初的杂役与均工夫》③、《明代"金花银"和田赋货币化趋势》《福建师范大学学报》1987 年第 2 期）、《试论明代里甲制度》④、《论欧阳铎的赋役制度改革》⑤、《明代江南重赋问题和国有官田的私有化》⑥等论文基础上精雕细刻而成。该著对不同时期各种赋税的种类、内容、演化以及利弊作了具体考察，对赋税制度的各个环节，如里甲制度、江南重赋、役法改革、一条鞭法等进行了条分缕析。从动态的角度梳理了赋役制度由实物税和徭役征发，向货币税转化的轨迹和趋势。该著对于苏州赋役进行了多方面的论证，择其要者，主要体现在以下方面：一是根据洪武《苏州府志》对该府七县基层组织记载，作者认为洪武初年苏州并无里甲组织的建制；二是对苏州府吴县田赋科则的分析；三是以苏州府为主要例证，论述上供物料的征纳；四是苏州重赋问题，其根源如前所述，是明初统治者用暴力扩充官田以增加赋税的结果；五是周忱、况钟、欧阳铎在苏州进行的赋役合一改革。另外王毓铨先生主编《中国经济通史》明代经济卷⑦，其中赋役制度变迁部分由唐文基执笔，与上述内容并无不同，此处不赘。

栾成显于 20 世纪 90 年代后期出版的《明代黄册研究》⑧，是研究明代赋役制度的名作。作者以新发现的黄册文书为基本史料，对黄册底籍、抄底、归户亲供册、编审册、实征册等地方文书进行了翔实的微观辨析，对黄册制度本身诸问题提出了新的有说服力的解释，并探究了黄册制度的本质和衰亡原因。在《黄册制度的几个基本问题》一章中，作者引用苏

---

① 唐文基：《明代赋役制度史》，中国社会科学出版社 1991 年版。
② 《明中叶东南地区徭役制度的变革》，历史研究》1981 年第 2 期。
③ 《明初的杂役与均工夫》，《中国社会经济史研究》1985 年第 1 期。
④ 《试论明代里甲制度》，《社会科学战线》1987 年第 4 期。
⑤ 《论欧阳铎的赋役制度改革》，《中国社会经济史研究》1991 年第 1 期
⑥ 《明代江南重赋问题和国有官田的私有化》，《明史研究论丛》第四辑，1991 年。
⑦ 王毓铨：《中国经济通史》明代经济卷，中国社会科学出版社 2007 年版。
⑧ 栾成：《明代黄册研究》，中国社会科学出版社 1998 年版。

州府县方志资料论述了里甲制的编制原则、甲首户问题、黄册人口登载事项。《黄册制度的本质及其衰亡原因》引用苏州府嘉定县方志，论述了黄册制度的弊端和赋役合一对人身依附关系的松解。

海外学者对明代赋税问题的研究，影响最大的是黄仁宇《十六世纪明代中国之财政与税收》①。作者以《明实录》、明人奏疏、明人笔记以及地方志资料为基础，对明代的财政、税收进行了多视角的分析。其中所引正德《姑苏志》、万历《嘉定县志》、万历《昆山县志》、崇祯《吴县志》涉及苏州赋税的诸多方面。如洪武二十四年（1391）常熟县官田占全部田土的70%以上，嘉靖十七年（1538）苏州知府王仪进行的土地清丈，二十六年（1547）官民田合并后，嘉定、长洲、太仓等地纳税户平均税额大为增加。

20世纪80年代以降，江南经济史研究成为热点，而明代苏州经济研究是其重要构成。夏维中系列专论《洪武初期江南农村基层组织的演进》《洪武中期江南里甲制度的调整过程》② 以及《明代中后期苏州地区的发展及其评价》（《明史研究》第五辑，1993年），对所涉苏州赋役制度的相关记载进行了研究并提出新的阐释。作者认为在洪武初期，进行了严格土地清丈并编制鱼鳞图册的府县，主要在浙东和徽州，苏州似乎不在此列，而洪武十二年编订的《苏州府志》，所载常熟县的田地数，是吴元年的自报数。吴滔、佐藤仁史合著《嘉定县事——14至20世纪初江南地域社会史研究》③，以赋役制度变迁作为全书主线，专章论述了明代嘉定县从折布到折漕的过程，以及赋役、水利在"棉业市镇"兴起过程中的作用。谢湜专著《高乡与低乡——11—16世纪江南区域历史地理研究》④，亦设专章考察了15世纪、16世纪关于苏州部分地区的赋役改革和市镇经济。

进入21世纪，明代财政史研究取得新突破。先是陈光焱《中国财政

① ［美］黄仁宇：《十六世纪明代中国之财政与税收》，阿风等译，生活·读书·新知三联书店2001年版。

② 范金民主编：《江南社会经济研究·明清卷》，中国农业出版社2006年版。

③ 吴滔、佐藤仁史：《嘉定县事——14至20世纪初江南地域社会史研究》，广东人民出版社2014年版。

④ 谢湜：《高乡与低乡——11—16世纪江南区域历史地理研究》，生活·读书·新知三联书店2015年版。

史》明代卷①与张建民、周荣《明代财政史》② 相继出版。前者分章对明代财政政策沿革、财政收入、财政支出、财政管理、财政思想进行考察。其中明代财政收入一章论及苏州府上供物料、官田科则、官民一则的改革以及明中后期的徭役摊入田亩的情况。后者除梳理上述财政专项外，还论及财政收支统计和各区域赋役改革情况，其中对江南重赋，周忱、欧阳铎、王仪在江南或苏州府的改革均有论述。其后是万明、徐英凯《明代〈万历会计录〉整理与研究》③ 出版，该著合文献整理与研究为一体，以白银货币化为主线，对明代财政收支总量、结构、货币化比例进行了细致考察，并形成明万历前期财政的系统量化数据库，其中涵盖了苏州府财政方面的诸多资料。

日本学者非常重视明代土地、赋役制度的研究，从 20 世纪 60 年代始，陆续发表了一系列质量较高的专著。《中国近世社会经济史》（西野书店 1950 年版）是清水泰次的代表作，因为本书论述了有明一代的土地、田赋、徭役等制度，所以不是有关"社会经济史"的概说④。《明代土地制度史研究》⑤，是清水氏去世后出版的论文汇编。清水泰次对明代土地制度进行了细致考察，并以江南为研究对象，指出了官田与民田的区别。山根幸夫《明代徭役制度の展開》⑥，论述了徭役制度从明初至一条鞭法的发展；栗林宣夫的《里甲制研究》⑦，并不是研究里甲制本身的著作，而是论述了从明初至清初赋役制度的发展。川胜守《中国封建国家の支配构造——明清赋役制度史の研究》⑧，探讨明代里甲制的形成和构造，以及它在明代中期以后的演变，并重点论述了张居正的土地丈量政策、赋役改革与均田均役运动；岩见宏《明代徭役制度の研究》⑨ 对明代徭役制

① 陈光焱：《中国财政史》明代卷，中国财政经济出版社 2006 年版。
② 张建民、周荣：《明代财政史》，湖南人民出版社 2015 年版。
③ 万明、徐英凯：《明代〈万历会计录〉整理与研究》，中国社会科学出版社 2015 年版。
④ ［日］山根幸夫：《日本明代社会经济史研究开拓者清水泰次（1890—1961）》，《中国社会经济史研究》2002 年第 2 期。
⑤ 《明代土地制度史研究》，大安株式会社 1968 年版。
⑥ 山根幸夫：《明代徭役制度の展開》，東京女大學會，1966 年。
⑦ 栗林宣夫：《里甲制研究》，文理书院 1971 年版。
⑧ 川胜守：《中国封建国家の支配构造——明清赋役制度史の研究》，东京大学出版会，1980 年。
⑨ 岩見宏：《明代徭役制度の研究》，同朋舍，1986 年。

度进行了全面阐述，提出了徭役银纳化的概念，并收录其 1949 年发表的
处女作《明代嘉靖前后赋役制度的改革》；鹤见尚弘《中国明清社会经济
研究》①，认为明初苏州吴江县编定的里甲制已经具备了明代里甲制的标
准形式，这与前述唐文基先生得出的结论殊不一致。谷口规矩雄《明代
徭役制度史研究》②，与山根幸夫、岩见宏属同一系列研究，但是谷口对
"一条鞭法"研究更加深入。

　　区域赋税史研究方面，下述学者对明代山西、广东和北直隶有深入研
究，可为本书苏州府的研究提供借鉴。张海瀛《张居正改革与万历山西
清丈》③ 论述了张居正的赋税制度改革和土地，并以山西为个案对万历年
间清丈进行深入探讨，包括《山西丈地简明文册》的考释以及山西都司
地总、粮总，地亩总额和税粮总额的计算等方面。刘志伟《在国家与社
会之间——明清广东里甲赋税制度研究》④ 是一部视角独特的区域性研究
著作。作者将制度史与区域史、经济史与社会史结合起来，笔触深入基层
社会，通过研究明初制定的里甲制度和赋税制度在广东地区的实施情况以
及后来的演变，考察王朝制度与现实的社会变迁、经济发展、文化演变过
程互相影响和互相制约的关系。

　　程利英根据其博士学位论文修订出版的《明代北直隶财政研究——
以万历时期为中心》⑤，运用历史学、财政学的相关理论和研究方法，首
先梳理了明代中央与地方的财政关系和地方财政管理机构，然后论述了北
直隶的正额财政收支和非正额财政收支，得出结论：明代北直隶财政的特
点一是重役，二是多庄田。该专著是笔者所见研究明代省级财政的首部著
作，当具有开拓性的价值。胡克诚在其博士学位论文《明代江南逋赋治
理研究》⑥ 中，对不同时段的江南逋赋形成的背景、原因、治理措施及效
果进行了深入考察，是对明代财政史、区域经济史研究的深化。

---

① 鹤见尚弘：《中国明清社会经济研究》，学苑出版社 1989 年版。
② 谷口规矩雄：《明代徭役制度史研究》，同朋舍，1998 年。
③ 张海瀛：《张居正改革与万历山西清丈》，山西人民出版社 1993 年版。
④ 刘志伟：《在国家与社会之间——明清广东里甲赋税制度研究》，中山大学出版社 1997
年版。
⑤ 程利英：《明代北直隶财政研究——以万历时期为中心》，中国社会科学出版社 2009 年
版。
⑥ 胡克诚：《明代江南逋赋治理研究》，东北师范大学，2011 年。

三　研究史评价

赋税、徭役与财政问题，在明史研究中地位显赫，但也是其中一个较难涉足的领域。首先是因为明代赋役典制资料纷繁驳杂，其次是由于这一领域不单是历史学学科的缘故。尽管如此，人们可以欣喜地看到，致力于此的海内外学者，已经取得了许多重要的成果。通过对明代苏州赋税研究的鸟瞰式回顾，也可以窥见如下特点：一是史料翔实，论证严密，如森正夫、梁方仲、栾成显分别对土地制度、粮长制度、黄册制度的研究；二是视角独特，观点新颖，如万明对白银货币化与制度变迁、财政转型关系的考察；三是宏观研究与微观分析相结合，如唐文基对赋役制度演变的讨论；四是计量分析的广泛应用，如赖惠敏对南直隶税则、正耗的分析，万明对白银货币化程度的计算。

当然，先贤对关涉苏州赋税的研究，并不止于上述论著，只是上述论著基本囊括了既有研究的诸多方面。不过，在对既有研究充满敬意的同时，似乎可以感到，上述任何论著，从严格意义上说，大多不能算是研究苏州赋税的专门论著。既往研究主要集中于重赋原因和赋役改革两个领域，而其他方面的研究，基本围绕于此展开，如官民田的数量和科则、漕运的附加税等与苏州重赋关系密切，又如黄册制度的败坏、漕运方式的变迁亦同赋役改革休戚相关。

几与整个明代相始终的苏州重赋问题，是苏州赋役改革的逻辑起点；同样贯穿明代始终的是苏州社会经济的繁荣，虽看似抵牾，其中必有深层次原因。作为历史性的研究课题，此前方家学者之研究不可谓不多，也不可谓不深，但泛泛而谈、陈陈相因者亦不鲜见。如果从先验论、目的论的模式出发，进行定性的、点评式的概括和讨论，谈不上有实质意义的学术交锋和理论创新。[①] 先前一些对苏州重赋问题、商品经济繁荣问题之研究，亦未能完全摆脱先验论、目的论的窠臼。

作为明代中国经济最为发达、赋税最是繁重的苏州，从洪武到崇祯，在长达二百余年的长时段里，如何保持赋役繁重和经济繁荣的平衡？在府一级层面，其赋役制度变迁的实态是怎样的？其下辖州县赋役状况及演变脉络究竟如何？其赋役改革在江南地区乃至整个国家的地

---

① 高寿仙：《明代农业经济与农村社会》，黄山书社2006年版，第266页。

位、权重及影响，能否以一部贯通式的专著呈现？答案应该是肯定的。应该看到，明代历次赋役改革，虽然其旨归无不是均田均役，但具体的改革措施、实施效果却并不相同。苏州府作为经济中心、重赋之所，在历次赋役改革中大多扮演了重要角色。那么，历次赋役改革之间，究竟有哪些不同？有哪些相通或继承？从一府的角度进行考察，可能得到更清晰的脉络和轨迹。

前人的辛勤耕耘，不仅为后人研究提供了肥沃土壤，其丰硕成果，更是来者取之不尽的食粮。尤其值得注意的是，苏州府县方志资料的数量和质量，无论与南直隶其他府县相比，还是与江南诸府县相比，都是名列前茅的。而且许多赋役史料，尚未得到充分的挖掘和使用。如梁方仲先生关于明代赋役制度的传世论文，鲜见苏州府县史料之使用。26000 字长文《一条鞭法》只引用苏州府嘉定县方志资料两条，18000 字专文《明代黄册考》，基本不涉及苏州府县史料。

另外，既往有关明代苏州赋税研究，其视域主要局限于田赋和徭役，而对政府其他税收来源，比如盐课、钞关税、商税等则关注较少。能否将各赋税项目，按一定标准折算为统一单位的数字？然后在此基础上，考察某一时期的赋税结构或财政结构。诚然，囿于史料的缺乏和赋税记录的不完整、不连续，进行这方面的尝试肯定颇为不易。不仅如此，各类税收项目计量单位的不一致、计量货币的不尽相同，也是实现上述目标的桎梏。也许白银货币化的理论，有助于上述问题的解决。

第三节　研究理路

一　赋税的源与流

赋税，指政府依照法律规定，对个人或组织无偿征收实物或货币的总称。"赋税为强制收入，是历史的产物，自民族组织成立之时，即已有之，迄于今兹。将来社会制度变化，国家课税，仍必存在，特其形式，或有所不同。"[①]

中国古代赋税的最早形式——贡，最早可追溯至氏族社会末期，禹之"任土作贡"。"贡"源于"共"字，即供给于上之意，是个人或某种共

---

① 胡善恒：《赋税论》，上海商务印书馆 1934 年版，第 1 页。

同体向统治者或统治集团的献纳。《说文解字》里对"贡"的解释是："贡，献功也。"① "功"的意思是用物品奉祭神明，如《国语·鲁语下》曰："社而赋事，蒸而献功。"② "贡"的本义是指人们为祈祷丰收，用劳动所得奉祭神明，随后演变成劳动者自愿对部落首领的上供。随着私有制和国家的出现，这种对神明的奉献和对部落首领的上供，逐渐演变成臣民向统治阶级的固定贡纳。《尚书·禹贡》中有"禹别九州，随山浚川，任土作贡"③ 的记载，任土作贡就是将土特产作为贡品，如牲畜、野兽、谷物、骨甲，甚至奴隶。其后，随着土地制度的完备和社会经济的发展，殷商时，产生了基于井田制度的赋税制度——助；周代中后期，由于井田不再区分公田和私田，又演化为新的赋税制度——彻。

而"赋"与"税"，在贡、助、彻的演化过程中，逐渐成为古代税收最基本的形式。"赋"字最早指君主向臣属征集的军役和军用品。这从"赋"字的构成也可以看出："贝"代表珍宝、货币、财富，"武"代表军事，从贝从武的"赋"字表明用于军事的财富。"税"在《说文解字》中的解释是："税，租也，从禾兑声。"④ "税"字一边是"禾"字，禾指田禾，泛指土地产出物；另一边是"兑"，本义是交换的意思。"禾"与"兑"在一起是"税"字，其字面意思即拿农作物进行交换。《周礼》卷一对"赋"进行了界定，"以九赋敛财贿：一曰邦中之赋，二曰四郊之赋，三曰邦甸之赋，四曰家削之赋，五曰邦县之赋，六曰邦都之赋，七曰关市之赋，八曰山泽之赋，九曰币馀之赋"⑤。《史记》亦载："自虞、夏时，贡赋备矣。"⑥ 同时，《周礼》卷二也出现了"税"的称谓，"凡税敛掌事者，受法焉"⑦。而"贡税"一词，出自孟

---

① 汤可敬：《说文解字今释》，岳麓书社1997年版，第852页。

② 《国语》（一）卷五《鲁语》下，王云五《万有文库》第一集，上海商务印书馆1935年版，第67页。

③ 《尚书》（一）卷三《禹贡》第一，《四部丛刊》经部，上海涵芬楼借吴兴刘氏嘉业堂宋刊本影印，第1页a。

④ 汤可敬：《说文解字今释》，岳麓书社1997年版，第963页。

⑤ 《周礼》卷一《天官冢宰上》，王云五《丛书集成续编》，上海商务印书馆1936年版，第11页。

⑥ 《史记》卷二《夏本纪第二》，中华书局1959年标点本，第89页。

⑦ 《周礼》卷二《天官冢宰下》，王云五《丛书集成续编》，上海商务印书馆1936年版，第40页。

子所云，"天子使吏治其国，而纳其贡税焉"①。"贡赋"或"贡税"包括两方面的内容，一是中央对臣属征收的农产品，二是各诸侯向国王进贡的土产。"禹定九州，量远近制五服，任土作贡，分田定税，十一而赋，万国以康"②，唐代杜佑以当时人的理解，指称夏禹时期的贡纳情况，对贡、赋、税并没作实质性的区分。

实际上，先秦之贡、赋、税，其含义并不相同。从字面上理解，贡是献纳，赋是征用军需品用于战争，税是交付农产品供统治阶层消费。赋和税，是贡之内涵的深化和外延的扩大。所谓"有赋有税，税以足食，赋以足兵"③，"税以供郊庙、社稷，天子奉养、百官禄食也；赋以给车马兵甲士徒赐予也"④。赋与税之间的区别还是明显的。但若从赋、税起源来看，两者仍皆为土地之出产物。春秋时期，鲁宣公十五年（前594），鲁国实行的"初税亩"，鲁昭公四年（前538），郑国推行的"作丘赋"，在传统的"任土作贡"之层面，可以认为赋和税同义，大约同后人所谓田赋的内涵和外延相当。《左传》载：鲁哀公十一年（前484），"君子之行也，度于礼，施取其厚，事举其中，敛从其薄。如是则以丘亦足矣。若不度于礼，而贪冒无厌，则虽以田赋，将又不足"⑤。此处"以田赋"，即用田亩起赋之意。

先秦时期，贡、赋、税相继出现，而赋、税在春秋、战国时期使用频率明显加快，此与时代的发展脉络是相符的。殷商及西周时代，贡品繁多，显示出分封制下社会之性质；春秋时列国征伐频仍，为满足日渐增多的军需耗用，各国陆续改贡纳为按井田系统征赋，因而无论国家大小，诸侯大夫皆按车乘数额、基层民户按井田提供军赋。此后"初税亩"履亩而税，奴隶身份得以解放，由此确立了传统社会的田赋制度。这是古代社会性质的一次转变。⑥

然而古代之中国，尽管以农立国，田赋亦非国家财政的唯一来源。随

---

① （宋）朱熹：《孟子集注》卷九《万章章句上》，上海商务印书馆1947年影印本，第125页。
② （唐）杜佑：《通典》卷四《食货四·赋税上》，中华书局1988年标点本，第71页。
③ 《汉书》卷二三《刑法志》，中华书局1962年标点本，第1081页。
④ （唐）杜佑：《通典》卷四《食货四·赋税上》，中华书局1988年标点本，第69页。
⑤ 李梦生：《左传译注（下）》，上海古籍出版社1998年版，第1334页。
⑥ 王贵民：《试论贡、赋、税的早期历程——先秦时期贡、赋、税源流考》，《中国经济史研究》1988年第1期。

着经济的发展与技术的进步，税收来源和税收用途亦相应增加和改变。"有赋有税，税谓公田什一及工商衡虞之入也"①，山泽之利、关市之征、盐铁专卖，逐渐纳入国家财政的范畴。随着国家财政范围的扩大，不仅赋出于田，亦出于"户""口"和"丁"。如"两汉之制，三十而税一者，田赋也；二十始傅人出一算者，户口之赋也"②；直至明代仍有田赋和丁赋的区分③。

　　一般来说，若赋、税单列，赋一般指田赋，而税则包含赋，田赋之外的征课，属于税的范畴，而不称之为赋。若赋、税合而为一，"赋税"即政府部门无偿征收的所有实物和钱币的总称。殷纣王"厚赋税以实鹿台之钱，而盈巨桥之粟"④，这是目前所知赋税一词的最早记载。随着征税范围的扩大，"赋税"连用，其内涵和外延基本与"税"等同。如杜佑《通典》所言"古之有天下者，未尝直取之于人，其所以制赋税者，谓公田什之一及工商衡虞之入也"。⑤赋税既包含"公田什一"之入的田赋，又囊括"工商衡虞"及其他之入。唐宋以降，赋税并称渐多，其含义几等同于今之"税收"一词。如唐诗所云"因供寨木无桑柘，为著乡兵绝子孙。还似平宁征赋税，未尝州县略安存"⑥，"田园高且瘦，赋税重复急"⑦；"宽容民赋税，憔悴吏精神"⑧。宋代"赋税田桑所出也……谷帛之外，又折

---

　　① 《汉书》卷二四上《食货志》上，中华书局1962年标点本，第1120页。同页，颜师古注曰："赋谓计口发财，税谓收其田入也。什一，谓十取其一也。工、商、衡、虞虽不垦殖，亦取其税者，工有技巧之作，商有行贩之利，衡、虞取山泽之材产也。"

　　② 乾隆《江南通志》卷六八《食货志·田赋二》，《中国地方志集成·省志辑》，凤凰出版社2011年影印本，第309页上。

　　③ 正德《朝邑县志》卷二《田赋第四》，《中国方志丛书》，成文出版有限公司1976年影印本，第26—27页称："秋夏税凡二万七千五百石有奇，草七千三百六十束有奇，木绵三千八十三斤，丝绵六斤有奇，布九千七百三十三匹，绢一百八十二疋，此其以田赋者。其以丁赋者，又有盐钞十有七万六千八百四十贯，贯准银三厘；黄丹二千斤，斤准银七分；绵、羯羊二十只，只准银六钱；细辛一百三十斤，斤准银六分。凡得银五百一十六两有奇。"

　　④ 《史记》卷三《殷本纪》第三，中华书局1959年标点本，第105页。

　　⑤ （唐）杜佑：《通典》卷四《食货四·赋税上》，中华书局1988年标点本，第69页。

　　⑥ （唐）杜荀鹤：《乱后逢村叟》，《晚唐诗译释》，黑龙江人民出版社1987年版，第264—265页。

　　⑦ （唐）齐己：《耕叟》，《齐己诗集译注》卷一〇，中国社会科学出版社2011年版，第543页。

　　⑧ （唐）齐己：《寄监利司空学士》，《齐己诗集译注》卷四，中国社会科学出版社2011年版，第190页。

估而使输钱焉"①；明初"令天下有司，度民田以万石为率，设粮长一名专督其乡赋税"②。由于传统小农经济的税种主要是田赋，因而赋税连用，有时专指田赋，有时泛指各种税收项目。

与"赋税"一词相比，我们从古籍文献中更多看到的是"赋役"之称。中国古代长期存在的"力役之征"，究竟与赋是怎样的关系？所谓"力役之征"，既包括须亲身供役的徭役征发，又含有"定税以丁身"之人头税，如汉代之算赋、口赋，宋代之免役钱。而宋时之役法，明显区分为"役劳作"的"夫役"，以及"役国事"的"职役"。要理解"赋""役"之间的区别与联系，需从国家与人民的关系，以及赋役制度变迁的角度出发。

中国自古以来，"民有田则有租，有身则有役，历代相承，皆循其旧"③，国家与人民之间体现的是一种人身控制关系。明初继承唐两税法，"有田则有租，即国朝田土纳税粮之意也；有身则有庸，即国朝户丁当差之意也；有户则有调，即国朝农桑丝绢之意也"④。王朝通过黄册里甲制度，役使编户"配户当差"是这种人身控制关系最直接的体现。"纳粮也是当差"，"配户当差"是明朝国家最本质性的特征。⑤ "当差"就是服役，是基于王朝国家与编户齐民之间的人身支配关系而产生的一种资源供应。赋役征派是以人丁事产为手段来核定户等，按户等高下承担赋役的。在人身控制关系下，编户缴纳田赋，实际是为王朝国家种田，本质上是一种役；田赋之外，劳务、勾摄公事、办纳物料、戍守军卫、出任官职皆为编户承担的役。⑥ 因此，从国家对人民进行人身控制的角度考察，赋税本

① 《古今图书集成》七〇《食货典》卷一三九《论宋赋税》，中华书局、巴蜀书社1985年影印本，第83606页。

② （明）王圻：《续文献通考》卷四《田赋考》，《续修四库全书》第761册，上海古籍出版社1995年影印本，第574页上。

③ 《明太祖实录》卷一六五，洪武十七年九月己未，"中研院"史语所1962年影印本，第2959页。

④ （明）何柏斋：《均徭私议》，《明经世文编》卷一四四《何柏斋先生文集》，中华书局1962年影印本，第1442页上。

⑤ 王毓铨：《纳粮也是当差》，《史学史研究》1989年第1期；《明朝的配户当差制》，《中国史研究》1991年第1期。

⑥ 刘志伟：《从"纳粮当差"到"完纳钱粮"——明清王朝国家转型之一大关键》，《史学月刊》2014年第7期。

质上是人民对国家承担的役。

随着赋役改革的渐次深入，明代赋役征收发生了根本性的转向，其转变的总趋势是差役逐渐赋税化。这一转向，刘志伟称其是由基于编户对王朝的人身隶属关系的当差，转变为以国家权力为依据向个人财产的课税。先是田赋征收中的差役成分向田赋附加税衍变，继之徭役从不确定的临时性征发变成了定额的货币税，并且课税客体的户逐渐分裂为丁和地（或粮），徭役银额被分别按比例摊派到丁额和地亩额（或粮额）上。①

有明一代，所谓"力役之征"，即田赋之外的徭役征发，逐渐可以纳银代役。纳银代役，即为"银差"，尚未摆脱役的范畴。此后，无论银差、力差、马差，抑或里甲、均徭、驿传、民壮，逐渐摆脱役的牵绊和窠臼。地方政府按照上述差役所征银两制定预算，将应征丁银按丁、田编银，并逐渐向赋役合一、摊丁入亩转化。而原来之差役，无论由吏代当，还是由官府雇人募役，官给其值，实际变成了财政支出之指向。显然，在摊丁入亩的过程中，无论是摊入田亩的役，还是征收丁银的役，逐渐成为赋税不可分割的一部分。而力役向赋税的转化过程，则是本书欲着力探讨的部分。所以本书所谓赋税，其含义大略如下：

一是田赋，夏税秋粮、税粮、钱粮、银米作为田赋的不同称谓，仍然构成赋税的主要内容；二是摊入田亩之徭役银，以及徭役编银时，虽未摊入但征收银两之丁赋；三是盐课、钞关税等工商税收亦为重要组成部分。本书以苏州赋税研究为题，当以上述几部分作为主要对象。在具体研究过程中，因材料和个人能力等原因，其深入程度当有所侧重。

二　研究路径

经济史是研究一定历史时期经济运行、运行机制和效果的学科，有其独特的研究方法。熊彼特之《经济分析史》开宗明义，经济分析的功能有三：历史、统计和经济理论。② 本书所研究的范畴属于古代经济史领域，理所当然要用到历史学、经济学的研究方法。具体而言，主要是历史

---

① 刘志伟：《从"纳粮当差"到"完纳钱粮"——明清王朝国家转型之一大关键》，《史学月刊》2014年第7期。

② ［美］约瑟夫·熊彼特：《经济分析史》第1卷，朱泱等译，商务印书馆1991年版，第32页。

学的实证研究法，兼顾经济学中的统计分析法，以及历史学、经济学常用的比较分析法。

经济史学首先是历史学，历史学的首要任务是探求历史的真实，其研究只能以历史资料为依据。尊重史料、言必有证、论从史出，是中国史学的优良传统。吴承明先生说："历史研究本来应当具有实证分析和规范分析两种功能。因而，一方面，应当将所论事物放在当时的条件下，实事求是地进行考察，也就是历史主义的方法论。另一方面，要用当代的现代化概念和历史观，对所论事物及其潜在效应做出评价，也就是克罗齐所说'一切历史都是当代史'的方法论。"[1] 而"经济学的内容，实质上是历史长河中一个独特过程。如果一个人不掌握历史事实，不具备适当的历史感或历史经验，他就不可能理解任何时代的经济现象"[2]。因而史料法、考据法等实证方法是本书基本的研究方法。而研究历史资料，须臾不可分离的原则即是实证主义。由于史料并非史实，考证的目的是尽可能靠近史实，乃至还原历史实态。去伪存真的过程，需要挖掘新的史料，使用新的方法。唯其经过考据、整理、比对，并加以定性分析，庶几才能接近历史的真实。而规范分析也是建立在实证分析之上的。

经济学中的计量分析也是一种实证研究方法。"经济现象多半可以计量，并常表现为连续的量。在经济史研究中，凡能计量的都应尽可能作计量的分析，定性分析只给人以概念，要经过计量分析才能具体化，有时并可改正定性分析的错误。"[3] 对于经济事物和经济现象的研究，在研究其性质的同时，还应该研究其数量。盖因一切事物和现象，不仅有质的规定性，而且有量的规定性，它们是质和量的统一体，数量的研究不仅是研究手段，而且也是研究目的。[4] 在经济史研究中，凡能计量的皆应尽可能进行计量分析。无现成数量的，亦应争取转换而成量化。[5] 因为定性分析只

---

[1]　吴承明：《中国的现代化：市场与社会》，生活·读书·新知三联书店 2001 年版，第 3 页。

[2]　[美] 约瑟夫·熊彼特：《经济分析史》第 1 卷，朱泱等译，商务印书馆 1991 年版，第 29 页。

[3]　吴承明：《经济史：历史观与方法论》，上海财经大学出版社 2006 年版，第 242 页。

[4]　伍丹戈：《定量分析法在中国经济史中的应用》上，《复旦学报》（社会科学版）1985 年第 5 期。

[5]　范金民：《差之毫厘，谬以千里：说说计量研究》，《安徽师范大学学报》（人文社会科学版）2014 年第 1 期。

能给人以概念，要结合定量分析才能具体化，而对于历史学已有的定性分析，则可以计量分析进行检验。历史学中，经济史学是最早"社会科学化"的，其主要原因就在于经济史学可以使用经济学所提供的方法。① 计量分析即是研究经济史最为基本的方法，而统计是计量分析的基础，统计学和历史学的不断融合，甚至于 19 世纪后期催化了计量史学的诞生。《中国农业的发展（1368—1968 年）》是国外研究中国农业经济的名著，其中一个鲜明的特点，即作者"在搜罗资料、鉴定真伪、分析数据、编制统计以及估算上所费的心血和精力，也许大大超过于文字的编辑"②。

在经济史研究中，一些经济现象无疑是可以量化的。通过对历史资料中经济数据的计量，可得到所占百分比、频数分布、平均差、加权平均数、统计指数等指标，以便据此对历史现象和历史过程进行深入的描述性分析。在此基础上，庶几可以把握历史经济现象的变化趋势和相关因素。不过，需要注意的是，进行计量分析需以已有的历史研究为基础，切不可"用时间变量代替历史思考"③。正如美国经济史学会前主席希德所说："没有以往史学家所作质的研究，计量史学家也会走入歧途。"④

而对于历史数据的真实性问题，应抱有"信而有疑"的态度，乃是基于以下分析。中国传统社会以丁户、田地为赋税征收的依据。为保证赋税的足额征收，官府一般会竭尽全力进行清查统计。虽然前贤已然证明官方的人口、土地统计数据，与民间实际情况相差甚远，正式造册上报的田赋数字一般都是准确的。⑤ 当然官僚们隐匿田产赋税，侵蚀国家钱粮，并加重民户赋税负担，亦是屡见不鲜。对于明代人口、土地数据问题，前人多有修正，但所得结论，仍是推测性的。因此，中国古代官方统计数据之价值，仍需充分予以肯定，只是"大胆存疑，小心求证"仍是必要的。所用数据要力求真实可信，不能随意选择，亦不可过度解读。⑥ 谨慎性原

① 李伯重：《历史上的经济革命与经济史的研究方法》，《中国社会科学》2001 年第 6 期。
② ［美］珀金斯：《中国农业的发展（1368—1968 年）》卷首《译者的话》，宋海文等译，上海译文出版社 1984 年版，第 4 页。
③ R. M. Solow, *Economic History and Economics*, *Economic History*, Vol. 75, No. 2, 1985.
④ Ralph W. Hidy, *The Journal of Economic History*, Vol. 32, No. 1, March, 1972.
⑤ 陈支平：《梁方仲教授对中国计量史学的开创性贡献——兼论中国古代官方数字对经济研究的作用》，《纪念梁方仲教授学术讨论会文集》，中山大学出版社 1990 年版，第 56 页。
⑥ 范金民：《差之毫厘，谬以千里：说说计量研究》，《安徽师范大学学报》（人文社会科学版）2014 年第 1 期。

则与实质重于形式的原则，是会计学中预设的核算原则之两种，在此用来处理历史数据，应该也是适用的。

可比性原则是会计学中另一种核算原则，同样可以在经济史研究中发挥作用。众所周知，比较分析或比较研究是经济学、历史学常用的研究方法。在整理经济史料和对史料进行考证的过程中，须将不同史料进行比较，"类而辑之，比而察之"。但必须注意的是，所比较的对象或数据是否具有可比性。譬如以实物征收的田赋，其计量单位是石、斗、升、合，而田赋折银后计量单位是两、钱、分、厘，两者即没有可比性。同样，即使赋税都是征收货币，但由于明代钱、钞、银并用，计量单位还有不同的问题，也要考虑不同钞币之间的可比性。如前所述，随着白银货币化程度的加深，可以考虑将征收的实物田赋、钞或铜钱，按照一定的标准折算为银两，然后再进行比较。另外，在实证研究中，主要在时间和地域方面进行对比分析。一是时间或时代方面的比较。中国古代历史上，田制、赋税制度的演进，跨越数个朝代，或一个朝代的数个阶段，因而可进行历史考察与比较。二是区域之间的比较。比如在进行山西田赋研究中，笔者曾将江南与江北、山东与山西进行比较，而揭示不同区域赋税折银的不同趋势。

应该看到，在中国古代史研究中，各人文社会科学的理论和方法不断得到运用。尤其近年来，原本属于人文学科的历史学，其社会科学化有渐趋流行之态势。其含义有二，一是采用社会科学已有的成果，作为解读史料的理论框架和工具；二是采用社会科学甚至自然科学的分析技术。[1] 在经济史研究中，吴承明先生视一切经济学理论为方法论，"任何伟大的经济学说，在历史的长河中都会变成经济分析的一种方法"[2]。因此在经济史研究中，并不能抛开经济学、政治学、社会学、人类学、地理学等社会科学理论的指导和方法运用。前述对历史现象的统计分析，即是经济学和统计学的研究方法。

实际上，前贤提出的一些著名观点，即是综合运用各种人文社会科学研究方法的结果。傅衣凌先生研究明清江南经济，也以整个江南社会为主

---

[1]　曹树基、刘诗古：《历史学的研究方向与范式——曹树基教授访谈》，《学术月刊》2012年第12期。

[2]　吴承明：《经济学理论与经济史研究》，《经济研究》1985年第4期。

要视域，提出中国社会经济变迁论，即中国经济"早熟而又未成熟"、发展而又迟滞的观点①。日本学者滨岛敦俊研究江南农村社会，提出了"共同体论"，认为里甲制在组织农民生产过程中，具有类似共同体的机能。森正夫研究江南土地制度，提出了"地域社会论"，开启了围绕宗族问题进行的各项研究；又提出"国家论"，从生产角度审视了国家权力与农民的关系②。与之相对应，小山正明研究江南"十段锦"赋税改革，明确采用了"乡绅的土地所有"概念，并发展成为"乡绅论"③。黄宗智在《长江三角洲小农家庭与乡村发展》一书中，将明清以来中国的农村经济表述为"过密性增长"理论，即缺乏有效制度创新的增长。④李伯重围绕江南经济史发表和出版了大量论著，在厘清许多经济事实的同时，推出"斯密型成长"模式。即认为推动明清经济发展的动力，是劳动分工和专业化。⑤如此等等，不一而足。

　　在本题研究及写作过程中，肯定会受到上述有关理论的影响。当然，不止于上述经济发展理论，还包括其他诸如农业增长理论、区域经济学、发展经济学、制度经济学相关理论。如亚当·斯密的社会分工理论，即"斯密动力"，适用于工业革命之前所有经济社会的发展，当然亦适用于明代苏州之经济发展。不过，正如赵轶峰所言，"在历史学研究中，任何理论和任何理论化观念之运用，都不应成为支配性的"，不能用单一理论统摄、说明长时段所发生的历史史实。⑥以上种种理论模式，并非适于此，即适于彼，甚至本身即带有不同程度争议。如果研究者从先验的、目的论的理论模式出发，而对据以讨论的史实和数据不求甚解，其结果可想而知。

　　概言之，明代苏州府赋税研究，既是江南区域研究，也是中国史研

　　① 傅衣凌：《明清社会经济变迁论》，人民出版社 1989 年版，第 175—182 页。

　　② ［日］森正夫：《中国前近代史研究たぉける地域社会の视点》，《名古屋大学文学部研究论集》第 83 号，1982 年。

　　③ ［日］小山正明：《明代の十段法について》，载氏著《明清社会经济史研究》，东京大学出版会 1992 年版。

　　④ ［美］黄宗智：《长江三角洲小农家庭与乡村发展》，程洪、李荣昌、卢汉超译，中华书局 1992 年版。

　　⑤ 李伯重：《江南的早期工业化（1550—1850）》，社会科学文献出版社 2000 年版，第 389 页。

　　⑥ 赵轶峰：《明清江南研究的问题意识》，《探索与争鸣》2016 年第 4 期。

究、世界史研究的一部分。因此，秉承"在扩大的视野下，有些已经触及的问题还可以更加深入研究"① 的理念，本书拟沿着两条路径展开，一是以苏州府赋役改革演进为主线，考察官田合一、两税合一、赋役合一的实态；二是以白银货币化为辅线，探讨田赋折银、纳银代役、赋役合并征银的趋势。在研究过程中，拟以国内甚或国际政治、经济发展为背景，通过实证分析、定量分析与定性分析相结合等研究方法，尽可能还原苏州府赋役制度的运行实态，以及赋役改革的演进规律。

① 赵轶峰：《明清江南研究的问题意识》，《探索与争鸣》2016 年第 4 期。

第 一 章

东南财赋中心的形成

第一节 从"饭稻羹鱼"到"乡贡八蚕之绵"

今之苏州，位于长江三角洲腹地，东临上海，西接无锡，北衔长江，南濒嘉兴，乃中国最具经济活力的城市。宋之苏州，"衣冠之所萃聚，食货之所丛集""地沃而物夥，其原隰之所育，湖海之所出，不可得而殚名也"。① 明之苏州，"拱京师以直隶，据江浙之上游，擅田土之膏腴，饶户口之富稠；文物萃东南之佳丽，诗书衍邹鲁之源流，实东南之大郡"②。又云："府枕江而倚湖，食海王之饶，拥土膏之利，民殷物繁。田赋所出，吴郡常书上上。说者曰：'吴郡之于天下，如家之有府库，人之有胸腹也。门户多虞，而府库无恙，不可谓之穷；四肢多病，而胸腹犹充，未可谓之困。'"③ 其所辖诸县，"常熟据海隅之形胜，长洲带茂苑之繁雄，吴江名著乎松陵，昆山秀钟乎玉峰，嘉定处练川之上，崇明居大海之中，惟吴县为最望分依郡治以为雄"④。

---

① （宋）朱长文：《吴郡图经续记》卷上《物产》，《江苏地方文献丛书》，江苏古籍出版社1999年标点本，第9页。

② （明）莫旦：《苏州赋》，同治《苏州府志》卷二《疆域》，《中国地方志集成·江苏府县志辑》第7册，江苏古籍出版社1991年版，第122页。另洪武十二年四月，宋濂为洪武《苏州府志》作序时曰："吴在周末为江南小国，秦属会稽郡。及汉中世，人物、财赋为东南最盛。历唐越宋以至于今，遂称天下大郡。"见洪武《苏州府志》序，洪武十二年钞本，《中国方志丛书》第432号，台北成文出版社有限公司1983年影印本，第1页。

③ （清）顾祖禹：《读史方舆纪要》卷二四《南直六》，中华书局2005年版，第1156页。

④ （明）莫旦：《苏州赋》，同治《苏州府志》卷二《疆域》，《中国地方志集成·江苏府县志辑》第7册，江苏古籍出版社1991年版，第122页。

图1—1　明代苏州府境①

　　吴、吴中、姑苏、吴郡、吴州、中吴、平江、隆平等称谓，彰显其历史之悠久。宜人的气候，平坦的地势，密布的河网，不仅使苏州天然具有成为鱼米之乡的条件，并且也具备成就经济重心和财赋重地之潜能。然而，唐代之前的苏州经济，虽有一定发展基础，但在全国经济重心转移之前，并不特别引人瞩目。

一　唐之前苏州经济概览

　　公元前514年，"及阖闾立，乃徙都，即今之州城是也"②，此苏州成为诸侯国都之始。司马迁描述吴都之形胜时称："夫吴自阖闾、春申、王濞三人招致天下之喜游子弟，东有海盐之饶，章山之铜，三江五湖之利，亦江东一都会也。"③ 所谓"海盐之饶"，即煮盐业发达；"章山之铜"，

---

　　① 正德《姑苏志》，《天一阁藏明代方志选刊续编》第 2 册，嘉靖二十一年修订版，上海书店出版社 1990 年影印本，第 23—24 页。

　　② （宋）朱长文：《吴郡图经续记》卷上《封域》，《江苏地方文献丛书》，江苏古籍出版社 1999 年标点本，第 9—10 页。

　　③ 《史记》卷一二九《货殖列传》第六九，中华书局 1959 年标点本，第 3267 页。所谓"三江""五湖"，是泛指还是实指，至今尚无定论。

乃铜之开采与铸造先进之意；"三江五湖之利"，是赞其水利之发达。彼时苏州虽以吴国都城而为人所知，但支撑其经济发展的措施有二，一是开垦荒地，充实仓廪，如《国语》所言，"农夫作耦，以刈杀四方之蓬蒿"①，是其发展生产的形象描述；二是重视水利之兴修。开凿于公元前486 年的邗沟及其他运河，"于吴则通渠三江、五湖。……此渠皆可行舟，有余则用溉浸，百姓飨其利"②。上述有利条件是吴国称霸的经济基础，至吴王夫差时，吴国终成为"甚富而财有余"③ 的强国。

秦汉时中国的经济重心在关中和关东地区，长安、临淄等北方城市是全国的经济中心。而苏州所在的江南，乃"楚越之地，地广人稀，饭稻羹鱼，或火耕而水耨，果蓏蠃蛤，不待贾而足，地势饶食，无饥馑之患，以故呰窳偷生，无积聚而多贫。是故江淮以南，无冻饿之人，亦无千金之家"④。此时的苏州与长安、临淄相较，尽管不可同日而语，但吴地经济自给自足成分甚高，尤其苏州一地，人口相对集中，经济与周围地区相比，则无出其右者。因此彼时苏州颇为司马迁所看重，被列为江南地区唯一的都会。

由于吴地自然资源丰饶，因而汉初吴王刘濞当政时，"招致天下亡命者盗铸钱，东煮海水为盐，以故无赋，国用饶足"⑤。在生产力不发达、生产工具不先进的情况下，其经济发展取决于资源禀赋和人之因素。是以刘濞招纳天下亡命之徒，铸钱煮盐，发展经济。《汉书》卷五一《贾邹枚路传》云"夫吴有诸侯之位，而实富于天子；有隐匿之名，而居过于中国"，说明汉初吴王刘濞主政时期，吴国虽僻在东南，其经济实力和地理环境，当不次于天子和国都。及汉中世，苏州人物财赋为东南最盛。⑥ 建安二十年（215），吴郡钱塘人全琮曾由桂阳郡"赍米数千斛到吴，有所市易"⑦。

---

① 《国语》（二）卷一九《吴语》，王云五《万有文库》第一集，上海商务印书馆 1935 年版，第 86 页。

② 《史记》卷二九《河渠书》第七，中华书局 1959 年标点本，第 1407 页。

③ 《越绝书》卷五《越绝请籴内传》第六，王云五《丛书集成初编》，上海商务印书馆 1937 年版，第 25 页。

④ 《史记》卷一二九《货殖列传》第六九，中华书局 1959 年标点本，第 3270 页。

⑤ 《汉书》卷三五《荆燕吴传》，中华书局 1962 年标点本，第 1904 页。

⑥ 洪武《苏州府志》卷一《沿革》，《中国方志丛书》第 432 号，成文出版社有限公司 1983 年影印本，第 1 页。

⑦ 《三国志》卷六〇《全琮传》，中华书局香港分局 1971 年标点本，第 1381 页。

地处辽东的公孙氏也遣人"乘桴沧海，交酬货贿，葛越布于朔土，貂马延于吴会"①。

东汉末年，北方持续战乱，人口纷纷南迁，却为江南经济发展带来历史机遇。经济开发所必需的土地、人口、技术同相对稳定的社会环境在此交融，因而垦田多辟、渔猎山伐的经济格局有所改变。尤其孙吴政权建立后，以吴郡为兴业之地，此地一改先前"楚越之地，地广人稀，不待贾而足"之景象，而成为千里沃野和商贾贸易活跃之所。《抱朴子》记载吴地富豪之家："势利倾于邦郡，储积富乎公室……僮仆成军，闭门为市。牛羊掩原隰，田池布千里，……而金玉满堂，妓妾溢房；商贩千艘，腐谷万庾。园囿拟上林，馆第僭太极。梁肉余于犬马，积珍溢于帑藏。"② 凭借占有大量田地与财富，世家大族次第出现。经济的发展带动了贸易的兴盛。吴王孙休诏曰："顷年以来，……州郡吏民及诸营兵，皆浮船长江，贾作上下。"③ 吴、蜀之间的商品交易尤为频繁，"江东历代尚未有锦，而成都独称妙，故三国时魏则市于蜀，而吴亦资西道"④。《吴门表隐》曾记述三国时苏州的市场分布："吴市在乐桥干将坊，即东市门，又东有尽市桥。西市坊，即西市门，又西则市曹桥，又有谷市桥，北小市桥。"⑤ 左思《吴都赋》之吴都，对应《魏都赋》之洛阳、《蜀都赋》之成都，内容所述乃苏州也，"畛畷无数，膏腴兼倍，原隰殊品，宗窭异等……毕天下之至异，讫无索而不臻"⑥，可见苏州经济之繁荣。此后，永嘉南渡，产生的效果非唯人口增，田野辟，更是和平环境下的繁荣景况，所谓"时和年丰，百姓乐业，谷帛殷阜，几乎家给人足矣"⑦。即使在宋、齐、梁、陈频繁易代之时，亦是"川泽沃衍，有海陆之饶，珍异所聚，故商

---

① （唐）房玄龄：《晋书》卷五六《孙楚传》，中华书局1974年标点本，第1540页。

② （晋）葛洪：《抱朴子》外篇卷三《吴失》，《钦定四库全书荟要》，子部，乾隆御览本，第25—26页。

③ 《三国志》卷四八《孙休传》，中华书局香港分局1971年标点本，第1158页。

④ （宋）李昉：《太平御览》卷八一五《布帛部二》，《钦定四库全书》子部，文渊阁四库全书本，第13页。

⑤ （清）顾震涛：《吴门表隐》卷一，《江苏地方文献丛书》，江苏古籍出版社1999年版，第2—3页。

⑥ （晋）左思：《吴都赋》，《全上古三代秦汉三国六朝文》第二册《全晋文》卷七四，中华书局1958年版，第1885—1886页。

⑦ （唐）房玄龄：《晋书》卷二六《食货》，中华书局1974年标点本，第792—793页。

贾并凑"①, "一岁或稔, 则数郡忘饥"②。

二　唐之前苏州的赋税情况

如前所述, "自虞、夏时, 贡赋备矣"。贡赋是中国赋税最初的范畴, 此后税收范围不断延展, 但也不外乎农副产品之类。苏州为"古扬州之域, 厥土惟涂泥, 厥田为下下"③, 但至"吴王夫差之时, 其民殷众, 禾稼登熟"④, 粟米成为赋税的主要来源。另"有海盐之饶, 章山之铜", 因而盐、铜亦是贡赋之物。苏州附近所产之盐, 远销四方, 因而杜甫有"蜀麻吴盐自古通, 万斛之舟行若风"⑤ 的诗句。苏州附近的丹阳, 是历史上采办铜钱的场所。究竟此时吴国粟米等赋税年入几何? 因资料阙如, 尚不能断言之。《吴越春秋》载, 越国岁饥, 请求吴国援助, 吴王夫差"乃与越粟万石"⑥, 数字虽未必准确, 但亦可作一般旁证。

秦及汉初, 政府对江南新设之郡, "以其故俗而治", 一般采取免收赋税的政策。秦时苏州不在免税之列, 反成为重赋之地, "凡系田旁隙地, 悉起租粮, 其数反多于正额"⑦。汉初吴王刘濞当政, "是时, 吴以诸侯即山铸钱, 富埒天子"⑧, "其居国以铜盐故, 百姓无赋。卒践更, 辄予平贾。岁时存问茂材, 赏赐闾里。它郡国吏欲来捕亡人者, 颂共禁不与。如此者三十余年, 以故能使其众"⑨, 可见此时吴地之富庶程度。东汉时, 苏州经济有所发展, 丝棉布帛享有盛名, 并且成为重要的贡品。永初元年

---

① （唐）魏征:《隋书》卷三一《地理志下》, 中华书局1973年标点本, 第887页。

② （南朝梁）沈约:《宋书》卷五四《沈昙庆传论》, 中华书局1974年标点本, 第1540页。

③ 《苏松历代财赋考》卷一,《四库全书存目丛书》第276册, 齐鲁书社1996年影印本, 史部, 第101页。

④ 《越绝书》卷一〇《越绝外传记吴王占梦》第一二, 王云五《丛书集成初编》, 上海商务印书馆1937年影印本, 第51页。

⑤ （唐）杜甫:《夔州歌十绝句》,《全唐诗》卷二二九, 中华书局1960年版, 第2508页。

⑥ （汉）赵晔:《吴越春秋》卷五《勾践阴谋外传》第九, 王云五《丛书集成初编》, 上海商务印书馆1937年影印本, 第193页。

⑦ 《苏松历代财赋考》卷一,《四库全书存目丛书》第276册, 齐鲁书社1996年影印本, 第101页。

⑧ （唐）杜佑:《通典》卷八《食货八·钱币上》, 中华书局1988年标点本, 第173页。

⑨ 《汉书》卷三五《荆燕吴传》, 中华书局1962年标点本, 第1905页。

（107）九月，朝廷曾调吴郡等处粮米，救济黄淮一带受灾民众。[1]

东汉末年，群雄竞起，苏州乃吴国发迹之所，后吴都建业，"前据大江，南连重岭，凭高据深，……西引荆楚之固，东集吴会之粟"[2]。《三国志》卷五三称："田户之租赋，裁取供办，贵致远珍名珠、香药、象牙、犀角、玳瑁、珊瑚、琉璃、鹦鹉、翡翠、孔雀、奇物，充备宝玩，不必仰其赋入，以益中国也。"[3] 此时苏州缴纳赋税项目有了些许变化。《吴都赋》曰"煮海为盐，采山铸钱，国税再熟之稻，乡贡八蚕之绵"[4]，除盛产盐、铜钱、稻米之外，各种珍玩、桑蚕织品皆成为贡物。长沙走马楼出土的三国吴简（四·五九）称："小赤丘男子吕吉，佃田十町，凡六十亩，皆二年常限，其五十七亩旱败不收，亩收布六寸六分。定收三亩，为米三斛六斗。亩收布二尺。其米三斛六斗，四年十二月九日付仓吏李金。凡为布一匹一丈六寸二分，四年十二月七日付库吏潘有。其旱田亩收钱三十七，其熟田亩收钱七十。凡为钱一千五百四十钱。"[5] 农民除了缴纳实物地租外，亦缴纳货币地租，而且货币地租占有一定比重。

彼时乃全汉昇所谓"中古自然经济"时代，虽谷帛等实物货币大行其道，然钱币之流通亦风靡一时。苏州自东吴时期即流通钱币，至南朝时期继续沿用，梁初唯京师及三吴等地用钱。此时苏州"丝棉布帛之饶，覆衣天下"[6]，成为六朝古都南京的财赋供应地。

第二节 "中原释耒，漕吴而食"

一 唐人诗文中的苏州经济

隋唐是苏州所在江南经济发展的第二个黄金期。先是大运河的南北贯

---

① 《后汉书》卷五《孝安帝纪》第五，中华书局 1965 年标点本，第 208 页。

② （清）顾祖禹：《读史方舆纪要》卷二〇《南直二·应天府》，中华书局 2005 年版，第 921 页。

③ 《三国志》卷五三《薛综传》，中华书局香港分局 1971 年标点本，第 1158 页。

④ （晋）左思：《吴都赋》，《全上古三代秦汉三国六朝文》第二册《全晋文》卷七四，中华书局 1958 年版，第 1885 页。

⑤ 《嘉禾吏民田家莂》（上），《长沙走马楼三国吴简》，文物出版社 1999 年版，第 79—80 页。

⑥ （南朝梁）沈约：《宋书》卷五四《沈昙庆传论》，中华书局 1974 年标点本，第 1540 页。

通，后是安史之乱前后的南北交融。唐代行政区域分为道、州和县，其中州按其政治、经济地位，分为府、辅、雄、望、紧、上、中、下八个等级。唐前期，"六雄十望"皆分布于北方。苏州虽不在此列，但因运河的沟通，逐渐成为京师长安的赋税供应地。"唐都长安，而关中号称沃野，然其土地狭，所出不足以给京师，备水旱，故常转漕东南之粟。"① 安史之乱后，藩镇割据严重，随着北方人口的大量南迁和持续开发，江南地区州郡等级陡然上升。《唐会要》卷七十载，大历十三年（778），因其赋税方面对国家财政的意义，苏州成为江南地区唯一的雄州。② "南方无论在经济、文化上虽较后起，而处处均与北方相埒，长江流域经济逐渐赶上黄河流域，造成南北对立的形势。"③

唐时苏州的经济地位，从众多唐人诗文中可见一斑。其繁荣兴盛、经济发达程度，首先体现于苏州所积聚的大量人口。唐僖宗时苏州人陆广微，记载苏州所辖区域已达 143261 户④，这从诗人吴融、皮日休之诗句亦可得到佐证。《全唐诗》卷六八七《风雨吟》曾言"姑苏碧瓦十万户，中有楼台与歌舞"；卷六一三《奉和鲁望早春雪中作吴体见寄》亦称"全吴缥瓦十万户，惟君与我如袁安"。

其次是农副业、手工业经济的发展。彼时苏州稻米产量不仅能够自给，而且可以运销边疆塞外，如杜甫诗曰"云帆转辽海，粳稻来东吴"⑤。桑、麻等经济作物亦广为种植，陆龟蒙有诗咏桑麻，"四邻多是老农家，百树鸡桑半顷麻"⑥；又云"沟塍堕微溜，桑柘含疏烟。处处倚蚕箔，家家下渔筌"⑦。随着桑麻广布，丝织业进而得以广泛发展，并以丝、葛、丝绵、丝布、八蚕丝、朱绫、丝绢、绫绢等著称。⑧ 李贺诗"吴丝蜀桐张

① （宋）欧阳修等：《新唐书》卷五三《食货三》，中华书局 1975 年标点本，第 1365 页。
② （宋）王溥：《唐会要》卷七〇，上海古籍出版社 2006 年影印本，第 1466 页。
③ 张家驹：《两宋经济重心的南移》，湖北人民出版社 1957 年版，第 4 页。
④ （唐）陆广微：《吴地记》，《江苏地方文献丛书》，江苏古籍出版社 1999 年版，第 1 页。
⑤ （唐）杜甫：《后出塞》，《全唐诗》卷二一八，中华书局 1960 年版，第 2293 页。
⑥ （唐）陆龟蒙：《奉和夏初袭美见访题小斋次韵》，《全唐诗》卷六二五，中华书局 1960 年版，第 7138 页。
⑦ （唐）陆龟蒙：《崦里》，《全唐诗》卷六一八，中华书局 1960 年版，第 7124 页。
⑧ （宋）范成大：《吴郡志》卷一《土贡》，《江苏地方文献丛书》，江苏古籍出版社 1999 年版，第 6 页。

高秋，空白凝云颓不流"①，极言苏州丝织品质地之精美。苏颋文"吴越之缟，裁缝之袴。怀风纳凉，君子尚素"②，是说其声誉之隆。

丝织业之外，尚有编织、造船、酿酒、金属制造、食品加工、制盐诸业并盛。其中白角覃为编织业中的名品，其做工之精堪与镜湖鲛绡媲美。鲍溶《采葛行》诗云："镜湖女儿嫁鲛人，鲛绡逼肖也不分。吴中角覃泛清水，摇曳胜被三素云。自兹夏荐无人惜，那敢更争龙手迹。蛮女将来海市头，卖与岭南穷估客。"③ 吴中角覃与镜湖鲛绡并称，压倒了蛮女所织之细葛。另外粮食产量和品种的增多，为酿酒业的发展提供了原料，其中糯米酿酒尤佳。时苏州刺史刘禹锡，曾以"酿酒糯米"相寄寓居洛阳的白居易，因此白氏赠诗曰"金屑醅浓吴米酿"④。另外，自古有"海盐之饶"称谓的苏州，其盐业经济有了进一步发展。唐政府曾在吴、越、扬、楚四州置有盐廪数千，积盐二万余石⑤。杜甫诗曰"蜀麻久不来，吴盐拥荆门"⑥，说明苏州所产之盐，在唐代已作为重要的商品而行销各地。

唐代苏州经济的发展，还在于商品市场的发育。中叶以前主要实行坊市制度，此与当时商品交换不发达密切相关。这种制度规定城中的住宅区和贸易区分置，交易必须在市区内进行，并有严格的启闭制度。显然，坊市制度对商品交易有一定的限制，但不妨碍苏州交易市场的繁荣。从唐诗中可窥知苏州商品市场的情况。"欲辞南国去，重上北城看。复叠江山壮，平铺井邑宽。人稠过扬府，坊闹半长安"⑦，这是白居易对苏州坊市的描写。长安和扬州是唐朝最主要的商业都市，白诗从人口密度和集市喧闹程度的对比中，映衬出苏州的人口集聚和市场繁荣。中期以后，坊市制度逐渐衰落，先是店铺逐渐出现在城内空闲地，甚至街道两边；继而市的设置已冲破城的樊篱，在州县之所以外，如交通要道或津渡，产生了新的

① （唐）李贺：《李凭箜篌引》，《全唐诗》卷三九○，中华书局1960年版，第4392页。
② （唐）苏颋：《从叔任偃师主簿以马鞭等奉别赞五首》，《文苑英华》卷七八四，中华书局1966年影印本，第4146页。
③ （唐）鲍溶：《采葛行》，《全唐诗》卷二二九，中华书局1960年版，第2508页。
④ （唐）白居易：《刘苏州寄酿酒糯米》，《全唐诗》卷四五五，中华书局1960年版，第5161页。
⑤ （宋）欧阳修等：《新唐书》卷五四《食货四》，中华书局1975年标点本，第1378页。
⑥ （唐）杜甫：《客居诗》，《全唐诗》卷二二一，中华书局1960年版，第2293页。
⑦ （唐）白居易：《齐云楼晚望偶题十韵兼呈冯侍御周殷二协律》，《全唐诗》卷四四七，中华书局1960年版，第5033—5034页。

交换区域，如"草市"。"草市"之商品交易，非唯摆脱了空间的限制，更是不受时间的约束。请看杜荀鹤对苏州夜市的描绘："君到姑苏见，人家尽枕河，古宫闲地少，水港小桥多。夜市卖菱藕，春船载绮罗"①；"去越从吴过，吴境与越连。有园多种橘，无水不生莲。夜市桥边火，春风寺外船"②，使人在闲适的生活气息中感受到浓郁的商业氛围。

彼时苏州的商业繁华，不仅体现在国内商品经济的发展，还在于频繁的对外交流。苏州北部为江海围绕，黄泗浦港常有外国船只前来。日本遣唐使回国、鉴真东渡亦从苏州起航。常驻外商常经营粮食、丝绸等普通商品。③同时，苏州一带的商人，也经常往海外经商，"春夏时下番，秋冬时归国"。关于苏州经济在整个江南地区的地位，《吴郡志》称，"唐时苏之繁雄，固为浙右第一矣"④；苏州刺史元锡亦曾感叹，"东吴繁剧，首冠江淮"⑤。白居易诗亦极尽苏州繁华之能事，一曰"吴中好风景，风景无朝暮。晓色万家烟，秋声八月树。舟移管弦动，桥拥旌旗驻。改号齐云楼，重开武丘路。况当丰熟岁，好是欢游处。州民劝使君，且莫抛官去"⑥；二曰"江南旧游凡几处，就中最忆吴江隈。长洲苑绿柳万树，齐云楼春酒一杯。阊门晓严旗鼓出，皋桥夕闹船舫回。修蛾慢脸灯下醉，急管繁弦头上催"⑦。

二　唐代苏州赋税之征收

苏州成为东南财赋中心是在唐代安史之乱后。韩愈曾云："当今赋出

---

① （唐）杜荀鹤：《送人游吴》，《全唐诗》卷六九一，中华书局 1960 年版，第 7925 页。

② （唐）杜荀鹤：《送友游吴越》，《全唐诗》卷六九一，中华书局 1960 年版，第 7926 页。

③ （宋）李昉：《太平广记》卷三三七引《广异记》"萧审"条，中华书局 1961 年版，第 2679 页云："萧审者，工部尚书旻之子，永泰中为长洲令……审居长洲三年，前后取受无纪极……其弟宇复墓，忽倒地作审灵语，责宇不了家事，数十百言。又云：'安胡者将吾米二百石、绢八十匹经纪求利，今幸我死，此胡辜恩，已走矣，明日食时，为物色捉之。'……宇具以白刺史常元甫，元甫令押衙候捉，果得安胡，米绢具在。初又云米是己钱，绢是枉法物，可施之，宇竟施绢。"

④ （宋）范成大：《吴郡志》卷五〇《杂志》，《江苏地方文献丛书》，江苏古籍出版社 1999 年标点本，第 660 页。

⑤ （唐）元锡：《苏州刺史谢上表》，《文苑英华》卷五八七，中华书局 1966 年影印本，第 3040 页。

⑥ （唐）白居易：《吴中好风景二首》，《全唐诗》卷四四四，中华书局 1960 年版，第 4975 页。

⑦ （唐）白居易：《忆旧游寄刘苏州》，《全唐诗》卷四四四，中华书局 1960 年版，第 5981 页。

于天下，江南居十九"①，当是渲染之笔。盖因缺乏苏州及全国同时段的赋税资料，无从比较其所占比率，故不能遽下断语。然通过其他一些资料，颇能看出唐代苏州之财政地位。

《吴地记》记载了武德七年（624）吴郡赋税情况。

> 两税茶盐酒等钱六十九万二千八百八十五贯七十六文。吴县九万九千九百六十三贯三百七十三文，长洲县九万八千五百七十六贯五百七十六文，嘉兴县一十七万八千七十六贯一百二十文，昆山县一十万九千五百三贯七百三十八文，常熟县九万七百五十贯七百七十四文，华亭县七万二千一百八十二贯四百三十一文，海盐县四万六千五百八十一贯五十八文，续添吴江县三万六千二百六十九贯一百文。②

《吴郡志》亦云："唐朝应管诸院，每年两浙场收钱六百六十五万贯，苏州场一百五万贯，观此一色，足以推见唐时赋入之盛矣。"③ 可见唐初苏州赋税收入是比较可观的。

天宝之后，"中原释耒，辇越而衣，漕吴而食"④，说明苏州粮食生产在唐中期后自给有余，已成为中原地区的粮食供给地。杜甫《昔游》云："是时仓廪实，洞达寰区开。猛士思灭胡，将帅望三台。君王无所惜，驾驭英雄材。幽燕盛用武，供给亦劳哉。吴门转粟帛，泛海陵蓬莱。"⑤ 说明东南之粟，集中于苏州，因军额扩大，须直接输送幽州。唐代中期以后，拥兵自重的北方藩镇，不再向政府缴纳赋税，国家财政唯赖苏州所在东南地区，"竭三吴以奉西北"，"每岁赋税倚办，止于浙江东西……八道四十九州，一百四十四万户"⑥。安史之乱后，因藩镇割据而使中央财政

---

① （唐）韩愈：《送陆歙州诗序》，《韩昌黎文集校注》第四卷，上海古籍出版社1987年版，第231页。

② （唐）陆广微：《吴地记》，《江苏地方文献丛书》，江苏古籍出版社1999年标点本，第2页。

③ （宋）范成大：《吴郡志》卷一《户口租税》，《江苏地方文献丛书》，江苏古籍出版社1999年标点本，第5页。

④ （唐）吕温：《故太子少保赠尚书左仆射京兆韦府君神道碑》，《文苑英华》卷九〇一，中华书局1966年影印本，第4744页。

⑤ （唐）杜甫：《昔游》，《全唐诗》卷二二二，中华书局1960年版，第2357—2358页。

⑥ （宋）司马光：《资治通鉴》卷二三七，中华书局1956年标点本，第7647页。

更为窘迫，"自德宗出居，及归京师，军用既繁，道路又阻，关中饥馑，加之以灾蝗，江南两浙转输粟帛，府无虚月，朝廷赖焉"①。由此可见，虽则《菽园杂记》称"苏州自汉历唐，其赋皆轻"②，然自安史之乱后，苏州赋税迅速增加却是不争的事实。

前已述及，全汉昇所谓的"中古自然经济"时代，实包括唐代中期以前，其特点之一即缴纳赋税以谷帛为主。白居易诗句"半匹红绡一丈绫，系向牛头充炭直"，乃是"中古自然经济"的真实写照。以钱缴纳赋税的情况也是有的，集中于专卖收入，如《吴地记》所载武德七年（624），吴郡赋税货币化情况，"两税茶盐酒等钱六十九万二千八百八十五贯七十六文"。只是租庸调制下，货币只占极小的部分。譬如天宝年间号称唐代最盛，但其钱币收入只占岁入总额的 3.9%③。中期以后铜钱日益排挤绢帛，如杜佑所言，"凡万物不可以无其数，既有数，乃须设一物而主之。其金银则滞于为器为饰。谷帛又苦于荷担断裂。唯钱可贸易流注，不住如泉"④。建中元年（780），宰相杨炎以资产为宗，创行以钱、米为额的两税法，钱币成为国家财政之主要成分。因两税法适应江南经济之发展，未必适合其他地区，因而常有不以为然的声音。白居易亦有"胡为秋夏税，岁岁输铜钱"的诘问⑤。

然两税法以资产为宗，以钱币定税，首先须以商品经济发展为基础，其次需要适当的货币政策作保障。晚唐流通中钱币不足，通货紧缩、钱重货轻，使民户缴纳现钱成为奢望。"今税额如故，而粟帛日贱，钱益加重，绢一匹价不过八百，米一斗不过五十，税户之输十千者，为绢十有二匹然后可，况又督其钱使之贱卖者耶！……推本弊，乃钱重而督之于百姓之所生也"！⑥"往者纳绢一匹，当钱三千二三百文，今者纳绢一匹，当钱

---

① （五代）刘昫：《旧唐书》卷一二九《韩滉传》，中华书局 1975 年标点本，第 3601 页。

② （明）陆容：《菽园杂记》卷五，《元明史料笔记》，中华书局 1985 年版，第 59 页。

③ 全汉昇：《唐宋政府岁入与货币经济的关系》，《中国经济史研究》（一），中华书局 2011 年版，第 185 页。唐天宝八载（749）岁入钱数 2000000（贯）/岁入总额 52300000（贯、石、匹、两）＝3.9%。

④ （唐）杜佑：《通典》卷八《食货八·钱币上》，中华书局 1988 年标点本，第 167 页。

⑤ 《白居易集》卷二，《赠友》诗曰"私家无钱炉，平地无铜山。钱力日已重，农力日已殚。贱粜粟与麦，贱贸丝与棉……使我农桑人，憔悴吠亩间"，中华书局 1979 年版，第 35 页。

⑥ （唐）李翱：《疏改税法》，《全唐文》卷六三四，中华书局 1983 年版，第 6403 页。

一千五六百文。"① 这是赋税制度由租庸调转向两税法过程中的阵痛期。

据《元和郡县图志》载，元和二年（807），苏州的税户已经达到 100800 户②。此后，白居易在苏州刺史任上，对苏州财政之于国家的意义多有提及。其文《苏州刺史谢上表》称："当今国用多出江南，江南诸州，苏最为大，兵数不少，税额至多。"③ 其诗《登阊门闲望》云："阊门四望郁苍苍，始觉州雄土俗强。十万夫家供课税，五千子弟守边疆。"④ 白氏诗文说明彼时苏州已然人口众多、经济兴盛、"税额至多"。大和五年（831），时任苏州刺史的刘禹锡亦曰"当州口赋，首出诸郡"⑤，晚唐之苏州业已成为国家重要的赋税来源地。

苏州所在江南地区商品货币经济的崛起，应是这一转移的深层次原因。两税法制定之时，其着眼点聚于江南，盖因江南地区在国家赋入中居有重要位置。之所以两税法取代租庸调法，一跃成为全国性税制，实因江南地区商品货币经济的强盛，及其由此奠定的财赋地位超过中原所致。从某种意义上说，"两税法是长江流域的产物，因此它的优点在长江流域发挥得最充分，而在长江流域各地，又以在江南最为显著"⑥。

据此有学者认为赋税货币化能否实现，当取决于整个社会商品经济发展水平。自然经济占绝对支配地位的社会，在全国范围内推广征赋以钱是不现实的。⑦ 另有学者认为"中古自然经济"在隋唐大一统后逐渐消失，铜钱广泛流通，经济日益繁荣。⑧ 安史之乱前，南方已具备"按资纳税"和"以钱为税"的条件；安史之乱后，伴随着财政重心的南移，两税法产生的条件更趋成熟。两税法之所以规定"以钱为税"，与铜钱替代谷

---

① （唐）陆贽：《陆宣公集》卷二二《均节赋税恤百姓第一条》，浙江古籍出版社 1988 年版，第 246 页。

② （唐）李吉甫：《元和郡县图志》卷二五《江南道一》，中华书局 1983 年标点本，第 600 页。

③ （唐）白居易：《苏州刺史谢上表》，《文苑英华》卷五八七，中华书局 1966 年影印本，第 3042 页。

④ （唐）白居易：《登阊门闲望》，《全唐诗》卷四四七，中华书局 1960 年版，第 5021 页。

⑤ （唐）刘禹锡：《刘禹锡集笺证》卷一七《苏州举韦中丞自代状》，上海古籍出版社 1989 年版，第 434 页。

⑥ 李伯重：《唐代江南农业的发展》，中国农业出版社 1990 年版，第 288 页。

⑦ 参见陈勇《唐代长江下游经济发展研究》，上海人民出版社 2006 年版，第 388 页。

⑧ 参见陈国栋《通货利商——货币与信用》，刘石吉主编《中国民生的开拓》，黄山书社 2012 年版，第 264 页。

帛，成为经济生活中交换手段有因果关系。在江南商品货币经济迅速发展、中国经济重心转移的过程中，两税法替代租庸调，有其历史的必然。

第三节　"苏湖熟，天下足"

一　宋元苏州经济之盛

唐代苏州地位的上升，为两宋时期江南经济取代中原地区奠定了基础。"宋代以后，基本经济地区从华北平原转移至稻米主产地的长江三角洲"①。中国经济重心从北方向南方转移的过程，即苏州商品货币经济不断发展的过程。

江南作为与中央遥相对应的地方，其在经济上的重要性，与王朝为了维持边疆稳定之在政治军事上的重要颇为相关。这从客观上加强了中央王朝通过国家建制完成对江南的牢牢控制，非此不足以用兵于西北。② 对于隋唐、两宋时苏州经济之地位，顾颉刚先生有评论道："自隋炀开运河，苏州已趋繁荣。惟以唐代都长安，相去太远，联系不紧，故不能太盛。自钱镠国吴越，北宋都汴梁，南宋都杭州，物资之取给于苏州者日多，故末世遂驾唐而上之矣。"③

首先是水利设施的兴修。"国家大计，半在江南。苟不修水利，则田赋不登；田赋不登，则国用匮，所尝亟为谋求者，莫先于水者。"④ 五代吴越国时苏州"治水之迹，纵则有浦，横则有塘……能言者总二百六十余所"⑤。延至宋代，地方官员更加重视水利。景祐年间（1034—1038），范仲淹在常熟、昆山之间"力破浮议"，"亲至海浦，开浚五河"，用以排泄积潦，从而"为数州之利"⑥。经过长时间的开发，苏州的广阔平原变

① ［日］鳌宫谷英夫：《近世中国はおける赋役改革》，《歴史評論》卷2号（1946年）。

② 全汉昇即持这种看法，他认为大运河的开凿即为了将南方经济与北方政治军事联系起来。参考全汉昇《中国经济史研究》（上册），香港新亚研究所1976年版，第279—292页。

③ 顾颉刚：《苏州史志笔记》五《苏州唐以前不盛》，江苏古籍出版社1987年版，第105页。

④ （明）顾炎武：《天下郡国利病书》原编第六册《苏松》，《四部丛刊三编》史部，上海商务印书馆1935—1936年影印本，第43—44页。

⑤ （元）脱脱：《宋史》卷九六《河渠六》，中华书局1977年标点本，第2381页。

⑥ （清）徐松：《宋会要辑稿·食货》卷六一之一二四，中华书局1957年影印本，第5935页下。

成了良田沃野，因此有"天下之利，莫大于水田；水田之美，无过于苏州"①之谓。不仅如此，凭借河湖纵横、地势低平之特点，"三十年间，昔之曰江、曰湖、曰草荡者，今皆田也"②，最著名者是五代至南宋时期形成的星罗棋布之圩田。圩田"旱则开闸，引江水之利，潦则闭闸，拒江水之害，旱潦不及，为农美利"③，是农业经济发展的基础和保障。

"盖吴利水稻，其丰穰，惟在水之节宣得其所。"④宋真宗大中祥符五年（1012），占城稻开始在苏州种植。其抗旱力强，生长期短，"不择地而生"的特点，利于稻田面积之扩大和稻米产量的提升。约略此时，苏州农民已知晓早稻、晚稻的生长规律。"刈麦种禾，一岁再熟。稻有早晚，其名品甚繁，农民随其力之所及，择其土之所宜，以次种焉"⑤，稻麦轮作，"一岁两熟"⑥。占城稻在苏州落户后，相继培养出众多优良品种，如常熟县有粳米品种21个，糯稻品种8个，并且有5个品种又可区分为早晚两种⑦；而昆山县品种则多至33个⑧。无怪乎范成大由衷感叹："谚曰'上有天堂，下有苏杭'。又曰'苏湖熟，天下足'。湖故不逮苏，杭为会府，谚犹先苏后杭……则在唐时，苏之繁雄，故为浙右第一矣。"⑨元代末期，《吴门事类》首次给早、中、晚稻以确切的定义："春分节后种、大暑节后刈者，为早稻；芒种节后及夏至节种，至白露节后刈者，为

①　（宋）范成大：《吴郡志》卷一九《水利》，《江苏地方文献丛书》，江苏古籍出版社1999年标点本，第262页。

②　（宋）卫泾：《后乐集》卷一三《论围田札子》，《景印文渊阁四库全书》第1169册，台湾商务印书馆1986年影印本，第654页上。

③　（宋）范仲淹：《答手诏条陈十事》，吕祖谦《宋文鉴》（六）卷四三，《万有文库》第二集，上海商务印书馆1937年版，第624页。

④　（明）徐光启：《农政全书》卷一三《东南水利》上，《钦定四库全书》子部，文渊阁四库全书本，第11页 b。

⑤　（宋）朱长文：《吴郡图经续记》卷上《物产》，《江苏地方文献丛书》，江苏古籍出版社1999年标点本，第9页。

⑥　（宋）范成大：《吴郡志》卷三〇《土物》，《江苏地方文献丛书》，江苏古籍出版社1999年标点本，第438页。

⑦　（宋）孙应时纂修，（宋）鲍廉增补，（元）卢镇续修：《琴川志》卷九《叙产》，《宋元方志丛刊》，中华书局1990年影印本，第1236—1237页。

⑧　淳祐《玉峰志》卷下，清黄氏士礼居钞本影印本，《续修四库全书》第696册，上海古籍出版社1995年影印本，第591页。

⑨　（宋）范成大：《吴郡志》卷五十《杂志》，《江苏地方文献丛书》，江苏古籍出版社1999年标点本，第660页。

中稻；夏至节后十日内种，至寒露节后刈者，为晚稻；若过夏至后一十日，虽种不生矣。"①

由此可见，明以前之苏州已然成为古代中国最为繁盛的经济区，有明一代，苏州迅速成为重赋之地，有其深远的历史渊源。两宋时期，中国经济重心南移完成，苏州成为国内最重要的粮食产地。苏轼曾谈及苏州所产稻米贸易的盛况，"本路唯苏、湖、常、秀等州出米浩瀚，常饱数路，漕输京师。自杭、睦以东衢、婺等州，谓之上乡，所产微薄，不了本土所食。里谚语云'上乡熟，不抵下乡一锅粥'，盖全仰苏、秀等州商贩贩运，以足官私之用"。② 显而易见，商品、商人、市场、交通是商品货币经济发展的核心所在，而这些要素，苏州堪称完备。此时的苏州，"舟航往来，北自京国，南达海徼，衣冠之所萃聚，食货之所丛集"③。

苏州商品货币经济的发展有以下四种情形。其一，农户多余粮食可以出售，"民计每岁种食之外，余米尽以贸易"④，即属此类。其二，有专为出售而种植的经济作物。太湖洞庭山"地占三乡，户率三千，环四十里……皆以树桑栀甘柚为常产"⑤，其"糊口之物，尽仰商贩"⑥。其三，货币税渐趋增多，促使农户将更多的农业产品投入市场。"虽复尽力耕种，所收之利或不足以了纳赋税，须至别作营求，乃至陪贴输官"⑦。其四，官府和买等政策，促使商人投机取利。崇宁四年（1105），尚书省札子载："访问两浙路，每岁和预买䌷绢，并不行下出产州军计置，多是科

　　① 洪武《苏州府志》卷四二《土产》，《中国方志丛书》第432号，成文出版社有限公司1983年影印本，第1698页。

　　② （宋）苏轼：《苏轼文集》卷三六《论浙西闭籴状》，《三苏全书》第十二册，语文出版社2001年版，第228页。

　　③ （宋）朱长文：《吴郡图经续记》卷上《物产》，《江苏地方文献丛书》，江苏古籍出版社1999年标点本，第10页。

　　④ （宋）叶适：《水心文集》卷一《上宁宗皇帝札子》，嘉泰三年札子二，《叶适集》，中华书局1961年版，第2页。

　　⑤ （宋）苏舜钦：《苏学士文集》卷一三《苏州洞庭山水月禅院记》，清康熙三十七年震泽徐氏刻本，《宋集珍本丛刊》第6册，线装书局2004年影印本，第364页。

　　⑥ （宋）庄绰：《鸡肋编》卷中，《历代笔记小说大观》，上海古籍出版社2012年版，第44页。

　　⑦ （宋）朱熹：《朱文公文集》卷一一《庚子应诏封事》，《四部丛刊》初编集部，上海商务印书馆缩印明刊本，第165页。

于不系出产州军和买，致使客人规利，兴贩前去。"①

　　商品货币经济的发展，使集市贸易逐渐形成规模，如吴县横金、吕山市场。绍兴三十一年（1161），米商张子颜资助宋朝军队，只从横金仓库一次性即提取储米二千五百石。吕山则以药材闻名遐迩，"凡山区海聚、殊方绝域金石草木之英，象犀龙麝之珍，鸡首豨苓牛溲马勃之贱，皆聚而有之"②。仅市场数量大幅增加，其市场形态亦趋向成熟。一些集市本是临时性交易点，最后发展成为常设市，如"民居辐辏，朝夕为市"③的半山桥。而昆山县则于每年四月举办"山神社会"，"它州负贩而来者，肩袂陆续"④，集贸市场渐渐具备了小城镇特色。

　　苏州"不是一级行政区的治所，政治因素的影响较小，其壮大的驱动力几乎完全来自于市场的发育"⑤。"吴郡，东至于海，北到于江，傍青龙、福山皆通海道"⑥，在历代开发之下，"田畴沃衍，生齿繁夥，则吴实巨擘焉……故岁一顺成，则粒米狼戾，四方取给，充然有余……织纴之功，苞苴之利，水浮陆转，无所不至。故其民不耕耨，而多富足，中家壮子，无不贾贩以游者。繇是商贾以吴为都会，五方毕至。"⑦就连稍远的闽粤之贾，亦"乘风航海，不以为险。故珍货远物，毕集于吴之市"⑧。随着市场的繁荣，苏州人口亦大量增加。"元丰三年，户十九万九千，口三十七万九千"⑨，这比唐朝后期约增加了一倍。

――――――――

　　①（清）徐松：《宋会要辑稿·食货》卷三八之四，中华书局1957年影印本，第5468页。
　　②（宋）孙觌：《宋故武功大夫李公墓志铭》，《鸿庆居士集》卷三九，《景印文渊阁四库全书》第1135册，集部七四，台湾商务印书馆1986年影印本，第433页。
　　③正德《姑苏志》卷一八《乡都》，《中国史学丛书》初编第31册，台湾学生书局1986年影印本，第243页。
　　④淳祐《玉峰志》卷上《风俗》，《续修四库全书》第696册，上海古籍出版社1995年影印本，第572页上。
　　⑤龙登高：《宋代东南市场研究》，云南大学出版社1994年版，第213页。
　　⑥（宋）朱长文：《吴郡图经续志》卷上《海道》，《江苏地方文献丛书》，江苏古籍出版社1999年标点本，第17—18页。
　　⑦（宋）范成大：《吴郡志》卷三七，《江苏地方文献丛书》，江苏古籍出版社1999年标点本，第530页。
　　⑧（宋）朱长文：《吴郡图经续志》卷上《海道》，《江苏地方文献丛书》，江苏古籍出版社1999年标点本，第17—18页。
　　⑨（宋）范成大：《吴郡志》卷一《户口租税》，《江苏地方文献丛书》，江苏古籍出版社1999年标点本，第5页。

元代苏州是全国工商业中心，以"奢丽"闻名于世。宋末元初士人方回称元代"东南郡，苏、杭第一。杭设行省，南海百蛮之入贡者，南方数百郡之求仕者，与夫工技贸易之趋比者，今日杭而明日苏。天使之驰驿而来者，北方中原士大夫之仕于南者，东辽西域幽朔之浮淮越江者，今日苏而明日杭。是故苏为孔道，陆骑水舫，供给良难"①。元代昆山人朱德润曾云："大江东南，甲郡惟吴。国赋岁夥，民生亦勚……商税榷酤，百役具将。"② 徐显《稗史集传》亦称苏州"为东南都会，富庶甲于天下，其列肆大贾，皆靡衣甘食"③。

元代苏州除了依靠大运河沟通南北外，还可通过小河川连接太湖和长江，并可向海外出航。元代的太仓是国家贮藏谷物之所，政府曾在太仓设海运仓，而使苏州成为海运中心和腹地。④

二　宋元苏州赋税情况之一斑

唐代以降，论及五代十国时苏州赋税，顾颉刚同意前人观点，亦视往昔已加数倍⑤，然苏州成为全国性财赋和赋税中心却是在宋代。"若乃京师大众之所聚，万旅百官之仰给，邦畿之赋，岂足充用？逮于奉辞伐叛，调兵乘鄣，或约赍以深入，以赢粮而景从，曷尝不漕引而致羡储，飞挽而资宿饱"⑥。北宋都开封，每年需漕粮600万石，漕运使苏州和国都连接为一体。大中祥符年间（1008—1016），苏州夏税有丁身盐钱、绢、绸、绵，秋税主要是白粳米；淳熙十一年（1184），苏州府赋税项目主要有

① （元）方回：《姑苏驿记》，洪武《苏州府志》卷四七《集文》，《中国方志丛书》第432号，成文出版社有限公司1983年影印本，第1969—1970页。

② （元）朱德润：《高德基太守善政铭诗》，《存复斋文集》卷一，《四部丛刊续编》集部，上海涵芬楼影印本，第8页。

③ （元）徐显：《稗史集传》，《丛书集成初编》，上海商务印书馆1939年影印本，第15页。

④ ［日］宫崎市定：《明清时代的苏州与轻工业的发达》，《宫崎市定论文选集》（上），中国科学院历史所译，商务印书馆1963年版，第230—231页。

⑤ 顾颉刚：《苏州史志笔记》五《吴越田赋》，江苏古籍出版社1987年版，第105页载："钱氏奄有吴、越，习俗侈靡，其赋税加数倍。钱之归朝也，使其臣江汉臣上图籍，汉臣忠故籍之厉民无已，沈诸河而自劾。太宗怒，欲杀之。已而舍之。后命王永均吴、越田税，钱氏旧税五斗，永更定为一斗。江、王二公之德大矣哉。"

⑥ （宋）王钦若等：《册府元龟》卷四九八《邦计部·漕运》，中华书局1960年影印本，第5959页。

米、夏税折帛钱、上供诸色钱。《梦溪笔谈》卷一二云："发运司供京师米以六百万石为额，淮南一百三十万石，江南东路九十九万一千一百石，江南西路一百二十万八千九百石，荆湖南路六十五万石，荆湖北路三十五万石，两浙路一百五十万石。通余羡岁入六百二十万石。"① 上述漕运粮六百万石，与苏州年纳赋税相较如何？曾任苏州知府的范仲淹称："臣知苏州，自点检簿书，一州之田，系出税者三万四千顷。中稔之利，每亩得米二石至三石，计出米七百余万石。东南每岁上供六百万石，乃一州所出。"② 起源于北宋时期的谚语"苏湖熟，天下足"③，确是有根底的。迨至南宋，则流传更广，不仅见于前述范成大之《吴郡志》，还见于吴泳、陆游等人文集。④

《皇朝仕学规范》载："两浙田税亩三斗，钱氏国除，朝廷遣王方赞均两浙杂税，方赞悉令亩出一斗。使还，责擅减税。方赞谓亩税一斗，天下之通法。两浙既已为王民，岂当复循伪国之法？上从其说，至今亩税一斗者，自方赞始。"⑤《苏松历代财赋考》亦云："宋神宗元丰间，苏郡税额止三十四万九千有奇。"⑥ 又据《姑苏志》云，北宋立国之初，苏州"均定税数，只作中下两等。中田一亩，夏税钱四文四分，秋米八升；下田一亩，钱三文三分，米七升四合。取于民者，不过如此"。又言此数，"自熙丰更法，崇观多事，靖炎军兴，随时增益，始不一矣"⑦。可见在熙

① （宋）沈括：《梦溪笔谈》卷一二《官政二》，《新世纪万有文库》，辽宁教育出版社1997年标点本，第73—74页。

② （宋）范仲淹：《答手诏条陈十事》，吕祖谦《宋文鉴》（六）卷四三，《万有文库》第二集，上海商务印书馆1937年版，第624—625页。

③ （宋）薛季宣：《浪语集》卷二八《策问·拟策一道》，《景印文渊阁四库全书》第1159册，台湾商务印书馆1986年版，第431页。

④ （宋）吴泳：《鹤林集》卷三九《隆兴府劝农记》载"吴中之民，专事人力，故谚曰'苏湖熟，天下足'，勤所致也"，《景印文渊阁四库全书》第1176册，台湾商务印书馆1986年版，第383页。陆游《渭南文集》卷二十《常州奔牛闸记》载"方朝廷在故都时，实仰东南财赋，而吴中又为东南根柢，语曰：'苏常熟，天下足'，故此闸尤为国用所仰"，《景印文渊阁四库全书》第1163册，第465页。

⑤ （宋）张镃：《皇朝仕学规范》卷三○，《北京图书馆古籍珍本丛刊》第68册，书目文献出版社1998年影印本，第648页。

⑥ 《苏松历代财赋考》卷一，《四库全书存目丛书》史部第276册，齐鲁书社1996年影印本，第105页。

⑦ 正德《姑苏志》卷一五《田赋》，《中国史学丛书》初编第31册，台湾学生书局1986年影印本，第214页上。

宁、元丰以前，苏州地区的夏秋税额并不为多。又熙宁三年，苏州人郏亶上书言苏州水利曰，苏州此地有 36 万夫之田，"又以上中下不易、再易而去其半，当有十八万夫之田，常出租税也"，而"国朝之法，一夫之田为四十亩，出米四石"①。这说明，考虑到当时耕作状况，一个成年劳动力一般具有 40 亩地的耕作能力。而一个正常的劳动力，一亩地的负担约在 10 升。与苏州地区中、下田的钱米合计的负担约略相当。而且郏亶又说："况因水旱而蠲除者，岁常不下十余万石，而甚者或蠲除三十余万石。"② 至南宋末年贾似道为相，苏州府赋税骤增。《姑苏志》载："有一石之租额，迨苏松浮额既增，业主遂以官加之重赋，尽归之于佃户，于是更有一石几斗之租额。"③

宋元明方志记载了宋代昆山、常熟两县两税征收明细，见表 1—1。

表 1—1　　　　　　宋代苏州府及昆山、常熟两税征收明细

地区	时间	夏税	秋税	资料来源
苏州府	元丰三年（1080）	输帛为匹者八万，输苗为斛者三十四万五千，输纩为两者二万五千，免役为缗者八万五千，皆有奇		洪武《苏州府志》卷一〇《税赋》，《中国方志丛书》第 432 号，台北成文出版社 1981 年影印本，第 434—436 页
	淳熙十一年（1184）	苗三十四万三千二百五十六石，夏税折帛钱四十三万九千三百五十六贯四五八文，上供诸色钱一百二十三万一千二百零八贯九百文		
	景定元年（1260）	税管三十五万六千五百五十六贯四百九十二文，苗米二十八万三千九百五十一石三升六合二勺五抄		

① 正德《姑苏志》卷十一《水利上》，《中国史学丛书》初编第 31 册，台湾学生书局 1986 年影印本，第 170 页下。

② 同上书，第 171 页上。

③ 《苏松历代财赋考》卷一，《四库全书存目丛书》史部第 276 册，齐鲁书社 1996 年影印本，第 105 页。

续表

地区	时间	夏税	秋税	资料来源
昆山县	大中祥符年间 （1008—1016）	丁身盐钱三千六百余贯，绢一万五千三百四十匹，䌷七百七十匹，帛一千三百匹	秋苗米一十万有奇	（淳祐）《玉峰志》卷中《税赋》，《续修四库全书》史部地理类第 696 册，上海古籍出版社 1995 年影印本，第 577 页
	嘉定年间 （1208—1224）	折帛和买钱六万三千一百三十三贯九百五十七文，然圮江事等田者甚多，故每岁所催止四万余贯	秋苗五万九千八百四十七石五斗九升	
	咸淳年间 （1265—1274）	绢七千一百四十四匹一丈一尺二寸	秋苗五万四千四百五十七石二斗一升六合	（咸淳）《玉峰续志》，《昆山宋元三志》第二册，广陵书社 2010 年影印本，第 11 页
常熟县	北宋初	只作中下两等，中田：一亩夏税钱四文四分；下田：一亩夏税钱三文三分	中田：一亩秋米八升；下田：一亩秋米七升四合	（宋）孙应时纂修，（宋）鲍廉增补，（元）卢镇续修《琴川志》卷六《税》，《宋元方志丛刊》，中华书局 1990 年影印本，第 1207—1208 页
	绍兴十二年 （1142）	原夏税绢和买绢䌷绵折帛钱一十万二千三百三十一贯三百四十四文，实计税钱九万四千八百四十九贯四十一文	秋苗七万四千一百二十石八斗七升，实计苗米七万二千五十六石六斗四升	
	端平二年 （1235）	夏税绢和买绢䌷绵折帛钱计一十万四百七十三贯三百三十七文二分	秋苗七万二千五百六十一石七斗九升五合	

根据表1—1所列两税征收情况，可以从三个方面进行分析。其一，

宋代苏州实行的两税法，国初只"输钱米而已"①，并且征收钱币的税收项目比前代增多，如另有免役钱、丁身盐钱等。从昆山、常熟两县来看，夏税主要征收折帛钱，秋税征收稻米。譬如常熟县，"国初尽削钱氏白配之目，遣右补阙王永、高象先各乘递马，均定税数，只作中下两等"，夏税收钱，每亩 4 文 4 分和 3 文 3 分；而秋税收米。② 究竟钱米两项各自占多少比重？全汉昇先生对治平二年（1065）的钱币收入进行了计算，结论是钱币收入已占岁入总额的 51.6%③。该数字存在两方面的问题。1. 在计算过程中，作者不分物品种类和计算单位，混加在一起进行比较，结果未必准确。④ 2. 没有考虑钱币收入中混有实物的事实，如《宋史·食货志》所云，"既以绢折钱，又以钱折麦，以绢较钱，钱倍于绢；以钱较麦，麦倍于钱"⑤。尽管如此，宋代赋税货币化程度较前代加深，却是不争的事实。其二，可以看出南宋苏州财政地位的提高。南宋淳熙十一年（1184），苏州两税"为斛者止三十四万九千有奇"⑥，指的是米，而夏税折帛钱 439356 贯，上供诸色钱 1231208 贯，若按淳熙中米价计算，"斗米之值，百五六十钱"⑦，即每石 1 贯 500 钱至 1 贯 600 钱，则夏税折帛钱、上供诸色钱可买米 1044103 石至 1113709 石。其三，表中数据也间接证明了宋代存在的钱荒问题。北宋时期，夏税征收铜钱较多，如庆历五年（1045），"江淮菽麦已登矣，而官责民输钱"⑧；而咸淳年间（1265—1274），昆山县夏税唯有绢绸绵折帛钱之数据，秋税只列实收苗米总额，夏税征钱已不复存在。北宋初期夏税以钱立额，实际征收时却以税钱折纳

---

① （清）徐松：《宋会要辑稿·食货》卷六四之三五，中华书局 1957 年影印本，第 6117 页上。

② （宋）孙应时纂修，（宋）鲍廉增补，（元）卢镇续修：《琴川志》卷六《叙赋》，《宋元方志丛刊》，中华书局 1990 年影印本，第 1207 页。

③ 全汉昇：《唐宋政府岁入与货币经济的关系》，《中国经济史研究》（一），中华书局 2011 年版，第 185 页。宋治平二年（1065）岁入钱数 60000000（贯）/116138405（贯、石、匹、两）＝51.6%。

④ 同上书，第 181 页。

⑤ 《宋史》卷一七四《食货志·赋税》，中华书局 1977 年标点本，第 4213 页。

⑥ （明）陆容：《菽园杂记》卷五，《元明史料笔记》，中华书局 1985 年版，第 59 页。

⑦ （宋）蔡戡：《定斋集》卷四《乞平籴札子》，《景印文渊阁四库全书》第 1157 册，台湾商务印书馆 1986 年影印本，第 602 页。

⑧ （宋）李焘：《续资治通鉴长编》卷一五四，庆历五年正月丙戌，上海古籍出版社 1986 年版，第 1429 页下。

绢绸等物；至南宋时期，税钱折纳绢帛已成为惯例，只是折价变动不居，是以方志中只出现绢绸绵之总数，而无夏税钱之总额，至于秋税苗米的征收则一仍其旧。

早在咸平三年（1000），田锡即称，江南、两浙"彼中难得钱"[1]，苏辙亦称："官库之钱，贯朽而不可较；民间官钱，搜索殆尽，市井所用，多私铸小钱，有无不交，田夫蚕妇，力作而无所售。"[2] 铜钱供过于求下出现的"钱荒"，使得白银的地位逐步提高，使用白银缴纳赋税的现象有所增多。日本学者加藤繁曾详细考察了南宋白银的流通情况[3]，不过宋代白银货币化之过程，由于存在白银供给不足、与铜钱比价过高等问题，而显得步履维艰。[4]

作为中国历史上商品经济发达的朝代，宋代流通的货币种类也较前朝为多。"凡岁赋，谷以石计，钱以缗计，金银丝绵以两计"[5]，除了夏税收钱、秋粮征米外，其他货币及其等价物亦在不同场合、不同地区应用。北宋时，蜀地产生了世界上最早的纸币"交子"，并与铁钱、铜钱兼行；南宋时，东南地区则出现了纸币"会子"与铜钱、铁钱兼行。宋神宗熙宁元年（1068）、熙宁十年（1077），分别有上供物料和田赋纳银的记载。[6]尽管如此，但两宋流通之货币仍以铜钱为主，盖因"百货所聚，必有一物主之。金玉重宝也，滞于流布；粟帛要用也，滥于湿薄。权轻重而利交易者，其唯钱乎！"[7] 而苏州农业税中的铜钱所占比例，比较而言要多于其他地区。苏轼诗《吴中田妇叹》，即有"官今要钱不要米，西北万里招羌儿"的诗句[8]。原因有三：一是北宋都城开封位于黄河流域，赋税纳

---

[1]　（宋）李焘：《续资治通鉴长编》卷四六，咸平三年三月丁未条，上海古籍出版社 1986 年版，第 387 页上。

[2]　（宋）苏辙：《栾城集》卷三七《乞借常平钱置上供及诸州军粮状》，《国学基本丛书》，台湾商务印书馆 1967 年版，第 519 页。

[3]　[日] 加藤繁：《中国经济史考证》第二卷《南宋时代银的流通以及银和会子的关系》，商务印书馆 1963 年版，第 523—571 页。

[4]　王文成：《丝绸贸易与北宋白银货币化》，《云南社会科学》1998 年第 2 期。

[5]　《宋史》卷一七四《食货志》，中华书局 1977 年标点本，第 4205 页。

[6]　（元）马端临：《文献通考》卷二二《土贡》，中华书局 1986 年标点本，第 219—220 页；卷四《田赋四》，第 59 页。

[7]　（宋）王禹偁：《江州广宁监记》，《王黄州小畜集》卷一七《碑记》，线装书局 2004 年影印本，第 644 页上。

[8]　《东坡全集》卷四《吴中田妇叹》，中国书店 1986 年版，第 76 页。

钱，便于上供中央；二是北方虽有边患，所需军粮可自行解决，南方只需供以钱帛；三是南宋时苏州经济地位又有所上升，商品经济更趋繁荣，由此现钱更易为纳税户所获得。

至于因商品交易而征收的商税，盖因南宋时期史料阙如，只得退而求其次，幸有北宋神宗时全国各州资料可以比较。熙宁十年（1077），苏州所在的两浙路 14 州商税收入为 867714 贯，而平江府为 77076 贯，占两浙路商税总额的 8.88%，低于杭州府的 183813 贯，湖州府的 77688 贯，名列两浙路第三。① 随着南宋都杭州，苏州之地位亦随之提升。杭州与苏州，恰如双峰耸立。郎瑛曾对两者作一比较："苏自春秋以来显于吴越，杭惟入宋以后繁华最盛，则苏又不可及也，观苏杭旧闻旧事可知矣。若以钱粮论之，则苏十倍于杭，此又当知。"②

元代苏州赋税情况如何？前人多倾向于与宋持平或相去不远。明初江南士人叶子奇曰："元朝自世祖混一之后，天下治平者六七十年，轻刑薄赋，兵革罕用，生者有养，死者有葬，行旅万里，宿泊如家，诚所谓盛也矣。"③ 叶子奇在学问方面曾与刘基、宋濂齐名，但在仕途方面只做到巴陵主簿，与后两者颇有差距。洪武十一年（1378），叶因事下狱后，言元朝为"轻刑薄赋"的盛世，虽有怀恨明朝的情绪，却亦道出元代赋轻之事实。正统时苏州昆山人叶盛云："元耶律楚材定天下田税，上田亩三升，中田二升五合，下二升，水田五升。我朝天下田租亩三升、五升、三合、五合。苏、松后因籍没，依私租额起税，有四五斗、七八斗至一石者。苏在元粮三十六万，张氏百万，今二百七十余万矣。"④ 成弘时期苏州太仓人陆容称："宋元丰间，为斛者止三十四万九千有奇，元虽互有增损，亦不相远。"⑤ 清代苏州吴江人潘耒曾总结苏州宋、元、明赋税情况，称"自唐以来，江南号为殷富。宋时亩税一斗；元有天下，令田税无过

① （清）徐松：《宋会要辑稿·食货》卷一六之七一八，中华书局 1957 年影印本，第 5076 页。

② （明）郎瑛：《七修类稿》，上海书店出版社 2001 年版，第 230 页。

③ （明）叶子奇：《草木子》卷三《克谨篇》，《元明史料笔记》，中华书局 1959 年版，第 47 页。

④ （明）叶盛：《水东日记》卷四"苏松依私租额起税"条，中华书局 1980 年版，第 37—38 页。

⑤ （明）陆容：《菽园杂记》卷五，《元明史料笔记》，中华书局 1985 年版，第 59 页。

亩三升，吴民大乐业，元统、至元之间，吴中富盛闻天下"①。《元史》亦载至元二十八年（1291）中书省臣言："江南在宋时，差徭为名七十有余，归附后一切未征。今分隶诸王城邑，岁赐之物，仰给京师，又中外官吏俸少，似宜量添，可令江南依宋时诸名征赋尽输之。"② 这是元初的记述，而在元末，情况亦复如是。万历时浙江嘉兴人沈德符也认为"前元取民最轻"③。而谈迁将元末群雄并起归因于此："其时赋税甚轻，徭役极省，侈汰狂惑，酿成臃肿之势，于是群盗叠起，几遍天下。"④

不过另有少量记载，称元代苏州赋税比之宋代增长较多的说法。洪武《苏州府志》载"至元则行经理之法，计亩起科，夏曰税丝，计二万二千四百九十五斤一十两五钱七分；秋曰租粮，八十八万两千一百五十石九斗六合；轻赍二千二百四锭二十七两三分"⑤。至元分别是元初世祖、元末惠宗的年号，此处当为元惠宗之至元（1335—1340）。《天下郡国利病书》亦称："自唐天宝之后，江淮租庸已称繁重，固有民力竭矣之叹。今考宋室，苏州之税，凡三十余万石，迨元乃增至八十余万石。"⑥ 两处皆云元代苏州赋税比宋代增加了一倍有余。但据《苏松历代财赋考》考证："《水东日记》云苏郡税额在元时三十六万有奇，而郡志载苏州赋额至延佑四年增至八十八万者，以当时又加籍没前朝之产，所谓官田者亦在其中也，其正赋止三十六万也。"⑦ 另外前述"宋元丰间，为斛者止三十四万九千有奇"者，只是两税中秋粮的记载，并不包括夏税折帛钱、上供诸色钱。若计入后两者，则宋代赋税远不止此数。如绍兴十二年（1142），主持清查田亩的户部侍郎李椿年，曾言平

①　（清）陆燿：《切问斋文钞》卷一五《送汤潜庵巡抚江南序》，清道光甲申（1824）重镌本，第17页。

②　（明）宋濂：《元史》卷一六《世祖十三》，至元二十八年十二月壬申，中华书局1976年标点本，第353页。

③　（明）沈德符：《万历野获编》补遗卷二《岁入》，中华书局1959年版，第849页。

④　（明）谈迁：《国榷》卷一《元顺帝至正二十三年》，古籍出版社1958年版，第300页。

⑤　洪武《苏州府志》卷一〇《税赋》，《中国方志丛书》第432号，成文出版社有限公司1983年影印本，第436页。

⑥　（明）顾炎武：《天下郡国利病书》原编第六册《苏松》，《四部丛刊三编》史部，上海商务印书馆1935—1936年影印本，第11页。

⑦　《苏松历代财赋考》卷一，《四库全书存目丛书》史部第276册，齐鲁书社1996年影印本，第106页。

江岁入七十余万斛。①

　　从以上分析可知，宋元时期苏州经济比唐时又有较大增长，但元代苏州赋税比之唐宋未见有较大幅度增长。北宋元丰时期，全国农户平均田赋负担为1.5石，而苏州府是1.9—2.4石，虽高于全国平均水平，但赋税负担并不算重。② 迄元末，有"贫极江南，富称塞北"③ 的说法，实际上凸显了国家对江南财赋的巨大依赖。④ 至明朝"止增崇明一县耳，其赋加至二百六十二万五千九百三十五石。地非加辟于前，谷非倍收于昔，特以国初籍入伪吴张士诚义兵头目之田，及拨赐功臣之田，与夫豪强兼并没入者，悉依租科税，故官田每亩有九斗、八斗、七斗之额，吴民世受其患"⑤。因此进入明代之后，一方面苏州深受重赋之困扰，另一方面也说明苏州赋税对于国家财政的重要意义。

　　① （清）陈樶：《琴川志注草》卷六《叙赋·自绍兴李侍郎椿年行经界》，国家图书馆藏清钞本，第86页。

　　② 耿元骊：《北宋中期苏州农民的田租负担和生活水平》，《中国经济史研究》2007年第1期。

　　③ （明）叶子奇：《草木子》卷三《克谨篇》，中华书局1983年版，第51页。

　　④ 苏力：《元代地方精英与基础社会——以江南地区为中心》，天津古籍出版社2009年版，第31—32页。

　　⑤ （明）陆容：《菽园杂记》卷五，《元明史料笔记》，中华书局1985年版，第59页。

第 二 章

明初苏州府的赋税制度

第一节　苏州府赋税之编定

苏州自唐后期以降成为国家财赋渊薮,元朝苏州鼎盛时期,所辖昆山、常熟、吴江、嘉定为中州,吴、长洲为上县。吴元年(1367),朱元璋平张士诚,改平江路为苏州府①,洪武元年(1368)直隶京师南京,二年(1369)领吴、长洲、昆山、常熟、吴江、嘉定6县②。府境位于江南核心区域,东濒大海,北依长江,西南太湖环绕,陆地接壤部分自东南向西北,依次为松江府、嘉兴府、湖州府、常州府。洪武八年(1375),扬州府崇明县来属,境域扩大。③ 到弘治十年(1497),该府内部调整,将昆山、常熟、嘉定三县各分出部分土地增置太仓州。从此苏州就以七县一州的建置终明之世,其区划及在江南中位置见图2—1、图2—2。

中晚唐以降,王朝地缘政治经济由东西关系一变而为南北关系。④ 因为江南的财力是中、晚唐维持北方常备军,并进而成为北方统一的物质基础,这种影响自唐以后进一步加强,南宋能以长江中下游财力,与统一的黄河流域在政治、军事上对抗一个半世纪之久,而明太祖朱元璋能以江南

---

① 《明太祖实录》卷二五,吴元年九月乙酉,"中央研究院"历史语言研究所1962年校印本,第365页,以下所引《明实录》均为此版本。

② 《明史》卷四〇《地理一》,中华书局1974年标点本,第919页载:"昆山、常熟、吴江、嘉定四州在洪武二年降为县。"

③ 同上书,第920页载:"崇明,州东。元崇明州,属扬州路。洪武二年降为县。八年改属苏州府。"

④ 苏长和:《战争、财政危机与中国古代王朝的困厄》,载北京大学中国与世界研究中心《研究报告》2010年第1期,总第31期。

图 2—1　明苏州府区划示意①

图 2—2　明苏州府在江南地区的位置②

①　《中国历史地图集》第七册《元明·应天府附近》，中华地图学社 1974 年版，第 45 页。

②　龚胜生、王晓伟、张涛：《明代江南地区的疫灾地理》，《地理研究》2014 年第 8 期。

为基础统一全国，无不得益于江南丰富的物质力量。① 在这一转变过程中，苏州扮演了核心角色，其赋税负担亦呈渐次上升之势。洪武二十六年（1393），苏州府实征税粮 2746990 石，占全国实征数的 11.11%，超过浙江的 2667207 石、10.79%；江西的 2585256 石、10.45%；湖广的 2323670 石、9.4%。② 明太祖与臣下的对话显示了明初苏州在全国的财政、经济地位：

> 上问户部天下民孰富？产孰优？户部臣对曰："以田税之多寡较之，惟浙西多富民巨室。以苏州一府计之，民岁输粮一百石已上至四百石者四百九十户，五百石至千石者五十六户，千石至二千石者六户，二千石至三千八百石者二户，计五百五十四户，岁输粮十五万一百八十四石。"③

此次君臣对话发生在洪武三年三月，离明朝立国仅过去两年，一则说明苏州在元末战争中并未有太大损伤，仍为国家财赋之重地；二则由富民巨室乃苏州赋税之主体，说明苏州财富的聚敛程度。而对于全国大多数地区而言，"黎庶鲜少，田野荒芜"是其常态。"天下来朝府州县官陛辞，上谕之曰：天下初定，百姓财力俱困，譬犹初飞之鸟不可拔其羽，新植之木不可摇其根，要在安养生息之。"④ 作为中国历史上出身社会底层，且有作为的帝王，明太祖深知与民休养生息的道理。休养生息普遍的做法有二，一是鼓励开荒，招抚流民；二是轻徭薄赋，厉行节约，两者相得益彰。所谓"田野辟，户口增"，尔后"出赋税以供上"⑤。

"若江南则无此旷土流民矣"，和平时期，家给人足，大体如此。然经过元末长期战争的洗礼，地狭人稠、经济发达的苏州，其社会经济秩序势必遭致破坏。"户之有口，田之有赋，二者相须而成，政之方也……户

---

① 李伯重：《唐代江南农业的发展》，北京大学出版社 2009 年版，第 221 页。
② 万历《明会典》卷二四《会计一·税粮一》，中华书局 1989 年版，第 159 页。
③ 《明太祖实录》卷四九，洪武三年三月庚午，第 965—966 页。
④ 《明太祖实录》卷二九，洪武元年春正月辛丑，第 505—506 页。
⑤ （明）张居正：《张太岳集》卷四〇《请择有司蠲逋通赋以安生民疏》，上海古籍出版社 1984 年影印本，第 506 页。

口之赢缩，系徭役之繁简；田赋之丰耗，系征敛之得失。"① 因而核实天
下土田，置下天下户口，则是确保政权财政收入、重建社会经济秩序的当
务之急。

一　地籍整理及官民田制度

古代典籍中，对苏州土田的整理可追溯至南宋绍兴年间李椿年对平江
经界的整理。

> 绍兴十二年，李椿年言经界不正十害，且言平江岁入昔七十万斛
> 有奇，今按其籍虽三十九万余，然实入二十万耳。询之土人，其余皆
> 欺隐也。诏以椿年为两浙转运副使，置经界局于平江。②

专门办理经界事务的机关最初是"两浙转运司措置经界所"，设在平
江府，亦即明代的苏州府。③ 实行经界法"只为均税不为增赋"，测算人
员用步田测量之法，对崎岖不平和鸡零狗碎之地形，进行田亩折算。④ 经
界法于平江试行后，在全国大部地区进行推广，其成效各地虽有程度的不
同，确能铲刈有田无税和产去税存之弊。端平二年（1235），平江府常熟
县重整经界，编制了核田簿、鱼鳞图。⑤

明太祖既定天下，苏州等地亦面临更为严重的土田欺隐现象，"两浙及
苏州等府富民畏避差役，往往以田产零星花附于亲邻佃仆之户，名为铁脚
诡寄。久之，相习成风，乡里欺州县，州县欺府，奸弊百出，名为通天诡
寄，而富者愈富，贫者愈贫矣"。⑥《明实录》记载了明廷清理田土的原因：

---

① 嘉靖《太仓州志》卷五《田赋》，《天一阁明代方志选刊续编》第 20 册，上海书店出版
社 1990 年影印本，第 361 页。

② （清）陈樑：《琴川志注草》卷六《叙赋·自绍兴李侍郎椿年行经界》，国家图书馆藏清
钞本，第 86 页。

③ 何炳棣：《中国古今土地数字的解释和评价》，中国社会科学出版社 1988 年版，第 14
页。

④ 李又曦：《两宋农村经济状况与土地政策》，《文化建设》第 2 卷第 2 期，1935 年。

⑤ 何炳棣：《中国古今土地数字的解释和评价》，中国社会科学出版社 1988 年版，第 35
页。

⑥ （明）王圻：《续文献通考》卷三《田赋考》，《续修四库全书》第 761 册，上海古籍出
版社 1995 年影印本，第 550 页下。

兵革之余，郡县版籍多亡，田赋之制，不能无增损，征敛失中，则百姓咨怨。今欲经理以清其源，无使过制以病吾民。夫善政在于养民，养民在于宽赋。今遣周铸等往诸府县核实田亩，定其赋税。此外无令有所妄扰①。

于是洪武元年（1368），明太祖"诏遣周铸等一百六十四人，往浙西核实田亩"②，苏州当为重点核查区域。其过程如何，现存文献资料未见其土田清理记载，而邻近松江府则有记载如下：

河济宁郡教授成君彦明氏，以文墨长才，为今天子录用。洪武元年春，遣使行天下，经理田土事，而成君在选中，分履淞之三十八都二百一十五图。阅岁终，鱼鳞图籍成。③

鱼鳞图即地籍册，因"图其田之方圆，以图所绘，状若鱼鳞然"而得名。元末明初人杨维桢有"三吴履亩难为籍，四海均田喜有图"④ 的诗句，似可证明洪武元年，苏州履亩丈量后，攒造了鱼鳞图册。关于朱氏政权最早清丈田土并编制鱼鳞图册的时间，栾成显先生认为是龙凤十年（1364），地点是朱元璋控制的徽州。⑤ 在取得非赋税重地清丈、制图的经验后，洪武元年立即在苏松等赋税重地推广，便是顺理成章的事情。洪武《苏州府志》记载了明初苏州府属各县详细土地、税粮状况，当是此次土田整理的结果。不过，因此次清理为江南初定之时，全国大部尚未统一，其清理或申报结果质量则难以保证。如上述《苏州府志》所载常熟县田地数，据考证乃元延祐四年（1317）的数据。⑥

此后，进一步丈量土田并绘制鱼鳞图册，在苏州继续进行。洪武二十

---

① 《明太祖实录》卷二九，洪武元年正月甲申，第495页。

② 同上。

③ 杨维桢：《东维子文集》卷一《送经理官成教授还京序》，《四部丛刊》集部，上海涵芬楼借江南图书馆藏旧钞本，第4页a。

④ 杨维桢：《东维子文集》卷三《送经理官黄侯还京序》，上海涵芬楼借江南图书馆藏旧钞本，第3页b。

⑤ 栾成显：《龙凤时期朱元璋经理鱼鳞图册考析》，《中国史研究》1988年第4期。

⑥ 夏维中：《洪武初期江南农村基层组织的演进》，《江苏社会科学》2005年第6期。

年（1387），苏州等地鱼鳞图册绘制完成。《明太祖实录》云：

> 浙江布政司及直隶苏州等府县进鱼鳞图册，先是，上命户部核实天下土田，而两浙富民畏避徭役，往往以田诡计邻佃仆，谓之铁脚诡寄，久之相习成风。上闻之，遣国子生武淳等往各处……躬履田亩以量之。①

嘉靖时黄佐曾任南京国子监祭酒，其记述苏州府躬履田亩、编制鱼鳞图册的情况更为翔实：

> 丁卯洪武二十年春二月戊子，鱼鳞图册成。先是上命户部核实天下土田，而苏松富民畏避徭役，以土产诡寄亲邻，佃仆相习成风，奸弊百出，于是富者愈富、贫者愈贫。上闻之，遣国子生武淳等往，随税粮多寡，定为几区，每区设粮长四人，使集里甲耆民，躬履田亩，以度量之。量其方圆，次其字号，悉书主名及丈尺、四至，编类为册，绘状若鱼鳞然，故名。是，浙江布政使司及直隶苏州等府县册成进呈。上喜，赐淳等钞锭有差。②

何炳棣业已证明，明初两度派遣监生核田的对象，是包括苏州在内的两浙地区，而不是全国。③ 苏州府为全国最大的赋税来源地，隐匿田亩、逃避赋役的现象多于他府，土地诉讼亦屡见不鲜。鱼鳞图册的绘制，首先是为了掌握田土的实际数字，杜绝避税逃役的发生。因为"人虽变迁不一，田则一定不移。是之谓以田为母，以人为子。子依乎亩母而的可据，纵欲诡计埋没而不得也"④。其次，绘制于鱼鳞册的田亩，其所有权得到国家法律的认可。如《明书》所评价的，鱼鳞图册"以土田为主，田各归其都里，履亩而籍之，诸原坂、坟衍、下隰、腴沃、瘠卤之故毕具为之

---

① 《明太祖实录》卷一八〇，洪武二十年春正月戊子，第 2726 页。

② （明）黄佐：《南雍志》卷一，伟文图书出版社有限公司 1976 年影印本，第 99 页。

③ 何炳棣：《中国古今土地数字的解释和评价》，中国社会科学出版社 1988 年版，第 57 页。

④ （明）顾炎武：《天下郡国利病书》原编第七册《常镇》，《四部丛刊三编》史部，上海商务印书馆 1935—1936 年影印本，第 5 页。

经，而土田之讼质焉"①。鱼鳞图册的有效编制，主要功用是要确定每坵田地所有权的归属与其四至疆界；民户如有涉及土地产权纠纷，可据鱼鳞图册裁定。②

但对于苏州府来说，鱼鳞图册却并不能触及根深蒂固的官民田制度。苏州官民田制度由来已久，其来源首先是宋元以来的古额官田，"大概明祖所籍伪吴勋戚之田，即元代所赐臣下之田，而元代之赐田，即南宋之入官田、内府庄田及贾似道创议所买之公田也"③。宋人著作《玉峰续志》载昆山官田购置以及管理情况：

> 景定甲子，□朝省派买浙郡公田，本县所买□十□万□千□百一十□亩，租额斗器各随朝差，职事官分司各州，任其事。始差庄官催运，继改上户丞佃，又置催租官以为属。④

其次是明朝初创时的没入官田，"官产者，逃绝人户暨抄没等项，入籍于官者也"⑤。苏州"浸淫至于元季，上弛下综，兼并之家，占田者多数千顷，少者千余顷，皆隶役齐民，僭侈不道。本朝任法为治，而其徒犹蹈前辙，不知自检，往往罹罪罟，则戮其孥，没入其田，令民佃之，皆验私租以为税之多寡"⑥。凭借上述两种途径，苏州官田得以迅速扩大。顾炎武甚至认为苏州"一府之地土，无虑皆官田，而民田不过十五分之一也"⑦；甚至按照官府记载页超过了田土总额的2/3。如表2—1所示，洪武十二年之前苏州府官民田之分布，其中官田分布比例最高的是昆山，达

① （清）傅维麟：《明书》卷六七《土田志》，王云五《丛书集成初编》，上海商务印书馆1936年版，第1343页。

② 赵冈：《明清地籍研究》，《明史研究论丛》第二辑，大立出版社1985年版，第469页。

③ （清）赵翼：《廿二史札记》卷三〇《元代江南田赐臣下》，商务印书馆1958年版，第638页。

④ 咸淳《玉峰续志》，《昆山宋元三志》，广陵书社2010年影印本，第12页。

⑤ （明）顾起元：《客座赘语》卷二《条鞭始末》，《元明史料笔记》，中华书局1987年版，第61页。

⑥ （明）史鉴：《西村集》卷五《侍御刘公愍灾序》，《钦定四库全书》集部六，文渊阁四库全书本，第45—46页。

⑦ （明）顾炎武著，陈垣校：《日知录校注》卷十《苏松二府田赋之重》，安徽大学出版社2007年版，第584页。

到 84.43%；吴江最低，然几乎要与民田平分秋色了。

表 2—1　　　　　　洪武年间苏州府县官民田分布情况　　　　单位：亩，%

地区	官田		民田		田地总数
	数量	官田所占比例	数量	民田所占比例	
长洲	749351	67.27	364545	32.73	1113896
吴县	291512	66.50	146833	33.50	438345
吴江	594671	52.84	530705	47.16	1125376
常熟	801944	68.40	370558	31.60	1172502
昆山	1058821	84.43	195322	15.57	1254143
嘉定	1033102	72.82	385570	27.18	1418672
崇明	125048	55.32	101015	44.68	226063
苏州府	4654449	68.97	2094548	31.03	6748997

资料来源：洪武《苏州府志》卷一〇《税赋》，洪武十二年钞本，《中国方志丛书》，台北成文出版社有限公司 1983 年影印本，第 425—433 页。

日本学者森正夫研究江南土地制度，曾对洪武二十四年（1391）江南六府官民田比例进行了统计。从田地总额方面看，苏州府最高，达到60094 顷，其次是松江府的 39856 顷，而最低的湖州府仅有 6619 顷。从官田所占比例来看，松江府为 84.52%，苏州府为 62.98%，最低的常州府只有 14.64%。[①]

至于征收税额，"大抵官买田至重，籍没田次之，民田极轻"[②]。明初，定官民田赋："凡官田亩税五升三合五勺，民田三升三合五勺，重租田八升五合五勺，没官田一斗两升，芦地五合三勺，草塌地三合一勺。"[③] 然而，在实际执行过程中却并非如此。嘉靖《吴江县志》云"国初籍沈万三之产以入官，名曰抄没官田，获其佃人之租，即以为则，故有至石以上者"[④]，

① ［日］森正夫：《明代江南土地制度の研究》，同朋舍 1988 年版，第 46 页。
② 乾隆《锡金识小录》卷一《备参上·田粮》，《中国方志丛书》第 426 号，成文出版社有限公司 1983 年影印本，第 41 页。
③ （清）龙文彬：《明会要》卷五四《食货二·田赋》，中华书局 1956 年版，第 1009 页。
④ 嘉靖《吴江县志》卷九《食货志一·土田》，《中国史学丛书三编》，台湾学生书局 1987 年影印本，第 449 页。

甚或"亩税有二三石者"①；万历《嘉定县志》称"籍豪家田入官，籍其
租籍以定税"②。杜宗桓《上巡抚侍郎周忱书》曰："国初籍没土豪田租，
有因为张氏义兵而籍入者，有因虐民得罪而籍入者。有司不体圣心，将籍
入田地，一依租额起粮，每亩四五斗、七八斗至一石以上，民病自此而
生。"③ 若官租 0.0535 石/亩，与私租 1 石/亩相较，则私租为官租的
18.69 倍。揆诸史实，则宋之公田，亩租亦甚高，自一石五斗至七斗一升
四合。④ 明代苏州重赋问题，是历史和现实的综合因素造成的。

　　鱼鳞图册和官民田制度的确立，虽为政府部门广开税源奠定了基础，
尚不能保证赋税足额入库。明代之前，税粮的收纳，由官府委派乡官，如
汉代"职听讼，收赋税"的啬夫；或按财力由乡间地主执行，如唐代
"检察非违，催驱赋役"的里正。明代建立伊始，征收赋税仍承元制，
"郡县吏每遇征收赋税，辄侵渔于民"。于是洪武四年（1371）九月，"令
有司料民土田，以万石为率，其中田土多者为粮长，督其乡之赋税"，以
达到"以良民治良民，必无侵渔之患"⑤ 之目的。"粮长，盖金民之力相
应者充之，非轮年也，惟粮多之处有之。"洪武时期，并非全国各地都设
有粮长。"以殷实户充粮长，督其乡租税，多者万石，少者乃数千石"⑥，
粮长最主要的任务就是征收、运送税粮。"粮长之设，本便于有司，便于
细民。所以便于有司，且如一县粮该十万，止设粮长十人，正副不过二十
人，依期办足，勤劳在乎粮长，有司不过议差部粮官一员，赴某处交纳，
甚是不劳心力……便于细民之说，粮长就乡聚粮，其升合斗勺，数石数十
石之家，比亲赴府州县所交纳，其便甚矣！"⑦ 此外，"岁轮一人为经催，

　　① 《明史》卷七八《食货二·赋役》，中华书局 1974 年标点本，第 1896 页。
　　② 万历《嘉定县志》卷五《田赋考上》，《中国方志丛书》第 421 号，成文出版社有限公司 1983 年影印本，第 332 页。
　　③ （明）顾炎武：《天下郡国利病书》原编第六册《苏松》，《四部丛刊三编》史部，上海商务印书馆 1935—1936 年影印本，第 94 页 a。
　　④ 嘉靖《吴江县志》卷九《食货志一·土田》，《中国史学丛书三编》，台湾学生书局 1987 年影印本，第 439 页。
　　⑤ 《明太祖实录》卷六八，洪武四年九月丁丑，第 1279 页。
　　⑥ （明）顾炎武：《天下郡国利病书》原编第六册《苏松》，《四部丛刊三编》史部，上海商务印书馆 1935—1936 年影印本，第 18 页。
　　⑦ 《御制大诰·设立粮长第六十五》，《续修四库全书》第 862 册，上海古籍出版社 1995 年影印本，第 262 页。

以颛催征；书算二人以掌税额，皆豫造定外。又岁佥老人一人以断乡曲……扇书以稽出纳，塘长以修水利。别有县总书算以主起存之数，而粮长之中又复审其上者役之。虽非册定，然皆与里长从事贡赋"①。粮长的重要性，在于其介于州县衙门与基层编户组织之间，改变了原来的地方行政运作关系。

为保证苏州等府税粮征收，明太祖陆续颁行诏令。洪武六年（1373）九月，"诏松江、苏州等府，于旧定粮长下，各设知数一人，斗级二十人，送粮夫千人，俾每岁运纳，不致烦民"②。洪武十年（1377），同意苏松嘉湖四府田赋万石以上者，增副粮长一名。户部奏："苏、松、嘉、湖四府及浙江、江西所属府州县粮长，所辖民有万石以上者，非一人能办，宜增副粮长一人，从之。"③ 洪武十四年（1381）里甲制度实行后，因粮长、里长均有催征钱粮之职责，但两者职责不清，故粮长时罢时设，至洪武二十四年（1391），才臻于默契，形成定制。

二 户籍整理及里甲制度的建立

与整理地籍配套实施的是对户籍的整理，对户口与对土地的掌控，俨然一枚硬币的两面。控制了土地和人口，就控制了国家的经济基础，尤其苏州等财赋重地，更是如此。因此明代甫一建立，几乎在核实田亩的同时，即进行户口勘定，在部分地区实行户帖制度。《嘉定县志》载："洪武三年，诏户部籍天下户口，谓之户帖，岁祀南郊，陈之坛下，用荐于天，祭闭而藏之。"④ 关于明初户帖之实物遗存，只有徽州府颁行的寥寥数件，但地方士人和苏州方志的记载，可使今人了解明初户帖在苏州府实施的情况。

崇祯时长洲人许元溥回忆家传《洪武安民贴》称：

> 余族多世居平江之汲水桥，至今犹家藏一帖，上有玺一颗，又半

---

① 嘉靖《吴江县志》卷十《食货志二·差役》，《中国史学丛书三编》，台湾学生书局1987年影印本，第524页。

② 《明太祖实录》卷八五，洪武六年九月辛丑，第1507页。

③ 《明太祖实录》卷一一二，洪武十年五月戊寅朔，第1855—1856页。

④ 万历《嘉定县志》卷六《田赋考中》，《中国方志丛书》第421号，成文出版社有限公司1983年影印本，第406页。

颗，文曰："户部洪武三年十一月二十六日钦奉圣旨，说与户部官知道，如今天下太平了也，止是户口不明白俚。教中书省置下天下户口的勘合文簿户帖，你每户部家出榜，去教那有司官，将他所管的应有百姓都教入官，附名字，写着他家人口多少。写的真着，与那百姓一个户帖，上用半印勘合，都取勘来了……"安民至意何等明白晓畅，视盘庚佶屈聱牙，岂可同日语哉。①

苏州人魏校《高墟王氏族谱序》亦载：

> 其居于吴，则未知晋东渡者与，宋南渡者与，文献一无可征。所可知者，我太祖再造华夏。智凯占籍为民，越明年，户部家给一帖，纸敝尚存。②

对于户帖的格式及颁发之目的，梁方仲、韦庆远、栾成显等学者皆有较为深入的研究。户帖制度的建立，一为掌握户口数字。洪武四年（1371）户帖制度颁行后，苏州府对人口进行了全面的统计。《苏州府志》记载了此次户口统计的数据，计有户473862，口1947871。③ 二为进行财产清查，并可进行户口和财产的比对。不过即使户帖记载了当时各户人丁事产的真实数据，也不能反映其流动状况。随着时间的推移，弊端相伴而生。一是人丁事产与实际状况的背离，会衍生赋税负担不均的现象；二是基层组织尚处于新旧交替之时，因而逃税避役之景象不时出现。对于国家财赋重地的苏州而言，更是如此。以户帖制度为逻辑起点，重新构建新的农村基层组织——里甲制度，即成为当务之急。

洪武三年（1370），湖州府实行的"小黄册图之法"，被视作洪武十四年里甲制的雏形，目前学界业已达成共识。而洪武二年（1369），苏州府吴江县是否先于湖州建立了类似里甲组织的基层管理机构？鹤见尚宏依

---

① （明）许元溥：《吴乘窃笔》，《苏州文献丛钞初编（上）》，古吴轩出版社2005年版，第238—239页。
② （明）魏校：《魏庄渠先生文集》卷下《高墟王氏族谱序》，王云五《丛书集成初编》，上海商务印书馆1936年版，第55—56页。
③ 洪武《苏州府志》卷一〇《户口》，《中国方志丛书》第432号，成文出版社有限公司1983年影印本，第421—422页。

据嘉靖《吴江县志》卷一《疆域》所载，该县洪武二年的总里数和每里的平均户数，认为洪武二年在吴江县施行的里甲之制，不仅早于湖州府实行的"小黄册"之法，而且已经具备了明代里甲制的标准形式。[①] 在没有其他资料为研究者所认知的情形下，这种怀疑是合理的。在新旧易代之际，政府所颁通行全国的诏令，诸如整理田亩、大造户籍之类，皆应有所历史凭依。

洪武十四年（1381），明政府在全国推行的黄册制度，是户帖制度和小黄册制度的继承和发展[②]，两者分别确立的户籍制度和里甲赋役制度，至此集于黄册一身。"每十年一造黄册，每里差其丁粮上户十家，编为里长，次百家为甲首，轮年应役，里中催征供应之事皆责焉。"[③] 根据黄册的记载，明太祖建立起组织严密的乡里组织——里甲制度，以征发赋税和徭役，并管理基层事务。"小黄册图之法"与黄册制度相比，在每图所编人户数，所置里长、甲首数，以及里甲的职责诸方面，差异显著，但应役人户于里甲之中之编排，十年一周，轮流应役，小黄册之法无疑已具备了黄册制度的基本框架[④]。

里甲系统则是黄册制度实施的组织保障。明初设立的里甲，不仅是户籍登记组织，更是供纳赋税的单位。里甲制度建立后，"有司更十岁一清核，按其户口登耗与事产田粮收除之数，以审均其徭赋"[⑤]。本质上，赋役征派不是土地税和人头税，而是以丁粮多寡为依据的等级户役。在赋役实际征派中以户为基本对象和派征单位，田赋的实征和差役的编派则是以各户下的粮额和以"人丁事产"核定的户等为依据。[⑥] 催征钱粮是里甲组织的首要职能，在兼行粮长制度的苏州府，粮长督并里长，催征并起运税粮：

---

① ［日］鹤见尚宏：《中国明清社会经济研究》，姜镇庆等译，学苑出版社1989年版，第6页。

② 栾成显：《明代黄册研究》（增订本），中国社会科学出版社2007年版，第26页。

③ 嘉靖《吴江县志》卷十《食货志二·差役》，《中国史学丛书三编》，台湾学生书局1987年影印本，第524页。

④ 栾成显：《明代黄册研究》（增订本），中国社会科学出版社2007年版，第17页。

⑤ 万历《扬州府志》卷三《赋役志上》，《北京图书馆古籍珍本丛刊》第25册，史部，书目文献出版社1991年影印本，第58页。

⑥ 刘志伟：《从"纳粮当差"到"完纳钱粮"——明清王朝国家转型之一大关键》，《史学月刊》2014年第7期。

凡征收税粮，律有定限。其各司府州县如有新增续认，一体入额科征，所据该办税粮，粮长督并里长，里长督并甲首，甲首催督人户，装载粮米，粮长点看见数，率领里长并运粮人户起运。若系对拨者，运赴所指卫分，照军交收。存留者，运赴该仓收贮。起运折收者，照依定拨各该仓库交纳，取获通关，奏缴本部，委官于内府户科领出，立案附卷存照，以凭稽考。凡粮长关领勘合回还，催办秋粮，务要依期送纳。毕日，赴各该仓库，将纳过数目于勘合内填写，用印钤盖。其粮长将填完勘合具本亲赍进缴，仍赴部明白销注。如是，查出粮有拖欠，勘合不完，明白究问追理。①

其次是科派各种徭役、支应官府杂费。"凡各处有司，十年一造黄册，分豁上中下三等人户，仍开军、民、灶、匠等籍。除排年里甲依次充当外，其大小杂泛差役，各照所分上中下三等人户点差。"② 明初徭役分为两类，即里甲正役和杂泛差役。起初正役的主要任务是"催征钱粮，勾摄人犯"，后来里甲所承办的事项渐多，除编佥各种常役及临时性差遣外，还要出办上供物料、支应官府各种摊派。

里甲制是明代乡里组织的基本形式，另外明代乡村基层社会，尚有乡、都、图、里、扇、区之称谓。而用于指称行政建制机构者，在明代，一般是表示里甲制的"里"③，乡、都仅作为地域名称而非行政建制。乡之为一级行政机构，汉代有"大率十里一亭，亭有长；十亭一乡，乡有三老"④ 之称；都之为乡里行政建制中的一级机构，源于南宋的"乡都之制"。明初借用和沿袭前代乡里制度，但称谓混乱繁杂、莫衷一是，如苏州吴县、长洲县是乡、里建制，嘉定县是乡、都建制，常熟县是乡、都、里建制，昆山县是乡、保建制，吴江县是乡、村建制⑤。随着里甲制度的

---

① 《诸司职掌·户部·仓科·税粮》，《玄览堂丛书》，正中书局 1981 年影印本，第 242—243 页。

② 同上书，第 184 页。

③ 王昊：《明代乡、都、图、里及其关系考辨》，《史学集刊》1991 年第 3 期。

④ （明）顾炎武著，陈垣校：《日知录校注》卷八《乡亭之职》，安徽大学出版社 2007 年版，第 453 页。

⑤ 洪武《苏州府志》卷四《乡都》，《中国方志丛书》第 432 号，成文出版社有限公司 1983 年影印本，第 247—257 页。

建立，乡、都、里称谓之含义亦随之发生变化。城外四方为乡，都"皆小邑之称"①，乡、都由行政层级变成了地域概念，典型者如太仓州，嘉靖时分为中、东、西、南、北五乡，每乡又划分数量不等的都②。在苏州府，"乡统都，都统图，都之大者复为扇，以分辖各图……扇又名区"③，"图即里也"④，"又合数图为一都，都大者则分上下区，区置一粮长"⑤。"每里差其丁粮上户十家编为里长，里长者，凡有司无远近设之，惟粮长则置赋多之地。"⑥ 由此可见，明代苏州州县以下乡里组织，言里而不言乡、都，且唯里长为常设基层行政职务，表明其乡里组织只有里甲一级建制的事实，而非多层级建制。吴滔通过透视苏州各县有关乡都和村、图的对应情况，认为里甲系统和村落系统在同一乡都内，并不一致，里甲制的主要原则是人丁税粮分布的平均化。⑦ 因而在州县以下，实际存在两种基层组织和层级系统，一为"县—都—图"，一为"县—乡—村"。⑧ 明代里甲系统是户籍管理和催征税粮的系统，不同于宋元以来一直存在的自然聚落系统，这在苏州府属各州县有清晰的反映。里甲系统加之粮长制度，旨在保护农村人口免遭财富的非法索取，并确保赋税向中央政府的递解。⑨

至此，"为了增加政府的收入，财力和人力的充分运用，朱元璋用了二十年的功夫，大规模举行土地丈量和人口普查，六百年来若干朝代若干政治家所不能做到的事情，算是划时代地完成了"⑩。这是明史专家吴晗

---

① （明）顾炎武著，陈垣校：《日知录校注》卷二二《都》，安徽大学出版社 2007 年版，第 1218 页。

② 嘉靖《太仓州志》卷五《乡都》，《天一阁明代方志选刊续编》第 20 册，上海书店出版社 1990 年影印本，第 349—360 页。

③ 崇祯《常熟县志》卷三《赋役志》，崇祯十二年（1639）钞本，中国社会科学院历史所馆藏，第 8 页。

④ （明）顾炎武著，陈垣校：《日知录校注》卷二二《图》，安徽大学出版社 2007 年版，第 1223 页。

⑤ 嘉靖《太仓州志》卷五《田赋》，上海书店出版社 1990 年影印本，第 361 页。

⑥ 同上。

⑦ 吴滔：《明清江南基层区划的传统与市镇变迁》，《历史研究》2006 年第 5 期。

⑧ 吴滔、佐藤仁史：《嘉定县事——14 至 20 世纪初江南地域社会史研究》，广东人民出版社 2014 年版，第 123 页。

⑨ ［美］曾小萍：《州县官的银两》，董建中译，中国人民大学出版社 2005 年版，第 7 页。

⑩ 吴晗：《朱元璋传》，新中国书局 1944 年版，第 138 页。

对明太祖所建立的赋税制度的高度评价。何炳棣虽不认可鱼鳞图册是六百年来划时代的大成就，但盛赞里甲和赋役黄册这类全国正规性的制度，因为这是唐代后半期、两宋和元代所未有之成就。[1]

三　恢复和发展经济的措施

经过元末农民战争的洗礼，呈现于新政权面前的普遍景象是"黎庶鲜少，田野荒芜"，"百姓财力俱困"。南宋时期曾经"苏湖熟，天下足"的苏州府，元时已然"吴下难移粟"[2]了。因而除安抚人心、休养生息之外，明太祖另采取了移民外地、减免赋税、兴修水利、劝课农桑的措施。早在至正二十六年（1366）八月兴师讨伐张士诚时，朱元璋即明确宣布："凡尔百姓，果能安业不动，即我良民。旧有田产房舍，仍前为主，依额纳粮，以供军储，余无科取，使汝等永保乡里，以全室家。此兴师之故也。"[3]该檄文之主旨，一是保护民众生命财产，二是要求民户"依额纳粮"。对苏州富户，则根据不同情况进行安抚或打击。洪武三年（1370）二月，对应召来京面圣的苏州富民，明太祖不忘劝谕："毋凌弱，毋吞贫，毋虐小，毋欺老，孝敬父兄，和睦亲族，周给贫乏。"[4]而对于不法豪右，则予以严惩。如嘉定粮长金仲芳、吴江粮长张缪孙，因巧立名色、科敛税粮而罹祸致死。其结果是，短期内富室大户长期享有的特权，几被剥夺殆尽，其原有的巨额田地，重新为政府所控制，从而最大限度保证了国家赋税的征收；从长期来看，大规模打击富室豪右，致使官田数量激增，使原本畸高的税赋更加高涨，苏州重赋格局得以坐实。由于官田耕种者多为普通民户，则普通民户成为重赋的主要承担者。

当然，作为中国历史上有作为的皇帝，其财政方面的治国方略，自有独到见解。元至正二十六年（1366），朱元璋曾对臣下云："我谓纾民之力，在均节财用，必也制其常赋。今国家爱养生民，正犹保抱赤子，惟恐伤之。苟无常制，惟掊敛以腴其膏脂。虽有慈父，不能收爱子之心。今日

---

① 何炳棣：《中国古今土地数字的解释和评价》，中国社会科学出版社 1988 年版，第 60 页。

② （元）王冕：《漫兴五首》，《元诗选》二集卷一八，《钦定四库全书》集部，文渊阁四库全书本，第 44 页。

③ （明）吕毖：《明朝小史》上卷一《洪武纪》，正中书局 1981 年影印本，第 24—25 页。

④ 《明太祖实录》卷四九，洪武三年二月庚午，第 966 页。

之计，当定赋以节用，则民力可以不困，崇本而杜末则国计可以恒舒。"①
故登基伊始，其所采取的恢复和发展经济的措施，还是颇见成效的。"苏
州归附之初，军府之用多赖其力。今所逋税二年不偿，民困可知"，于是
诏免逋赋三十五万五千八百余石。② 洪武四年（1371），诏免苏州秋粮
2426800 余石③，几乎相当于一年的田赋免缴。六年（1373）八月，蠲免
百姓原借粮米④。七年（1374）五月，不仅蠲免苏州等府夏税，而且又以
苏州等四府近年所籍之田租税太重，特令户部统计其数，每亩税七斗五升
者减半，以苏民困。⑤ 十三年（1380）三月，明太祖言于户部官员，"比
年苏、松各郡之民衣食不给，皆为重租所困，民困于重赋，而官不知恤，
是重赋而轻人，亦犹虞人反裘而负薪，徒惜其毛，不知皮尽而毛无所傅，
岂所以养民哉。其赋之重者，宜悉减之"，于是"旧额田亩科七斗五升至
四斗四升者，减十之二；四斗三升至三斗六升者，俱止征三斗五升；以下
仍旧。自今年为始，通行改科"⑥。十七年（1384）七月，命苏州等府用
金代输全年田租，以稍纾民力。上述减免赋税等措施，对于苏州经济的恢
复和发展，显而易见是有利的。应该指出的是，仅仅减免赋税并不能从根
本上改变赋税独重的难题，以至于明太祖离世未久，苏州即已形成"积
逋至八百万石"⑦ 的赋税困境。

　　对于"人稠地狭"问题，明太祖采取的举措是移民外地。洪武二年
（1369）六月，明廷诏令徙苏州等府"民之无田者四千余户，往耕临濠，
官给牛、种、车、粮，以资遣之，三年不征其税"⑧。七年（1374），明太
祖鉴于濠州乃其"乡里，兵革之后，人民稀少，田土荒芜"，于是命李善
长总其事，迁移苏州等富庶处百姓十四万，于濠州乡村居住。仍旧官给耕

　　① 《明太祖宝训》卷三《理财》，丙午四月己未，"中研院"史语所1962年影印本，第228
页。

　　② 《明太祖实录》卷五二，洪武三年五月丙辰，第1029页。

　　③ 万历《嘉定县志》卷五《田赋考上》，《中国方志丛书》第421号，成文出版社有限公
司1983年影印本，第333页。

　　④ 同上。

　　⑤ 《明太祖实录》卷八九，洪武七年五月癸巳，第1577—1578页。

　　⑥ 《明太祖实录》卷一三〇，洪武十三年三月壬辰，第2065页。

　　⑦ 《明史》卷一五三《周忱传》，中华书局1974年标点本，第4212页。

　　⑧ 《明史》卷七七《食货一·户口田制》，中华书局1974年标点本，第1879页。

牛、谷种，令其开垦荒田，永为己业。①　二十二年（1389）四月，太祖又以"两浙民众地狭，务本者少而事末者多"，命移苏州等府无田之民，往淮南之滁州、和州起耕，每户发钞三十锭以备农具，并三年不征赋税。②以上所迁多是无田或少田之民，苏州富民被迁徙者，多用以填实京师。"至永乐间，复多从驾北迁。当是时，苏人以富庶被谪发者，盖数倍于他郡。"③

苏州乃水乡泽国，"吴人，以水田为命"，水利乃苏州经济命脉之所在，"而苏之贡赋，又半于东南"④，故明廷颇为重视苏州的水利兴修。无论灌溉耕种，抑或抗灾保田，皆与水利息息相关。故此，水利之于苏州，之于明廷赋税收入，具有特殊意义。洪武、建文、永乐三朝，在苏州地区所修水利工程不少，择其大者而言，计有如下几项：洪武七年至洪武九年（1374—1376），于常熟开凿奚浦，直达塘堰；二十三年（1390），修筑崇明等地溃决堤岸二万三千余丈；二十八年（1395），开凿昆山境内的太平河，修筑南起嘉定、北跨刘家河的海塘；建文四年（1402），开凿嘉定吴淞江；永乐元年（1403），户部尚书夏原吉治理苏州水务，因工程浩大，历时数年方竣。由于兴修水利事关国家赋税征收，粮长、里长除督征税粮外，还参与水利事业，这在财赋重地苏州更是如此。苏州吴江人史鉴曾云："伏睹永乐年间，凡兴建水利庶事皆成粮长，而官则自为节度之，盖粮长之责，在农功赋税而已。"⑤　迨至宣德时，苏州知府对水利之兴修更有明确条谕："各县高低田地不一，河道有淤塞者，岸塍有坍塌者，该管官吏粮里人等，随即修渠疏通，毋致误事，有妨农业。"⑥　利用粮长、里甲等农村基层组织进行水利建设，使苏州农业生产得以迅速恢复和正常进

---

①　刘辰：《国初事迹》，邓士龙辑，许大龄、王天有点校：《国朝典故》卷四，北京大学出版社 1993 年版，第 97—98 页。

②　《明太祖实录》卷一九六，洪武二十二年夏四月己亥，第 2941 页。

③　（明）吴宽：《匏翁家藏集》卷四二《伊氏重修族谱序》，《四部丛刊》，上海商务印书馆 1929 年影印本，第 3 页 b。

④　（明）徐光启：《农政全书》卷一三《东南水利》上，《钦定四库全书》子部，文渊阁四库全书本，第 16 页 a。

⑤　（明）史鉴：《西村集》卷六《苏州水利议》，《钦定四库全书》集部，文渊阁四库全书本，第 14 页。

⑥　（明）况钟：《况太守集》卷一二《严革诸弊榜示》，江苏人民出版社 1983 年版，第 134 页。

行，从而保证了国家赋税收入。

劝课农桑是明太祖农本思想的体现，明代伊始，丝、棉、绢、布等实物在财政上仍有重要意义。太祖初立国，即下令："凡民田五十亩至十亩者，栽桑麻木棉各半亩，十亩以上倍之，麻亩征八两，木棉亩四两，栽桑以四年起科，不种桑出绢一匹，不种麻及木棉，出麻布、棉布各一匹。"①另外，明廷还实行折征制度，以为便民之策。洪武四年（1371），明太祖"令民以银、钞、钱、绢代输今年税粮"②。夏麦秋米作为"本色"，绢帛等物作为"折色"，可以"折色"绢帛代交麦米，而"务减其价，勿泥时值"。这就承认了丝、棉、绢、布等物的财政地位，是同"本色"麦米相埒的。尤其是水田宜于种稻、旱田便于植棉的苏州地区，此后棉纺织业的发达，当与明初重视农桑有一定关系。正如文征明所言，"苏郡织染之设，肇创于洪武，鼎新于洪熙"③。

上述恢复和发展苏州经济的措施，加之建立里甲制度，打击不法豪右、扩充官田等诸多政策，使苏州也同全国一样，建立了一套完整的小农经济体系。"吾苏固弹丸地也，而财赋土供，居天下少半"④，赋税甲天下，困弊亦倍于天下，此其一也；在朱氏政权的庇护下，吴中地区的地主经济继续向前发展，终明之世，直至清代，苏州依然是当时经济最发达的地区⑤，此其二也。

第二节　苏州府的赋税项目

明初沿袭前代规制，建立了更为完善的基层组织——里甲制度，其至为重要的职能即是征收赋税和佥派徭役。税制虽沿用唐宋以来的"两税法"，每年分夏秋两季征收夏秋二税，而实与隋唐的"租庸调"无异。

① 《明史》卷七八《食货二·赋役》，中华书局 1974 年标点本，第 1894 页。

② 《明太祖实录》卷一〇五，洪武九年四月丁亥，第 1756 页。

③ （明）文征明：《重修苏州织染局记》，《明清苏州工商业碑刻集》，江苏人民出版社 1981 年版，第 1 页。

④ （明）魏校：《魏庄渠先生文集》卷下《高墟王氏族谱序》，王云五主编《丛书集成初编》，商务印书馆 1937 年版，第 55 页。

⑤ 林金树：《明初吴中社会经济状况初探》，《明史研究论丛》第二辑，江苏人民出版社 1983 年版，第 214 页。

"今之夏秋二税，即古所谓粟米之征，唐之所谓租；农桑丝绢，即古所谓布缕之征，唐之所谓调；今之甲首均徭，即古所谓力役之征，唐之所谓庸。租出于田，调出于家，庸以身计，不相侵越者也。"① 换言之，明初的赋税体系，仍然是以传统的实物税为基础。其赋税结构，当以土地、山海所产田赋、上供物料、盐课为主，辅为行钞而征收的钞关税以及商业等方面杂税。

一　田赋

中国传统农业社会，田赋"历来是政府财政的主要来源和农民的主要财政负担"②，而土地是田赋之来源，力农是主要的生产方式。"夫财赋，邦国之大本，生民之喉命，天下理乱轻重，皆由焉"③，古人所谓之财赋，田赋而已，事关国计民生之根本。明代甫一建立，植根于传统小农经济体系的田赋，仍然构成赋税的基本内容，甚至是整个赋税的代名词。除此之外，田土所出绢帛，亦逐渐成为田赋的一部分。唐张籍诗云："江南人家多橘树，吴姬舟上织白苎。"④ "今年为人送租船，去年捕鱼在江边。家中姑老子复小，自执吴绡输税钱。"⑤ 布衣出身的明太祖，深知农民稼穑之艰难，"而国家经费皆其所出"，故财政多取轻徭薄赋之策。但由于土地所有权的不同，赋额差别甚大。

《明史·食货志》载：明太祖

　　即位之初，定赋役法，一以黄册为准。册有丁有田，丁有役，田有租。租曰夏税，曰秋粮，凡二等。夏税无过八月，秋粮无过明年二月……两税，洪武时，夏税曰米麦，曰钱钞，曰绢。秋粮曰米，曰钱钞，曰绢。⑥

---

① （明）顾清：《傍秋亭杂记》卷上，涵芬楼秘笈第四集七种八册一函，上海商务印书馆1918年影印本，第6页 b。

② ［美］王业键：《清代田赋刍论·导言》，高风等译，中国人民大学出版社2008年版，第1页。

③ 《旧唐书》卷一一八《本传》，中华书局1975年版，第3420页。

④ （唐）张籍：《江南行》，《全唐诗》卷三八二，中华书局1960年版，第4288页。

⑤ （唐）张籍：《促促词》，《全唐诗》卷三八二，中华书局1960年版，第4289页。

⑥ 《明史》卷七八《食货二·赋役》，中华书局1974年标点本，第1893—1894页。

　　明代的土地占有形式,一是官田,"官之所有,给民耕之",另一是民田,"民者,民自买卖者也"①。凡各州县田土,"系官田者,照依官田则例起科,系民田者,照依民田则例征敛"②。因官民田来源、性质、用途等方面的不同,赋税输纳量高低不一。"初,太祖定天下官民田赋,凡官田亩税五升三合,民田减二升,重租田八升五合五勺,没官田一斗二升……浙西官民田视他方倍蓰,亩税有二三石者。大抵苏最重,松、嘉、湖次之,常、杭又次之。"③ 日本学者田中正俊、佐伯有一认为官田每亩赋税额等于高额私租,此为明王朝的重要财政基础。④

　　如前所述,苏州是官田重要的集中区,主要由"宋元时入官田地",即"古额官田",明初籍没勋戚、坐罪者之田,即"抄没官田"组成。洪武十二年(1379)以前,苏州府官田共有46784顷,其中宋元官田29906顷,占65%;抄没官田16301顷,占35%。民田共有29906顷,两者合计为67490顷,其中官田占所有田土的68.97%。⑤ 洪武时苏州府各类官田中,古额官田共计11则,上自七斗三升,下止一升。功臣还官田23则以上,上起一石六斗三升,下止五升。抄没今科田凡28则,上自五斗五升,下止三升。抄没原额田6则,上自七斗三升,下至四斗。开垦田2则,或七斗三升,或四斗,合计70则。⑥ 具体到各县,官田常熟县凡70余则,上起一石六斗三升,下止三升;昆山县凡57则,最高七斗三升;嘉定县凡41则,上起七斗三升,下止五升;吴县38则以上,上起七斗三升,下止一升;长洲县凡27则,上起七斗三升,下止三升;吴江县16则,上起七斗三升,下止一升。比较而言,此时苏州府民田,无论科则数量,还是起科额,均不能望官田之项背。整个苏州府,凡科则不过10则,科则数最多者,是吴江、长洲、嘉定三县,均分为6则;吴县5则,昆山、常熟皆为4则。科则最重者五斗三升,其后依次为四斗三升、三斗三

---

　　① (明)顾炎武:《天下郡国利病书》原编第27册《广东备录上·增城县志》,上海商务印书馆1935—1936年影印本,第40页。

　　② 万历《明会典》卷一七《户部四·田土》,中华书局1989年标点本,第112页。

　　③ 《明史》卷七八《食货二·赋役》,中华书局1974年标点本,第1896页。

　　④ [日]田中正俊、佐伯有一:《十六世紀の中国農村製系·絹織物業》,《世界史講座》,《明清帝国時代の東アジア》,东洋经济新报社1955年版。

　　⑤ 洪武《苏州府志》卷一〇《税赋》,《中国方志丛书》第432号,成文出版社有限公司1983年影印本,第425页。

　　⑥ 同上书,第425—434页。

升、二斗六升、二斗三升、一斗六升、一斗三升、五升、三升，最轻者亩税只有一升。

征收之时间，通常夏税不能超过八月，秋粮不能超过次年二月。而征收的物品，明初所定两税税目亦颇为简约，夏税、秋粮分别以麦、米为正项，此外尚有丝、麻、绢、绵、课钞等杂项。具体到各地，则有所损益。洪武《苏州府志》记载了苏州府实行课税的情况。

> 本朝自吴元年克取本府，夏税秋粮岁赋具有定籍，莫盛于斯，计丝二十五万四千三百二两九钱……大麦正耗一万一百二十七石七斗七升……小麦正耗五万一千八百一十六石□斗……豆正一十七石五斗……菜子正二十七石四斗……粮糙粳米九十四石三斗……钱钞一万九百八十五贯五百二十七文……皆输于夏。
>
> 粮计正耗三百一十四万六千八百三十石五斗……黄豆正耗二千七百八十石八斗……花椒八斤七两五钱，皆输于冬。①

昆山县洪武时有夏税丝、麦、豆、钞、菜籽、蓝靛，秋粮有米；永乐时秋粮增加桑丝、花果树钞；正德时增加马草。随着时间的推移，不断增加的实物物品，派入到种类繁多的各类田土当中，由此形成了愈加复杂的科则和税额。譬如科则方面，嘉靖初年，嘉定县所属官田科则竟达到一千三百余则；又如税额，洪武时最高者一石六斗三升，宣德间苏州府有亩科米三石者。②

二　上供物料

田赋是明代赋税中最主要的项目，但田赋本色或折色的征收，并不能满足皇室和国家财政多方面的需索。"军国之需，有额派，有岁派，有坐派"，其中除田赋本色或折色外，余者即是正额田赋之外的贡物。各州县向皇室和中央机构无偿提供的物品，称为"上供物料"，俗称"土贡"。

---

① 洪武《苏州府志》卷一〇《税粮》，《中国方志丛书》第432号，成文出版社有限公司1983年影印本，第436、437、439页。

② （明）况钟：《况太守集》卷八《再请免抛荒粮及夏税科派奏》，江苏人民出版社1983年版，第82页。

　　土贡源于夏禹时期的"任土作贡"，完善于唐宋时期。"土赋随地所产，不强其所无"①，作为国家财赋重地的苏州，历来不乏土贡之记载。如唐代吴中所产莲藕成为重要贡品②；元和时期苏州府贡赋有"丝葛十匹，白石脂三十斤，蛇床子三升"③；元代昆山郡岁贡"唯岁有拘牧皮货，翎毛尔"④。明"立国之初，即定诸州所贡之额。如太常寺牲币、钦天监历纸、太医院药材、光禄寺厨料、宝钞司桑穰、诸皮角翎鳔之属，俾其岁办"⑤。如苏州昆山贡物主要是"杂皮四百张，活鸬鹚九只，活雁五十四只，活獐五个，翎毛六万根"⑥。

　　物料是朝廷向地方征收的各类生产、生活原料和物资，由户、礼、工三部征收，主要供皇家消费和支用。贡物来自全国各地，所以各地物料、贡品并不相同，主要分为三类：一是供应甲、丁二库和光禄寺以为皇室所用的物料，以农副产品为主，上述皮张、野味、翎毛即是。二是供应太常寺、御药房的祭祀用牲口和药材。三是向官手工业提供的原料和军用物资，用于修造皇家所用器皿、宫殿、制作衣装、火器等项目，这一部分比重更大，如洪武年间在苏州府开设的杂造局，岁造弓箭等41920张、枝，所用原料，即由苏州所属七县按里拘派。⑦

　　从洪武开始，按里甲派征物料即已成为定例，后来名目逐渐增多。如按时间来区分，即有额办、岁办、坐办之分。额办明初即已存在，征收时间两三年不等；岁办一年一征，"岁定解京"；坐办则是不定时指定某地交纳某种物料。明初上供物料仍贯彻"任土作贡"的原则，最能体现实物财政的特点。⑧ 而在官田较多的苏州府，因官田赋重，洪武年间规定杂

---

　　① （明）余继登：《典故纪闻》卷四，中华书局1981年版，第140页。

　　② 赵碬：《秋日吴中观贡藕》云："褰衣来水上，捧玉出泥中。激波才入选，就日已生风。御洁玲珑膳，人怀拔擢功。"载《全唐诗》卷五五〇，中华书局1960年版，第6364页。

　　③ （唐）李吉甫：《元和郡县图志》卷二五《江南道一》，中华书局1983年版，第601页。

　　④ 至正《昆山郡志》卷六《土贡》，《昆山宋元三志》，广陵书社2010年版，第36页。

　　⑤ （明）章潢：《图书编》卷八九《古今贡物总论》，《景印文渊阁四库全书》第971册，台湾商务印书馆1986年影印本，第702页。

　　⑥ 万历《重修昆山县志》卷二《田赋》，《中国方志丛书》第433号，成文出版社有限公司1983年影印本，第150页。

　　⑦ （明）况钟：《况太守集》卷一三《造作官局禁示》，江苏人民出版社1983年版，第142页。

　　⑧ 刘志伟：《在国家与社会之间——明清广东里甲赋役制度研究》，中山大学出版社1997年版，第149页。

造局造办朝廷军器的弓箭、弦条及该用匠料，由里甲分担，"验里拘派七县办解，造完差人进送内府交用"①。

随着皇室消费的膨胀，财政开支的增加，进贡物品亦渐渐超出土贡范围，有不断增长之趋势。

> 上谕工部臣曰：古者土赋，随地所产不强其所无。比年如丹漆、石青之数，所司更不究物产之地，一概下郡县之。郡县逼迫小民，鸠敛金币，诣京师博易输纳。而商贩之徒，乘时射利，物价腾踊数十倍，加有不肖官吏，夤缘为奸。计民所费，朝廷得其千百之十一，其余悉肥下人。今宜切戒此弊，凡合用之物，必于出产地计直市之。若仍蹈故习，一概科派以毒民者，必诛不宥。②

敖英《东谷赘言》卷下称：

> 我朝军国之需，有额派，有岁派，有坐派。洪武开国定制，如夏税、秋粮、鱼课、盐课、茶课、桑丝、药材之类，皆有定则，此额派也。宣德以后，如宗室繁衍，加添禄米，增设职司，加添俸粮之类，此岁派也。又其后也，如营建宫室，买运大木之类，此坐派也。盖额派无增损也，岁派有增无损也，坐派有事则派，事竣即停也。③

原来规定的"开国定制""岁有定额"已形同虚设。岁派又称岁办，成为苏州民户的沉重负担。弘治八年（1495），南京礼部尚书童轩上疏言："东南之民恒困于岁办……岁办如油、麻、铜、铁之类，重以贪官之掊克，奸民之包揽，皆倍取其值。"④ 物料征收既无定额，又无统一的征收制度，一般小民只能任由奸吏猾胥掊克盘剥，因而人民的实际负担远超明廷不断加派的幅度。

那么，上供物料究竟占到赋税的百分之几呢？宣德五年（1430），苏

①　赵中男：《明代物料征收研究》，北京大学博士学位论文，2005 年。

②　《明仁宗实录》卷二中，永乐二十二年壬午，第 52 页。

③　（明）敖英：《东谷赘言》卷下，王云五主编《丛书集成初编》，上海商务印书馆 1937 年版，第 24 页。

④　《明孝宗实录》卷一〇七，弘治八年十二月戊辰，第 1958 页。

州知府况钟就科派物料事上奏朝廷，这则史料可一窥其端倪：

> 奉到工部等部勘合，坐派铜、铁、金箔、颜料、油蜡、牲口等项数多，着将本府官田粮照依别省布政司民粮，一体科派。委的租繁粮重，民贫艰难，如蒙准奏，大臣该部计议，合无止将本府民粮十五万三千余石坐派物料。①

朝廷坐派的铜、铁、金箔、颜料、牲口、油蜡等物料，官田承租者毋需分担，况钟建议折民粮 153000 余石，而宣德七年，苏州七县秋粮计2779000 余石，其中民粮 153170 石，官粮 2625930 余石，民粮为官粮的1/15。其物料项数之多、数额之大，可略知一二。

三　盐课

盐是一种特殊的商品，对盐课税，并实行国家专卖，为春秋时齐国管仲所创"官山海"和"征盐策"，历经西汉桑弘羊"笼盐铁"，唐代刘晏"就场专卖"，至北宋范祥的"钞盐法"而臻于完善。官府垄断盐业经营，尽管历史上颇有微词，认为是与民争利②，但终不能改变专营之趋向。盖因食盐经济作为农耕经济的重要补充，关乎国计民生。政府不仅据以取得财政收入，更可发挥控制民户的作用，是以"煮海之利，历代皆官领之"③。盐税于明代为赋税之大宗，在国家财政中举足轻重，所谓"国家财赋，所称盐法居半者，盖岁计所入，止四百万，半属民赋，其半则取给于盐策"④。

明代立国之前，曾"置局设官，令商人贩鬻，二十取一，以资军饷"⑤，其主要运作办法是民产、官收、商销。此后即承宋元之制，于洪

---

① （明）况钟：《况太守集》卷七《请免借马及派买物料奏》，江苏人民出版社 1983 年版，第 78 页。

② 如司马迁《史记·货殖列传》序称："故善者因之，其次教海之，其次整齐之，最低与之争。"

③ 《明史》卷八〇《食货四》，中华书局 1974 年标点本，第 1931 页。

④ （明）李汝华：《户部题行十议疏》，《明经世文编》卷四七四《两淮盐政编一》，中华书局 1962 年影印本，第 5203 页上。

⑤ 同上。

武初年，陆续设立两淮、两浙等六都转运盐使司，广东等七盐课提举司，推行盐专卖制度。在此制度下，明廷建立了灶户制度，灶户生产的盐全部由政府收买。政府收来的盐，一部分通过户口食盐法，运到各州县，按口派卖，计口征收钞米，这是官卖制度；一部分通过开中法，与商人交换粮草马匹等，政府偿以盐引，派场支盐。商人输送粮草供应边镇军饷，并将所获食盐自行运销指定地区，是为"通商制"。明中期以后，随着钞价的衰落、自然经济的衰退和商品经济的发展，政府实施了余盐制度和运司纳银的制度。

苏州自古以来，"东有海盐之饶"。吴元年（1367），政府"置两浙都转运盐使司于杭州"，逐渐设立三十六盐场。其中苏州府属盐场有二，清浦场位于嘉定县八都，天赐场重设于崇明县，南宋时最早设立，后弃置不用。二场于长江口隔江相望，因受海潮影响极大，盐产量较小，且不够稳定，曾一度被裁革，因而于苏州赋税而言，并不处于重要位置。

四　钞关税

"国家置立钞关，仿古讥市征商之法，下不病商，上藉裕国，内供赏赉，外济边疆。"[1] 钞关税肇端于周代的"关征"，发展于隋唐，而成熟于宋元。元世祖至元三年（1266），元政府行"船户纳钞法"[2]，其在沿江、沿河的水道上创设了多个"抽分场"，按船只大小征收过税，即征纳"船料钞"。明代钞关之法，即源于此。在苏州，元时置抽分竹木场于长洲县浒墅镇，分办于昆山、太仓，凡客商往来货物以多寡为制，抽分竹木、柴炭、茅草、芦草等物。明初设官于苏州阊门、葑门、太仓、平望，置场嘉定、常熟税局，带办抽分竹木、柴炭、茅草、芦等。[3]

宣德四年（1429），明廷为疏通钞法，"令南京至北京沿河漷县，临清州、济宁州、徐州、淮安府、扬州府、上新河客商辏集处，设立钞关"[4]。

---

① （明）赵世卿：《关税亏减疏》，《明经世文编》卷四一一《赵司农奏议》，中华书局1962年影印本，第4458页上。

② （明）宋濂：《元史》卷三九《本纪三十九·顺帝二》，中华书局1976年标点本，第838页。

③ 洪武《苏州府志》卷一〇《抽分》，《中国方志丛书》第432号，成文出版社有限公司1983年影印本，第446页。

④ 万历《明会典》卷三五《户部二二·课程四·钞关》，中华书局1989年标点本，第245页。

向商人装载货物的舟船所课之税，称为"船料"，又因钞关为征收船料的机构，所以习称"钞关税"。初期苏州不在新设钞关之列，直到景泰元年（1450），"仍于浒墅添设钞关，以算商船料钞"①，差主事一员，监收料钞，是为苏州浒墅钞关之始。此时的浒墅关，乃是原来竹木抽分场的延续。之后，浒墅关曾于成化四年罢革，后于弘治六年恢复②。抽分是对竹木商人课征的实物税，抽分局设于沿江、沿海的一些市镇，以及南北两京的城郊。苏州竹木抽分局演化为浒墅钞关后，随着苏州社会经济的发展，浒墅关在明代钞关中的地位益发重要。万历时大学士申时行称：

> 国家以榷之利佐度支，关有征，舟有算。司徒之属奉玺书从事焉，吴之浒墅其一也。吴故东南都会，而浒墅绾毂其口，关临漕渠，有堤翼之，蜿蜒绵亘，四出九达。无论冠盖走集，商贾辐辏，而司农之粟，少府之钱，岁输以巨亿万计。舳舻相衔，邪许之声不绝。关之左右，皆名田上腴。水至不害，其获自倍。饔飧租赋出其中，盖行旅所迹，岁漕所经，稽事所仰，赖是堤之重久矣。③

正统以前，明朝"天下岁征税粮凡三千六百三十二万一千余石，内三百二十万九千石折银八十一万四千余两。户口商税，除折米外，并船料钞折银可得四十三万九千余两……各钞关船料四万余两"④。初期钞关税不以课税为要务，因而所占商税比例不足1/10，而商税总额只有田赋收入的1/10，由此推算钞关税所占比例只有田赋的1/100。

五　杂课

此处杂课含义与《万历会计录》卷四三《杂课》所指相呼应，系指

---

① 嘉靖《浒墅关志》卷一《建置沿革》，《上海图书馆藏稀见方志丛刊》第63册，国家图书馆出版社2011年影印本，第233页。

② 万历《明会典》卷三五《户部二二·课程四·钞关》，中华书局1989年标点本，第245页。

③ （明）申时行：《浒墅关修堤记》，《明经世文编》卷三八一《申文定公集二》，中华书局1962年影印本，第4135页上。

④ （明）王鏊：《震泽长语》卷上《食货》，《景印文渊阁四库全书》第867册，台湾商务印书馆1986年影印本，第207页。

除钞关税以外的商税及其他杂税。商税乃古时所谓"关市之征"，即行商通过关津所纳的货物通过税和坐贾住卖于市的入市税及市籍税。自宣德四年（1429）设立钞关后，通过税显著增加。

明承元末丧乱之余，不仅积极致力于对农村经济的恢复与发展，对商业的培植亦不遗余力。① 其中禁止"和买"乃明初最善商政。"和买"之制，源于北宋真宗大中祥符年间，每当春季乏绝之时，官府预贷库钱予民，以解不时之需或周转急用，俟秋时收获之季再输物偿还。此种制度，创意未尝不善，然行之既久，流弊害民。"官不给值，而民仍输物"，阻碍商业经济的发展。太祖继位后，即予以禁绝。史载：

> 洪武二年，令凡内外军民官司，并不得指以和雇和买，扰害于民。如果官司缺用之物，照依时值对物，两平收买，或客商到来中买物货，并仰随即给价。如或减驳价值及不即给价者，从监察御史按察司体察，或赴上司陈告犯人以不应治罪。②

与宋代相比，明政府对商税的征收颇为淡漠，"商货征税，悉有定规。税其一不税其二，征于彼不征于此"③。并且举"凡商税，三十而取一，过取者以违令论"④。洪武十三年（1380）明太祖谕户部尚书范敏曰：

> 曩者奸臣聚敛，深为民害，税及天下纤悉之物，朕甚耻焉。自今如军民娶嫁丧祭之物、舟车丝帛之类，皆勿税。尔户部其榜示天下，使其周知。⑤

由此可见明太祖虽实行重农抑商政策，但对商业却非涸泽而渔。

---

① 苏更生：《明初的商政与商税》，《明史研究论丛》第二辑，大立出版社 1985 年版，第428 页。

② 万历《明会典》卷三七《户部二十四·课程六·时估》，中华书局 1989 年标点本，第270 页。

③ （明）张萱：《西园闻见录》（五）卷四〇《户部·关税》，《明代传记丛刊》综录类第30 册，明文书局 1991 年影印本，第 60 页。

④ 《明太祖实录》卷一四，洪武甲辰四月乙酉，第 193 页。

⑤ （明）焦竑：《玉堂丛语》卷二《政事》，《元明史料笔记》，中华书局 1981 年标点本，第 34 页。

概言之，明初商税及杂课主要有如下六种：其一是正课，即常制的关市之征。其二是塌房税。塌房由官府建造，方便商人储存货物。塌房既是官营客栈，又是征税机构。虽货物税只三十取一，但另外征收"塌房钱"和"免牙钱"各一分，因而三税合计，税率实为10%。其三是酒醋税。酒税分酒曲和酒两次征税，税率不详；醋税征收方法及税率均不得而知。其四是渔课。明初设河泊所三百二十，以榷鱼鲜之利。河泊所主要设于黄河以南河网密布之地，苏州府亦在此列。其五是契税，乃是对买卖田地、房屋、牲畜等行为进行课税，每契一纸纳工本铜钱四十文。其六是市肆门摊税。从仁宗洪熙元年（1425）开始，为通行钞法而征市肆门摊税，对市镇各店铺的门摊课钞。

苏州自隋唐以降，贵为财赋重地，其赋税征收一如前述。宋之商税，"郡城及常熟、昆山、吴江、福山五务岁办五万五千一百贯。熙宁十年，郡城办及五万一千贯有零，昆山、常熟、吴江、福山、木渎、庆安、梅里等务共办二万六千余贯"①。明初于苏州府设置税、课司局九处，岁办以钱计者二万四千二百三十九万二百四十六文。② 另外茶课征纳计钱三百一十九万三千九百四十五文，荡课钱二万三千五贯八十九文，酒醋钱洪武十年征一千八百一万一千三百二十文，房地赁钱计三百三十六万三千九百八十文。③

第三节　明初苏州府的赋税征收

一　田赋征收中的本色和折色

中国传统社会，因自然经济占统治地位，故国家所征赋税，以田赋居多，商税及盐、铁、酒等专卖居次。田赋当中，又以粟米实物居多，折征居次，征收货币税则更少。"诸折纳税粮者，谓之折色"，换言之，"贡课或非任土所以有，则以折征"④。折色指可用钞、钱、绢等代输税粮。以

---

① （清）陈槱：《琴川志注草》卷六《叙赋·自绍兴李侍郎椿年行经界》，国家图书馆馆藏清钞本，第89页。
② 洪武《苏州府志》卷一〇《商税》，《中国方志丛书》第432号，台北成文出版社有限公司1983年影印本，第441页。
③ 同上书，第441—444页。
④ 万历《扬州府志》卷三《赋役志上》，《北京图书馆古籍珍本丛刊》25，史部，书目文献出版社1991年影印本，第58页。

物折物，即在不同实物之间进行调剂，是田赋折征中最为常见者。

中国货币的起源可追溯至夏禹时期，田赋征收钱币亦史不绝书。在传统小农经济年代，与其说是田赋征收钱币，毋宁说钱币是折征物的一种。殷商时政府财政收入不仅有实物粟米，可能还有折征来的金属货币。《逸周书》称周灭商后，"振鹿台之钱、巨桥之粟"①，以施惠于民。彼时农业税外以钱为税者，是向商人收取财产税，"诸贾人末作贳贷买卖，居邑稽诸物，及商以取利者，虽无市籍，各以其物自占，率缗钱二千而一算。诸作有租及铸，率缗钱四千一算"②。

苏州历史上，以折色交纳田赋亦不鲜见，盖因征纳本色不便于运输，或贡课"非任土所有"等。《苏松历代财赋考》称东晋时期，"军国所须杂物，皆随其土地之所出，折课市取，历宋齐梁陈百七十年"③。唐玄宗开元十六年（728），又"以江淮輓输，有河洛之险，诏江南以布代租"④。唐德宗建中元年（780），政府"初定两税，货重钱轻，乃计钱而输绫绢"⑤，在实际推行中却不得不将钱折回实物。五代十国时，"吴有丁口钱，又计亩输钱，钱重物轻，民甚苦之⑥"。南唐"夏赋准贡见缗，民苦之。元清奏请纳帛一匹，折钱一千，以为定制，常以便宜科率，民无怨望，总诸科物十余万，数漕运入金陵，以济国用"⑦。唐末以至五代，两税逐渐改征实物，这是两税法在实施过程中不断加以调整的结果。⑧ 两宋沿用唐之两税法，"庸钱在其中矣，而复令百姓岁输身丁钱米"⑨，而各地不通舟楫之处，即可各随土产折收布帛、铜钱或白银解京。

作为贵金属的白银，长期以收藏品的属性而存在，在未货币化之前，

① 《逸周书》卷四《克殷解第三十六》，王云五《丛书集成初编》，上海商务印书馆 1937 年版，第 94 页。

② 《史记》卷三〇《平准书第八》，中华书局 1959 年标点本，第 1430 页。

③ 《苏松历代财赋考》卷一，《四库全书存目丛书》史部第 276 册，齐鲁书社 1996 年影印本，第 102—103 页。

④ 同上书，第 103—104 页。

⑤ （宋）欧阳修等：《新唐书》卷五二《食货志》，中华书局 1975 年标点本，第 1353 页。

⑥ （宋）司马光：《资治通鉴》卷二七〇，中华书局 1956 年标点本，第 8832 页。

⑦ （宋）马令：《南唐书》卷二二《李元清传》，王云五《丛书集成初编》，上海商务印书馆 1935 年版，第 150 页。

⑧ 张泽咸：《唐五代赋役史草》，中华书局 1986 年版，第 185 页。

⑨ （清）王庆云：《石渠余纪》卷三《纪丁随地起》，《近代中国史料丛刊》第八辑，文海出版社 1967 年影印本，第 257 页。

白银作为田赋的折征物，实具有实物财政的意义。先秦用银记录甚少，直到西汉时期，白银主要用来制作装饰品及餐具，文献中并无用银作货币的记载。东汉用银记载有所增加，常常金银并提，但未见用银纳税的记录。唐代出现了用银缴纳赋税的先例，王建《送吴谏议上饶州》诗中，即有"税户应停月进银"①的诗句。苏州地区田赋输银，目前可知大约发生于五代时期，彼时淮南节度使杨行密建立了杨吴政权，即规定若田赋现钱不足，可许以金银。②宋代货币经济的兴盛，铜钱乃至白银逐渐成为赋税的重要形式，如宋神宗熙宁十年（1077），夏秋两税共收银60137两③。不过北宋政府历年的岁入岁出金属货币，白银只占铜钱的百分之几④。元朝实行纸币制度，先是发行"中统元宝交钞"，以丝为本位；之后发行"中统元宝钞"，以银为本位，银钞可以互换。初期中统钞币值稳定，盖因元用白银来维系纸币的购买力，同时白银的流通范围亦有所扩大。"时包银制行，朝议户赋银六两"，按户征收差发银成为元政府着力推行的赋税政策，但因"随其产为赋，则民便而易足，必责输银，虽破民之产，有不可办者"，因此"仍听民输他物"⑤。

就明代而言，夏税秋粮中，米麦为本色。洪武三年（1370）九月，户部奏请浙西四府秋粮内收布三十万匹，上曰"松江乃产布之地，止令一府输纳，以便其民，余征米如故"⑥。六年（1373），明太祖颁诏，令直隶府州及浙江、江西二行省当年秋粮以棉布代输⑦。全国性的折征出现在洪武九年（1376）四月，是时明太祖令户部："天下郡县税粮，除诏免外，余处令民以银、钞、钱、绢代输今年税粮。"户部制定了折征标准和原则，"银一两，钱千文，钞一贯，皆折输米一石，小麦例减值十之二，棉苎一匹折米六斗，麦七斗，麻布一匹折米四斗，麦五斗，丝绢等各以轻

---

① （唐）王建：《送吴谏议上饶州》，《全唐诗》卷三〇〇，中华书局1960年版，第3410页。

② 乾隆《江南通志》卷六八《食货志·田赋二》，《中国地方志集成·省志辑》，凤凰出版社2011年影印本，第308页下。

③ （元）马端临：《文献通考》卷四《田赋四》，中华书局1986年标点本，第59页。

④ 全汉昇：《自宋至明政府岁出入中银钱比例的变动》，《中国经济史论丛（一）》，中华书局2011年版，第409页。

⑤ 《元史》卷一五二《张晋亨传》，中华书局1976年标点本，第3590页。

⑥ 《明太祖实录》卷五六，洪武三年九月辛卯，第1089页。

⑦ 《明太祖实录》卷八五，洪武六年九月庚子，第1507页。

重为损益，愿入粟者听"①。值得注意的是，此次大规模折征将贵金属白银置于法定货币钞、钱及其他折色中。洪武十八年（1385），规定鱼、茶、酒、醋、矾、硝、铅粉、黑锡、粉锡、石膏、窑课、诸色课等原初征收实物者，折收金、银、钱、钞。②

明初常对道路险远、运输不便的地区进行田赋折征。洪武七年（1374）四月，因徽州、饶州、宁国等府输纳艰难，政府令"今后夏税令以金、银、钱、布代输"③。十九年（1386）正月，又令武昌府通城、崇阳交通不便山区"折收布帛"④。同年三月，诏令"所解税课钱钞，有道里险远难致者，许易金银以进"⑤。除运输不便折征外，水旱灾害是另一重要原因。出于保证国家税粮不受灾害影响，明廷常在灾后对起运之税粮实行折色。其方式是以其他物料或钞银抵充，不仅能减轻灾荒岁月百姓的输税压力，而且在一定程度上能够发挥荒政的作用，所谓"被灾州县暂从改折，即所谓不留之留也"⑥。不过漕粮是供应边军和京师皇家及百官的税粮，原则上不在蠲免之列。唯其在少数灾荒严重的年份，灾民税粮无措、举步维艰时，朝廷才偶尔蠲免。如洪武二十七年（1394），山东被水灾者十七处，户部才同意折征棉布⑦。

洪武后期，开始有了逋赋折银的记录。"诏天下郡县夏税秋粮，自洪武二十八年以前拖欠纳者，许折轻赍，随地方所产，听从民便，以免转运。每金一两，折米二十石，银一两，折米四石，钞三贯五百文，折米一石……盖轻赍之议始见于此"⑧。逋赋折纳"轻赍"，是用轻便价高的物品折替本色田赋。逋赋产生的原因，一般是自然灾害居多。另有原因则是由于长期重赋所致，如南直隶的苏州、松江，江西布政司之南昌、瑞州。

于苏州府而言，折征更具有特殊意义。洪武年间，苏州府所采用的折征方式有如下三种：一是以布折纳官田夏麦。如宣德时苏州知府况钟所

---

① 《明太祖实录》卷一〇五，洪武九年四月丁亥，第1756页。

② （清）龙文彬：《明会要》卷五七《食货五》，中华书局1956年版，第1092—1093页。

③ 《明太祖实录》卷八八，洪武七年四月甲申，第1568页。

④ 《明太祖实录》卷一七七，洪武十九年春正月戊寅，第2676页。

⑤ 《明太祖实录》卷一七七，洪武十九年三月己巳，第2682页。

⑥ 《明神宗实录》卷一九〇，万历十五年九月己丑，第3560页。

⑦ 《明太祖实录》卷二三一，洪武二十七年二月甲午，第3382页。

⑧ （明）邓球：《皇明泳化类编》卷八六《赋役》，《北京图书馆古籍珍本丛刊》第50册，史部，书目文献出版社1997年影印本，第912—913页。

言，洪武时期"人民布种官田，别无远运。年岁成熟，止勾纳粮。每遇春夏饥歉之月，全赖二麦接济。秋粮征收本色，夏麦每一石二斗折布一匹，民得织布纳官，存麦济饥……民间得以自织输纳"①。二是田赋折金。洪武十七年（1384）七月，"命苏、松、嘉、湖四府以黄金代输今年田租"②。三是对官田重赋进行全面改折。洪武十八年（1385），令"两浙及京畿官田凡折收税粮，钞每五贯准米一石，绢每匹准米一石二斗，金每两准米十石，银每两准米二石，棉布每匹准米一石，苎布每匹准米七斗，夏税农桑丝每十八两准绢一匹重十八两"③。此后，"又令于苏松等府秋粮内派办"④。

明代立国伊始，明太祖采取的本色改征折色，是基于现实考量的结果。明朝建立未久，政府即遵照宋、元传统，发行"大明宝钞"，意欲以纸币为法定货币，并使其"天下流通"。洪武八年（1375）三月，太祖命当时的中书省印造"大明宝钞"，"与铜钱相通行使用，伪造者斩，告捕者赏银二百五十两，仍给犯人财产"⑤。可见，明太祖虽欲强力推行宝钞，但并未禁止银、钱使用，反而有上述一系列赋税折征的规定。只是由于宝钞推行不力，因此才有洪武九年（1376）之令，禁止民间以金银交易实物，凡是违反者皆被治罪，而告发者则以原告交易之物品作为犒赏⑥。赋税政策方面，实行改折的目的是确保国家赋税足额征收，尤其是灾害发生之时。既可优惠便民，又能确保不失原额，折色确是最稳妥的办法，这种办法亦为嗣后继任者所续行和创新。《明史·食货志》言，"初，岁赋不征金银，惟坑冶税有金银，入内承运库。其岁赋偶折金银者，俱送南京供武臣禄。而各边有缓急，亦取足其中"⑦。永乐时期，政府所收岁贡银更有三十万两，亦不过任土便民，与折麻、苎、丝、绢之属类似。因此明初

---

① （明）况钟：《况太守集》卷八《再请夏税折布奏》，江苏人民出版社 1983 年版，第 95 页。

② 《明太祖实录》卷一六三，洪武十七年秋七月丁巳，第 2529 页。

③ （明）王圻：《续文献通考》卷四《田赋考》，《续修四库全书》第 761 册，上海古籍出版社 1995 年影印本，第 594 页上。

④ 同上书，第 579 页上。

⑤ 《明太祖实录》，洪武八年三月辛酉条，第 1699 页。

⑥ 万历《明会典》卷三四《钞法》，中华书局 1989 年标点本，第 224 页。

⑦ 《明史》卷七九《食货三》，中华书局 1974 年标点本，第 1927 页。

部分实物折征货币，本身仍是实物财政体制的题中应有之义①。

尽管明政府别于洪武十三年（1380）、建文二年（1400）、永乐元年（1403）、永乐二年（1404）、洪熙元年（1425）、宣德元年（1426）重申禁银政策，②但随着商品经济之活跃，折银逐渐增多，折征范围亦日益扩大。譬如宣德二年（1427），准许全国一些地方秋粮折收白银，"赴部出给长单，关填勘合，送内承运库收贮"③。又如正统初年后概行于天下的"金花银"，成为明代白银货币化和赋税白银化的重要节点。明史专家刘重日引《续文献通考》卷二云："自正统初，以金花银入内库，而折征之例定。自是遂以银为正赋"，故与唐代两税法，"皆古今农政中更制之大端也"④。

二　上供物料之和买与折纳

各地供应京师的税粮物料，税粮一般指正额田赋，而物料则是田赋之外的贡物，是供朝廷生产和生活消费的各种原料、产品和物资，其中原料应包括一部分材料，物资则是经过初步加工的成品和半成品。⑤由里甲出办的物料，基本上都属于正额田赋之外的摊派。明朝取民之法，除田土税粮外，物料类有皮角、翎毛、竹木、油漆，后又增加甲字库颜料、光禄寺厨料、供用库诸物、太常寺牲口、南京供应器皿物料、战船物料和内府各衙门物料。

洪武时期，一方面上贡物料任土作贡，相对简约。史载"上供简省。郡县贡香米、人参、葡萄酒，太祖以为劳民，却之"⑥。另一方面，对不能通过任土作贡获得的物料，则通过"和买"与"时估"制度实现。"和买"即由官府派人到集市购买所需物资；"时估"即按市场当月价格，买

---

① 刘志伟：《在国家与社会之间——明清广东里甲赋役制度研究》，中山大学出版社1997年版，第144页。

② 全汉昇：《宋明间白银购买力的变动及其原因》，载氏著《中国经济史研究》（二），台北稻乡出版社2004年版，第112页。

③（明）王圻：《续文献通考》卷四《田赋考》，第42页；《续修四库全书》第761册，上海古籍出版社1995年影印本，第574页。

④ 刘重日：《金花银、轻赍与金花籽粒》，见氏著《濒阳集》，黄山书社2003年版，第215—216页。

⑤ 赵中男：《明代物料征收研究》，北京大学博士学位论文，2005年。

⑥《明史》卷八二《食货六》，中华书局1974年标点本，第1989页。

卖双方平等交易。交易的原则是"止许官钞买办，毋得指名要物，实不与价"①。洪武十五年（1382），工部请令采办青绿，并保证"以价直给之，亦不伤民"。明太祖以"所得之直，不偿所费……其弊百端，危害滋甚"②为由，驳回所请。不过于苏州府而言，情况却并不乐观，前述洪武年间于苏州开设的杂造局，岁造弓箭、弦条所用匠料，需要苏州府七县办解，成为当地人民的沉重负担。建文四年（1402），开始从苏州等府派粮借马，持续到宣德时期。③

《明史》载："先是上贡之物，任土作贡，曰岁办。不给，则官出钱以市，曰采办。其后本折兼收，采办愈繁，于是召商置买，物价多亏，商贾匿迹。"④至永乐、洪熙时期，"所司更不究物产之地，一概下郡县征之"⑤。正常"和买"难以持续，而坐派无常的上供物料却越来越多。而物料折纳，因民财未至甚费，则可稍纾民力。

高寿仙曾对物料折征之原因有深入分析：一是由于所征非所产，地方官员不得不折征。日本学者川胜守曾说："虽然最初物料以征收本色为原则，但由于不同的品种科派于不出产的地方，因此出现折色征纳就成为必然的趋势。"⑥二是因为坐派物料无常，名目繁杂，地方官员为了缓解民困和易于办纳而折征。如"坐派直隶苏州等卫捕倭船只木料……因本处不系出产，用价买到木植送纳"，而累差百户"不收本色，每名排年里长勒要银两、布帛"⑦。三是实物运输困难，费用庞大，折收以求轻省⑧。有时，朝廷为了应付对某种物料的急需，而又不想背负加重百姓负担之名，

---

①　《御制大诰续编》，上海古籍出版社 2002 年影印本，第 300 页。

②　（明）余继登：《典故纪闻》卷四，中华书局 1981 年版，第 66 页载："青绿产于深山穷谷，民岂能自采，必待贩鬻而后得之。尔但知给以价直，不知有司急于取办，未免过于督责，而吏卒夤缘肆贪，所得之直，不偿所费。况货殖之人，乘时射利，高价以售，民受驱迫者，急于应办，转为借贷。其弊百端，危害滋甚，岂可以粉饰之故而重扰民乎！"

③　（明）况钟：《况太守集》卷八《再请免抛荒粮及夏税科派奏》，江苏人民出版社 1983年版，第 83 页。

④　《明史》卷八二《食货六》，中华书局 1974 年标点本，第 1991 页。

⑤　（明）余继登：《典故纪闻》卷四，中华书局 1981 年版，第 140 页。

⑥　［日］川胜守：《中国封建国家の支配构造——明清赋役史の研究》，东京大学出版社 1980 年版，第 73 页。

⑦　（明）况钟：《况太守集》卷七《备倭船及开浚河道奏》，江苏人民出版社 1983 年版，第 75—76 页。

⑧　高寿仙：《明代揽纳考论——以解京钱粮物料为中心》，《中国史研究》2007 年第 3 期。

便会将部分存留粮改折成物料征收，但这种改折一般都是临时性的。如"正统十一年间，京师营造浩繁，各省仓粮勾用。朝廷合用颜料，遂令于存留粮内折征"①。又如前述正统时期，朝廷坐派苏州的铜、铁、金箔、颜料、牲口、油蜡等物料，知府况钟建议折民粮153000余石。

折钞是将物料折成朝廷发行的法定货币，物料折钞含有促进宝钞流通的考量，在白银未取代宝钞成为通用货币之前，物料折钞同样是物料征收货币化的反映。只是物料折钞的时间很短，几乎在明代的成化、弘治、正德年间，折银即取代了折钞。非土所产的征收迫使官府必须从他处购买应纳物料，更促进了物料征收折银的进程。②正统以后，白银广泛行用，各地遂普遍折征银两。上供物料纳银，始见于宋神宗熙宁元年（1068），此时诸路共纳银165450两，其中两浙路纳银11800两，绢5500匹③。由于携运轻便，所以折收的银两被称为轻赍。"宣宗初，以边木以扼敌骑，且边军不宜他役，诏免其采伐，令岁纳银二万余两，后府招商买纳。"④ 明代中叶以后，从地方到中央陆续展开了赋役改革运动，越来越多的解京钱粮物料也逐渐改为折收银两、召商买办。在抑制揽纳方面，这种制度性变革要比一味禁止更有效果。⑤

明初建立的赋税制度，带有鲜明的实物主义特征。物料不产于当地，必须从其产地或京师购入，如用之不当，也会随之产生多种弊端。一是折征之费高昂，如正德《姑苏志》所云，苏州"今之贡……亦有购之他处以充者，故岁有常品而交纳之费乃数倍其价"⑥。二是无籍之徒渔利。在征收过程中，"郡县逼迫小民，鸠敛金币，诣京师博易输纳，而商贩之徒乘时射利，物价腾踊数十倍，加有不肖官吏贪缘为奸，计民所费，朝廷得其千百之十一，其余悉肥下人"⑦。揽纳者活跃于钱粮物料解纳的各个环节，并从中牟取了丰厚的经济利益，同时也给国计民生造成很大的危害。

① （明）潘潢：《会议第一疏》，《明经世文编》卷一九八《潘简肃公文集二》，中华书局1962年影印本，第2059页下。

② ［日］栗林宣夫：《里甲制研究》，文理书院1971年版，第85、105页。

③ （元）马端临：《文献通考》卷二二《土贡》，中华书局1986年标点本，第220页。

④ 《明史》卷八二《食货志六》，中华书局1974年标点本，第1994页。

⑤ 高寿仙：《明代揽纳考论——以解京钱粮物料为中心》，《中国史研究》2007年第3期。

⑥ 正德《姑苏志》卷十五《土贡》，《中国史学丛书》初编第31册，台湾学生书局1986年影印本，第218页。

⑦ （明）余继登：《典故纪闻》卷四，中华书局1981年版，第140页。

尽管明政府颁布了许多法条禁令，但由于揽纳根源于实物赋税制度，相关法条禁令都不可避免地沦为具文。[1]

三 明代苏州赋重始自洪武

明初通过地籍、户籍的整理，在里甲制度基础上建立的小农经济体系，辅之以扩大官田、抑富佑贫、兴修水利、奖励开荒等政策，使苏州经济得到了恢复和发展，同时赋税负担亦达到极限。"东南诸郡，国家之外府也"[2]，"自明初没入张氏故臣及土豪田，按其私租籍征之，亩至八斗，而民始困……盖吴中之民，莫乐于元，莫困于明，非治有升降，田赋轻重使然也"[3]。综合本章前述内容，以小农经济体系的有效运转，加之围绕官民田所有权而制定的赋税政策，短期内即使苏州赋税成为全国之冠。

谈迁《国榷》称："国初总计天下税粮，共二千九百四十三万余石，浙江二百七十五万二千余石，苏州二百八十万九千余石，松江一百二十万九千余石。浙当天下九分之一，苏赢于浙，以一府视一省，天下之最重也。"[4] 丘濬《大学衍义补》亦云："洪武中，天下夏税秋粮，以石计者，总二千九百四十三万余，而……苏州府二百八十九万九千余"[5]，几占全国税粮的十分之一，"赢于浙江全省"[6]，居于全国各直隶府、各布政司之首。郁维明根据万历《明会典》卷一七《户部四》、梁方仲编著《中国历代户口田地田赋统计》相关资料，分别编制了洪武二十六年（1393）全国分区田地面积、户口和实征税粮统计表。为表述方便，现择要汇总为一表（见表2—2）。

---

① 高寿仙：《明代揽纳考论——以解京钱粮物料为中心》，《中国史研究》2007年第3期。

② （明）徐光启：《农政全书》卷一三《东南水利》上，《钦定四库全书》子部，文渊阁四库全书本，第16页a。

③ （清）陆燿：《切问斋文钞》卷一五《送汤潜庵巡抚江南序》，清道光甲申（1824）重镌本，第17页。

④ （明）谈迁：《国榷》卷七《太祖洪武十三年》，"减苏松嘉湖赋额"条，古籍出版社1958年版，第586页。

⑤ （明）丘濬：《大学衍义补》卷二四《制国用·经制之义下》，京华出版社1999年版，第236页。

⑥ （清）叶梦珠：《阅世编》，《历代史料笔记丛刊·清代史料笔记》，中华书局2007年版，第153页。

表2—2　　　　洪武二十六年（1393）苏州府与全国分区田地、
人口与实征税粮比较

区域	夏税麦（石）	秋粮米（石）	合计（石）	比率（%）	田地面积（顷）	比率（%）	人口（人）	比率（%）
苏州府	63500	2746990	2810490	9.53	98506	1.16	2355030	3.83
南直隶	990441	6244379	7234820	24.52	1269274	14.92	10755938	17.50
浙江	85520	2667207	2752727	9.33	517051	6.08	10487567	17.07
北平	353280	817240	1170520	3.97	582499	6.85	1926595	3.14
江西	79050	2585256	2664306	9.03	431186	5.07	8982481	14.62
湖广	138766	2323670	2462436	8.35	2202175	25.88	4702660	7.65
福建	665	977420	978085	3.31	146259	1.72	3916806	6.37
山东	773297	1805620	2578917	8.74	724035	8.51	5255876	8.55
山西	770367	2093570	2863937	9.71	418642	4.92	4972127	8.09
河南	556059	1642850	2198909	7.45	1449469	17.04	1912542	3.11
陕西	676986	1236178	1913164	6.48	315251	3.71	2316569	3.77
四川	325550	741278	1066828	3.62	112032	1.32	1466778	2.39
广东	5320	1044078	1049398	3.56	237340	2.79	3007932	4.90
广西	1869	492355	494224	1.68	102403	1.20	1482671	2.41
云南	18730	58349	77079	0.26	—	—	259270	0.42
总计	4775900	24729450	29505350	100	8507616	100	61445812	100

资料来源：郁维明：《明代周忱对江南地区经济社会的改革》，台湾商务印书馆1990年版，第8—15页。

　　洪武二十六年（1393），苏州府田地面积占全国的1.16%，人口为全国的3.83%，税粮却占全国的9.53%；而同为富庶之地的浙江全省，此三项数字分别为：6.08%、17.07%和9.33%。其中秋粮米苏州府实征数达2746990石[1]，占全国总计的11.11%。一府之税粮，竟超过浙江、江西、湖广任一税粮大省的赋税总额。因此，谈迁等人说苏州赋税"赢于浙江全省""天下之最重"，是符合实际的。

　　对苏松重赋的原因，从明清至今学者之论述极多，不乏高论，撮其要

---

　　① 万历《明会典》卷二四《会计一·税粮一》，中华书局1989年标点本，第159页。

者，不外政治说、历史说、财政说诸方面。可以确定的是，明代苏州赋重是综合原因所致，并且始自洪武初年。明初的几个重赋区，都是前一个政权打下的基础，朱元璋现成地利用，并扩大了这一基础。江南赋税陡增，也不像清初有人说的那样与朱元璋无涉，是朱元璋一番措置造成的。① 然而赋税之征收，关涉国家、地方、人户各自利益，国家以财赋为重，人户以财赋为忧，府县以财赋为急，居官者惴惴不安，唯恐财赋之不足。而重赋之地一旦形成，因牵涉各方面利益，若想从根本上解决痼疾，亦绝非易事。其采取的举措，无外乎减免若干陈年积逋，暂时降低部分税率，抑制豪民势力的发展等方面。而洪武时期，主政苏州之官员，却以追征为要务。洪武二年（1369），苏州府的逋赋额达 30 万石，由此揭开了明廷、地方官员、民户关于赋税征纳的三方博弈。洪武二年至三年，即先后有王喧、朱昭、陈宁三人任苏州知府，其中前两任因征收税粮不力，受到降职处分。而陈宁为完成征粮任务，竟至"令左右烧铁，烙人肌肤"，苏州百姓深以为恨，谓之"陈烙铁"②。似陈宁这等酷吏，对逋赋之原因缺乏基本判断，其作为极易招致民户的逃亡。最先提出取消官民田差别的是金炯和滕德懋，而此两人却为此罹难。洪武十年（1377），金炯为苏州知府，苏州人滕德懋任户部尚书，金炯

以全府税粮官、民田轻重悬殊，相去有十倍者，欲均为一则，以便输纳，革吏胥之弊，谋于德懋。德懋曰：此诚救民急务，君第上言，吾为君从中护行。炯乃建言均田便宜数条。诏下户部详复，德懋谓：吴民田税轻，官田税重，其则有数十百条，小民惛于计筹，吏胥并缘以作奸，宜如炯言，均之便。上留其奏不下，而使使察炯家，其所有民田少于官田。上怒炯挟私自利，罔上不忠，即郡城诛死。吴人咸嗟悼之。并下德懋狱，坐以盗用军粮一十万石，死于都市。德懋既死，上遣使觇其妻，其妻方绩麻于邸……检其肠，惟糠食菜茹。乃叹曰：清吏也。缀其尸棺而归之。③

---

① 范金民：《明清江南重赋问题述论》，《中国经济史研究》1996 年第 3 期。

② 《明史》卷三〇八《奸臣》，中华书局 1974 年标点本，第 7909 页。

③ 同治《苏州府志》卷一四六《杂记三》，《中国地方志集成·江苏府县志辑》第 10 册，江苏古籍出版社 1991 年影印本，第 703 页。

　　明初主政苏州，实在是一项高风险的职业，不仅前途未卜，而且可能有性命之忧。据统计，从吴元年始，明太祖在位三十二年，曾任苏州知府者，前后三十二人次之多，任期仅及正常规定的三分之一。其中有十四位知府落得"左谪""坐事去""被逮""坐赃黥面""坐法死"等下场。明初苏州官员的贪赃枉法，以及政府的重典治吏、打击豪强，几由赋役而起。

　　管子曰"仓廪实则知礼节，衣食足则知荣辱"①，而富甲天下、赋重天下的苏州，民众的权利意识也较其他地区为强。自宋元以来，苏州民风逐渐形成维权好讼的特点，这给政府部门的赋役征收管理造成一定威胁和困难。明太祖曾命户部榜谕苏、松、江、浙之民曰："为吾民者，当知其分。田赋力役，出以供上者，乃其分也。能安其分，则保父母妻子，家昌身裕，斯为仁义忠孝之民，刑罚何由而及哉？近来两浙、江西之民多好争讼，不遵法度，有田而不输租，有丁而不应役，累其身以及有司，其愚亦甚矣！曷不观中原之民，奉法守分，不妄兴词讼，不代人陈诉，惟知应役输租，无负官府，是以上下相安，风俗淳美，共享太平之福，以此较彼，善恶昭然。今特谕尔等，宜速改过从善，为吾良民，苟或不悛，则不但国法不容，天道亦不容矣！"② 其时，争夺土地和劳动力，乃豪民富户与封建朝廷最主要的矛盾。"官田，官之田也，国家之所有，而耕者犹人家之佃户也。民田，民自有之田也。"③ 视主张官民田一则起科者，为作奸犯科之人，便是顺理成章的了。

　　洪武十九年（1386），王观任苏州知府。鉴于陈宁暴力征税不得民心，金炯、滕德懋主张官民一则而死于非命，王观则另辟蹊径，"延诸富室集郡衙饮食之，使各量出赀，以代贫困者之逋"④。这种怀柔之法，短期内取得了效果，并以此得到朱元璋的首肯。史载太祖"遣行人白思中赍敕褒之，且劳以酒"⑤。无独有偶，永乐初年，汤宗知苏州，面对"逋

----

　　① 《管子》卷一《牧民第一·国颂》，凌汝亨明万历四十八年刊本，第1页。

　　② 《明太祖实录》卷一五〇，洪武十五年十一月丁卯，第2362—2363页。

　　③ （明）顾炎武著，陈垣校：《日知录校注》卷一〇《苏松二府田赋之重》，安徽大学出版社2007年版，第584页。

　　④ 李濂：《苏州府知府王公观传》，焦竑《国朝献征录（五）》卷八三，《明代传记丛刊综录类》26，明文书局1991年影印本，第54页。

　　⑤ 同上。

租百余万石"之窘况，仍然是"谕富民出米代输"，而"富民知其能爱民，皆从其令，不三月逋负悉完"①。富民代贫困者纳税，其实并非常态，无论对任何朝代而言，皆可视为治标而不治本的临时措施，不可视为长久之计。而税粮"轻重悬殊，相去有十倍者"，贫富不得适均，才是此时苏州所常见者。由于苏州府没入土豪田地甚多，一般由普通民户耕种，在税额未降的前提下，与其他地域相较，负担更为沉重。洪武二十四年（1391），苏州府昆山县夏税秋粮，合计535940.80石，田地1430807亩，亩均田赋0.3746石②；而太原府太原县，全县两税合计32233.15石，耕地483067亩，每亩平均征收米麦仅为0.667石③；昆山人均田赋是太原县的5.62倍。

当然，作为创业之君，明太祖对全国各地逋赋之蠲免，还是比较用心的，力度也比较大。洪武七年（1374），诏令苏松嘉湖的籍没重租官田，"亩税七斗五升者除其半"④；十三年（1380），上述地区重租官田，"旧额田亩科七斗五升至四斗四升者减十之二，四斗三升至三斗六升者俱止征三斗五升，以下仍旧"⑤；二十一年（1388），令两浙及京畿土壤饶沃者亩输四斗，江西群县地土硗瘠者只输三斗。⑥

洪武时期苏州赋税即已沉重，而朝廷之蠲免和地方官员之追征，并没有使赋重局面有明显减轻，反而显现背道而驰之趋向。随着永乐年间迁都北京，以及大规模调用漕运军队，参与对蒙古用兵，税粮输纳的困难急剧增大。⑦ 非但漕运费用大增，民户力役负担亦大为增加。洪武年间，国都在南京，漕运中心也集中于此。苏松等地粮长负责起运南京税粮的运费，按规定是以"十分加三"的原则向粮户摊派的，即30%的运费标准。当然，实际情况要远高于此数，以苏州府吴县和松江府上海县为例，粮长的

---

① 《明宣宗实录》卷二四，宣德二年正月癸卯，第632页。
② 嘉靖《昆山县志》卷一《田赋》，《天一阁藏明代方志选刊》第9册，上海古籍书店1981年影印本，第12页。
③ 根据嘉靖《太原县志》卷一《田赋》，《天一阁藏明代方志选刊》第10册，上海古籍书店1981年影印本，第21页有关数字计算。
④ 《明太祖实录》卷八九，洪武七年五月癸巳，第1577—1578页。
⑤ 《明太祖实录》卷一三〇，洪武十三年三月壬辰，第2065页。
⑥ 《明太祖实录》卷一九〇，洪武二十一年五月戊戌，第2875页。
⑦ ［日］森正夫：《明代江南土地制度の研究》，同朋舍1988年版，第618页。

合法征收的运费，达到每万石加收米 6000 石、钞 1 万贯①。北迁后，苏州等府州去北京甚远，仅运输一项，"往复逾岁，所费数倍正粮"②。永乐以后江南地区每石税粮的纳税成本，大约要比洪武朝高出 1—1.7 石。③而且几乎同时，上供物料科派、各种徭役负担纷至沓来。承担重赋的官田地区，因正税外的负担加大，以致产生税粮滞纳。④

　　与其父明太祖类似，明成祖也没有改变江南官田重赋政策，而是更多地利用蠲免逋赋的办法，维持苏州等江南财赋区的生产条件与社会安定。据商传统计，永乐一朝共蠲免各地税粮 119 次，其中有明确蠲免数字的 43 次共计蠲免税七百万石。⑤而据胡克诚统计，永乐朝蠲免江南税粮有数字者共计五百八十余万石，占到全国蠲免总数的八成以上⑥，其中数次专门对苏州属县实行恩蠲或灾蠲。如永乐二年（1404）二月，对昆山等六县户绝田 4797 顷，实行恩蠲⑦；同年十月，减昆山县荒田租税 3440 余石⑧；三年（1405）七月，免昆山县荒田租 27700 余石⑨；十年（1412）七月，吴江、长洲、昆山、常熟遭遇水患，诏免四县田粮 138690 余石。⑩

　　从本质上来说，逋赋蠲免是一种不得已而为之的理财方式，治标但不能治本。追征辅之蠲免的赋税政策，使苏州等国家财赋渊薮之地，形成了一种蠲免依赖，以至于"各府税粮，自洪武、永乐以来，例多拖欠，以待蠲免"⑪。明代财政体制的特征是中央集权的同时地方保留了一定的财力，但却很难厘清中央财政和地方财政收支的边界，以及事权和财权的匹

---

①　范金民、夏维中：《苏州地区社会经济史》，南京大学出版社 1993 年版，第 54 页。

②　《明仁宗实录》卷二，永乐二十二年九月庚寅，第 71 页。

③　胡克诚：《明代江南逋赋治理研究》，东北师范大学博士学位论文，2011 年，第 67 页。

④　［日］岩井茂树：《赋役负担团体的里甲与村》，载森正夫等编《明清时代史的基本问题》，周绍泉、栾成显译，商务印书馆 2013 年版，第 167 页。

⑤　商传：《从蠲赈到减赋——明朝灾害政策转变的三个个案》，《史学集刊》2006 年第 4期。

⑥　胡克诚：《明代江南逋赋治理研究》，东北师范大学博士学位论文，2011 年，第 78 页。

⑦　《明太宗实录》卷二八，永乐二年二月甲申，第 506—507 页。

⑧　《明太宗实录》卷三五，永乐二年十月乙卯，第 612—613 页。

⑨　《明太宗实录》卷四四，永乐三年秋七月癸丑，第 700 页。

⑩　《明太宗实录》卷一三〇，永乐十年七月丙戌，第 1607 页。

⑪　（明）周忱：《双崖文集》卷三《求全得毁书》，《四库未收书辑刊》第 6 辑第 30 册，北京出版社 1997 年版，第 328 页。

配。一方面，中央政府对地方定税高昂，而留给地方政府支配的财力有限；另一方面，地方政府推行社会经济发展的各项举措，却处处受到中央权力机构的掣肘。因此，明代以苏州为代表的赋役改革之路，注定是艰辛而曲折的。

第 三 章

宣德—正德苏州府的赋税征收

第一节　苏州府的赋税困境

一　宣德时期赋税困境的加重

永乐后期至宣德初期，苏州府逋赋又有新的增长。据户部统计，"苏州府自永乐二十年至洪熙元年欠粮三百九十二万石有奇"，而宣德元年至四年的逋赋，共"七百六十余万石"。[①] 另据万历时苏州常熟人赵用贤估计，至"宣德初，苏州一府逋粮六七年，约七百九十万石"[②]。因此永乐二十年至宣德四年间，苏州一府每年的逋赋量就在百万石以上。如此之多的逋赋，是否存留于民间而对民户生活有所助益呢？宣德时松江士人杜宗桓说："愚历观往古，自有田税以来，未有若是之重者也。以农夫蚕妇，冻而织，馁而耕。供税不足，则卖儿鬻女；又不足，然后不得已而逃。以致民俗日耗，田地荒芜，钱粮年年拖欠。"[③] 此种财政窘境，势必影响中央层面的财政运作。

洪熙时期，明仁宗对苏州等八府局势甚为关注。元年（1425）元月，朱高炽派陕西右布政使周干等三人巡视苏州诸府，"其军民安否何似，何弊当去，何利当建，申求其故，具以实闻"。[④] 半年后，周干等人巡视归来，此时仁宗已因病去世，朱瞻基继位，是为宣宗。周干据实以报：

① 《明宣宗实录》卷七四，宣德五年闰十二月辛丑，第 1721 页。

② （明）赵用贤：《议评江南粮役书》，《明经世文编》卷三九七《赵文毅文集》，中华书局 1962 年影印本，第 4288 页上。

③ （明）杜宗桓：《上巡抚侍郎周忱书》，顾炎武《天下郡国利病书》原编第六册《苏松》，上海商务印书馆 1935—1936 年影印本，第 94 页 b。

④ 《明仁宗实录》卷六下，洪熙元年正月己亥，第 226 页。

　　臣窃见苏州等处人民多有逃亡者，询之耆老，皆云官府弊政困民及粮长、弓兵害民所致。如吴江、昆山民田，亩旧税五升，小民佃种富室田，亩出私租一石，后因没入官，依私租减二斗，是十分而取其八也。拨赐公侯驸马等项田，每亩旧输租一石，后因事故还官，又如私租例尽取之。且十分而取其八，民犹不堪，况尽取之乎？

　　苏之昆山，自永乐十二年以来，海水沦陷官民田一千九百三十余顷，逮今十有余年，犹征其税，田没于海，租以何出？

　　粮长之设，专以摧（催）征税粮，近者常、镇、苏、松、湖、杭等府无藉之徒，营充粮长，专揩尅小民以肥私己。征收之时，于各里内置立仓囤，私造大样斗斛而倍量之。又立样米、檯·斛米之名，以巧取之，约收民五倍。却以平斗正数付与小民，运付京仓输纳，沿途费用，所存无几，及其不完，着令赔纳，至有亡身破产者。连年逋负，倘遇恩免，利归粮长，小民全不沾恩，积习成风，以为得计。

　　若欲斯民各得其所，必命有司将没官之田及公侯还官田租，俱照彼此官田起科，亩税六斗。海水沦陷田地与农具无存者，悉除其税，如此则田地无抛荒之患，官府无暴横之征，而细民得以安生矣。乞近约粮长，不许置立仓囤，私造大样斗斛，止是催征，毋得包收揽纳。①

　　从上述材料可以看出，苏州府所面临赋税困境有三：其一，民户佃种富室私田、租种官田，亩纳税粮为 1 石或 0.8 石，民不堪承受；其二，十余年间，遭海水沦陷之官民田，本应祛除其税而不得；其三，粮长之设，只是催征税粮，而在实际操作当中，"专揩尅小民以肥私己"。针对既存问题，周干相应提出了解决之道：一是降低官田赋税至亩税六斗；二是对海水沦陷田等，"悉除其税"；三是禁止粮长"包收揽纳"，中饱私囊。

　　毋庸置疑，周干反映的问题是客观存在的，其纾解之法亦无可厚非。宣宗亦高度重视，即刻命行在吏部尚书蹇义与户部、兵部同议行之，其结果是升胡概为大理寺卿，同参政叶春巡抚南直隶及浙江诸郡。任务其一是整顿吏治，打击土豪，包括"侵盗税粮，因公科敛，以一取

---

① 《明宣宗实录》卷六，洪熙元年闰七月丁巳，第 164—167 页。

十"，造成逋赋欠税的各色人等；其二是逋赋折征，奏请将永乐二十年至洪熙元年税粮、马草折收丝绵等物。此议得到宣宗批准，并令户部制定了具体折收办法："绢一匹准粮一石二斗，棉布一匹准一石，苎布一匹准七斗，丝一斤准一石，钞五十贯准一石，棉花绒一斤准二斗，钞五贯准草一束。"①

胡概巡抚江南诸郡，先是抓捕江南土豪，与洪武年间江南豪右遭受打击相比，其本质如出一辙，即方志远所谓"杀富济国"。从宣德元年正月至四年九月间，胡概先后数次将江南土豪及亡赖虐民者执械送京师，每次由几十到几百人不等，其中部分人员被处决，家产遭籍没。这些行动给江南富户豪民造成毁灭性打击，也给明中后期江南士人留下难以磨灭的记忆。胡概的"暴力执法"，可能给其后周忱实施的赋役改革扫清了些许桎梏。另外胡概也实行逋赋折征，同样为此后周忱、况钟以金花、官布减轻苏州等地重赋之尝试进行了铺垫。②

宣德五年（1430）三月，大理寺卿胡概被擢升为南京都察院右都御史，其五年的巡抚江南任期遂宣告结束，但苏州重赋问题远没有解决。撮其要而概言之，彼时苏州府仍然存在下述问题：

一是重赋。由于官田粮重，运输各种费用浩大，致使逋赋居高不下。据周忱《求全得毁书》所载，苏州一府"宣德元年分拖欠秋粮一百六十五万五千一百四十二石，自宣德元年至宣德七年，通计欠税粮米麦七百九十三万六千九百九十石"，而"大户及巾靴游谈之士，皆不肯纳粮。纵纳，亦非白粮，且无加耗"③。造成逋赋增加的原因除士绅逃避纳粮义务外，更与漕运耗费巨大有关。宣德五年（1430）七月，新任苏州知府的况钟上奏朝廷："臣等窃照各县人民，委因官田粮重，递年远运，该用船只脚钱等项费用浩大，北京粮每石用过米四石，其运粮人夫经年不得种田，及买办军需颜料等件繁多，以致民贫外窜。"④松江士人杜宗桓亦指出："田未没入之时，小民于土豪处还租，朝往暮回而已。后变私租为官粮，乃于各仓送纳，运涉江湖，动经岁月，有二三石纳一石者，有遇风波

① 《明宣宗实录》卷五八，宣德四年九月壬子，第1378页。
② 胡克诚：《明代江南逋赋治理研究》，东北师范大学博士学位论文，2011年，第95页。
③ （明）周忱：《双崖文集》卷三《求全得毁书》，《四库未收书辑刊》第6辑第30册，北京出版社1997年版，第327—328页。
④ （明）况钟：《况太守集》卷七《请减秋粮奏》，江苏人民出版社1983年版，第72页。

盗贼者，以致累年拖欠不足。"① 彼时苏州府田赋起运两京以及漕河沿途各仓，由于数额巨大，因而民户负担颇为沉重。（见表3—1）

表3—1　　　　　　　　　宣德五年（1430）苏州府田赋收支　　　　　　单位：石

收入			分配		
来源	数额	比例（%）	去向	数额	比例（%）
官田	2625915	94.49	北京白粮	57915	2.34
民田	153194	5.51	临清仓	1061192	42.92
			徐州仓	150000	6.07
			淮安等衙门	150000	6.07
			南京仓	745602	30.16
			存留	307566	12.44
合计	2779109	100		2472275	100

资料来源：《况太守集》卷七《请减秋粮奏》，江苏人民出版社1983年版，第72页。

　　具体看来，苏州府每年起运税粮占总支出的87.6%，直接民运到南北二京粮占32.5%，运至临清、徐州、淮安各仓粮占55.1%，其中大部分地区，路途遥远，运费成本高昂，都要地方出纳。而民运北京之白粮赋役，即起源于洪武年间，所谓"白粮"，乃宫廷内府、光禄寺等衙门所用的白熟粳、糯米等项，以及五军都督府等衙门官吏俸米，只派征于江南五府。永乐迁都北京后，十六年（1418）三月初明成祖即"命民运苏州等府白米"②，自此"运粮人夫经年不得种田"，且"每石用过米四石"，而导致"民贫外审。"此后，明廷也开始调整统治政策，经过宣德、正统年间的两次官田减额，以及由支运到兑运的漕运制度改革，使江南田赋征解负担有所减轻。

　　除此之外，民运税粮还有一些难以计算的"隐性"成本负担。除了上面提到的粮里解户亲身参与远途运送，动经岁月，荒废农时之外，还要遭受沿途各仓，特别是京、通二仓所在城市的无赖之徒的揽纳科索甚至欺

　　① （明）杜宗桓：《上巡抚侍郎周忱书》，顾炎武《天下郡国利病书》原编第六册《苏松》，《四部丛刊三编》史部，上海商务印书馆1935—1936年影印本，第94页。
　　② （明）徐学聚：《国朝典汇》卷九七《户部十一·漕运》，吴相湘《中国史学丛书》，台湾学生书局1986年影印本，第1257页。

诈诓骗。行在户部左侍郎李昶奏称："江南官吏率民运粮至者，京师力士、军校、工匠之亡赖者，多端诈伪，强索财物，及揽纳诓骗，扰害非小。"[1] 另据苏州知府况钟反映："各都司布政司及直隶卫府州县仓，岁收税粮，出给通关，付纳户赍缴，户部查理，至为详谨。而有亡赖之徒，私贿仓官斗级，包收揽纳，虚出通关，甚至伪造印信。事觉，犯者虽直刑辟，而税粮已为侵欺，不免重征，实为民患。"[2]

　　二是重役。赋役黄册，十年一造，日久弊生，已名不副实。尽管明初规定赋役之编佥，"必验民之丁米多寡，产业厚薄，以均其力"[3]，而在施行过程中，这一原则随着时间的推移，几被破坏殆尽，而田土的变动，却未能在赋役册中及时体现。在籍户口和里甲制度在很大程度上已经演变为与人口无涉的赋役征发单位了。[4] 由于黄册制度的败坏，"凡遇徭役，则发册验其轻重而役之"[5] 的编佥原则，变成了放富差贫，"下及窭户"的潜规则。明初苏州民户须承担的"均工夫"，每年农闲时节，在南京服役三十天，但可纳米代役，或以佃户充役，赋出于田，役照田亩多寡征发，民户不困。黄册制度施行后，苏州民户承担的徭役主要有里甲正役、杂泛差役和岁贡之役。尤其永乐迁都后，吴民既为重赋所困，又为重役所苦，役中最大者乃粮长和白粮解户，承担此两役人户鲜有不破家者。因此况钟奏曰："取勘到本府实在人户二十六万九千二百五十二户，宣德五年派拨北京、临清、徐州等处远运白粮粮米一百五十余万，大约每夫运粮一十石，共用人夫一十五万，计每户须出一人。其余该运南京衙门白粮俸禄等米，并淮安等仓粮米，又该用七八万人。人户中单丁者，一身运粮，则一户之田粮谁任？别项杂泛差使，比于别处，尤为重繁。今春作农务方兴，各圩积水渺茫，必有幼男妇女踏车，晓夜不息。不得及时翻耕，下年若便照旧拨派，委的难以出办。切思远运粮米，当验人力多寡，不可以粮数多寡为论。粮少人多，远运众擎易举；粮多人少，出办艰难，岂能多胜远运？"[6]

---

① 《明宣宗实录》卷五二，宣德四年三月乙亥，第1260页。
② 《明宣宗实录》卷九一，宣德七年六月戊子，第2072—2073页。
③ 《明太祖实录》卷一六三，洪武十七年秋七月乙卯，第2528页。
④ 曹树基：《中国人口史》第四卷《明时期》，复旦大学出版社2000年版，第13页。
⑤ 《明太祖实录》卷一七〇，洪武十八年春正月己卯，第2585页。
⑥ （明）况钟：《况太守集》卷八《丁少粮多请免远运奏》，江苏人民出版社1983年版，第85页。

此外，苏州民户承担的"上供物料"和临时性征派越来越多，愈演愈烈，以至于"小民日加贫苦"。"是惟赋重，故役重。□而征收之艰，既而转输之艰……见今已加赋矣，赋重则役愈重。以愈重之役，加以积劳通负之民，其孰能堪？"① 若富者诸科不与，穷人无差不至于成为社会常态，底层民户唯有逃亡一途，国家赋税之征收即成为无源之水。正如日本学者寺田隆信所言，苏州府的重税和重役，使农民的负担能力遥不可及，这种赋役制度的完全实施是难以持续的。②

三是由于重赋、重役和自然灾害而引起的人口减少，田地荒芜。丘濬《大学衍义补》一书论述了由于赋役沉重引起的民户逃亡：

> 中人一家之产仅足以供一户之税，遇有水旱疫疠，不免举贷通欠，况使代他人倍出乎？试以一里论之。一里百户，一岁之中，一户惟出一户税，可也。假令今年逃二十户，乃以二十户税摊于八十户中，是四户而出五户税也。明年逃三十户，又以三十户税摊于七十户中，是五户而出七户税也。又明年逃五十户，又以五十户税摊于五十户中，是一户而出两户税也。逃而去者，遗下之数日增，存而居者，摊与之数日积。存者不堪，又相率以俱逃。一岁加于一岁，积压日甚，小民何以堪哉，非但民不可以为生，而国亦不可以为国矣。③

周忱《与行在户部诸公书》一文记述了宣德初年民户逃亡及其后之情形：

> 盖苏松之逃民，其始也皆因艰窘，不得已而逋逃。及其后也，见流寓者之胜于土著，故相煽成风，接踵而去，不复再怀乡土。四民之中，农民尤甚。何以言之？天下之农民固劳矣，而苏松之民比于天下，其劳又加倍焉；天下之农民固贫也，而苏松之农民比于天下，其

① 《吴县乡都役田记》，碑藏苏州寒山寺，载洪焕椿《明清苏州农村经济资料》，江苏古籍出版社1988年版，第84页。

② 〔日〕寺田隆信：《明代苏州平野の农家经济について》，《东洋史研究》第16卷第1号，1957年。

③ （明）丘濬：《大学衍义补》卷二二《治国平天下之要·制国用·贡赋之常》，京华出版社1999年版，第215页。

贫又加甚焉。天下之民，常怀土而重迁，苏松之民，尝轻其乡而乐于转徙；天下之民，出其乡则无所容其身，苏松之民，出其乡则足以售其巧。①

是宜土著之农夫日减月除，而无有底止矣。忱尝以太仓一城之户口考之，洪武年间，见丁授田十六亩；二十四年，黄册原额六十七里，八千九百八十六户。今宣德七年造册，止有一十里，一千五百六十九户，核实又止有见户七百三十八户，其余又皆逃绝虚报之数。户虽耗而原授之田俱在，夫以七百三十八户，而当洪武年间八千九百八十六户之税粮，欲望其输纳足备而不逃去，其可得乎？忱恐数岁之后，见户皆去，而渐至于无征矣。②

上述史料显示：从洪武二十四年（1391）至宣德七年（1432）四十年的时间，太仓黄册户数减少了 82.54%，而实际户数则减少了 91.79%，由此可算出宣德七年黄册虚报率达 52.96%，此时苏州太仓之赋役黄册虽"名为黄册，其实伪册也"。嘉靖《昆山县志》载：洪武二十四年，苏州府昆山县户 78864，口 336559，至永乐二十年，户 67103，口 230484，户、口分别减少 14.91%、31.52%。③ 迨至宣德时，"一里之中，二户在逃，则八户代偿。八户之中复逃二户，则六户赔纳。赔纳既多，而逃亡益众；逃亡益众，则赔纳愈多。田地之荒芜者，日甚不治；而公家之赋税，日益不给矣"④，以至于"粮重去处，每里有逃去一半上下者"⑤。

一个不可忽视的现象是水患灾害的袭扰。水乡泽国且又濒临大海，在使苏州成为沃壤和鱼米之乡的同时，也可能致其土地沦陷、颗粒无收。龚胜生等研究表明，明代江南地区疫灾频度为 23%，疫灾与太湖水系关系甚大，水灾是诱发疫灾的重要因子，而苏州是明代水灾发生最多的地区，

---

① （明）周忱：《与行在户部诸公书》，《明经世文编》卷二二《王周二公疏》，中华书局1962 年影印本，第 174 页上。

② 同上书，第 176 页上。

③ 嘉靖《昆山县志》卷一《户口》，《天一阁藏明代方志选刊》第 9 册，上海古籍书店1963 年影印本，第 7 页 b。

④ （明）赵锦：《计处极重流移地方以固根本事》，《明经世文编》卷三四〇《赵侍御文集》，中华书局 1962 年影印本，第 3649 页上。

⑤ （明）杜宗桓：《上巡抚侍郎周忱书》，顾炎武《天下郡国利病书》原编第六册《苏松》，《四部丛刊三编》史部，上海商务印书馆 1935—1936 年影印本，第 94 页 a。

疫灾中心始终位于吴县境内的太湖中心①。水利专家汪家伦的研究，证明明清时期太湖流域每 3.9 年就要发生一次水灾②，而苏州则首当其冲。前述永乐十年七月一次性大规模蠲免，即是因为吴江、长洲、昆山、常熟遭遇严重水患。不仅如此，由于苏州府崇明县四面滨海，每当风暴登陆，极易引发海潮漫灌，淹没农田。洪武六年（1373）二月、洪武二十三年（1390）七月、洪武二十五年（1392）二月、永乐十二年（1414）九月，苏州府崇明县皆遭受海潮袭击，不仅淹没滨海之田，而且"漂民庐舍"，致使被灾之民流离失所。③ 上述四次风暴潮，由于得到官府救助，或"给牛、粮"、或给"米、钞"、或"免差徭二年"。而"自永乐十二年以来，海水沦陷官民田一千九百三十余顷，逮今十有余年，犹征其税"④，也加重了民户的流离。

"民田多归于豪右，官田多留于贫穷"，"田连阡陌者许诸科不兴，室如悬磬者无差不至"⑤。重赋、重役，再加上天灾，是苏州府赋税困境的表象。实际上，与其说苏州之民因赋役沉重而逃亡，不如说是因赋税和徭役不均，其根源在于不合理的赋役制度，如轻重悬绝、科则不一的官民田，官绅勾结、放富差贫的徭役编佥，以及不合理的赋役优免。

历代有识之士对此亦有不同程度的认知，前有官员金炯、滕德懋拉平官民之主张，后有绅士杜宗桓官民一则之上书⑥。然而不要说取消官民田之间的差异，即便是降低官田畸重税粮的奏请，也易招致户部官员的弹劾⑦。天降大任于是人，且看况钟、周忱如何对苏州赋税进行治理。

---

① 龚胜生、王晓伟、张涛：《明代江南地区的疫灾地理》，《地理研究》2014 年第 8 期。

② 汪家伦：《历史时期太湖地区水旱情况初步分析》，《农史研究》1983 年第 3 期。

③ 参见《明太祖实录》卷七九，洪武六年二月丙戌，第 1441 页；卷二〇三，洪武二十三年七月癸巳，第 3035—3036 页；卷二一六，洪武二十五年二月庚辰，第 3184 页；《明太宗实录》，永乐十二年闰九月丁巳，第 1795 页。

④ 《明宣宗实录》卷六，洪熙元年闰七月丁巳，第 165 页。

⑤ 罗伦：《与府县言上中户书》，《皇明经世文编》卷八四《罗文毅公集》，文海出版社有限公司 1966 年影印本，第 747 页上。

⑥ 宣德年间，松江绅士杜宗桓《上巡抚侍郎周忱书》，称"宜将南直隶并浙江布政司府州县内……不等则起科官田地粮额，均作一则，无少轻重，于官无损，于民则均"。参见正德《松江府志》卷七《田赋中》，《天一阁明代方志选刊续编》，上海书店出版社 1990 年影印本，第 335 页。

⑦ 宣德六年三月，巡抚周忱奏请将松江古额官田依民田起科，被户部尚书胡濙指责为"变乱成法，沽名要誉"，见《明宣宗实录》卷七七，宣德六年三月戊辰，第 1786 页。

二　况钟、周忱对苏州赋税的初步治理

"江南财赋最多者，莫如苏松二郡"①，对于苏州而言，不仅明廷重视，历任苏州知府亦以治理苏州赋税为能事。明宣宗朱瞻基所采用的应对之法，一是减免赋税，其《减租诗》"官租颇繁重，在昔盖有因。而此服田者，本皆贫下民。耕作既勤劳，输纳亦苦辛……下诏减十三，行之四方均"②。宣宗虽对苏州诸府赋重有痛切的认识，但拿不出治本的办法，唯倚重减税一途。如宣德五年（1430）二月敕谕，"各处旧额官田起科不一。租粮既重，农民弗胜。自今年为始，每田一亩，旧额纳粮，自一斗至四斗者，各减十分之二，自四斗一升至一石以上者，各减十分之三，永为定制"③。二是将税粮折征绢、布、钞、丝、棉。宣德四年（1429），明廷"令应天、苏、松并浙江数县等处，远年拖欠税粮，每绢一匹，准米一石二斗；棉布一匹，丝一斤，钞五十贯，各准米一石；苎布一匹，准米七斗；棉花一斤，准米二斗"④。三是改派或增设地方官吏管理税粮。宣德六年（1431），改苏州府县治农通判、县丞为管粮官，并添设通判一员、县丞若干催征税粮。⑤四是遴选"才力重臣往厘之"⑥。"天下财赋多不理，而江南为甚"，至宣德四年（1429），只"苏州一郡，积逋至八百万石"⑦。宣宗"独念南京畿内乃国家肇始之地，及苏松诸郡赋税半天下，朝廷之所仰给"⑧，故擢况钟主政苏州于前，复派周忱巡抚苏州诸府于后。

况钟，字伯律，江西靖安人，洪武十六年（1383）生，初以吏为尚书吕震所器重，后迁正四品仪制司郎中。宣德五年（1430），由尚书骞

---

① 崇祯《吴县志》卷九《役法》，《天一阁藏明代方志选刊续编》第 15 册，上海书店出版社 1990 年影印本，第 856 页。

② （明）朱瞻基：《减租诗》，《明诗纪事》卷一《宣宗诗集》，上海古籍出版社 1993 年版，第 12 页。

③ 顾炎武：《天下郡国利病书》原编第六册《苏松》，《四部丛刊三编》史部，上海商务印书馆 1935—1936 年影印本，第 66 页 a。

④ 万历《明会典》卷二九《征收》，中华书局 1989 年标点本，第 216 页。

⑤ 万历《明会典》卷二二《仓庾二·各司府州县卫所仓》，上海商务印书馆 1935—1936 年影印本，第 149 页。

⑥ 《明史》卷一五三《周忱传》，中华书局 1974 年标点本，第 4212 页。

⑦ 同上。

⑧ 《周文襄公年谱》，宣德五年庚戌，全国图书馆文献缩微中心缩微制品，2003 年。

义、胡濴等荐，擢知苏州。周忱，字恂如，江西吉水人，洪武十四年（1381）生，永乐二年（1404）登进士第，为翰林院庶吉士。永乐时期曾任职刑部主事和员外郎、越王府右长史，曾督运南北几郡税粮。宣德五年（1430）得大学士杨荣之荐举，升工部右侍郎。

在周忱巡抚苏州之前，况钟作为理财重臣，"以贤劳称著"，已先赴苏州上任。其治理苏州逋赋的措施，一是申请赋税减免；二是税粮折征钞贯、棉布；三是召回逃户复业；四是"治田如治水"，大力整理圩田。宣德五年（1430）七月，根据前述同年二月明廷减免官田税额之敕谕，苏州府当年扣减税粮 721026 石，但"所有前粮未蒙开除，一概坐派，民困委实难堪"，于是况钟乞敕"将钦减官粮于原派临清粮内除豁"，为部驳回。①

又况钟同年十月旧欠折钞奏："查得长洲等七县，该粮二百七十七万九千一百九石零……递年坐派北京、临清、徐州、淮安、南京等处交纳。除已完外，其未完粮米七百余万，因官田粮重，又远运车船费用浩大，民贫逃窜及死亡，户绝抛荒，以致拖欠。由催征紧急，不免虚申起运……如蒙准奏，乞将本府宣德元年至宣德四年拖欠税粮，照依洪熙元年以前事例，折收钞贯，则民得苏息，粮无拖欠。又且钞法疏通，实为民便。"②这一奏请引起朝廷较大争议。史载"直隶苏州府奏：'宣德元年至四年所欠秋粮，乞依洪熙元年例折钞。'行在户部言：'苏州自永乐二十年至洪熙元年，欠粮三百九十二万石有奇，宣德四年九月蒙恩宽恤，令折收钞及布绢，至今未足。若又准所言该粮七百六十余万石，国家用度不足，宜遣人同侍郎周忱严限催征，并逮问其官吏。'上曰：'苏州粮多，固难办，若罪其官吏，则事愈废，但可责限催征，其折收再议。'"③而同年闰十二月"不分古额官田，钦尊敕谕，概行减免"④之奏请，同样没有得到户部允准。前述宣德五年二月减免旧额官田税额诏令，户部曲解为近额抄没官田，而拒宋元以来的古额官田于外。经过屡次陈情，并得周忱相助，奏请

①　（明）况钟：《况太守集》卷七《请减秋粮奏》，江苏人民出版社 1983 年版，第 72 页。

②　（明）况钟：《况太守集》卷七《请清军及旧欠折钞奏》，江苏人民出版社 1983 年版，第 75 页。

③　《明宣宗实录》卷七四，宣德五年闰十二月辛丑，第 1720—1721 页。

④　（明）况钟：《况太守集》卷八《再请减秋粮及抛荒粮抽取船只奏》，江苏人民出版社 1983 年版，第 81 页。

于宣德七年终获批准，"自宣德七年为始，但系官田塘地税粮，不分古额、近额，悉依宣德五年二月二日，敕谕恩例减免"①。

宣德七年九月十五日，况钟奏请夏税折布：

> 宣德四年，户部堪合征收夏麦，若本色不敷，抵斗折米。以此不得接济，无力车水种田。又与各处民粮一般拨派远运，加耗对支。上年被水薄收，又兼各项军需颜料科差，重并繁多，民贫缺食，即目十事九空，取树皮野草不能充饥，等候麦熟接济。今奉到堪合，夏麦仍征本色，人民失望，不能聊生，具告到府。窃夏税折布，臣于六年已具奏闻。今据告，除申抚民侍郎周忱、巡按御史王来，照依朝廷原行事理，已着落各县官吏粮老，将所籴预备仓粮，验口给借，及设法于大户之家，劝借粮食种谷，分给布种赈济外，如蒙准题，乞敕大臣该部计议，将本府夏税小麦，照旧折布存麦，与民接济，生民幸甚。为此谨题请旨。准折。②

由以上可知，地方减免税粮的奏请，难以得到批准，甚至在已有皇帝诏令的情况下，也可能得到国家财政机关官员的阻遏；而将税粮折征，比如欠税折钞、夏麦折布，则比较容易通过，此与国家财政政策有关。首先明初财政实行"量入为出"的定额税收制度，"每一个府都有一个固定的税收额度"③，征收赋税按照定额征收，要求既不多征，也不少征。史载，"国初计亩成赋，具有定额，岁有常征"④，"凡各处秋夏税粮，凡有定额，每岁征收，必先预为会计，除对拨官军俸粮，并存留学粮、廪给孤老口粮及常存军卫二年粮斛以备用外，余粮通行定夺，立案具奏"⑤。其次明初田赋征收实行折征制度，即可用金、银、钞、钱、绢等代输税粮。在定额

---

① 《明宣宗实录》卷八八，宣德七年三月庚申，第2017页。

② （明）况钟：《况太守集》卷九，《兴革利弊奏疏》卷下，江苏人民出版社1983年版，第95—96页。

③ ［美］黄仁宇：《十六世纪明代中国之财政与税收》，阿风等译，生活·读书·新知三联书店2001年版，第28页。

④ （明）唐龙：《请均田役疏》，《明臣奏议》卷一六，王云五主编《丛书集成初编》，上海商务印书馆1935年版，第290页。

⑤ 《大明官制》，《中国史学丛书》第4册《明开国文献》，台湾学生书局1966年版，第2452页。

制度既存的前提下，辅以折征，若定额合理，政治清明，则既可维护财政政策的权威性，又能因地制宜，"官民两便"。

况钟对苏州税粮的治理，有别于王观、朱昭、陈宁、金炯等人。揆其所上奏疏可知，况钟不仅熟悉民情民瘼，而且愿意为民请命。在与户部有关税粮减免的博弈中，以明宣宗减赋令为依托，陈之以情乃出于公心，最终使重额官田减科令在苏州府见之实效。苏州诸县方志亦对减赋效果有所记述，如吴江县，永乐十年（1412）蠲免秋粮米凡551600余石，宣德七年（1432）"减秋粮152486石有奇"，减赋率达27.64％；① 常熟县，宣德七年"比减103598石"② 正粮；昆山县，宣德十年"秋粮米为宽恤事，减除153744石"③。

除了奏请减税和折征以外，招抚逃户、复业耕种，是况钟治理苏州赋税的另一举措。宣德五年（1430）九月，况钟发布通告："逃移人户，即便招抚复业。如有仍前窝藏在家，不发还乡，许令粮老、亲邻指实姓名、居址告官，照依钦定榜例议拟。如有粮里人等，将复业人户汇算递年粮债，复逼往逃者，从重治罪。"④ 从不准窝藏逃户、严禁"复逼往逃者"、鼓励告发等内容，可知况钟采取的方式是以堵为主，其实际效果可能要打折扣。

不仅如此，苏州府地势低平，圩田广布，须赖水利以治农事。治理圩田的效果，将直接影响赋税的征收。宣德七年（1432）六月，况钟在苏州进行赋税改革的同时，提出了"分圩"的主张：

> 窃见本府吴江等七县地方，临湖滨海，田地低洼。每田一圩多则六七千亩，少则三四千亩。四周高筑圩岸，圩内各分岸塍。遇有旱涝，傍河车戽。第年多被圩内人民，于各处泾河罱取淤泥浇壅田亩，

---

① 乾隆《吴江县志》卷一二《田赋一》，《中国地方志集成·江苏府县志辑》第19册，江苏古籍出版社1991年影印本，第421—422页。

② 嘉靖《常熟县志》卷二《田赋》，吴相湘主编《中国史学丛刊》，台湾学生书局1986年版，第170页。

③ 嘉靖《昆山县志》卷一《田赋》，《天一阁藏明代方志选刊》第9册，上海古籍书店1963年影印本，第14—15页。

④ （明）况钟：《况太守集》卷一二《通禁苏民积弊榜示》，江苏人民出版社1983年版，第126页。

以致旁河田地渐积高阜，旱涝不堪车戽。傍河高田数少，略得成熟；中间低田数多，全没无收。似此民难，如蒙准言，乞敕大臣该部计议，行移本府，着落治农官踏勘，但有此等大圩田地，分作小圩，各以五百亩为率。圩旁深浚泾河，坚筑夹岸，通接外河，以便车戽。所没泾河、夹岸所费田地，丈量现数，或除豁，或照原额税粮，均派圩内得利田亩输纳。如此则高低田亩各得成熟，深为民便。①

由于各圩大小悬殊，高低不一，旱涝不均，以致田亩有"略得成熟"者，有"全没无收"者。是故"分圩"着眼于缩小圩的规模，整理"旱涝不堪车戽"之田，使之"各得成熟"，并凭借"除豁""均派"等方式，消除田地混乱、赋税难征的弊端。

实际上，况钟整顿苏州赋税的举措，也是况钟理财理念的具体体现；其取得的成效，亦与周忱的大力支持休戚相关。宣德五年（1430）九月，周忱"奉敕总督递年一应税粮，务在从长设法，区划得宜，使人不劳困，输不后期"②。临行之时，宣宗赐敕谕曰："今命尔往总督税粮，务区画得宜，使人不劳困，输不后期。尤须抚恤人民，扶植良善。遇有诉讼，重则付布政司按察司及巡按监察御史究治，轻则量情责罚，或付郡县治之。若有包揽侵欺及盗卖者，审问明白，解送京师。敢有阻挠粮事者，皆具实奏闻。但有便民事理，亦宜具奏。尔须公正廉洁，勤谨详明，夙夜无懈，毋暴毋刻，庶副朕委任之重。"③

当年十一月十八日，至南京后下车伊始，周忱首先奏请添除管粮官员，以使税粮及时入库。④ 次年（1431），周忱莅临苏州，眼见"土著之农夫日减月除，而无有底止"，说明招抚耕种工作之举步维艰。"先是，苏松等所

---

① （明）况钟：《况太守集》卷九《修浚田圩及江湖水利奏》，江苏人民出版社1983年版，第85页。

② 《周文襄公年谱》，宣德五年庚戌初四日，全国图书馆文献缩微中心缩微制品，2003年。

③ 《明宣宗实录》卷七〇，宣德五年九月丙午，第1640页。

④ 《周文襄公年谱》，宣德五年十一月十八日，"至南京奏添除管粮官员"载："查得南京宣德四年分秋粮，内苏松二府原定南京仓及光禄寺等衙门白熟米，五府六部官员俸米。今已次年将终，其苏州府原定七十五万五千七百九十石，止纳得七万一千一百二十石十分，未及一分；松江府原定四十三万九千二百七十三石，止纳得六万六千七百一十一石十分，才及一分。官员俸米时常缺少，盖因各府县官员数少，无人部运。今照各府县俱有治农官员，乞敕该部行移各府，着令秋冬分部南京仓粮，或添除前来专一催粮，庶使京师仓廪及时充实，从之。"

属事故人户遗下田地，有抛荒无人耕种纳粮者，有被大户占种不肯纳粮者，有粮长本名并亲属伴当耕种不纳税者。此等田粮，递年俱著小户包纳。不才粮长，假此为由，倍征掊克于民，奸巧刁民，亦得假此为辞，因而拖赖粮米。善良小户，只得加倍包纳。虽遭横敛，不敢控诉。由是狱讼繁兴，人民逃窜。"① 周忱采取"综核田粮""分催税粮"等疏导方式，并置"丈量田土"于"综核""分催"之前，因为"经界之不正，赋税之不均也"②。

陆容《菽园杂记》记载了周忱在太仓进行的清丈："丈量田地，最是善政，若委托得人，奉公丈量，见顷亩实数，使多于亏欠各得明白，则余者不至暗损贫寒，欠者不至虚赔粮税，弊除而利兴矣。周文襄公巡抚时，尝有此举。"③ 丈量田土的目的是整理混乱的地籍，务使顷亩实数清楚明晰。田亩的规制，是"由区以领图，图以领圩，圩以字拆，号以数编，赋以则定，其册曰流水，图曰鱼鳞，以序姓氏，以正封洫，于是田有定数，赋有常额"④。在巡视崇明县时，周忱见当地百姓争据沙涂，屡起纷争，遂"命通判王仪履亩实丈，尽翻隐占，均拨里民。勒石志沙状、年份、佃名、亩数，立界所，复绘图存库，讼遂息。题定额粮四万余石，涨不得增；坍不得减"⑤。

《周文襄公年谱》详细记述了周忱"综核田粮""分催税粮"的措施，现辑录如下：

> 公设法取勘，于每里量田粮多寡，拣选殷实人家，或五名、或十名、或十五名，充当田甲，均匀分管见在并事故人户。但田甲内，有事故人户田地抛荒，就于甲内，出力布种，办纳本年税粮。根寻其人，复业给还耕种。其或事故人户田地，被本甲及别里别甲内大户并督长亲属伴当占种者，亦抑田甲，挨究明白，或取回耕种，或著落追

① 《周文襄公年谱》，宣德六年"按部至苏州，综合田粮"，全国图书馆文献缩微中心缩微制品，2003 年。
② （明）顾炎武著，陈垣校：《日知录校注》卷一〇《开垦荒地》，安徽大学出版社 2007 年版，第 577 页。
③ （明）陆容：《菽园杂记》卷七，《元明史料笔记》，中华书局 1985 年版，第 84 页。
④ 周伦：《杨侯清理赋记》，载钱谷《吴都文萃续集》卷二七，《四库珍本初集》，台北商务印书馆 1969 年版，第 45 页。
⑤ 民国《崇明县志》卷一〇《职官·名宦三》，上海古籍书店 1964 年影印本，第 27 页。

纳税粮。如有田甲不行用心提督，致将本甲内事故人户田地，仍前荒芜，就着本甲，均追粮米纳官。本县备写勘合帖，每甲给与一纸，春夏提督耕布，秋成凭此催征税粮送纳。粮头就于各甲中推选，定拨远运并附近仓分，亦验里甲粮数多寡均派。由是田无抛荒占种之患，粮免包纳横敛之忧。①

　　将各图十年里长，自各分管本名下甲首十名并带管人户若干名，一应税粮，每年平均作十串，催征送纳。若有本甲人户逃绝田地荒芜者，就仰率领一甲人户，均力布种，赔纳上仓。及兑运之际，赴催粮官处比较。仍令各县官吏，岁遇收征税粮之时，每里先给由帖十纸，将分管人户税粮数目填写，付于十年里长执照，着落依期催征，完日销缴。由是该催里甲赔纳，得以轻省，十串催征税粮，亦得易完。②

　　周忱"综核田粮""分催税粮"之法，是为解决抛荒田纳税问题而采取的综合措施。一是挑选殷实人家，耕种抛荒田地，办纳本年税粮；或由一甲人户，均力耕种，完纳税粮。二是对抛荒者，"根寻其人，复业给还耕种"，"凡招回复业之民，既蒙蠲其税粮，复其徭役。室庐食用之乏者，官与赈给；牛具种子之缺者，官与借贷"③。三是对落实不力，"仍前荒芜"者，本甲内"均追粮米入官"。四是加强监管，发放勘合帖或由帖于各甲，催征税粮，完日缴销。上述举措实施效果如何？从况钟奏疏中可略见一斑。至宣德七年（1432）三月，苏州府流民复业者，达到37993户，未召回的仅有369户④。"惟独苏松之民，尚有远年窜匿，未尽复其原额，而田地至今尚有荒芜者，岂忧恤犹未至乎？"⑤ 苏州府未回乡复业者，当

---

① 《周文襄公年谱》，宣德六年，"按部至苏州，综合田粮"，全国图书馆文献缩微中心缩微制品，2003年。

② 《周文襄公年谱》，宣德六年，"分催税粮"，全国图书馆文献缩微中心缩微制品，2003年。

③ （明）周忱：《与行在户部诸公书》，《明经世文编》卷二二《王周二公疏》，中华书局1962年影印本，第173页下。

④ （明）况钟：《况太守集》卷八《召回逃户实数奏》，江苏人民出版社1983年版，第86—87页。

⑤ （明）周忱：《与行在户部诸公书》，《明经世文编》卷二二《王周二公疏》，中华书局1962年影印本，第173页下。

然有更深层次的原因，"天下之民，常怀土而重迁；苏松之民，尝轻其乡而乐于转徙；天下之民，出其乡则无所容其身；苏松之民，出其乡则足以售其巧"。周忱本人已作了回答。

宣德七年，况钟就招人佃种官田起科、没海官田除豁、征输马匹、布匹等问题上疏：

> 直隶苏州府知府况钟言：近奉诏书，官民田地有荒芜者，召人佃种，官田准民田起科，无人种者，勘实除豁租额。臣勘得昆山等县，民以死徙从军除籍者三万三千四百七十二户，所遗官田召人佃种，应准民田科者二千九百八十二顷。其间应减秋粮一十四万九千五百一十石，已尝申达户部，未奉处分。况官田有没入海者，粮额尚在，乞皆如诏书除豁。又言本府所属长洲等七县，旧有民三十六万余户，秋粮二百七十七万九千余石，其中民粮止一十五万三千一百七十余石，官粮二百六十二万五千九百三十余石，官田每亩科粮不等，自五斗至三石。洪武间，征各县民有民粮者，出马二百余匹，役于濠梁等驿，又出丁船役于水驿及递运所。永乐间，北方民饥，征本府民有民粮者，出马二百四十余匹，役于铜城等驿。约至三年，仍令土民代还。比因有民粮者不足，又以有官粮者补之，至今三十余年未曾更代，民实困苦。又言工部近征阔三梭布八百匹，浙江布政司凡十有一府，民粮二百六十余万，所出不过百匹；苏州一府独七百匹，其余征科不均，往往类此。乞继今凡有科征，或以民粮或以户口为度，庶几多寡适均，公务易集，人民可苏。[①]

上述问题得到"悉从之"的答复。

第二节　赋税折银的发轫和初步展开

一　从"以粮补丁"到征收"里甲银"

应该说，勤于政事如况钟者，治理苏州重赋问题，成果是显著的。其他如灾荒蠲免、水利兴修亦在有序进行。但能否说其措施已触及问题之本

---

① 《明宣宗实录》卷九一，宣德七年六月戊子，第2071—2072页。

质？其实不然。自从战国时期秦国废井田、开阡陌，此后历朝历代土地分配不均问题绵延不绝。"富者田连阡陌，贫者无立锥之地"，此种景况，几可适用于每个朝代。周而复始的王朝兴衰更替，交织着甚或实施着均田、限田、土地国有化之主张。但两税法实施后，土地私有制的主导地位便不可动摇了。在明代已是时不昔比，田既不可井，均田、限田也很难付诸实施，唯一可行者就是"均其田赋"。① "粮均而民不病"②，这种情形于一般地区则可，对于苏州而言，则是奢求。

宣德七年（1432）十二月，况钟注意到豪绅兼并抛荒田却不肯纳粮的时弊：

> 窃详苏、松二府词讼，多因秋粮而起。盖属县田地税粮额重，人民逃绝数多。势豪大户之兼并者，占种他人田地，动至数十百顷，常年不肯纳粮，有司不能究理。稍欲催征，辄构诬词，告讦赖免。③

宣德时苏州府所面对的赋税困境，其来源即轻重悬绝的官民田科则，而且如前所述，官田亦有古额官田和抄没官田之别，宣宗所减旧额官田十分之二或十分之三，只是抄没官田，并不包括古额官田。而直接取消官民田科则之差别，因不见容于明廷赋税及土地制度，而遭到户部官员的强烈反对而难以推动。在户部官员看来，府库度支不足，若"蠲赋多，则国用益诎"④，因而凡"蠲租诏下，辄沮格"⑤。宣德六年（1431）三月，周忱奏请松江府上海县等地官田依民田起科。宣宗得奏后，命户部会官议，太子太师郭资、户部尚书胡濙于是奏言："其欲减官田古额，依民田科收。缘自洪武初至今，籍册已定，征输有常。忱欲变乱成法，沽名要誉，请罪之。"宣宗对郭资等人所奏并不满意："忱职专粮事，此亦其所当言。朝议以为不可则止，何为遽欲罪之。卿等大臣，必欲塞言路乎？忱不可

---

① 陈宝良、王熹：《中国风俗通史（明代卷）》，上海文艺出版社 2005 年版，第 105 页。
② （明）唐龙：《请均田役疏》，《明臣奏议》卷十六，王云五主编《丛书集成初编》，上海商务印书馆 1935 年版，第 290 页。
③ （明）况钟：《况太守集》卷九《请禁词讼牵连越控奏》，江苏人民出版社 1983 年版，第 96 页。
④ 《明史》卷一五七《张凤传》，中华书局 1974 年标点本，第 4297 页。
⑤ 《明史》卷一六九《胡濙传》，中华书局 1974 年标点本，第 4535 页。

罪，余如所议。"①

在税收定额制下，减免赋税和折征制度只能暂时"与民接济"，"综核田粮"与"分催税粮"亦只是稍纾民力。在既可确保国家赋税不失原额，又能维护官民田科则稳定的前提下，周忱会同况钟，另辟蹊径，创立"均征加耗法"，亦即平米法。"凡忱所行善政，钟皆协力成之"②，二人通力合作，将均平赋税的改革进一步推向深入。

明代夏税秋粮的征收，不论米麦豆谷之类皆有耗损，于是官民田每亩起科，每石另加耗数升至数斗不等。永乐迁都北京后，由于漕运道路险远，遂加耗倍增，苏州耗米视税粮正额增加25%。③史载"苏州赋役繁重，豪猾舞文为奸利，最号难治"④，其原因在于富豪大户不出加耗，而将一切转输之费转嫁于贫民小户。嘉靖《江阴县志》称："苏松诸府税粮，自洪武、永乐以来，粮多逋负，以待蠲免。大户及巾靴游谈之士，例不纳粮，纵纳亦非佳米，且无赠耗。椎髻东来小民，被其骗迫，累年征扰，而粮终不完。某据苏州一府，自宣德元年至七年，积欠米麦至七百九十三万六千九百九十石。"⑤

周忱"察知其故，一则官田粮重，民不能办；一则豪强大户，不出加耗，偏累小户赔偿。是以贫民逃徙，积逋如山"⑥宣德八年（1433），周忱奏准加耗折征例，即实行平米法，对于其具体内容，前贤多有述及⑦。在此有四点需进一步指出，其一，加耗采取田则重者加耗少，反之则耗多的方式，通融弥补官田的重额亏欠，缩小了官民田之间的赋额差异。周忱"于轻额民田，每亩加耗一斗有奇，以通融官田之亏欠。又与知苏州府况公钟曲计周算，……则是官田之粮额虽轻，民田之粮额加重矣"⑧。其

① 《明宣宗实录》卷七七，宣德六年三月戊辰，第3页。

② 《明史》卷一六一《况钟传》第四九，中华书局1974年标点本，第4380页。

③ 万历《武进县志》卷四，万历三十三年刊本，第22页。

④ 《明史》卷一六一《况钟传》第四九，中华书局1974年标点本，第4379页。

⑤ 嘉靖《江阴县志》卷五《文襄公事迹》，嘉靖二十六年刊万历间修补本，第24页b。

⑥ （清）蒋伊：《苏郡田赋议》，（清）贺长龄《皇朝经世文编》卷三二《户政七·赋役四》，文海出版社有限公司1966年影印本，第1166页。

⑦ 范金民、夏维中：《苏州地区社会经济史（明清卷）》，南京大学出版社1993年版，第104—105页。

⑧ （清）蒋伊：《苏郡田赋议》，贺长龄《皇朝经世文编》卷三二《户政七·赋役四》，文海出版社有限公司1966年影印本，第1166页。

二，起科最重的田粮，可能采用了折银的方式。① 其三，周忱之加耗法，首开"以粮补丁"先河，是历史上赋役改革的创举。加耗就是"令官民田并出耗"米，如征正粮，每石征平米一石六、七斗不等，而不论大户或小户。所加增耗米，凡夏税麦、豆、丝绵、户口食盐、马草、义役、军需、颜料、逃绝积荒田粮、起运脚耗，悉于此支拨。"民间户丁之差役，物料之科派，皆取余米。"② 由于所加耗米并非正额，可取之于民，用之于民。"以粮补丁"，将按户丁负担的丁役、杂役的问题用田赋的加耗来解决，从而为赋役合一、丁身役和人头税摊入田亩做了铺垫。其四，耗米、平米的出现使诸多赋中之役赋税化了，并在事实上创造出以土地为对象的财产税。③ 此后无论支持还是反对一条鞭法改革的人，都反复提及周忱的加耗法了④。

其中清人蒋伊《苏郡田赋议》曰：

> 所加者耗米也，非正额也。惟其为耗米，周文襄于拨运外，有余则入济农仓，以备水旱赈贷及农乏食，与夫官府织造、供应军需之

---

① 乾隆《乌程县志》卷一二，乾隆十一年刻本，第 15 页载正统年间四等起耗则例："五斗以上田粮，全与折银，免派耗；四斗以上，每亩加耗五升，米三折七；三斗以上，每亩加耗七升，米折相半；二斗以上，每亩加耗一斗，米九折一；一斗以上，每亩加耗一斗五升，俱征米，不用折。"

② （明）何柏斋：《均徭私议》，《明经世文编》卷一四四《何柏斋先生文集》，中华书局 1962 年影印本，第 1442 页下。

③ 刘志伟：《从"纳粮当差"到"完纳钱粮"——明清王朝国家转型之一大关键》，《史学月刊》2014 年第 7 期。

④ （明）徐献忠：《复刘沂东加耗书》，《明经世文编》卷二六八，第 2831—2832 页云："因当时杂派太多，民不堪扰，乃将杂派各项名色尽于田粮一并带追，谓之'耗米'"，"更于'耗米'之内，扣算积羡，以备加派京料，或备补被荒里分钱粮"。（明）赵用贤：《议平江南粮役疏》，《明经世文编》卷三九七，第 4288—4289 页称："各省税粮，自洪武至今，俱以夏税秋粮马草为正赋，其余各项杂派银两等役，另立款项，或照地科，或计丁派，或编入均徭，或取足里甲，原与夏秋粮草正额无干。唯是苏州等府，不分正赋杂派，皆混入粮内征收，名曰平米。"（明）何塘：《均徭私议》，《明经世文编》卷一四四，第 1441—1442 页言"田产纳税粮，户口当差徭，其不相混也，明矣！今乃照田土当差，是岂祖宗之法哉！……由是而观，则计田土以当差役，既非古法，又非国法，而有司有此行，何也？曰：此周文襄作俑之过也。宣德年间，周文襄巡抚南畿，患民间起运税粮之不足也，乃令税粮正数之外，多加耗米以足之。除办纳税粮外，有余剩者，谓之余米。复恐民间议加耗之多怨己也，乃令民间户丁之差役，料物之科派，皆取诸余米。此盖朝三暮四之术也"。

类，均徭、里甲、杂派等费，运夫遭风被盗，修岸导河不等口粮，俱取足于此。其时粮虽加于民，余利亦归之民，自耗米之外，更无扰民色目也。①

上述资料中所提到的"济农仓"，始建于宣德七年（1432）。济农仓的建立，与平米法的实行关系甚大。纳税人缴纳平米后，其纳税义务在其本地就得以解除，地方官员则可对此进行分配②，而济农仓即是分配耗米的载体。万历《常熟县私志》记载了济农仓设立的经过：

> 七年秋，会诏旨以库藏之储平籴，及劝富人出粟以待凶荒。公与郡守况公，同心同力，以全活穷民为己任。出库储籴米三万石，劝借富人九万石，樽节漕运浮费五万石，搜剔豪右侵占绝户田租一十二万石，通二十九万石。分贮六县，每县置仓六十间，常熟贮米五万余石，增置仓四十间，共百间，总曰济农仓。盖以农为天下本，苏松之农又为京邑本耳。明年夏江南大旱，民无食，辍耕待毙。公发济农米赈之，困瘵者出死力以挽桔槔，枯槁者润泽，焦卷者始芃芃矣。适遇海舶自诸蕃回，供费浩繁，库藏赤立，公私汹汹，惧弗克供，公以济农米廪食之，民不知费。边海军士乏食，公从容指画，馈饷相继，军民苏息，宜少安矣。③

济农仓储备来源之一即节余的耗米，另外三个来源是官钞平籴米3万石，劝借富户米9万石，籍没豪右强耕抛荒田租税12万石。"所积济农仓粟岁数十万石，赈荒之外，以代民间杂办及逋租。"因而，济农仓的功能，还起着"以粮补丁"的作用。"遇后青黄不接，车水救苗，人民缺食之际，支给赈济。或有起运远仓，中途遭风失盗，纳欠回还者，亦于此米内，给借赔纳，秋成各令抵斗还官。若修筑圩岸，疏浚河道，人夫乏食

---

① （清）蒋伊：《苏郡田赋议》，贺长龄《皇朝经世文编》卷三二《户政七·赋役四》，文海出版社有限公司1966年影印本，第1166—1167页。
② ［美］黄仁宇：《十六世纪明代中国之财政与税收》，阿风等译，生活·读书·新知三联书店2001年版，第144页。
③ （明）张洪：《济农仓记》，万历《常熟县私志》卷二三《叙文三》，常熟市图书馆钞本，第26—28页。

者，验口支给食用。免致加倍举债，以为兼并之利。如此则农民所存济，田野可开，税粮易完，深为民便。"① 因此平米法实行后，"数年之间，仓米大饶"②。

"济农仓"有效弥补了里甲支费的不足，减轻了农民的各种杂税负担，苏州人赵用贤亦描述了当时的情况：

> 有余则入济农仓以备赈济，谓之余米。遇农民缺食，及运夫遭风被盗，修岸导河不等口粮，凡官府织造、供应军需之类，均徭、里甲、杂派等费，皆取足于此。又属郡有荒歉，亦拨余米以补不足。盖其时粮虽加于民，而其补助余积之利，悉归于民。民自征赋一石五斗之外，漠然不见他役之及。官府亦无科索之扰，故甚便之。其后户部以济农余米失于稽考，奏遣曹属尽括而归之官，于是征输杂然，逋负始积矣。③

平米法所加征的耗米除支付漕粮损耗、运费外的余米，被用来调整其他里甲公费的负担，使徭役负担向赋税化转向。平米法拉近甚至缩小了官田与民田的赋税差距，减轻了官田苛重的租税，并且对国家税收总额并无影响。赵用贤评论道："知官田系国初抄没，其税至重，民力不能办。民田起科止于五升甚轻，又其时大户恃强不出加耗，偏之小户。故将民田每亩例加耗米一斗有奇，以通融官田之亏欠。"④ 黄仁宇亦对周忱实行的平米法称赞有加，认为其与一条鞭法原则相同，因为两者皆在征收之前合并了各色名目，并且在征收后对其进行了分配⑤。

此后于宣德九年（1434）设立义役仓，"每甲出米五十石……置立支收交簿二扇，用印钤记。着令各仓场总收，并管区粮长收掌……另置总簿

① 《周文襄公年谱》，宣德九年一月，全国图书馆文献缩微中心缩微制品，2003 年。
② 万历《嘉定县志》卷五《田赋考上·田赋》，《中国方志丛书》第 421 号，成文出版社有限公司 1983 年影印本，第 334 页。
③ （明）赵用贤：《议平江南粮役疏》，《明经世文编》卷三九七《赵文毅文集》，中华书局 1962 年影印本，第 4288 页下。
④ 同上书，第 4288 页上。
⑤ ［美］黄仁宇：《十六世纪明代中国之财政与税收》，阿风等译，生活·读书·新知三联书店 2001 年版，第 146 页。

一扇，遇有坐派军需、颜料等项到县，照依时估，合用价钞，明白将所收米及货物支拨买办合用……如有多余，下年支用；不敷另行均办"①。其储存的粮食，可用来补充里甲费用之上供军需、颜料等项费用，起着同济农仓类似的作用。并且官收官用，革除了每次坐派军需颜料过程中科派不均、民多受扰的弊端。

义役仓为常熟知县郭世南首创，另有纳米代役的作用。嘉靖《常熟县志》曰："昔甲首应役一年，腿无完腿，家业荡尽，今助米五石，则有十年之安。政之善者，莫善于此。今上之府太守，况公曰'有善政不宜私吾民，当均被于天下'，遂上之。"② 不过，在义役仓设立之前，郭县令曾有纳钱代役的预想，但没有实行。③ 受郭世南启发，况钟"善其法，俾行之各邑"④。

不仅如此，周忱、况钟在分配时并非一味"以粮补丁"，后来可能在苏州还采用里甲役折银的方式。《客座赘语》卷二《条鞭始末》称："往周文襄巡抚时，以丁银不足支用，复唱'劝借'之说，以粮补丁。于是税粮之外，每石加征若干，以支供办，名'里甲银'⑤。"此为作者顾起元记载应天府的情况，至于是否在苏州府实施，下面里甲正役、运费折银的史料，似乎可以证明。

> 巡抚侍郎周公念苏松税粮繁重，百姓艰难，深惟民情，均其徭役，将乡都通县排年里长，编成一应差役，每名出银一两，轮当一年，歇息二年，酌量轻重多寡，朋合造册在官，犹如车轮而转，吏无挪移之弊，民得轻鲜易完。⑥

---

① （明）况钟：《况太守集》卷九《请设立义役仓奏》，江苏人民出版社 1983 年版，第 100 页。

② （明）张洪：《义役仓记》，嘉靖《常熟县志》卷一一《集文志》，吴相湘主编《中国史学丛刊》，台湾学生书局 1986 年影印本，第 1203 页。

③ 嘉靖《常熟县志》卷二《徭役志》，吴相湘主编《中国史学丛书》，台湾学生书局 1986 年影印本，第 202—203 页载："议人民岁出钱若干文，输之于官，以为役费，不果行。"

④ 嘉靖《常熟县志》卷二《田赋》，吴相湘主编《中国史学丛书》，台湾学生书局 1986 年影印本，第 202 页。

⑤ （明）顾起元：《客座赘语》卷二《条鞭始末》，中华书局 1987 年版，第 62 页。

⑥ 正德《姑苏志》卷一五《徭役》，《中国史学丛书》初编第 31 册，台湾学生书局 1986 年影印本，第 219 页。

周文襄公巡抚悯苏民赋重，凡里长差役，每名俾出银一两轮当。①

粮运轻赍，所谓一六、二六、三六者，即耗粮也……江南直隶兑运正米一石，加耗尖米，共六斗六升，除四斗随船作耗，只二斗六升折银，故谓之二六。②

史料中"排年里长，编成一应差役，每名出银一两"，说明苏州里长一役有了些许变化。虽然不能证明里甲十年轮役制度的改变，但至少说明里长"一年应役，九年歇息"办法之松动。改征银两后的排年里长一役，"朋合造册"，由排年里甲轮充杂役。出银一两后，可以当差一年、歇息两年，意味着纳银代役、银差开始出现，同时亦说明十年一轮，九年歇息的里甲制度，在实践中难以执行到位。"国初事简里均，闾阎殷富，便于十甲轮支。其后，事繁费冗，里胥因而为奸，里甲凋敝，而轮支始称苦矣。"③另外运费加耗折银，是在漕运改革的基础上施行的，不仅减轻了粮长、解户的负担，也使"以粮补丁"得以进一步发展。

正役、杂派在较大范围内折银，而不是偶一为之，似开历史先河。宋代"排年任役，率田供费，故免役之法亩税一钱，则赋役之同出于田久矣"，④但未见赋役折银之记载。宣德时期周忱创行的"里甲银"，发展至弘治、正德年间，更产生出一批折纳银两的役目。嘉靖时吏部尚书桂萼"考正统年间，工部侍郎周忱于苏松地方，立有定法，至今不易。盖以一切差银，不分有无役占，随田征收，而里甲科派，无复充补优免人户之累"⑤。因此周忱在苏州等地践行的差银征收，实具有划时代意义。郁维

①　嘉靖《常熟县志》卷二《徭役志》，吴相湘主编《中国史学丛书》，台湾学生书局1986年影印本，第201页。

②　（明）万表：《论粮运轻赍》，《皇明经济文录》，全国图书馆文献缩微复制中心1994年版，第192页。

③　（明）顾炎武：《天下郡国利病书》原编第十五册《山东》上《里甲论》，上海商务印书馆1935—1936年影印本，第141页b。

④　万历《嘉定县志》卷六《田赋考中》，《中国方志丛书》第421号，成文出版社有限公司1983年影印本，第405页。

⑤　（明）桂萼：《请修复旧制以足国安民疏》，《明经世文编》卷一八〇《桂文襄公奏议二》，中华书局1962年影印本，第1836页下。

明对此评价说："由里甲编银，力差用银的发展，可知明代用银已日趋普及。此者对于日后一条鞭法中徭役的统征银两以及银差代替力差的发展，实具有先导性的作用。"①

二　"金花银"在苏州府的实施

周忱任职江南巡抚的宣德、正统两朝，随着商品货币经济的不断进步，江南地区业已形成了赋税折征银两的条件。从世界史的角度看，古埃及于公元前 550 年之前，即铸造过金银合金货币②，此后银铸币一直盛行。而在中国宋代之前，铜钱乃国家主要货币，白银多被制成饰品、器物用于赏赐、馈赠、贮藏。直到北宋，仍然有"今通贵于天下者金银，独以为器而不以为币"③ 之说。若非用于支付媾和岁币，则以上流人士使用为多。宋代"钱荒"的发生，给赋税折银赢得了契机，以下史料似可证明苏州府也在折银之列。绍兴二十九年（1159）：

> 中书省奏，江、浙四路所起折帛钱，地里遥远，欲就近储之。诏除徽、处、广德旧折轻货，余州当折银者输钱，愿输银者听。④

乾道五年（1169），"诏：'今后受纳折帛银，照依左藏库价，与民户折纳，不得辄有减降，令逐路转运司约束，不得违戾。'先是递年输银于官者，每两折直三千二百，而输之左藏库，却折三千三百，每两暗赢人户百钱，臣僚言之，是有是命"⑤。

元代立国，赋税"以酒、醋、盐税、河泊、金银、铁冶六色取课于民，岁收银万锭"。⑥ 苏州不仅民间用银，而且亦有以银缴纳赋税的记录。如《元代社会阶级制度》所言，故元之诸王大臣于江南地主之土地并无

---

①　郁维明：《明代周忱对江南地区经济社会的改革》，台北商务印书局 1990 年版，第 77 页。

②　John Hicks: *Theory and Economic History*, London, Oxford University Press, 1969, p. 66.

③　（宋）李焘：《续资治通鉴长编》卷二八三，熙宁十年六月壬寅，上海古籍出版社 1986 年影印本，第 2671 页下。

④　《宋史》卷一七五《食货三上》，中华书局 1977 年标点本，第 4238 页。

⑤　（清）徐松：《宋会辑稿·食货》卷一〇之二〇，中华书局 1957 年影印本，第 4985 页。

⑥　（明）王圻：《续文献通考》卷二三《征榷考》，《续修四库全书》第 762 册，上海古籍出版社 1995 年影印本，第 216 页下。

所得，所得者唯平江一带官田之赐予，与若干户计私银之收纳而已。① 又如洪武《苏州府志》载，"至元期间，苏州曾年征轻赍二千二百零四锭二十七两"②。明初法定货币，首先是铜钱，继之是宝钞，"禁民间不得以金银物货交易"。由于宝钞发行无度，以钞为主、以钱为辅的货币制度之施行颇为不顺，反而造成民间用银的增多，以致洪武末"杭州诸郡商贾，不论货物贵贱，一以金银论价，由是钞法阻滞，公私病之"③。

周忱为平衡官民田税则之间的鸿沟，先是订立"均征加耗法"，随之实行"田赋折征法"。不同于洪武朝推行的单纯实物折征，周忱推动了田赋由折色向折银的转变。此法的作用，在于以"金花银"及"官布"折征重则税粮的方式，以缩短重额官田与轻额民田之间的差距。④ 历来为植棉之地的嘉定、昆山，派征棉布，而将"金花银"派于不产棉布的吴县、长洲、吴江、常熟四县⑤。金花银和官布属于轻赍折纳物，运费较谷物便宜甚多，因此在一定程度上减轻了民户负担。

万历《昆山县志》载："昆山田粮有正有耗，名为七则。原额重者，耗米少，先尽金花银、官布；原额轻者，加耗米多，先尽白银，盖金花银、官布征期稍缓，而白银当年取足。故周文襄公酌处，坐派如此，欲令得业者均平出纳也。"⑥ 其派征原则是："七斗至四斗则纳金花，官布、轻赍折色；二斗、一斗则纳白粮、糙米、重等本色。因田则轻重而为损益。"⑦ 凡是科则重的官田，让其承担较轻的折色，如金花银、轻赍、布帛之类；凡是科则轻的民田，则让其缴纳"重等本色"，如白粮、糙米之类。实际操作仍然比较复杂，"每金花银一两一钱，准平米四石六斗或四石四斗，每两加车脚鞘甌银八厘。阔白三梭布一匹，准平米二石五斗，或

---

① 蒙思明：《元代社会阶级制度》，中华书局 1980 年版，第 24 页。

② 洪武《苏州府志》卷第十《税赋》，《中国方志丛书》第 432 号，成文出版社有限公司 1983 年影印本，第 436 页。

③ 《明太祖实录》卷二五一，洪武三十年三月甲子，第 3632 页。

④ 郁维明：《明代周忱对江南地区经济社会的改革》，台湾商务印书馆 1990 年版，第 55 页。

⑤ 同上书，第 57 页。

⑥ 万历《重修昆山县志》卷二《田赋》，《中国方志丛书》第 433 号，成文出版社有限公司 1983 年影印本，第 148—149 页。

⑦ （明）顾炎武：《天下郡国利病书》原编第七册《常镇》，《四部丛刊三编》史部，上海商务印书馆 1935—1936 年影印本，第 3 页 a。

二石四斗至二石，每匹加车脚船钱米二斗，或二斗六升……已上于重则官田上照粮均派"①。在此需要特别指出的是，当时并未有"金花银"之称谓，直至正德十二年（1517）才出现"金花银"字样②，而之前唯见"折收白银"或"折粮银"等说法。如"民间马草每年运赴两京上纳。若北京，每包草一千束，该用五百料船一只，人夫十五名，草束在船，十坏六七，所费不赀。公奏于通州草场，设立官库，每束折收白银三分，一千束止用三十两。若南京，则轻赍赴彼买纳，人皆称便"③。

赵用贤称，"永乐十一年，成祖皇帝更定京库金花银，每米一石，折银二钱五分，行之二百年无变矣"④，此种说法亦不足为凭。时明都南京，苏松财赋重地近在咫尺，而离永乐十八年（1420）十一月正式迁都北京尚有七年。其实朱棣在位期间禁银最严，永乐元年（1403），朱棣即位伊始，即因"钞法不通，下令禁金银交易，犯者准奸恶论"⑤。十一年（1413）诏令折征"金每两准米三十石，阔白棉布每匹准米一石五斗"⑥，唯不见以米折银。至宣德三年（1428），宣宗采纳右都御史顾佐之奏请，"凡交易银一钱者，买者卖者皆罚钞一千贯，一两者罚钞一万贯，仍各追免罪钞一万贯"⑦。可见，自明立国至宣德初年，"禁民间以银物货交易"是一以贯之的，更不要说国家层面大规模行银了。这是问题的一个方面，另一方面，国家一再禁银，恰好证明民间用银是有其社会经济基础的，非一"禁"字了得。

因此周忱权衡利弊，于宣德八年（1433）实行的田赋折征之法，是地方官员以银折纳税粮之始。英宗继位后，由于钞价腾贵而驰用银之禁。《明实录》记载了正统元年（1436）明廷批准赋税折银的经过：

---

① （明）顾炎武：《天下郡国利病书》原编第六册《苏松》，《四部丛刊三编》史部，上海商务印书馆1935—1936年影印本，第67页a。

② 《明武宗实录》卷一五五，正德十二年十一月丙戌，第2979页。

③ （明）万表：《周忱言行录》，《皇明经济文录》，全国图书馆文献缩微复制中心，1994年，第131页。

④ （明）赵用贤：《议平江南粮役疏》，《明经世文编》卷三九七《赵文毅文集》，中华书局1962年影印本，第4294页。

⑤ 《明太宗实录》卷一九，永乐元年四月丙寅，第346页。

⑥ （明）王圻：《续文献通考》卷四《田赋考·支移折变》，《续修四库全书》第761册，上海古籍出版社1995年影印本，第594页上。

⑦ 《明宣宗实录》卷四八，宣德三年十一月乙丑，第1170—1171页。

　　命江南租税折收金帛，先是，都察院右副都御史周铨奏："行在各卫官员俸粮在南京者，差官支给，本为便利。但差来者将各官俸米贸易物货，贵卖贱酬，十不及一。朝廷虚费廪禄，各官不得实惠。请令该部会计岁禄之数于浙江、江西、湖广、南直隶不通舟楫之处，各随土产折收布、绢、白金，赴京充俸。"巡抚江西侍郎赵新亦言："江西属县有僻居深山不通舟楫者，岁赍金帛于通津之处易米上纳，南京设遇米贵，其费不赀。今行在官员俸禄于南京支给，往返劳费，不得实用。请令江西属县量收布绢或白金，类销成锭，运赴京师，以准官员俸禄为便。"少保兼户部尚书黄福亦有是请，至是行在户部复申前议。上曰："祖宗尝行之否？"尚书胡濙等对曰："太祖皇帝尝行于陕西，每钞二贯五百文，折米一石；黄金一两，折二十石；白金一两，折四石；绢一匹，折一石二斗；布一匹，折一石，各随所产，民以为便。后又行于浙江，民亦便之。"上遂从所请，远近称便，然自是仓廪之积少矣。①

　　从上述史料可以看出以下四点，一是正统元年折征是沿用明太祖洪武年间折征布、绢、金、银的先例，而并非全部折银或以折银为主，如《吴江县志》所载，正统元年八月，"命直隶苏松等府租税折金帛，每金花银一两，折米四石，金花银一两，准麦四石；棉布一匹，准米一石"②；二是准许折征的地方是江南不通舟楫之处；三是折征的原因是为了解决官员俸粮不得实惠的难题，其实此前周忱即有文武官月俸折棉布的奏请，并得到批准③，而宣德四年（1429），即已出现杂役纳银的端绪④；四是《明实录》中的折征奏请与周忱并不相关。

　　而其后的史实却显示与上述记载之不同之处。首先，正统元年出现的

　　①　《明英宗实录》卷二一，正统元年八月庚辰，第414—415页。
　　②　乾隆《吴江县志》卷一二《田赋》，《中国地方志集成·江苏府县志辑》第19册，江苏古籍出版社1991年影印本，第422页上。
　　③　《明宣宗实录》卷一一三，宣德九年冬十月丙辰，第2549页云："巡抚侍郎周忱奏松江府今年亢旱，田谷少收，今起运折粮大小棉布一万五千九百二十五匹赴京，共准米一万六十石，请以折文武官月俸。从之。"
　　④　［日］岩见宏：《均徭法、九等法与均徭事例》，《明清史国际学术讨论会论文集》，天津人民出版社1982年版，第453页。

折征政策，虽与明初的折色一脉相承，但在实际征收过程中，是将田赋折银正式制度化，即征收后世所谓的"金花银"。"米麦一石，折银二钱五分。南畿、浙江、江西、湖广、福建、广东、广西米麦共四百余万石，折银百万余两，入内承运库，谓之'金花银'。其后概行于天下。自起运兑军外，粮四石收银一两解京，以为永例。诸方赋入折银，而仓廪之积渐少"①。苏州府需缴纳白银191206两，折米764826石，约占全国折银总额的19.12%，此后直至万历时期，苏州府缴纳的金花银份额基本保持固定比率②。其次，此后众多方志或典籍，却时有周忱推动赋税折银的记载。如《皇明经济文录》云："北京文武职官俸粮，皆领票于南京户部关支。当米贱时，一两可买廪米七八石。公因会议奏准折支金花银两纳官，每两准米四石。解运京库交收，折支京官俸粮。"③正德《松江府志》称："（宣德）八年，巡抚侍郎周忱奏定加耗折征例。洪武、永乐中，税粮额重，积欠数多。每正粮一石征平米至二石而犹不足。忱至，尽去宿弊，设法通融，二年后逋欠悉完……折征：金花银一两一钱准平米四石六斗或四石四斗，每两加车脚鞘轨银八厘。"④《明书·周忱传》亦云："重额官田，极贫下户，两税准折纳金花银。一两准米四石，解京折支京官俸禄。"⑤

洪武初年，功臣武将的俸禄来自朝廷赏赐其的官田，"胡蓝党狱"爆发之后，慑于政治高压，勋臣将其所占赐田纷纷归还朝廷，而由苏州等府官田税粮内供其禄米。先是苏州等府纳粮户将禄米运至南京，功臣武将再行支取。永乐迁都后，此种于官于民皆无益处的支领模式仍未改变。宣德五年（1430），苏州府运赴南京仓之税粮达74万石。其时，明廷尽管禁民间物货交易用银，但白银货币化的脚步却从未停止。以漕运税粮为例，"先是

① 《明史》卷七八《食货二》，中华书局1974年标点本，第1905页。

② 弘治十五年，苏州府起运京库麦米共796000石，折纳金花银199000两，占全国总配额的19.3%，南直隶的50.5%；万历六年，该府起运184753.69石，折银196188.42两，占全国总配额的19.4%，南直隶的50.4%，参见胡克诚《明代江南通赋治理研究》，东北师范大学博士学位论文，2011年，第81页。

③ （明）万表：《周忱言行录》，《皇明经济文录》，全国图书馆文献缩微复制中心，1994年，第131页。

④ 正德《松江府志》卷七《田赋中》，《天一阁藏明代方志选刊续编》第5册，上海书店出版社1990年影印本，第343页。

⑤ （清）傅维麟：《明书》卷一二一《周忱传》，《丛书集成初编》，上海商务印书馆1936年版，第2429页。

耗粮俱本色，随船候到湾雇车起粮，则易银以用。复以湾中米价低昂不一，而易卖又滞交纳"①。况钟在其上奏中曾指出："有等粮老及运纳粮船人户，将已收在船秋粮，实征完足起运，中途停泊，粜卖银两入己者。"② 王世贞在《弇州史料后集》中，记载了明初官员禄米折银的过程："国朝禄数视前代差已薄，而宣德以后，以粮运艰窘为辞，五品以上三分折银七分折钞，六品以下四分折银六分折钞，折银每石七钱，折钞者又改折绢，往往每二十石不能一两，于是仰事俯育且不足，不能不假借于皂隶银矣。"③

究竟周忱正统元年及以前有无上过赋税折银的奏请，尚不能断言之。盖因周忱本人奏疏、笔记流传极少，并且揆其内容，折银奏请付之阙如。另外，上述记载周忱申请折银的文献，多出自正德之后，其时已去宣德、正统时期远矣。虽然如此，仅就上述史料来看，周忱已然是折银的先驱实践者了。早在宣德八年（1433），周忱实行的加耗折征法，即已包含"额之重者与户之下者，得以折纳金花银"④ 的内容。迨至正统二年（1437）四月，"周忱奏北京军官俸粮，命将浙江等处税粮折纳布、绢、银两解京，应用缘已征米起运，而苏松常三府见贮粮一百一十二万七千八百四十六石，以俟北京俸粮支用。今正当农时，民望粜卖接济，乞命官及时粜卖轻赍，差人解京。从之"⑤。五月，"周忱移文，言徽州府地产无丝，每年夏税绢于各处营买织纳，请每疋折银五钱，解京准作北京军职俸粮。上命姑从之，俟一年后仍旧例"⑥。

"金花银"实施后，仓储管理制度相应有了改变。"正统七年，置太仓库，添设户部主事一员专管，凡南直隶苏、常等府解纳草价银，赴部转送管库官处交收。"⑦ "又奏准凡南直隶各府起运马草愿纳价银者，每束纳

① （明）万表：《漕粮集耗议》，顾沅《吴郡文编（二）》卷三六《赋役四》，《苏州文献丛书》第一辑，上海古籍出版社 2011 年版，第 44 页。

② （明）况钟：《况太守集》卷一二《通禁苏民积弊榜示》，江苏人民出版社 1983 年版，第 126 页。

③ （明）王世贞：《弇州史料后集》卷三七《笔记上·官俸》，万历四十二年刊本，第 7 页 b。

④ 崇祯《常熟县志》卷三《赋役志》，崇祯十二年（1639）钞本，第 3 页 a。

⑤ 《明英宗实录》卷二九，正统二年夏四月辛未，第 580 页。

⑥ 《明英宗实录》卷三〇，正统二年五月丁未，第 602 页。

⑦ （明）刘斯洁：《太仓考》卷一《职官》，《北京图书馆古籍珍本丛刊》第 56 册，书目文献出版社 1997 年影印本，第 711 页。

银三分，解部送太仓银库收贮，候用草时召商上纳，照时价支给。"① 上述"太仓库""太仓银库"是一回事，"专以贮银，故又谓之银库"②，不同于《庄子》《史记》所载历代储存粟米的仓廒③。

苏州府在实施加耗折征法后，虽然轻则民田的负担有所增加，但重则官田的赋税则大幅减少，同时逋赋也得到了治理。"金花银"实施后，折银内容逐渐增多，对一般民户也更加有利。如棉产地嘉定县以布折米，显然同等价值的米相对于布，分量重、体积大，不便于运输。如把米和马草折银，则运输尤其方便，并且可以节省巨额运费。前述马草折银，本已使纳户得到实惠，此后更有蠲免银两的记载④。"固定比例的田赋转用货币支付，预示着经济活动的高度货币化"，金花银的使用，将鼓励富人将其生产活动与市场联系得更为紧密，越来越多的人将会投入越来越多的时间，用于商品交换。⑤

苏州府经况钟、周忱数年治理后，"民不扰而廪有余羡"⑥，"名不加赋而用足"⑦，正如成化时苏州吴县人杨循吉所云："周文襄公以侍郎初莅，美化未孚，岁适不登……治未逾年，粟果盈羡，民间银十两籴米五十石。"⑧ 清代苏州常熟人尤侗曾作《江南赋》云："江南赋，民独苦，征一石，解万户。周尚书，来何暮，减官田，十之五。济农仓，不足补，浚六湖，成沃土。二十余年歌且舞，谁其嗣之赤历簿？尚书不来吏呼怒。民

① 正德《明会典》卷二三《户部八》，《景印文渊阁四库全书》第617册，台湾商务印书馆1986年影印本，第263页。

② 《明史》卷七九《食货三·仓库》，中华书局1974年标点本，第1927页。

③ 《庄子》载："计中国之在海内，不似稊米之在太仓乎！"参见《庄子》卷六《秋水》第一七，《四部备要》第53册，中华书局1989年版，第68页上。《史记》载："太仓之粟陈陈相因，充溢露积于外，至腐败不可食。"参见《史记》卷三〇《平准书》，中华书局1959年标点本，第1420页。

④ （明）焦竑《苏州府知府况钟传》载："免旧欠粮草钞数百万锭，……银数千两"，见《国朝献征录》（五）卷八三，《明代传记丛刊综录类》26，明文书局1991年影印本，第58页。

⑤ ［美］迈克尔·马默：《人间天堂：苏州的崛起，1127—1550》，载林达·约翰逊主编，成一农译《帝国晚期的江南城市》，上海人民出版社2005年版，第43页。

⑥ 《明史》卷一五三《周忱传》，中华书局1974年标点本，第4217页。

⑦ 《明书》卷一二一列传四《周忱传》，上海商务印书馆1936年版，第2430页。

⑧ （明）杨循吉：《苏谈》，《苏州文献丛钞初编（上）》，古吴轩出版社2005年版，第167页。

独苦，江南赋。"①

"金花银"的出现，预示着大规模的田赋折银的出现，这在历史上还是第一次。以折银为形式，田赋由实物税转变为货币税，促使传统社会从人丁税向财产税转变加速。②

三　苏州府漕运方式的转变与漕粮折银

总结前文所述，金花银得以实施的原因有三：一是官支实物俸粮，不得实惠；二是不通舟楫处，民户纳粮不得实用；三是江南地区民间用银和赋税折银的发展。如果从金花银收支路径进一步追索，则牵涉宫廷与行政对财政支配权的纷争。正统元年开始的赋税折银一百万余两，皆解送内承运库，内除官员俸禄十余万两外，余者均为御用。如果考虑漕运运费和技术方面，似乎另有隐情。黄仁宇认为，明代漕运承受力每年在 400 万—500 万石粮食，而中央政府的需求是 820 万石，因此有 400 万石不能通过漕运至北京，而必须折纳钱币。③ 不过，若仔细比较《明实录》所载永乐、宣德、正统历年漕运数额，则此结论是值得商榷的。就苏州而言，赋税折银，不仅与周忱加耗折征的赋税改革颇有渊源，而且与当时的漕运制度关系甚大。

《说文解字》云："漕，水转谷也。"漕运，本义指水运谷物，然在中国历史上却有特殊的含义。"国计之有漕运，犹人身之有血脉。血脉通则人身康，漕运通则国计足。"④ 中原王朝应对北方边疆威胁，需要强化财政集权体制。随着经济重心的南移，加大了帝国统一南部财政的决心。大运河的开凿通航，成为贯通南北交通的大动脉，使南移的经济重心与北方的政治军事中心连接起来，以维持帝国的统治。自隋朝开通大运河以来，"天下利于转输"⑤，漕运的阻隔或通畅，甚或影响国家政权的兴衰交替。中央政府能否成功统治全国，有赖于江南物资能否通过运河漕运，运到京

---

① （明）尤侗：《江南赋》，载周忱《双崖文集·附录》，《四库未收书辑刊》第 6 辑第 30 册，北京出版社 1997 年版，第 395 页。

② 万明：《明代白银化与制度变迁》，《暨南史学》第二辑，2003 年 12 月。

③ ［美］黄仁宇：《明代的漕运》，新星出版社 2005 年版，张皓、张升译，第 72 页。

④ （明）王宗沐：《乞广饷道以备不虞疏》，《明经世文编》卷三四三《王敬所集》，中华书局 1962 年影印本，第 3681 页下。

⑤ （唐）杜佑：《通典》卷一〇《食货十·漕运》，中华书局 1988 年标点本，第 220 页。

师所在的华北地区。"历代以来，漕粟所都，给官府廪食，各视道里远近以为准。太祖都金陵，四方贡赋，由江以达京师，道近而易"[1]，"江西湖广之粟，江而至；两浙吴会之粟，浙河而至；凤泗之粟，淮而至；河南山东之粟，黄河而至"[2]。吴元年（1367），苏州为朱元璋军攻克，次年北伐，即"命浙江、江西及苏州等九府，运粮三百万石于汴梁"[3]，苏州旋即成为明廷赋税所赖之地。

洪武时期的京粮运输，采用的是民运的办法。洪武三年（1370），户部奏"苏、松、嘉、湖四府官民田租不及六斗者，请输京仓；六斗以上者，输镇江瓜洲仓。上令租之重者于本处仓收贮，余皆令输入京"[4]。五年（1372），户部又奏"苏、湖等府渔人、商人舟车不应徭役者，凡一万三千九百九十户，宜令充漕运夫。上命有田者仍令应役，无田者充运夫"[5]。六年，于苏州等府粮长名下，"各设知数一人，斗级二十人，送粮夫千人，俾每岁运纳，不致烦民"[6]。因苏州邻近都城南京，且水路交通便利，京粮运输尚不致构成民户沉重负担。永乐前期，"肇建北京，转漕东南，水陆兼挽……参用海运"[7]。苏州太仓成为海运的起点，苏、松、浙江岁纳税粮俱输纳于此，装运入海后直达直沽，以供京师和边防，但海运"险远多失亡"，水陆兼挽"民苦其劳"，将运河"浚而通之，……实国家无穷之利也"[8]。运河既通，自永乐十三年起，漕粮运输采用的是"支运法"。这是一种军、民合运的办法，"苏州之粮，用民运至济宁，以里河船递送至京师"，即由纳户自运粮至江北各水次仓，再由运军支运。其最大的问题是劳民伤财，"往复经岁，失农时，劳费于正粮数倍"[9]。正由于"运粮一石，费且倍蓰"，耽误农时，因此"小民一承是役，动辄破

---

① 《明史》卷七九《食货三》，中华书局1974年标点本，第1915页。

② （明）何乔远：《名山藏》卷四九，《续修四库全书》第426册，上海古籍出版社2002年版，第436页。

③ 《明史》卷七九《食货三》，中华书局1974年标点本，第1915页。

④ 《明太祖实录》卷五六，洪武三年九月庚戌，第1098页。

⑤ 《明太祖实录》卷七二，洪武四年夏四月辛巳，第1326页。

⑥ 《明太祖实录》卷八五，洪武六年九月辛丑，第1507页。

⑦ 《明史》卷八五志第六一《河渠三》，中华书局1974年标点本，第2077页。

⑧ （清）谷应泰：《明史纪事本末》卷二四《河漕转运》，中华书局1977年版，第376页。

⑨ （明）顾炎武：《天下郡国利病书》原编第六册《苏松》，《四部丛刊三编》史部，上海商务印书馆1935—1936年影印本，第13页b—14页a。

产倾家"①，不得不走上逃亡之路。

　　因而漕运方面的改革乃势其必然。前述由本色到折色，无论是以布、钞折米，还是税粮、马草折成白银，皆是将庞大笨重不便运输的实物，折为便于装卸运输的"轻赍"，不仅节省了大量运输费用，在一定程度上还减轻了纳户负担，应视为漕运方式变革的内容之一。然而折征措施在宣德六年之前，真正付诸实施的却并不为多。此时亟须考虑、亟待改变的是税粮所纳仓口，以缩短运输距离。况钟上任后，于宣德五年八月上《遵旨会议奏》，要求将苏州"重租官粮尽数于本府"缴纳；民田轻粮于苏州本府或附近太仓等仓缴纳；白粮兑于官军带运，未获户部批准。② 六年三月复上《丁少粮多请免远运奏》："除南北二京白粮、公侯禄米、五府六部等衙门俸米照旧不动外，其临清、徐州仓粮，俱乞改拨于淮安等处附近仓分交纳③。"

　　况钟改革漕运的奏请尽管仍未获准，但终于得到主持漕政官员陈瑄的重视。宣德六年（1431）六月，瑄言：

　　　　江南之民，运粮赴临清、淮安、徐州上仓，往返将近一年，有误生理。而湖广、江西、浙江及苏松、安庆等官军，每岁以船至淮安载粮。若令江南民粮对拨附近卫所官军，运载至京，仍令部运官会计，给与路费、耗米，则军民两便。④

这与况钟的建议不谋而合。同年十月，户部所定《官军兑运民粮加耗则例》得到宣宗批准。"官军兑运民粮加耗则例，以地远近为差，每石湖广八斗，江西、浙江七斗，南直隶六斗，北直隶五斗"，"以三分为率，二分与米，一分以他物准"⑤。由此看来，周忱于宣德八年（1433）实行的

　　① 泰昌《严禁漕白陋规帖》，《江苏省明清以来碑刻资料选编》，生活·读书·新知三联书店1959年版，第570页。
　　② （明）况钟：《况太守集》卷七《遵旨会议奏》，江苏人民出版社1983年版，第73页。
　　③ （明）况钟：《况太守集》卷八《丁少粮多请免远运奏》，江苏人民出版社1983年版，第85页。
　　④ 《明宣宗实录》卷八〇，宣德六年六月乙卯，第1861页。又《明史·食货志》载："江南民运粮诸仓，往返几一年，误农业。令民运至淮安、瓜洲，兑与卫所。官军运载至北，给与路费耗米，则军民两便"，见《明史》卷七九《食货三》，中华书局1974年标点本，第1917页。
　　⑤ 《明史》卷七九《食货三》，中华书局1974年标点本，第1917页。

加耗折征例，是有所凭依的。加耗则例规定南直隶加耗六斗，周忱在实际操作过程中加耗六七斗不等，并开创性地设立了济农仓；则例规定三分之一可折征他物，周忱则予以创新，以白银作为调节官民田负担不均的手段。"军既加耗，又给轻赍银为洪闸盘拨之费，且得附载他物，皆乐从事，而民亦多以远运为艰。于是兑运者多，而支运者少矣。"①"兑运法"的施行，通过延长漕运官军的接运距离，以此缩短民运漕粮的解运距离，这样就减轻了地方官民的运粮负担。而作为补偿，地方需要提供给运军一定的运费，亦即所谓的"加耗米"和"轻赍银"。因此以兑运法替代支运法，官民两利，各得其所。

兑运法实施后，民户无须运粮至原指定粮仓，只需在水次仓兑于漕军，另加耗米若干即可。具体到实施过程，况钟、周忱对漕粮征收的各个环节进行整顿。在两税征收与储存阶段，宣德八年（1433），周忱奏准设置水次仓，"从长设法区画，将各府秋粮置立水次仓囤，连加耗、船脚，一总征收"②。《周文襄公年谱》载："时苏州一府勘报缺食，饥民计一百一十万户，大小三百余万口。所储之米，不能同赡，附郭豪右兼并之家，大以为利，而南亩之农民馁莩者多。公因恩广义仓，仓以为水旱常备，以各府人民输纳秋粮，大为粮长、里胥掊克征索，厚取无度而逋负连年。欲尽革其弊，乃先立法于水次置场，择人总收而发运之。令细民径自送场交纳，不入里胥之手，较之上年所纳省三分之一。"③

同年九月，况钟发布《设立纲运簿式示》：

为宣德八年秋粮事。准本府知府况关奉钦差行在工部右侍郎周札付，照得上年起，运秋粮皆有加赠起程，及至到仓，又皆亏欠不足。询问粮长、纳户，往往诈称官攒、斗级人等求索使用，盘费耗折数多，以致纳数挂欠。官府欲要追究，缘无凭稽考，难以定夺。今年照依敕书事理，设法区画于水次仓囤总收，现数发运，各运加耗。关给起程，再行量加附余，以备亏欠。仰置立纲运文簿，每船给以一扇前去，遇有前项耗费使用，著令即于附余数内支

---

① 《明史》卷七九《食货三》，中华书局1974年标点本，第1917页。
② 《周文襄公年谱》，宣德九年一月，全国图书馆文献缩微中心缩微制品，2003年。
③ 《周文襄公年谱》，宣德八年十月十五日，全国图书馆文献缩微中心缩微制品，2003年。

用，逐一填写。文簿回还，查考定夺。如无支用，仰即将余米载回还官，不许借端侵蚀。奉此移关到府，照式施行。所有文簿，须至出给者。①

设立纲运簿的目的是规范漕粮运输，缴纳所需的运费、耗费及各种杂费的使用、结余，做到有案可稽，防止侵欺等弊端的发生。同时颁行的《领运则例》，又针对各仓进行了细化。如：

> 扬州至淮安兑军攒运粮米，每正粮一石，领取米一石七斗五升：内正米一石，斛面两尖一斗，加耗米四斗五升，神福一升，芦席米一升五合，盘折并筛扬亏折米二升五合，预备米一斗五升。于此内支用，明白注数回还官。若官吏、旗军人等分外需求使用，亦仰注数回还查考定夺。一县、区粮长、粮头、纳户等领运，一本于仓场，领运平米若干，内该载回预备米若干，及实纳过正粮米若干，俱要明白开列，以凭查考无违。

宣德六年（1431）实施的漕运改革，与况钟、周忱在苏州施行的赋役改革相得益彰，换言之，加耗折征法脱胎于兑运民粮加耗则例。非惟如此，正统元年以京俸就支法名义征收的“金花银”，实质上即是大规模的漕粮折银。不过，兑运法在苏州的实施并不彻底。正德《姑苏志》特别指出，运送南北两京白糙等米连耗共 379445 石，用于上供及勋臣文官吏胥禄俸，俱系民运②。除此之外，江南诸卫漕转兑运苏州等府漕粮，仍有部分由民运过江至瓜洲、淮安等仓。如《明实录》所载，“正统二年，运粮四百五十万石，内兑运二百八十万一千七百三十五石，淮安仓支运五十五万二百六十五石，徐州仓支运三十四万八千石，临清仓支运三十万石，德州仓支运五十万石”③，支运共 1700265 石，仍占运粮总额的 37.78%。

---

① （明）况钟：《况太守集》卷一三《设立纲运簿式示》，江苏人民出版社 1983 年版，第 145—146 页。

② 正德《姑苏志》卷一五《田赋》，《中国史学丛书》初编第 31 册，台湾学生书局 1965 年初版，1986 年再版，第 215 页下。

③ 《明英宗实录》卷二二，正统元年九月甲午，第 422 页。

"民有盘费之损，军无加增之益"[①]，这是兑运、支运并行的弊端。成化七年（1471），"应天巡抚滕昭令运军赴江南水次交兑，加耗外，复石增米一斗为渡江费"[②]。此即漕运之长运法。至于其具体执行及实施效果，继任巡抚王恕说："查得成化七年奏准，将江南应天府并苏松等府该起运瓜洲、淮安二处水次常盈仓粮，俱拨官军过江，就各处仓场交兑，每石除原定加耗外，另加过江水脚米一斗。所以军得脚价，民免远运，彼此有益，交相称便。"[③] 长运法施行后，粮运京师，方有定额。成化八年（1472），"通计兑运、改兑加以耗米入京、通两仓者，凡五百十八万九千七百石。而南直隶正粮独百八十万，苏州一府七十万，加耗在外。浙赋视苏减数万。江西、湖广又杀焉"[④]。苏州漕运税粮仍然占全国的 13.49%，占南直隶税粮的 38.89%，但因实行长运法后，漕粮由熟习航运的漕军就近兑运，农户得以摆脱繁重的漕运，不仅保证了农业生产时间，还可从事其他生计。

第三节　赋税改革的徘徊与赋税折银的发展

一　"论粮加耗"与"论田加耗"的反复

对于财赋重地之苏州，"主计者但曰东南财赋之乡，减之则国用不足，勿可易也"[⑤]，故自明宣宗对苏州减赋之后，减赋活动有所减弱。但英宗初年，周忱仍促成了官田准民田起科的实行[⑥]。对于宣宗减免苏州赋税的后果，后人评论道："三吴之民，独以区区一隅，输天下财赋之半。

---

① （明）王恕：《议事奏状》，《明经世文编》卷三九《王端毅公文集》，中华书局 1962 年影印本，第 302 页上。

② 《明史》卷七九《食货三》，中华书局 1974 年标点本，第 1918 页。

③ （明）王恕：《议事奏状》，《明经世文编》卷三九《王端毅公文集》，中华书局 1962 年影印本，第 302 页上。

④ 《明史》卷七九《食货三》，中华书局 1974 年标点本，第 1918 页。

⑤ （清）韩世琦：《苏松浮粮疏》，贺长龄《皇朝经世文编》卷三二《户政七·赋役四》，文海出版社有限公司 1966 年影印本，第 1176 页。

⑥ 《明英宗实录》卷一九，正统元年闰六月丁卯，第 370 页载："其官田准民田起科，每亩秋粮四斗一升至二石以上者，减作二斗七升。二斗一升以上至四斗者，减作二斗。一斗一升至二斗者，减作一斗……各官审核，务循至公，不得欺官损民，以招罪咎。"

昔之守土者，尝一抗疏为民请命于朝，宣宗皇帝慨然下诏，减省旧额。然议者犹以当时建议，不能大有发明，使旷然一新以见治世均平之政，有恢张不尽之叹。"①

然苏州赋税乃国家命脉所系，尽管"有司动以国用为词，不以民命为念"，历任江南巡抚却不能不把整顿苏州赋税作为任内主要职责。宣德、正统时期，周忱、况钟一系列的赋役改革举措，效果颇为明显。"自宣德八年为始，至正统十四年止，通计一十七年，每年完过正粮四百余万，有通关销缴。苏州一府，未立法之先，每年欠粮一百余万，皆幸蠲免。既立法之后，每年完粮二百余万，又得余剩加耗别用……苏松等府自宣德八年至正统十四年，因忱稽考加耗，税粮俱完，全无拖欠。"② 《明史》亦云："江南数大郡小民不知凶荒，两税未尝逋负。"③ 这说明苏州税粮经过周忱、况钟整理后，不仅使人民缴纳租税的负担得以减轻，同时也使国家赋税得以完纳。

周忱的改革顺应了历史发展潮流，但因受到既得利益者或不明事理之人的反对，阻挠颇为不少。正统九年（1444）五月，户科给事中李素弹劾周忱"不遵成规，妄意更变，专擅征科，掊多益寡。乞正其欺罔之罪，以为将来之戒"④。周忱辩解道："直隶苏松常州各府，税粮繁重，自永乐初年至宣德七年以前，并无一年纳完者。臣受命以来，夙夜恐惧，是以不避嫌疑，违越常例，令各府县于水次置立仓场，将一应税粮连其食用船钱加耗米俱收于内，见数拨运，积有余剩，付有司赈济贫民，及买办军需公用，近八九年间，方得总足。"⑤ 于是英宗"命姑记其罪，俾图自新"⑥。

虽然质疑与弹劾时隐时现，然周忱历经宣德、正统两朝，经营江南二十年屹立不倒，与其得到朝中强力人物的支持颇有干系。当朝皇帝的知遇

---

① （明）归有光：《震川先生集》卷一一《送嘉定县令张侯序》，上海古籍出版社1981年版，第253页。

② （明）周忱：《双崖文集》卷三《求全得毁书》，北京出版社1997年版，第327—329页。

③ 《明史》卷一五三《周忱传》，中华书局1974年标点本，第4213页。

④ 《明英宗实录》卷一一六，正统九年五月壬申，第2349页。

⑤ 同上书，第2349—2350页。

⑥ 同上书，第2349页。

之恩、内阁三杨的鼎力荐拔、夏原吉掌户部时的权变照顾以及宦官王振的倚信，是其主要原因。① 而一旦上述人物退出政治舞台，周忱便难以自保了。

景泰元年（1450），户部上奏，"近应天府溧阳县民彭守学言：'直隶常、镇、苏、松、浙江嘉兴等处钱粮，数年以来，并无拖欠。攒收之时，加耗每石有七斗、九斗者，及起运兑军并存留上仓，积出羡余，动以万计，因巡抚侍郎周忱不能遍历防闲，遂致各该官吏粮里人等，或指以修学校、盖公馆，及整补寺观为名，甚至变两假公花销，任其所为，不可胜计。'臣等切详，此弊容或有之，请选本部郎中等官二员，驰驿分往各处查究追征。从之"②。

周忱之所以获罪，据其自述，乃是彻底解决逋赋问题所致，所谓"求全得毁"：

> 正统十四年六月，遇蒙赦宥，凡正统十三年以前各处拖欠税粮马草，俱得蠲免。而苏松等府，升合无欠，不沾蠲免恩例，下民方归咎于忱。然忱以公心完粮，听其自然。廼因罢闲官彭守学建言，当案者偏信平日谤议之言，呈部差官，前来查究。因宣德八年至正统十四年正粮皆完，却将一十七年额外用过加耗船脚钱及芦席稻草等项，折算一百余万，着要民间追征，重加罪责切详。宣德七年以前各处正粮拖欠者，得以蠲免，彼此皆无口舌。苏松等府自宣德八年至正统十四年，因忱稽考加耗，税粮俱完，全无拖欠，不需蠲免者，反蒙于额外查征加耗，又加之以通同侵欺之名，岂非所谓"求全而得毁"者乎？③

景泰二年（1451），周忱因弹劾而去职，加耗折征法也因易人而几近废止。景泰七年（1456），陈泰巡抚苏州，"下车之始，首布均则之令，俾当出耗者，赋额轻则倍之，稍轻则半之，而最重者则免焉"④，"以五升

---

① 郁维明：《明代周忱对江南地区经济社会的改革》，台湾商务印书馆 1990 年版，第 47 页。

② 《明英宗实录》卷一九一，景泰元年四月乙亥，第 3934 页。

③ （明）周忱：《双崖文集》卷三《求全得毁书》，北京出版社 1997 年版，第 327—329 页。

④ 《古今图书集成》食货典卷一五三《赋役部·艺文六·平赋诗序》，中华书局、巴蜀书社 1985 年影印本，第 68847 页。

之田倍其赋，而官田之重，止取正额"①。其具体做法仍是加耗，但加耗数额依官民田科则高低而定，即科则越重，加耗越少，以便"赋均而额不亏"，这是对周忱"论粮加耗"的突破。苏州人史鉴对此有如下记述：

> 金都御使陈公，以为官田粮重，民田粮轻，而一体增米，则轻者固少，而重者愈多矣。故定正米一斗以下，为一则，其一斗以上，每斗为一则，粮轻则增多，粮重则增少，其夏税丝麦、桑麻、马草、水马贴役、户口食盐钞贯，悉以余米包办。②

天顺元年（1457），李秉继任巡抚，"以为夏税等项皆富民之所多也，而令贫民一体增米包办"③，论田加耗。其制定了具体的加耗则例，亩征6斗及以上田，只征正粮，不加耗；亩征5升以上至5斗以上田，加耗0.15石至1.15石不等。④该加耗办法不以官民田之差异为虑，凡正赋重者，加耗即轻，凡正赋轻者，加耗则重，仍然意欲通过加耗，渐次实现官民田税粮的均衡。表面而论，"此法据文而观，最为平均，然聚数则之田，于一户由帖之中，查算填注，不胜其烦，而里书之飞走不可稽质矣"。所以，"不久复旧，盖知其行之难也"⑤。

天顺二年（1458），接踵而来的巡抚崔恭，废除了李秉的"论田加耗"，恢复了周忱的"论粮加耗"。方法是不论官民田地，皆"以一则加赠，不论正粮斗则"⑥。崔恭之加耗，其目的不是均平官民田之间的赋税负担，而是反其道而行之。显而易见，崔恭的"论粮加耗"，是对周忱之后一系列改革成果的反动。天顺五年（1461），新任巡抚刘珏恢复了陈泰、李秉的"论田加耗"，"以陈、李二公所定酌为四则，正粮六斗以上

① （明）顾炎武：《天下郡国利病书》原编第六册《苏松》，四部丛刊三编，第68页a。
② （明）史鉴：《西村集》卷五《论郡政利弊书》，《钦定四库全书》集部，文渊阁四库全书本，第8页a。
③ 同上书，第8页b。
④ （明）顾炎武：《天下郡国利病书》原编第六册《苏松》，上海商务印书馆1935—1936年影印本，第68页a。
⑤ （明）顾炎武：《天下郡国利病书》原编第六册《苏松》，第68页a。
⑥ 乾隆《吴江县志》卷一二《田赋》，《中国地方志集成·江苏府县志辑》第19册，江苏古籍出版社1991年影印本，第424页上。

加赠一斗，四斗以上加四斗，一斗以上加五斗五升，一斗以下加一石二斗"①。弊端是原来科则较低的，加耗后可能超过原来较高者。一是每石所定加耗数不合理。如原来正粮 5 斗田，每石加耗数为 4 斗，每亩加耗数为 $0.5 \times 0.4 = 0.20$ 石，每亩实征平米数为 $0.5 + 0.2 = 0.7$ 石；而原来正粮 6 斗田，每石加耗 1 斗，每亩实征平米只有 $0.6 + 0.6 \times 0.1 = 0.66$ 石。二是原科则近 4 斗的田地，被归于 1 斗以上类加耗，其负担反超过科则四斗以上田。但由于刘孜的改革措施，兼顾了官民田拥有者的利益，该政策仍然有一定的生命力，一直持续到成化八年（1472）毕亨改革。

成化八年，新任巡抚毕亨的赋税改革，更加重视以金花银为手段来均平赋税：

> 以为金花银一两，折米四石，时价米二石上下，剩利太多，将启粮长权豪侵牟之心，贫民不沾其惠。乃减为三石，以余利一石，充为起运之费，减其赠米，米价就平，富无侵牟，贫沾实惠。如米价丰贱，另行估计，务在均平，深得古人常平遗意，有非钱谷俗吏所能知也。又以三斗一则，有至三斗九升二合者，而混于一斗以上，计其赠米。反有多于四斗以上者，乃令立为则，通前为五则。②

由以上可知，周忱、况钟去职后，其在苏州实施的加耗折征法赋税政策，为历代继任知府继承。然而，无论是陈泰、李秉、崔恭，还是刘孜、毕亨，无论是"论田加耗"，还是"论粮加耗"，只有加耗多少的不同和折银标准的变化，并无实质性的突破。"论田加耗"着眼于均平悬殊的官民田科则，减轻了耕种官田的民户负担；而"论粮加耗"，则侧重于民田所有者的利益。不过，于官民田科则悬殊的苏州而言，各种杂派究竟来自田土的亩数，还是来自向田土课征的税粮，的确是一个大问题。

万历时苏州常熟人赵用贤云：

---

① 乾隆《吴江县志》卷一二《田赋》，《中国地方志集成·江苏府县志辑》第 19 册，江苏古籍出版社 1991 年影印本，第 424 页上。

② （明）史鉴：《西村集》卷五《论郡政利弊书》，《钦定四库全书》集部，文渊阁四库全书本，第 9 页。

夫有田始有赋，凡与之贡赋，未有不因于田之多寡。惟田数未定，而概以粮数派征，此侵渔隐蔽之所由生也。①

臣惟因地制赋，赋之有厚薄者，势也。至于国家有供应钱粮，自宜计亩加征，何得照粮增派也。臣查各省田税每亩三升。惟江西、浙东以斗计，浙西、江南则以数斗计。是各省粮一石，可当田三十三亩；江南粮一石，仅当田三亩耳。以三亩之额而当三十亩之派，是不重者益重乎？臣查供用等四库，苏州一府，料价四千四百十六两零，几居天下十分之一；又近年新派工部四司料银二万九千一百七十九两零，而河工修理复四万有奇，几居天下五分之一。盖皆以计粮而派，故偏重至于此极。②

至成化十五年（1479），冢宰王恕以都御史身份巡抚苏州，"虑斗则繁多，里书易于作弊，而细民目不知书，何由知之。乃著令不问官田民田，粮轻粮重，每田一亩，赠米一斗二升，其包办诸色，犹陈公也；金花银折米，犹毕公也。简易可知，不烦计算，然议者犹有损贫民之说者"③。就加耗方式而言，王恕"不问官田民田"，加耗一视同仁，是打破官民田身份的一次尝试。不过，在征收官田民田正粮时，是否也不问出身，一体对待，因存在"损贫民之说"，恐怕还不能就此断言。另外，王恕就任期间，在苏州实行了徭役通过丁田编银的实验，当为周忱巡抚苏州后赋税改革的一大突破。

值得注意的是，从天顺元年（1457）至成化八年（1472），金花银折米比率一再变动，其目的何在？是否符合皇帝的意旨和户部的规定呢？明廷制定的银米折算标准，其初衷确有便民之意。《明史》载明太祖与户部官员的谈话：

三十年谕户部曰："行人高稹言，陕西困逋赋。其议自二十八年以前，天下逋租，咸许任土所产，折收布、绢、棉花及金、银等物，

① （明）赵用贤：《议平江南粮役疏》，《明经世文编》卷三九七《赵文毅文集》，中华书局 1962 年影印本，第 4287 页下。
② 同上书，第 4291 页下。
③ （明）史鉴：《西村集》卷五《论郡政利弊书》，《钦定四库全书》集部，文渊阁四库全书本，第 9 页 b。

著为令。"于是户部定：钞一锭，折米一石；金一两，十石；银一两，二石；绢一疋，石有二斗；棉布一疋，一石；苎布一疋，七斗；棉花一斤，二斗。帝曰："折收逋赋，盖欲苏民困也。今赋重若此，将愈困民，岂恤之之意哉。金、银每两折米加一倍。钞止二贯五百文折一石。余从所议。"①

可见正统元年初行"金花银"时，银一两折米四石之折纳标准，其始作俑者乃明太祖也。此后，金花银的折银标准，从中央政府所颁行文献档案考察，并未有实质性改变。例如《明会典》所载弘治十五年（1502）苏州府两税缴纳情况：夏税京库折银麦 30000 石，0.25 两/石；秋粮折银米 766000 石，0.25 两/石。② 又如《万历会计录》记录万历六年苏州两税仍然如是。③ 上述数字当是根据地方官员上报资料汇总而成。而在实际执行过程中，虽受其禁锢，却多有改变，其目的是调节市场，使"米价就平，富无侵牟，贫沾实惠"。当然"折银之惠，俱归穷民"④，只是口惠或某些官员渔利的借口，结果并非如此。

除金花银折米以外，苏州因逋赋、灾伤、运输不便等方面的折银也颇为不少，其折率更加复杂。首先折征标准受市场价格的影响更大，所谓"折色以米值为断也"⑤。其次增加了官员谋利的可能性。如嘉靖以前，苏州官员征收税粮，"每粮一石，价银一两二钱，其于收受也，惟折八钱，余四钱则官吏渔猎之矣"⑥。

因此，明代粮米折银标准，应在三个层面考量：一是中央政府层面，二是地方政府层面，三是市场运行层面。三个层面在各自系统各有不同内

---

① 《明史》卷七八《食货二》，中华书局 1974 年标点本，第 1895 页。

② 正德《明会典》卷二四《户部九·会计二·转运》，"直隶苏州府"，《景印文渊阁四库全书》第 617 册，台湾商务印书馆 1986 年影印本，第 273—274 页。

③ （明）张学颜等：《万历会计录》，《北京图书馆古籍珍本丛刊》第 52、53 册，书目文献出版社 1988 年版，第 601 页。

④ （明）霍韬：《嘉靖改元建言第三札》，《明经世文编》卷一八五《霍文敏公文集一》，中华书局 1962 年影印本，第 1890 页下。

⑤ 《古今图书集成》食货典卷一四五《赋役部·明朝田赋》，中华书局、巴蜀书社 1985 年影印本，第 68812 页。

⑥ （明）霍韬：《嘉靖改元建言第三札》，《明经世文编》卷一八五《霍文敏公文集一》，中华书局 1962 年影印本，第 1890 页下。

涵的话语权，并且明中期以后，随着商品货币经济的发展，在执行过程中，甚是纷繁复杂。

二　赋税折银的缓慢发展

宣德年间，漕粮折纳轻赍，赋税加耗折征，开启了苏州诸府赋税白银化之路；正统年间，"金花银"的出现，则意味着白银已成为苏州诸府乃至明代赋税重要的征收形式。除金花银外，苏州府尚有其他原因引致的折银。正统二年（1437）四月，周忱奏请苏州等三府储粮 112 万余石，折布、绢、银解京，得以批准。[1] 同年十月，明廷"遣行在通政司右通政李畛，往苏松常三府，将存留仓粮七十二万九千三百石有奇卖银，准折军官俸粮"[2]。以上两例可知，为解决京官俸粮，或方便百姓完税，政府既大量粜卖存留仓粮，以换取轻赍银两，又允许将储粮折银解京。一方面说明正统初年以银支付官军俸粮已为常态；另一方面亦彰显民众对白银的需求。赋税折银不仅用于军官俸粮，还派作他途。如正统七年（1442），"令直隶苏州等府起运南京粮折银五万两，运赴陕西布政司，转求甘肃等处籴粮给军"；九年（1444），令"直隶苏、常等府州，税粮折银，运山海、辽东，籴买粮料"。[3]

清代编纂的《明史·食货志》曰："英宗即位，收赋有米麦折银之令，遂减诸纳钞者，而以米银钱当钞，弛用银之禁。朝野率皆用银，其小者乃用钱，惟折官俸用钞，钞壅不行。"[4] 这一史料有两方面值得商榷的地方。其一，小麦折银之令，文献中明确记载的，是在弘治时期，而非正统期间。弘治九年（1496），"南直隶各府州县运纳夏税小麦，免征本色，每石折银五钱，解送本部收贮。遇有官军人等该支小麦，每石折银四钱支给"[5]。其二，正统年间，以苏州为首的江南地区，因赋税纳银而官民俱得实惠，但放眼全国，"弛用银之禁""朝野率皆用银"，似有夸大之嫌。

---

① 《明英宗实录》卷二九，正统二年四月辛未，第 580 页。
② 《明英宗实录》卷三五，正统二年冬十月壬午，第 690 页。
③ 万历《明会典》卷二八《户部》一五《会计四》，中华书局 1989 年标点本，第 208 页。
④ 《明史》卷八一《食货五》，中华书局 1974 年标点本，第 1964 页。
⑤ 万历《明会典》卷四二《户部》二九《南京户部》，中华书局 1989 年标点本，第 297 页。

首先，正统时期，广大北方地区赋税折银是偶发的、个别的①，而江南一些地区，比如徽州，宣德、正统则钞、谷、布、银兼用，其中不乏实物交换的例证②。其次，"弛用银之禁"的记载，在明代刊刻的《明实录》和《明会典》中并无踪迹可寻。其可寻者，乃"旧折收金银者，今后俱照例收钞"③之类的诏书。

"弛用银之禁"而"率皆用银"，于苏州而言，成化、弘治年间渐成规模。成化十七年（1481），苏、松、常三府遭遇水灾，禾稼不登。时任巡抚南直隶兵部尚书王恕，请求以米一石五斗折银一两，以给在京文官并公侯伯次年俸禄，得到批准。④ 弘治四年（1491），苏州水旱接踵，巡抚南直隶都御史侣钟奏请折银：

> 巡抚南直隶都御史侣钟言：江南今岁水旱相仍，苏、松等处低田伤于水，而徽宁等处高田伤于旱，将各府岁纳纻丝、纱罗、绫绢、绒线等件及皮礦、硃密、青绿、铜铁、银箔等物暂且停止，其苏、湖二府今岁兑军粮米，请以五十万石折价收银，石止折银七钱。军民有愿纳银入粟，量给散官冠带，或纪名于籍，建坊牌以表之；各府县有罪应赎者，俱令纳米于被灾处所，以备赈济，并许墅钞关所收三年、四年未解银钱以助之。部覆议从之。⑤

这一奏请得到批准，当年便通过各种方式，将苏州等府兑运粮五十万石折银。次年灾情有增无减，百姓却不得不以高昂米价购入，以便兑运漕粮。于是，户部尚书叶淇要求继续对苏州折征漕粮：

> 苏、松诸府，连岁荒歉，民买漕米，每石银二两。而北直隶、山东、河南岁供宣、大二边粮料，每石亦银一两。去岁，苏州兑运已折五十万石，每石银一两。今请推行于诸府，而稍差其直。灾重者，石

---

① 唐文基：《明代赋役制度史》，中国社会科学出版社1991年版，第185页。

② 傅衣凌：《明代前期徽州土地买卖契约中的通货》，《明清社会经济史论文集》，人民出版社1982年版，第241—251页。

③ 《明英宗实录》卷一，宣德十年正月壬午，第12页。

④ 《明宪宗实录》卷二二二，成化十七年十二月乙丑，第3830页。

⑤ 《明孝宗实录》卷五七，弘治四年十一月庚寅，第1099—1100页。

七钱,稍轻者,石仍一两。俱解部转发各边,抵北直隶三处岁供之数,而收三处本色以输京仓,则费省而事易集。从之。自后岁灾,辄权宜折银,以水次仓支运之粮充其数,而折价以六七钱为率,无复至一两者。①

布匹折银,亦始见于弘治时期。十七年(1504),"令苏州、松江、常州三府阔白棉布以十分为率,六分仍解本色,暂将四分每匹折银三钱五分,解布转发太仓收贮。如遇官员折俸及赏赐军冬衣不敷,照例定每匹给银二钱五分,自行买用,积余银两,候解边支用"②。

大规模纳银中盐,也是弘治年间的事。"成化间,始有折纳银者,然未尝著为令也。弘治五年,商人困守支,户部尚书叶淇请召商纳银运司,类解太仓,分给各边。每引输银三四钱有差,视国初中米直加倍,而商无守支之苦,一时太仓银累至百馀万。"③ 上述史料,成化间盐课折银"未尝著为令",是不准确的。就苏州嘉定县青浦盐场、崇明县天赐盐场所在的两浙都转运盐使司而言,成化九年(1473),两浙盐场水乡灶户每引纳工本银 0.35 两④;成化十九年(1483),明廷诏令两浙盐课浙西场分每正盐一引,折银七钱,浙东场分每正盐一引折银五钱,解送太仓库,候余盐支尽,仍纳本色。⑤ 弘治时期,两浙盐场盐课总额为 88953948 斤,其中折色银 44321728 斤,占盐课总额的 49.83%。⑥

宣德年间恢复设立的浒墅钞关,本为疏通钞法而设,其征收客体,亦逐渐向折银转变。成化三年(1467),"命苏杭二府丈量客船收钞,每船一百科收钞一十五贯,钱钞中半兼收,以光禄寺缺钞供应故也"⑦。成化二十三年(1487),"苏州府浒墅镇钞关所收钞锭,每贯请如旧,折收银

① 《明史》卷七九《食货三》,中华书局 1974 年标点本,第 1919 页。
② (明)王圻:《续文献通考》卷四《田赋考·京粮事例》,《续修四库全书》第 761 册,上海古籍出版社 1995 年影印本,第 579 页上。
③ 《明史》卷八○《食货四》,中华书局 1974 年标点本,第 1939 页。
④ 万历《明会典》卷三二《课程一·盐法一》,中华书局 1989 年标点本,第 229 页。
⑤ (明)王圻:《续文献通考》卷二四《征榷考·盐课事例》,《续修四库全书》第 762 册,上海古籍出版社 1995 年影印本,第 235 页上。
⑥ (明)陈仁锡:《皇明世法录》卷二八《盐法·两浙》,吴相湘主编《中国史学丛书》,台湾学生书局 1986 年影印本,第 802 页。
⑦ 《明宪宗实录》卷四三,成化三年六月庚子,第 876 页。

五厘"①，说明成化二十三年以前，浒墅关已改为折银。弘治元年
（1488），苏州浒墅关所征关税，苏州税课司局及户口食盐，俱折收银
两②，"每钞一贯，收银三厘，钱七文折收银一分，解京库；其自留者，
折支官军俸粮，每银一两，折钞七百贯"③。弘治六年（1493），政府将关
税折银推广至各钞关，"令各关照彼中则例，每钞一贯折银三厘，每钱七
文，折银一分"④。

民间借贷方面，银作为生息资本，已为普通民户接受，并且形成固定的
利率标准。弘治《吴江志》载："其铜钱或银，则五分起息，谓之生钱。"⑤

弘治时期，秋粮呈现减少征收项目，逐渐向银米两项靠拢的趋势，并
且折银比例也在提高。弘治十六年（1503），苏州府起运秋粮运送南北两
京，计白糙等米连耗397445石，系民运供及勋臣、官吏俸禄，王府白熟
连耗10107石，淮安改兑正耗米55440石；阔白棉布折米152000石；京
库金花银折米574500石，凤阳、扬州二府折银米14518石。⑥宣德时期，
苏州府田赋折银约占全国总额的19.12%，正德嘉靖嬗替之际，霍韬言苏
州"旧有正粮一百九十九万有奇，耗粮一百万有奇……旧有金花银二十
五万有奇，折民粮六十万有奇"⑦，当是说正德或以前，苏州金花银即占
正粮总额的30%，占正耗粮总数的20%。

第四节　徭役编佥在苏州府的演变

一　苏州府的徭役编佥

明初苏州民户每年除了缴纳二百几十万石不等的田赋，尚须承担部分

---

① 《明孝宗实录》卷五，成化二十三年十月己丑，第92—93页。
② 万历《明会典》卷三五《户部二二·课程四·钞关》，中华书局1989年标点本，第246页。
③ 嘉靖《浒墅关志》卷八《钱钞沿革》，《上海图书馆藏稀见方志丛刊》第63册，国家图书馆出版社2011年影印本，第345页。
④ 万历《明会典》卷三五《户部二二·课程四·钞关》，中华书局1989年标点本，第246页。
⑤ 弘治《吴江志》卷六《风俗》，刘兆佑主编《中国史学丛书三编》第四辑，台湾学生书局1987年影印本，第229页。
⑥ 同治《苏州府志》卷一六《田赋五》，《中国地方志集成·江苏府县志辑》第7册，江苏古籍出版社1991年版，第413页下。
⑦ （明）霍韬：《嘉靖改元建言第三札》，《明经世文编》卷一八五，中华书局1962年影印本，第1890页下。

徭役。首先是在南京服役的均工夫，每年农闲时节，服役三十天。编佥标准是"验田出夫"，"田一顷出丁夫一人"。田主如不愿亲身应役，可纳米代役。如以佃户充役，每顷出米一石；如是非佃户，则费用加倍。此之谓王毓铨先生所言，"纳粮即是当差"。其次是地方各衙门的各种杂役，按田粮多寡点当，以及"任土作贡"的土贡物料。由于明太祖出身社会底层，深知民力维艰，所定赋役政策公平至上，正役之外的杂役，一般按粮佥派，有利于穷苦贫寒人家。上供物料，一地所贡只三五种、十几种地方特产，民间容易出办，如明初苏州土贡府志只载桑、蓝靛两种。①

洪武十四年（1381）实行里甲黄册制度，徭役的编佥标准为之一变。洪武十七年（1384）七月规定："凡赋役必验民之丁米多寡，产业厚薄，以均其力。赋役均，则民无怨嗟。"② 十八年（1385）正月明廷下令："命天下府州县官第其民户上中下三等为赋役册，贮于厅事，凡遇徭役，则发册验其轻重而役之，以革吏弊。"③ 二十年（1387），苏州府完成鱼鳞图册的编制，配合里甲黄册制度的实行，赋役制度臻于完善。

赋役黄册、鱼鳞图册的颁行，里甲制度的建立，使明廷牢牢掌控了赋役征发的来源和基础。产业、人丁均作为编定徭役的依据。照人丁的多少和事产的厚薄以定户等，基准是"人丁事产"，尤以"丁田"为主。据户等以编役：上户重役，下户轻役，并可进一步划分为上、中、下三等九则。按户等征发赋役，本不是明太祖所独创，早有西晋的"九品相通"、北魏的"九品混通"征收租调，近有宋代户等制征发徭役。若论对土田和民户的控制力，与明代相比，则无出其右者。至于服役的先后次序，则是先富后贫，先多丁次少丁。此民役佥派原则，不仅适用于江南，亦适用于江北。如正统五年（1440）之山东兖州府，"每岁查见在人户，凡有粮而产去及有丁而家贫者为贫难户，止听轻役"④。

彼时苏州民户承担的徭役主要有里甲正役、杂泛差役和岁贡之役。里甲正役，有里长管摄之役，有粮长、编户催征、输纳税粮之役，有出办上

　① 洪武《苏州府志》卷十《商税》，《中国方志丛书》第432号，成文出版社有限公司1983年影印本，第445页。

　② 《明太祖实录》卷一六三，洪武十七年秋七月乙卯，第2528页。

　③ 《明太祖实录》卷一七〇，洪武十八年春正月己卯，第2585页。

　④ 万历《兖州府志》卷二六《民役》，《天一阁明代方志选刊续编》第55册，上海书店出版社1990年影印本，第11页。

供物料和官府公费之役。据正德《苏州府志》载："国朝役制，里长、甲
首黄册造定；巡栏、斋夫、膳夫、馆夫、粮夫、库子、斗级、门子、防
夫、皂隶、祗候、弓兵、捡钞夫、马夫、水夫铺司、铺兵俱均徭佥点。"①
见年里长、甲首除催办税粮、勾摄公事以外，还须承担上供物料和地方经
费的来源。方志记载过于简略，"均徭佥点"即另编《均徭文册》，查勘
实在丁粮多寡，编排上中下户点差，最早实行于正统年间的江西布政司，
苏州府引进则在景泰以后。

　　景泰四年（1453），汪浒任职苏州知府，此前夏时在江西推广的均
徭法，已传入广东、广西、四川。均徭不同于里甲，"以里而派者，谓
之里甲；以田而派者，谓之均徭"②。均徭法是针对杂役编佥"放富差
贫"的现象而实行的，或云："差其丁粮上中者役之，下者贴之，名曰
均徭"③，又曰："视其田力多寡高下而佥之，所谓均徭也"④。其特点有
三：一是将杂役中的经常性徭役固定化；二是改里长"随时量户以定
差"，为县官佥派"按甲轮当"；三是以实在丁粮多寡编制新的《均徭
文册》，按其户等"定名徭编"。均徭法实行后，徭役编佥的原则没有
根本性改变，之前是依丁粮多寡、产业厚薄，之后是按实在丁粮多寡；
但在具体实施中，越来越倾向于论丁粮的多少来编役，少论或不论资产
或事产。在北方地区，仍然如是。以兖州府为例，弘治元年（1488）
"令各处审编均徭，先查该年人户丁田分为等第，止编本等差役，不许
分外加增余银"⑤。

　　苏州府实行均徭法是哪一年？唐文基先生认为是天顺二年（1458）
由巡抚崔恭引进的⑥。实际上在天顺之前，均徭法在苏州已有端倪。郁维
明认为周忱以里甲制为基础，排年里甲轮充杂役，并按丁粮多寡征银佐

　　① 正德《姑苏志》卷一五《徭役》，《中国史学丛书》初编第 31 册，台湾学生书局 1986
年影印本，第 219 页上。

　　② （明）顾炎武：《天下郡国利病书》原编第七册《常镇》，上海商务印书馆 1935—1936
年影印本，第 9 页 a。

　　③ 嘉靖《吴江县志》卷十《食货志二·差役》，《中国史学丛书三编》，台湾学生书局 1987
年影印本，第 541 页。

　　④ 嘉靖《常熟县志》卷二《徭役志》，吴相湘主编《中国史学丛书》，台湾学生书局 1986
年影印本，第 201 页。

　　⑤ 万历《兖州府志》卷二六《民役》，上海书店出版社 1990 年影印本，第 12 页。

　　⑥ 唐文基：《明代赋役制度史》，中国社会科学出版社 1991 年版，第 230 页。

助，是"均徭法"的开端①，而在此之前，徭役编审是按黄册三等九则的户等为根据，易致放富差贫。若依正德《姑苏志》的记载，似乎知府汪浒也已实行均徭法。志曰："景泰四年，汪浒为苏州知府，将均徭编作上中下九则之法，上户重役，中户中役，下户轻役……直部隶兵正副出银一十二两。"② 不过此处虽有均徭之名，但无均徭之实。倒是此时苏州府将隶兵差役编银，颇具创新之意。因为夏时初创均徭法时，并无银差、力差的区分，其所编差役，皆为力差，须亲身服役。③ 宣德年间，周忱在苏州府实行的徭役折银，即"排年里长编成定次一应差役，每名出银一两，轮当一年，歇息二年"，其"一应差役"，可能包括里甲正役外的杂泛，亦即均徭的前身。是以银差的出现，似应提前至宣德时期。无独有偶，岩见宏亦认为替代皂隶之役的柴薪银，在宣德四年（1429）左右被制度化了。④

均徭法在苏州实施后，常熟县"义役废而差役兴，凡十年而轮差。民受差以即役，或有顾募，皆出其资力"⑤。天顺年间，在周忱遗法、汪浒编役的基础上，巡抚都御史崔恭编定均徭：

> 时议以旧编力差、银差之数，当丁粮之数，难易轻重酌其中。其中，役以应差里甲，除当复者，论丁粮多少编次先后，曰鼠尾册。按而征之，市民商贾家殷足而无田产者，听自占以佐银，差役以稍平。⑥

依均徭法编定的鼠尾册，丁粮多者编于前，丁粮少者置于后，按由大

---

① 郁维明：《明代周忱对江南地区经济社会的改革》，台湾商务印书馆 1990 年版，第 77 页。

② 正德《姑苏志》卷一五《徭役》，《中国史学丛书》初编第 31 册，台湾学生书局 1986 年影印本，第 219 页下。

③ 唐文基：《明代赋役制度史》，中国社会科学出版社 1991 年版，第 233 页。

④ ［日］岩见宏：《均徭法、九等法与均徭事例》，《明清史国际学术讨论会论文集》，天津人民出版社 1982 年版，第 453 页。

⑤ 嘉靖《常熟县志》卷二《田赋》，吴相湘主编《中国史学丛书》，台湾学生书局 1986 年影印本，第 202 页。

⑥ 乾隆《江南通志》卷七六《食货志·徭役》，《中国地方志集成·省志辑》，凤凰出版社 2011 年影印本，第 464 页下。

到小的次序排列，故称"龙头鼠尾册"，或"虎头鼠尾册"，简称鼠尾册。科派徭役时，崔恭在按汪浒主政时所行等则之法的同时，又有了一些变化。由于重役耗费巨大，一户独木难支，故在差遣丁粮多的中上户应役时，下户以银资助。

均徭法出现以后，其弊端也随之显现。首先是各里甲贫富不等，户等高下不一，却要负担等量差役。"人户物力，每乡自分高下。然统而论之，有均为一等，而相去悬绝者。"① 其次，户等编审有隙可乘。均徭亦是十年一编，"十年之间，人有生死，家有兴衰，事力有消长……贫者富，富者贫，地或易其主，人或更其业"②，因而所定户等十年内难言名实相符，每每大户人家"例不当差，而岁纳徭役，尽在贫难下户"③。由于各甲的差役繁简、丁粮多寡、优免户数目均存在差别，造成在一里之内各甲负担轻重悬绝。再次，《均徭文册》仍然存在失实的问题，造成新的负担不均。如唐龙《均田役疏》所言：各处户口田土，"在册仅纸上之名，在户皆空中之影，以致图之虚以数十计，都之虚以数百计，县之虚以数千万计"④。最后，均徭种类日渐增多，民户负担越来越重。比如上供物料，弘治八年（1495），南京礼部尚书童轩上疏称："东南之民恒困于岁办……岁办如油、麻、铜、铁之类，重以贪官之掊克，奸民之包揽，皆倍取其值。"⑤ 又如编金差役，"均徭旧法十年一编，民户成差一劳九逸。今法每年照丁田出粮，贮库备用，轮甲审编，仍复差役催征。给领之间，侵欺赔破之弊，奸计百出"。⑥

汪浒三等九则编金徭役之法，明人以为弊端有四：

> 病民者有四九万人户付在吏胥之手，年月无拘，存数不定，难以

---

① （明）顾清：《傍秋亭杂记》卷上，涵芬楼秘笈第四集七种八册一函，第8页。

② （明）丘濬：《大学衍义补》卷三一《治国平天下之要·制国用·傅算之籍》，京华出版社1999年版，第289页。

③ 万历《兖州府志》卷二六《民役》，《天一阁藏明代方志选刊续编》第55册，上海书店出版社1990年影印本，第13页。

④ （明）唐龙：《请均田役疏》，《明臣奏议》卷十六，王云五《丛书集成初编》，上海商务印书馆1935年版，第290—291页。

⑤ 《明孝宗实录》卷一〇七，弘治八年十二月戊辰，第1958—1959页。

⑥ 嘉靖《太仓州志》卷五《田赋》，《天一阁明代方志选刊续编》第20册，上海书店出版社1990年影印本，第389页。

稽考，易生奸弊，一也；数年之内，消长难期，一也；直部隶兵正副出银一二十两，尚有往回使用不计，中等之家卒难收集，一也；九则之册点选户役，又着里长保选，非惟重叠错乱，抑且奸弊复生，一也。①

均徭法以排年里甲轮编，江之南北，人口、土地、经济发展水平差异显著，行之后其效果亦有所不同：

> 均徭之法，十年而一役，民颇便之，若用此法，则均徭不可行欤。曰，均徭之法，可行于江南，不可行于江北；可行于大县，不可行于小县；可行于大户，不可行于贫民。何也？江北州县民少而役多，大县民多，可待十年而一役；小县民少，役之三四年，已有周之者矣。大户产广丁多，产广则出财易，丁多则出力省。若夫贫下之户，以十年之役，并用于一时，岂易当哉！②

上述史料反映了均徭法初行时，即存在易生奸弊之痼疾，唯有隶兵出银代役有所创新，但非普通民户所能承受。《明英宗实录》记载了正统十二年苏州常熟县令与县民的谈话："尔辈若出米四石，准役一年，愿否？皆曰，往者一年之役，需银五六两，今若此止一两银耳，无有不愿者。"③这也间接说明了周忱巡抚江南时，纳银代役已经出现。

自古以来，中国即有征收人头税和纳钱代役的零星记载，至西汉武帝时成为定制。田赋十五税一或三十税一，成年人出算赋，每人一百二十钱；未成年人纳口赋，每人二十三钱。成年人可出钱代役，每月三百钱。人头税远重于田赋，对于汉朝农民而言，需要出卖田间产品，甚至贱卖物品，以缴纳赋税。此并非因为彼时商品经济有多么发达，盖因汉时地广人稀，劳动力价格远高于田地价格，比如田每亩百钱，而奴婢每人价值

---

① 正德《姑苏志》卷一五《徭役》，《中国史学丛书》初编第 31 册，台湾学生书局 1986 年影印本，第 219 页下。

② （明）丘濬：《大学衍义补》卷三一《治国平天下之要·制国用·傅算之籍》，京华出版社 1999 年版，第 289 页。

③ 《明英宗实录》卷一五四，正统十二年五月癸丑，第 3017 页。

15000 钱至 20000 钱。① 实质在于自然经济下的度人而税重于度田而税罢了。而明代苏州之纳银代役，"大家输钱，未足为病，贫者受值，适足以糊其口"②，这是商品货币经济发展的需要。

二　吴县徭役编银的个案分析

成化时，苏州府均徭法下的徭役编审有了新的进展。成化十五年（1479），巡抚尚书王恕详定均徭册，具体规定了徭役按丁田编银的标准以及编银额度：

> 吴县该编征丁银一万四千六百八十两有奇。
>
> 人丁一十四万五千一百有奇，每丁编银三分，该银四千三百五十两有奇；官民田地五千一十一顷有奇，每亩编银一分二厘，该银六千一十三两有奇；山荡租钞等项三千三十一顷有奇，每亩编银四厘，该银八百一十二两有奇；
>
> 在城附郭市民两山家资编银三千五百两。

根据上述史料，所编具体银额列于表3—2。

表3—2　　　　　　　成化十五年（1479）吴县徭役编银

编银对象	数量 （丁或亩）	编银标准（分）			编银总额 （两）
		丁（分/丁）	田（分/亩）	荡（分/亩）	
丁	145100.00	0.03			4355.00
官民田	501100.00		0.012		6013.00
山荡	303100.00			0.004	812.00
在城附郭市民两山家资					3500.00
合计					14680.00

资料来源：崇祯《吴县志》卷七《田赋》，《天一阁明代方志选刊续编》第15册，第638页。

---

① 赵冈：《租税制度与土地分配》，《中国农史》2002年第3期。

② （明）顾炎武：《天下郡国利病书》原编第六册《苏松》，上海商务印书馆1935—1936年影印本，第23页a。

　　表3—2所列徭役编银，是目前所知明代按丁田编银的最早记录，似是明代摊丁入亩制度的发端。所谓"摊丁入亩"，即古代各种徭役和人头税逐步归并于田亩税的过程。宋初以降，征收代役税和征发徭役，越来越以赀产厚薄、田亩广狭为依据了[①]。成化十五年（1479）王恕之徭役编银，已超越了纳银代役的阶段，将徭役银的来源即编银对象，聚焦于丁、田和家资，在征收人头税的同时，将部分徭役摊入了田亩，即役归于地。此亦使得官府以银雇役有了合法而稳定的来源。有学者以为"摊丁入亩"始自嘉靖十年（1531）的江西赣州[②]，此时离吴县编银已经半个世纪了。

　　吴县徭役编银有三个特点：一是民户按照丁田编银，在城附郭市民按两山家资编银，且田荡比重虽超过丁，但不能超过非田荡因素之比重。通过计算，得到丁占编银的比率为29.67%，田的比率为46.49%，市民家资比率为23.84%，田的比率尚未占多数。二是丁田比重 = 0.03/0.012 = 2.5/1，即1丁可折合田2.5亩，此应为苏州徭役编银时，丁折为田中数之较大者。根据姚宗仪万历《常熟私志》所载，常熟县"徭里以亩计。每田一亩，均徭银六厘四毫零，人丁一丁准田二亩"中，有一丁准田二亩之谓，而王毓铨先生认为疑"二"字下夺一"十"字[③]，似乎还有商榷的必要。三是几个数字错误。如重新验算，则丁的折银应为4353两，而非4355两；山荡的折银差别更大，应为1212两，而不是812两，究竟是山荡数量还是折银标准出现错误，尚不能断言之。

　　结合其他文献资料记载，可对表3—2内容作进一步解读。弘治时，王鏊《吴中赋税书与巡抚李司空》曾简单提及苏州府均徭法的编金原则，"以田为定，田多为上户。上户则重，田少则轻，无田又轻，亦不计其资力之如何也"。[④] 可见，至迟在正德朝，苏州府徭役之编审，田土的比率已占绝对优势。邻近的松江府，正德以前"均徭并计丁产，甲

　　① 葛金芳：《两宋"摊丁入亩"论析》，《中国经济史研究》1988年第3期。
　　② 李三谋：《清代"摊丁入亩"制度》，《古今农业》2001年第3期。
　　③ 王毓铨：《明朝徭役审编与土地》，《历史研究》1988年第1期。
　　④ （明）王鏊：《吴中赋税书与巡抚李司空》，《明经世文编》卷一二〇《王文恪公文集》，中华书局1962年影印本，第1152页下。

首亦计田出钱，田既出米，又以起庸"①，役出于田；"正德丁丑戊寅以来，乃以田随人，户分九等，上户亩出银两钱五分，甚者至五钱"②，赋役合并的趋势非常明显，相信苏州府徭役折银、赋役合流的趋向亦复如是。

　　另外，须对在城附郭市民两山家资编银作进一步考证。史鉴《西村集》云：

　　　　夫城郭之于田野均为王民也。其于徭役不宜有偏。在宣德年间，中使纲运，相继轴轳相衔，调集民夫，动逾千百，而田野之民，在远未能遽集。又城郭之民，彼时田少，故周文襄公之巡抚南畿也，酌为中制，令城郭之民为夫，而城郭之民，既不运粮，又不为夫，行之既久，户无无田之家，而田野之民侥幸其得计，乃更窜名城郭之中。故城郭之民之田之粮日增，田野之民之田之粮日削，以日削之民而运其日增之粮，是岂大中至正之道哉？……此特指吴江一县而言耳。若夫六县，县各不同，非某之所能尽知也。③

　　城郭之民日增，田野之民日减，一方面说明赋役不均，导致民户弃田野而入城市；另一方面也反映了城乡经济状况的差异，以及府县城市经济的发展。苏州至成化年间已呈现"迥若异境……略无隙地"④的景象。城市的繁华离不开人烟的集聚和货币经济的发展。科征徭役时，对市民家资编银，并非针对市民的全部家资，而只是在城附郭市民之两山家资。"苏郡西南皆山，山皆辖吴境，故胜概独居诸邑之先。"⑤因此，"两山"系指苏州城西、城南之山。

　　上述徭役之编银，虽仅为吴县全部徭役之一部分，但其实质是将力役之征变成了征收地丁银。同时，不但推动力差向银差转化，而且促使徭役折银的范围逐渐扩大。弘治十六年（1503），吴江县停止户口盐钞

---

　　① （明）顾清：《傍秋亭杂记》卷上，涵芬楼秘笈第四集七种八册一函，第6页。
　　② 同上书，第7页。
　　③ （明）史鉴：《西村集》卷五《论郡政利弊书》，《钦定四库全书》集部，第7—8页。
　　④ （明）王锜：《寓圃杂记》卷五，中华书局1984年标点本，第42页。
　　⑤ 崇祯《吴县志》卷三《山上》，《天一阁藏明代方志选刊续编》第15册，上海书店出版社1990年影印本，第217页。

的征钞，而征"户口盐钞（银）伍百八十两，义役银四千九十两，马役银二千八百四十两"。① 到嘉靖初年，银差和力差几乎没有实质性的区分，摊丁入亩的趋势愈加显现，这为赋役合一、统一征银夯实了根基。

① 　嘉靖《吴江县志》卷九《食货志一·贡赋》，《中国史学丛书三编》第四辑，台湾学生书局 1987 年影印本，第 489 页。

第四章

嘉隆时期苏州府的赋税折银

第一节　嘉靖朝苏州赋税改革的背景

一　明中叶苏州商业之兴盛

宣德以降，迄至正德，是苏州历史上社会经济发展的重要阶段①。成弘之际苏州长洲人王锜对苏州的社会变迁有如下描述：

> 吴中素号繁华，自张氏之据，天兵所临，虽不致屠戮，人民迁徙实三都、戍远方者相继，至营籍亦隶教坊。邑里萧然，生计鲜薄，过者增感。正统、天顺间，余尝入城，咸谓稍复其旧，然犹未盛也。迫成化间，余恒三四年一入，则见其迥若异境，以至于今，愈益繁盛。阛阓辐辏，万瓦甃鳞，城隅濠股，亭馆布列，略无隙地。舆马从盖，壶觞罍盒，交驰于通衢。水巷中，光彩耀目，游山之舫，载妓之舟，鱼贯于绿波朱阁之间，丝竹讴舞与市声相杂。凡上供锦绮、文具、花果、珍馐奇异之物，岁有所增，若刻丝累漆之属，自浙宋以来，其艺久废，今皆精妙，人性益巧而物产益多。②

从这条笔记史料可以看出以下三点：一是明初苏州因战乱未久而民生凋敝，邑里萧索；明英宗在位时期，城市面貌"稍复其旧"；迫至成弘年间才呈现"迥若异境"的景象。二是苏州城由凋敝而至繁华，是经济发

---

① 参见范金民、夏维中《苏州地区社会经济史（明清卷）》，南京大学出版社 1993 年版，第 142—170 页。

② （明）王锜：《寓圃杂记》卷五，中华书局 1984 年版，第 42 页。

展、市场兴盛之结果。三是商业活动的兴盛，带动交易物品的集聚，以及市民消费文化的多元。

苏州商业的兴盛，在一些诗文中得以呈现。徐贲《贾客行》称："贾客船中货如积，朝在江南暮江北。平生产业寄风波，姓名不入州司籍。船头赛神巫唱歌，举酒再拜酹江波。纸钱百垛不知数，黄金但愿如其多。须臾神去风亦息，全家散福欢无极。相期尽说莫种田，种田岁岁多徭役。"①生活在嘉靖前的唐寅亦赋诗曰："世间乐土是吴中，中有阊门更擅雄。翠袖三千楼上下，黄金百万水西东。五更市买何曾绝，四远方言总不同。"②

不仅苏州府城如此，县城及乡镇、村落亦是商业兴盛所在。弘治《吴江县志》载："人烟辏集之处谓之市镇……吴江为邑，号称富庶，在城有县市，在乡有四镇，及凡村落之大者，商贾之往来，货物之贸易……莫无虚日云。"③在乡村"女亦从事莳刈、桔槔，不止饷馌而已。工纂组，故男藉专业，家传户倩，不止自给而已"④。农业产品自给以外，商品性农业亦发展起来。苏州府属县嘉定、太仓、昆山、常熟，明中叶时皆以棉作区闻名于世。尤其是不宜种植稻谷之嘉定县，邑民以纺棉织布为业，"家之租庸、服食、器用、交际、养生送死之费，胥从此出"⑤。伴随田赋和力役的折银征收，农民须出卖更多的产品以换取银两，由此加速了农产品商品化的过程。⑥

明代中叶苏州商品经济的发展，与之相埒的是苏州商人群体的形成和市镇的涌现。正德时期苏州洞庭商人，"离家旅估，囊理粮裹，驾巨舶，乘弘舸，扬荆襄之帆，鼓潇湘之柂，巴西粤南，无往不可"⑦，赢得了

---

① （明）徐贲：《北郭集》卷一《贾客行》，《钦定四库全书》集部，文渊阁四库全书本，第9页。

② （明）唐寅：《阊门即事》，《唐伯虎全集》卷二，中国书店1985年版，第18页。

③ 弘治《吴江志》卷二《市镇》，《中国史学丛书三编》第一册，台湾学生书局1987年影印本，第80—84页。

④ 正德《姑苏志》卷一三《风俗》，《中国史学丛书》初编第31册，台湾学生书局1986年影印本，第197页下。

⑤ 万历《嘉定县志》卷六《田赋考中·物产》，《中国方志丛书》第421号，台北成文出版社有限公司1983年影印本，第476页。

⑥ 王毓铨：《中国经济通史·明代经济卷》，中国社会科学出版社2007年版，第469页。

⑦ （明）王鏊：《洞庭山赋》，《吴都文粹续集》卷二一《山水》，《钦定四库全书》集部，文渊阁四库全书本，第16页。

"钻天洞庭"的称号。弘治时苏州城即"四方商人辐辏其地，而蜀舻越舵昼夜上下于门"①。与商人群体成长以及商品化农业兴盛相伴，苏州市镇迅速崛起。比较典型的是吴江县震泽镇的发展历程："绫绸之业，宋元以前，惟郡人为之；至明熙宣间，邑民始渐事机丝，犹往往雇郡人织挽；成弘而后，土人亦有精其业者，相沿成俗，于是震泽镇及近镇各村居民，乃尽逐绫绸之利，有力者雇人织挽，贫者皆自织而令其童稚挽花；女红不事纺绩，日夕治丝，故儿女自十岁以外皆晨暮拮据以糊其口。而丝之丰歉，绫绸价之低昂，即小民有岁无岁之分也。"②

　　苏州商品经济的繁荣，与彼时人多地少、赋税高昂不无关系。尽管苏州自古为富庶之地，但元末明初苏州经济的萧条也是真实存在的。牛建强在其专著《明代中后期社会变迁研究》一书中，对此有较为深入的考察，并得出苏州商业发生很早的原因与企图缓解沉重的赋税有关。③范宜如则认为"赋税的加重，似乎也逼使吴民不得不在本业之外，寻求其他途径以求生存"④。一方面"编民亦苦田少，不得耕耨而食。并商游江南北，以迫鲁、燕、豫，随处设肆，博锱铢于四方，以供吴之赋税，兼办徭役"⑤。有经商才能和渠道的编民，因迫于生计而为商为贾，其足迹遍于天下。另一方面，不善货殖的无产阶层，只能以出卖劳动力换取生存物品。譬如弘治时吴江"无产小民，投顾富家力田者，谓之长工；先借米谷食用，至力田时撮忙一两月者，谓之短工；租佃富家田产以耕者，谓之租户"⑥。又如正德时苏州"无产者，赴逐雇倩，受值而赋事，抑心殚力，谓之忙工，又少隙，则去捕鱼虾、采薪、埏埴、傭作、担荷，不肯少自偷惰"⑦。自由

---

①　（明）吴宽：《匏翁家藏集》卷七五《赠征仕郎户科给事中杨公墓表》，《四部丛刊》，上海商务印书馆 1929 年版，第 8 页 b。

②　乾隆《震泽县志》卷二五《生业》，《中国地方志集成·江苏府县志辑》第 23 册，江苏古籍出版社 1991 年影印本，第 236 页上。

③　牛建强：《明代中后期社会变迁研究》，文津出版社 1997 年版，第 25 页。

④　范宜如：《明代中期吴中商业活动及其文艺现象》，《中国学术年刊》第廿二期，台湾师范大学国文研究所 2001 年版，第 420 页。

⑤　（明）顾炎武：《天下郡国利病书》原编第五册《苏下》，《四部丛刊三编》史部，上海商务印书馆 1935—1936 年影印本，第 47 页。

⑥　弘治《吴江志》卷六《风俗》，刘兆佑主编《中国史学丛书三编》第四辑，台湾学生书局 1987 年影印本，第 227—228 页。

⑦　正德《姑苏志》卷一三《风俗》，《中国史学丛书》初编第 31 册，台湾学生书局 1986 年影印本，第 195 页下。

劳动力的大量出现，应该说与土地兼并、赋税失衡颇有渊源，但反之亦说明里甲制度的衰退，并引起了人身依附关系的松解。

明代苏州商品经济的发展，对吴民衣食住行诸方面产生了深远影响。洪武时期苏州的社会风气，方志作者也是赞其"风俗纯美"的。[1] 弘治以前，社会经济的发展，使庶民之家物力渐增，生活水平提升，社会风气渐趋奢靡，于是僭越风气渐起，俭朴醇厚的社会风气维持不住了。[2] 归有光是苏州昆山人，生于正德元年（1506），曾记述这一变化过程和奢靡程度：

> 闻之长老言，洪武间，民不粱肉，闾阎无文采，女至笄而不饰，市不居异货，宴客者不兼味，室无高垣，茅舍邻比，强不暴弱。不及二百年，其存者有几也？予少之时所闻所见，今又不知其几变也！大抵始于城市，而后及于郊外；始于衣冠之家，而后及于城市。人之有欲，何所底止？[3]

> 江南诸郡县，土田肥美，多粳稻，有江海陂湖之饶。然征赋烦重，供内府，输京师，不遗余力。俗好媮靡，美衣鲜食，嫁娶葬埋，时节馈遗，饮酒燕会，竭力以饰观美。富家豪民，兼百室之产，役财骄溢，妇女、玉帛、甲第、田园、音乐，僭于王侯。故世以江南为富，而不知其民实贫也。[4]

正德《姑苏志》亦云："吴下号为繁盛，四郊无旷土，其俗多奢少俭，有陆海之饶，商贾并辏，精饮馔，鲜衣服，丽栋宇，婚丧嫁娶，下至燕集，务以华缛相高，女工织作，雕镂涂漆，必殚精巧，信鬼神，好

① 洪武《苏州府志》卷一六，《中国方志丛书》第432号，成文出版社有限公司1983年影印本，第3页云："本朝尊卑贵贱悉有定制，奢僭之习顿革"，"岁月既久，风俗安得不愈淳美乎"！又正德《姑苏志》卷一五《风俗》，台湾学生书局1986年影印本，第195页下云："至于收获之余，公税私租偿责之外，其场遽空者十八九，然尔帖帖自甘，不知尤怨。"

② 徐泓：《明代社会风气的变迁——以江、浙地区为例》，载邢义田、林丽月主编《社会变迁》，中国大百科全书出版社2005年版，第295页。

③ （明）归有光：《震川先生集》卷三《庄氏二子字说》，上海古籍出版社1981年版，第85页。

④ （明）归有光：《震川先生集》卷一一《送昆山县令朱侯序》，上海古籍出版社1981年版，第254页。

淫祀"①，"好费乐便，多无宿储，悉资于市"②。

　　苏州明代中期形成的奢靡之风，主要集中在衣食住行四方面，所谓"奢俭之端，无过宫室、车马、饮食、衣服四者"③。其中尤以冠服所形成的"苏样"，引领全国风气之先。"苏人以为雅者，则四方随而雅之；俗者，则随而俗之。"④ 以苏州为风尚中心，再向江南及北方传播，"苏样"风尚的形成，得力于苏州丰富的文化资源与繁盛的商业网络，而时人对苏州文人的社会仿效，更使苏州成为凝聚雅士品位的首要都会。⑤

二　赋税折银的进一步展开

　　明代自 16 世纪初年正德以后，国内的社会经济逐渐从自然经济的时代，发展到货币经济阶段上去。⑥ 苏州社会经济至弘治、正德时期出现拐点性变化并不是偶然的，是宣德以来近百年渐变的结果。一方面不合理的官民田制度、画地为牢的里甲组织，在禁锢农民自由流动、保证国家赋税足额征收方面，其作用业已发挥至极致；另一方面，如前所言，地籍、户籍淆乱，赋税与徭役不均与之相伴而生。所谓"物极必反，过犹不及"，自民间兴起而终为官方认可的白银货币化，在社会经济发展的过程中，起到了燃剂或燃素的作用。宣德以降，苏州府历次赋税改革，无不与折征白银相关；而嘉靖初年，苏州白银货币化的进程明显加快。

　　根据高寿仙研究，嘉靖五年（1526）之后，税粮上纳方式有了明显改变和进步。一是普遍允许折征轻赍，除非百姓自愿输纳本色；二是废止了自行买纳制，改为官为召买的上纳方式；三是除内府白粮照旧收本色外，其他项目下的粮料均可折银，并直接纳银。⑦ 另外，上供物料亦普遍折银。嘉靖十二年（1533）户部复奏："各处岁解物料，除土产听纳本

　　① 正德《姑苏志》卷一三《风俗》，《中国史学丛书》初编第 31 册，台湾学生书局 1986 年影印本，第 193 页上。

　　② 同上书，第 197 页下。

　　③ （清）冯桂芬：《校颁庐抗议·崇节俭议》，上海文海书店出版社 2002 年版，第 81 页。

　　④ （明）王士性：《广志绎》卷二《两都》，中华书局 1997 年版，第 33 页。

　　⑤ 林丽月：《大雅将还——从"苏样"服饰看晚明的消费文化》，《明史研究论丛》第六辑，2004 年。

　　⑥ 参见梁方仲《一条鞭法》，《梁方仲经济史论文集》，中华书局 1989 年版，第 36 页。

　　⑦ 高寿仙：《明代揽纳考论——以解京钱粮物料为中心》，《中国史研究》2007 年第 3 期。

色，其余折银解京，以便召买，毋得分外科派，及令奸人揽纳。得旨允准。"①。

对于苏州府而言，田赋方面，每年除固定折纳金花银外，另有不定期折银。如正德四年（1509），苏州等府遭遇水灾，巡按直隶监察御史奏请"减免兑军粮米，量折以银"，户部批准苏州兑运米量折二十五万石。② 嘉靖三年（1524），苏州府岁征本色米 1428952 石，折色银 447998 两，每银一两，折米 4 石。③ 大约 1791992 石米折征银两，占本色米、折色米总额的 55.64%。而嘉靖十年（1531），据唐文基估计，苏州府田赋总额为 2200 万石，折银约 600 万石，占田赋总额的 27%。④ 此比重远小于嘉靖三年数据，说明总体而言，田赋折银有渐增长的趋势，但局部或某一时间段或有波动，不能一概而论。

钞关及商税方面，成弘以来，折银逐渐增多。嘉靖元年（1522），巡按御史马录会同巡抚李充嗣奏准，"浒墅钞关收纳本色钱钞，军民不便，仍旧折银"⑤。嘉靖四年（1525），"令宣课分司收税，钞一贯折银三厘，钱七文折银一分。是时钞久不行，钱亦大壅，益专用银矣"⑥。《姑苏志》嘉靖二十一年（1542）增补本亦载："嘉靖四年，知府胡缵宗改议于城市各行铺户户办纳，门摊折征银每年共银五百四十九两。"⑦ 这是商税普遍征银的开始。嘉靖八年（1529），题准"各钞关钱钞，照弘治六年例折银，按季解部转送"⑧，此后，终明之世，各钞关以折收银为主，钞钱为辅。

彼时，田赋纳银的观念，已渐入人心，唐顺之将其上升到理论高度：

① 《明世宗实录》卷一五二，嘉靖十二年七月己巳，第 3463 页。

② 《明武宗实录》卷五六，正德四年东十月甲寅，第 1262—1263 页。

③ 同治《苏州府志》卷一二《田赋一》，《中国地方志集成·江苏府县志辑》第 7 册，江苏古籍出版社 1991 年版，第 312 页上。

④ 唐文基：《明代赋役制度史》，中国社会科学出版社 1991 年版，第 188 页。

⑤ 康熙《浒墅关志》卷五《钱钞》，国家图书馆藏清康熙十二年（1673）影印本，第 4 页。

⑥ 《明史》卷八一《食货五》，中华书局 1974 年标点本，第 1965 页。

⑦ 据范金民考证，《姑苏志》嘉靖二十一年（1542）增补刻本卷十五《商税》所载"嘉靖四年"，应为"嘉靖七年"，参见《明代嘉靖年间江南的门摊税问题——关于一条材料的标点理解》，《中国经济史研究》2002 年第 2 期。

⑧ 万历《明会典》卷三五《户部二二·课程四·钞关》，中华书局 1989 年标点本，第 246 页。

盖米自江南而输于京师，率二三石而致一石，则是国有一石之
入，而民有二三石之输。若是以银折米，则是民止需一石之输，而国
已不失一石之入。其在国也，以米而易银，一石犹一石也，于故额一
无所损；其在民也，以轻而易重，今之输一石者，昔之输二三石者
也，于故额则大有所减矣。国家立为此法，盖与不可减免之中，而寓
可以通融之意。不必制其正赋之盈缩，而但制其脚价之有无；不必裁
之以丰凶之敛散，而但裁之以本折之低昂。一无损于国，而万有利
于民。①

　　田赋纳银，对于国家而言，一石犹是一石，并没有减少任何财政收
入；而对于苏州民户来说，由于减少了繁重的损耗，因而负担大为减轻。
因此民户之纳税积极性大为提高，逋赋率因之而下降，实际上于国不但无
损，而且有所增益。"于国无损，于民有利"，乃是一种双赢的结果。此
观念之背后，体现了商品经济的发展和用银观念的渐入人心。

三　苏州府赋税失衡的加剧

　　宣德时期的赋税困境，主要局限于江南一隅；赋税改革，亦主要在苏
州诸府展开。迨至弘治、正德时期，赋税困境已弥漫于诸多地方和领域。
弘治时期，"比来各处灾异频繁，而应天、淮扬、庐凤、江浙、湖湘等处
苦于饥荒，北畿之民苦于应办，江西之民苦于力役，苏松之民苦于赋贡，
松潘等处及南北沿边苦于夷虏，加以寇盗生发，贪残横行，赋役无艺，民
失生理"②，以致四方库藏为之一空。正德时期，"大同等边各报声息，湖
广处等贼势方张，而江湘南直隶灾伤相仍，军饷所需，别无倚赖"③，诚
如李东阳所言"即今帑藏空虚，军民穷困……盖自创业靖难以来未尝
有此"④。

　　对苏州而言，正如成弘年间陆容所述："巡抚周文襄公存恤惠养，二
十余年，岁丰人和，讫可小康。自后水旱相仍，无岁无之，加以运漕亏

　　①　（明）唐顺之：《荆川先生文集》卷九《与李龙冈邑令书》，上海涵芬楼藏万历本，第23
页。
　　②　《明孝宗实录》卷二〇六，弘治十六年十二月丁巳，第3835页。
　　③　《明武宗实录》卷七〇，正德五年十二月壬寅，第1554页。
　　④　《明武宗实录》卷八六，正德七年夏四月丁酉，第1853页。

折，赔破不訾，民复困瘁。况沿江傍湖围分，时多积水，数年不耕不获，而小民破家鬻子，岁偿官税者类皆重额之田，此吴氏积久之患也。"① 中国古代社会，后任官员对其前任的改革措施，鲜有完整的继承。宣德时期，周忱、况钟在苏州进行的赋税改革措施，效果和影响虽有目共睹，但周忱致仕后，继任巡抚李秉、崔恭、陈泰、刘孜等，相继进行了"论粮加耗"和"论田加耗"的实验，相较于周忱对赋税的全面整顿，以上官员的改革内容未有实质突破，周忱的改革遗迹却随时光流逝而逐渐湮没，甚或某些行之有效的措施被全盘否定。万历时苏州人赵用贤曰：

> （周忱）所括者止余米耳，犹未有他额外之征纷纷如今日也。是后供应不足，复有均徭矣；备用不足，复有里甲矣。又如京库折丝绢，南京库农桑折丝绢，起运马草等类，此旧征之于山地者，而今亦混于秋粮中矣。又如义役、料解、带征兵饷役银三项，复计量而派矣。盖自余米归官而额外之增，视昔周忱所加百余万石不啻三倍矣。②

宣德时期，官民田"等则不一，款项繁多……不胜其弊"③，是造成苏州府赋税困境的主要原因，此后近一个世纪，这一问题变得更加严重。正德《姑苏志》作者王鏊说：

> 吴中有官田，有民田。官田之税，一亩有五斗、六斗，至七斗者。其外又有加耗，主者不免多收，盖几于一石矣。民田五升以上，似不为重，而加耗愈多，又有多收之弊也。田之肥瘠不甚相远，而一坵之内，只尺之间，或为官，或为民，轻重悬绝。细民转卖，官田价轻，民田价重。贫者利价之重，伪以官为民；富者利粮之轻，甘受其伪而不疑。久之，民田多归于豪右，官田多留于贫穷。贫者不能供，则散之四方以逃其税。税无所出，则摊之里甲。故贫者多流，里甲坐

---

①　（明）陆容：《菽园杂记》卷五，《元明史料笔记》，中华书局1985年版，第59页。
②　（明）赵用贤：《议平江南粮役疏》，《明经世文编》卷三九七《赵文毅文集》，中华书局1962年影印本，第4288页下。
③　（明）顾炎武：《官田始末考》卷上，广文书局有限公司1977年影印本，第5页。

困……官民之田，旧不过十余则，近则乃至千余。自巧历者不能算，唯奸民积年出没其中，轻重高下在其手，或以其税寄之官宦，谓之诡寄，或分散于各户，谓之飞寄，有司拱手，听其所为而不去。非不欲去，不能去也，其弊起于则数之细碎故也。①

官民科则淆乱首先引起地籍失实的问题。"官田，官之田也，国家之所有，而耕者犹人家之佃户也。民田，民自有之田也。各为一册而征之……而未尝并也。相沿日久，版籍讹脱，疆界莫寻，村鄙之民，未尝见册，买卖过割之际，往往以官作民，而里胥之飞洒移换者又百出而不可究"②。官民田之间，科则细碎而又轻重悬绝，一字之间却隐藏着巨大的利益差额。随着相沿日久，版籍脱落，以致"鱼鳞图册岁入漫漶，至亡失不可问"③。

地籍失实引致鱼鳞图册"亡失不可问"，则赋役黄册成为空中楼阁并非偶然。正德九年（1514），后湖黄册主管官员史鲁云：

后湖黄册自洪武十四年起，至正德七年止，大造一十四次。承平日久，弊伪渐滋，中间埋没、诡寄、不明、违例等项，一次多于一次，十年甚于十年。牛毛茧丝不足以喻其繁，条分缕析不足于语其劳④。

正德十六年（1521），按察使唐龙在《请均田役疏》中称巨室购置田产：

遇造册时，行贿里书，有飞洒现在人户者，名为活洒；有暗藏逃绝户内者，名为死寄，有花分子户不落户眼者，名为畸零带管；有留

---

① （明）王鏊：《吴中赋役书与巡抚李司空》，《明经世文编》卷一二〇《王文恪公文集》，第1152页上。

② （明）顾炎武著，陈垣校：《日知录校注》卷一〇《苏松二府田赋之重》，安徽大学出版社2007年版，第584—585页。

③ （明）朱健：《古今治平略》卷一《国朝田赋》，早稻田大学图书馆藏本，第95—96页。

④ （明）史鲁：《为通融查册费用以苏民困事题本》，《后湖志》卷九，转引自韦庆远《明代黄册制度》，中华书局1961年版，第169页。

在卖户全不过割者，有过割一二，名为包纳者，有全过割而不归正户，有推无收，有总无撒，名为悬挂掏回者，有暗袭官员、进士、举人，捏作寄庄者，在册仅纸上之名，在户皆空中之影，以致图之虚以数十计，都之虚以数百计，县之虚以数千万计。递年派粮编差，无所归者，俱令小户赔偿。小户逃绝，令里长；里长逃绝，令粮长，粮长负累之久，亦皆归于逃且绝而已。①

《皇明泳化类编》云：

苏州等府富民畏避差役，往往以田零星花附于亲邻佃仆之户，名为贴脚诡寄，久之相习成风，乡里欺州县，州县欺府，奸弊百出，名为通天诡寄，而富者益富，贫者益贫矣。②

赋役册成为空中之影，加剧了土地集中的程度，"以苏州为财赋之薮，奸民滑吏争窟穴其间，而官民田粮轻重相悬，无虑千百则，易以上下其手"③，致使民田归于豪右，官田留于贫穷，"粮役轻重不得适均"④。嘉靖初期南京户部尚书霍韬云："苏州正粮一百九十九万有奇，耗粮一百万有奇，通正耗三百万有奇……固已过重矣。后以漕运之费，正粮一石，复加耗五斗，是重中又加重也。乃于交纳细粮，复需三石或二石八米。乃纳一石，是加重之中，又倍加重也。故凡粮长私取夫民也，不知几倍，小民所以易困也……窃谓苏州赋税甲天下，苏州困敝亦倍于天下……举苏州

① （明）唐龙：《请均田役疏》，《明臣奏议》卷十六，王云五《丛书集成初编》，上海商务印书馆1935年版，第290—291页。朱健《古今治平略》卷一《国朝田赋》，早稻田大学图书馆藏本，第95—96页亦载："而田得买卖，粮得过都图，赋役册独以田从户。其巨室置卖田产，遇造册贿里书，有飞洒见在人户者，名曰'活洒'；有暗藏逃绝纳者，名为'死寄'；有花分子户，不落眼者，名为'畸零带管'。有留在卖户全不过割者，有过割一二，名为'包纳'者；有全过割不归本户者；有推无收，有总无撒，名为'悬挂掏回'者；有暗袭京官方面、进士、举人脚色，捏作'寄庄'者。故册不过纸上之霜，户皆空中之影。"
② （明）邓球：《皇明泳化类编》卷八六《赋役》，《北京图书馆古籍珍本丛刊》第50册，史部，书目文献出版社1988年影印本，第914页。
③ 万历《嘉定县志》卷五《田赋考上·田赋》，《中国方志丛书》第421号，台北成文出版社有限公司1983年影印本，第336—337页。
④ （明）邓球：《皇明泳化类编》卷八六《赋役》，《北京图书馆古籍珍本丛刊》第50册，书目文献出版社1988年影印本，第920页上。

而天下可类推也。"① 先以苏州府与淮安府相较，"苏州一府七县额田九万顷，岁征粮二百七十万，带耗共税粮三百五十万。淮安府两州九县额田十八万顷，岁征粮三十六万。较农田之广狭，淮安加苏州一倍；较岁粮之征输，苏州加淮安二十倍也。况征徭之烦，织造之费，邮驿之需，砖厂之价，岁派料物之征，皆视税粮而加取盈焉，民何以堪之哉"②。再以苏州府之昆山县与太原府之太原县比较，嘉靖十一年（1532），昆山县夏税秋粮合计 297564.4 石，田地 1214940 亩，亩均田赋 0.2449 石③；嘉靖十四年（1535），太原县两税合计 31628.81 升，田土 477989 亩，每亩平均征收米麦为 0.0662 石④；昆山人均大约是太原县的 3.70 倍。上述两税负担主要由贫民租种的官田负担，而无论是"以官作民"，还是"以民作官"，买卖之后，"户去粮存"或"有粮无田"几成常态。当然，繁重的赋税并非全由或主要由中下等户负担，而只是说中下等户承担之赋税，远远超过了其负担能力。实际上一些官僚地主，面对如此重赋，亦是难以承受，甚至怒不可遏了。⑤

不唯如此，更为严重的是按照丁粮多寡、产业厚薄编金徭役的原则被破坏了，以至于"州县金役则中产并支，下及窦户，倾资疲困，靡所控诉，致官课益亏。盖花诡日相沿习，避役之田多，承役之田寡"⑥。本来里长的职能是"催征钱粮，勾摄公事"，然在赋役黄册成为"伪册"的前

---

① （明）邓球：《皇明泳化类编》卷八六《赋役》，《北京图书馆古籍珍本丛刊》第 50 册，书目文献出版社 1988 年影印本，第 919 页下。

② 同上书，第 920 页下。

③ 嘉靖《昆山县志》卷一《田赋》，《天一阁藏明代方志选刊》第 9 册，上海古籍书店 1981 年影印本，第 21 页。

④ 根据《天一阁藏明代方志选刊》之嘉靖《太原县志》卷一《田赋》，上海古籍书店 1981 年影印本，第 21 页有关数字计算。

⑤ 弘治、正德年间顾清《与翁太守论加税书》云："昨日田间回，始得本户去岁纳粮由帖，内开成熟田十四亩，山地十六亩余，应纳本色平米十二石有奇，细布一匹，粗布一匹有半，准平米二石五斗有奇，除正税一石六斗二升外，该加耗十二石九斗有奇。以算法计之，是正税一石，而征八石有奇，从古及今，未闻有此制也。寒家去岁收成，惟此一处，总得米谷六石有奇。山间薪樵，畏虎不敢进，捃拾狼藉，不直数百钱，虽尽以入官，亦不足充此数也。一家如此，当合境皆然，纵令岁值丰穰，如此征敛，且决不可。且今日之灾，百年以来所未有者乎？执事者之为此，徒以纲运不可阙，部符不可违，苟计目前，规免罪责而已。不知纸上载桑，实必不可得也。"参见《明经世文编》卷一一二《顾文僖公集》，中华书局 1962 年影印本，第 1041 页。

⑥ 崇祯《吴县志》卷九《役法》，《天一阁藏明代方志选刊续编》第 15 册，上海书店出版社 1990 年影印本，第 856 页。

提下，其在履行职责时，常常卖富差贫。"田连阡陌者诸科不兴，而室如悬磬者无差不至"，其结果又反过来影响地籍、户籍的真实性。嘉靖《昆山县志》云："洪武初年乱极方治，民数三十九万有奇，成化弘治之间极其盛矣，而反不及其数，何也？意者国初法令严密，不敢有漏籍者也"[①]；王世贞《弇山堂别集》亦云："国家户口登耗有绝不可信者……然则有司之造册，与户科、户部之稽查，皆仅儿戏耳"[②]，实则仅看到了问题的表征，而忽视了地籍、户籍数据失真背后的原因。另外，从正德到嘉靖时期，租佃关系也出现了某些变化。佃农拖欠佃租的行动增加了，乡居地主在农村的权力有所削弱，地主们向官衙控告欠租的佃农事情屡屡发生。[③]

四　赋税改革的酝酿和前奏

轻重悬绝的官民田科则，是苏州府赋税失衡的根源，亦是苏州府赋税改革的症结所在。洪武时期，金炯和滕德懋提出官民田合为一则，却付出了生命的代价。宣德之后苏州府的赋税改革，长期徘徊于"论粮加耗"和"论田加耗"，难以触及症结之根源。而离苏州咫尺之遥的浙江省湖州府，则分别于成化年间和正德年间进行过官民各为一则的实验。

正德初，苏州嘉定知县王应鹏提出官民田均为一则起科：

> 夫田有官民之分，故粮有轻重之殊。官田自五升以上至九斗以下，共计一千三百余则；民田地自三升起至三斗以下，共计一千余则。祖宗之意，本欲钱粮之易起，而其流之弊反致钱粮堕悮矣。试言其弊，有贫民卖田，欲索高价，减重粮以作轻粮者，有得田之后辄便兴词，告产去粮存者，有粮长、里长、书手、算手通同作弊，或将本户或将大户户粮恣意减轻，而飞诡他人之户者，有逃民年久被里手堆装虚粮，不敢复业开垦者……此皆斗则繁细之故也。
>
> 今据父老之呈，……通将棘县田土逐区量见号段数目。官田轻重

---

① 嘉靖《昆山县志》卷一，《天一阁藏明代方志选刊》，上海古籍书店 1981 年影印本，第 9 页 a。

② （明）王世贞：《弇山堂别集》卷一八《户口登耗之异》，中华书局 1985 年版，第 326—327 页。

③ ［日］滨岛敦俊：《试论明末东南诸省的抗、欠租与铺仓》，《中国社会经济史研究》1982 年第 3 期。

均作一则，民田并丝麦不科粮地，与成田荡涂亦均为一则，造册在
官，使民一体出纳。不惟小民无赔粮之患，而从是弊端可绝、讼源可
塞矣。①

　　……如使斗则既均，官民一体矣；官民一体，则贫富适均矣。派
征之际，不必他有所计也。照其本户之田而验派之，或定四六之
法……或定三七之法……②如此则虽乡民之至愚者，亦莫不知其所应
得之数；奸书不得以生弊；而大户不得以计夺矣。

这一建议颇有见地，分析了既有问题，并提出了量圩田、均斗则、验
粮派银等可行方案，然于朝政溃败的正德时期，不见实施。世宗即位后，
新君朱厚熜亦有除旧布新之意。对于苏州赋税积弊，诸多朝臣纷纷提出治
理之策，然多数未触及官民田一则起科问题。

嘉靖十四年，巡抚应天都御史侯位提出了解决苏州课额偏重之法：

　　一、处坍粮。查得直隶苏州府原额官民田地、山池、沟荡，共八
万六千三百九十七顷……正额秋粮米二百三万八千三百二十三石，课
额于天下已为偏重。治有原勘坍荒田地七千四百九十一顷，该正米九
万六千四百三十九石，递年皆里甲包赔，乞将坍湖坍海田地额粮减豁
除之。二、专责成。簿查苏、松二府，侵欠京库折银及布米之类，各
以百万计，其余府、县，率皆有之。自今宜责成有司，凡掌印管粮
官，三年、六年考满，必任内钱粮完足，方许给由到部，查明无碍，
方准收考。仍申明秋粮违限事例，必行降黜。③

吏部尚书桂萼则建议朝廷平时预储余米，以便灾荒之年，"民困苏而
国用足"：

　　臣所以屡请以各关所收钞钱，并南方各省所余缺官支候之银，或

① 万历《嘉定县志》卷七《田赋考下·赋役条议》，《中国方志丛书》第421号，成文出
版社有限公司1983年影印本，第541—542页。
② 同上书，第544页。
③ 《明世宗实录》卷一七二，嘉靖十四年二月丙辰，第3750页。

别作区处，如英宗初年行劝分之例。发淮安、徐州、济宁、临清、德州、沧州，但便水次，有贩去处，趁熟收买米粟，以备四方灾伤分豁之数，则民困苏国用足，一举而两得也。①

而许赞则指出税粮转运包赔之累：

> 江南富民，皆不乐为粮长，以粮额多而转运包赔之为累也。今念编粮长，宜视其田宅厚薄，人力强弱，分上中下三户。而定其差等，论役使之繁简，而派其供应。按年代之久近，而疏其先后。每五六年清审更替，则豪猾不得以苟免，权势不得以脱漏，而疲弱不至于久累矣。②

上述官员所关注的赋税弊端，苏州当然存在，但不限于此。尤其是对问题产生的深层次原因，没有深刻的体认。其提出的建议，不外乎减免税粮、设仓备荒、均等编佥徭役等项，尚未达到正德时嘉定知县王应鹏的认识水平。

嘉靖朝不遗余力推动苏州府清丈田粮，为赋税改革鼓与呼的是苏州昆山人，官至礼部尚书的顾鼎臣。顾氏历弘治、正德、嘉靖三朝，曾于嘉靖二年（1523）至五年（1526）于苏州省亲养病。其间，顾鼎臣广泛接触基层社会，并与家乡缙绅交游往来，因而对苏州赋税积弊有了痛彻了解。嘉靖六年（1527），顾鼎臣上《陈愚见划积弊以裨新政疏》，历数官民田等弊端：

> 念东南财赋重地，尤致意于书手、粮长、坍荒、水利、盐、盗等事……至正德间，法制大坏……或将官田，改作民田；或将肥荡，改作瘦荡；或将蠲粮，叩卖别区；或将正粮，洒派细户。其泰甚者，城郭附近田涂，虚报坍江、坍湖、坍海；膏腴常稔地土，捏作板荒、抛

---

① （明）桂萼：《请修复旧制以足国安民疏》，《明经世文编》卷一八〇《桂文襄公奏议二》，中华书局 1962 年影印本，第 1835—1836 页。

② （明）许赞：《陈言六事疏》，《明经世文编》卷一三七《许文简公奏疏》，中华书局 1962 年影印本，第 1361 页。

荒、积荒。每年粮额亏欠，以千万计，负累梁州县善良人户包补，日积月久，坐致困穷。奸顽得计，或有田无粮，或不耕而食。①

而对于如何清理田粮，顾鼎臣提出了清晰的思路：

乞敕巡抚、巡按，并议差前项官员，督委各该州县正官，于农隙之时，责令各属里甲田甲业户，公同将本管轻重田地、涂荡，仿照洪武、正统年间鱼鳞、风旗式样，攒造总撒图本，细开原额田粮、字圩、则号、条段、坍荒、成熟步口数目，府州县官重复查勘的确，分别界址，沿丘履亩，检踏丈量，明白申呈上司。应开垦者召人开垦，应改正者照旧改正，应除豁者奏请除豁，则事既易集而民亦不扰，田粮数目既明，之后刊刻成书，收贮官库，印行给散各区图，永为稽考，巡抚衙门备查。②

对于顾鼎臣之奏疏，明世宗诏曰："所陈俱切时弊，诏行抚按衙门督属举行"③，彼时明世宗为"大礼仪"之争所累，其志并不在此，因而此疏犹石沉大海，波澜不兴。此后，顾鼎臣渐得世宗恩宠。鉴于各抚按衙门并未有所动作，嘉靖九年（1530），顾鼎臣又上《申末议以裨国计拯民命疏》，对官员的敷衍塞责多有指摘：

今天下税粮，军国经费，大半出于东南苏、松、常、镇、嘉、湖、杭诸府，每年均输、起运、存留不下数百万，而粮长、书手、奸

---

① （明）顾鼎臣：《顾文康公文草》卷一《陈愚见划积弊以裨新政疏》，《四库全书存目丛书》集部第 55 册，齐鲁书社 1997 年影印本，第 265—266 页。

② （明）顾鼎臣：《顾文康公文草》卷一《陈愚见划积弊以裨新政疏》，《四库全书存目丛书》集部第 55 册，齐鲁书社 1997 年影印本，第 267—268 页。另《明史》卷七八《食货二》，中华书局 1974 年标点本，第 1898 页记载如下："一曰察理田粮旧额。请责州县官，于农隙时，令里甲等仿洪武、正统间鱼鳞、风旗之式，编造图册，细列元额田粮、字圩、则号、条段、坍荒、成熟步口数目，官为覆勘，分别界址，履亩检踏丈量，具开垦改正豁除之数。刊刻成书，收贮官库，给散里中，永为稽考。仍斟酌先年巡抚周忱、王恕简便可行事例，立为定规。取每岁实征、起运、存留、加耗、本色、折色并处补、暂征、带征、停征等件数目，会计已定，张榜晓谕。庶吏胥不得售其奸欺，而小民免赔累科扰之患。"

③ 《明世宗实录》卷一一八，嘉靖十六年九月戊戌，第 2806 页。

胥通同作弊，影射侵分，每年亦不下十余万。

　　臣到京之日，以忠告大臣无益于事，乃于嘉靖六年四月二十一日，备将各府田粮积弊奏奉。钦依该衙门知道，续该户工二部，题覆准行，巡抚衙门转行各府州县。今之四年未曾查理出欺隐田一亩，粮一石，只闻奸猾之徒愈益恣肆作弊日甚尔。①

　　此后，顾鼎臣亦注意到"今之所谓官民田，正不可恃以为准则矣"。对此，顾鼎臣提出了论粮派银及平均税耗的办法，目的是解决官民田不均的痼疾：

　　愚意欲派银布只论其粮之轻重，不须问其田之官民，仍旧验派庶为利便。但府县或以奉承达官之家，书手或以贿卖豪强之户，使小民不得均沾德惠，此不可之大者，尤宜严加禁革。②

　　各县税额正耗轻重，自国初行至成化间，此係成法，因权宜而遂使失正，不谓之变乱得乎？切惟四十年来，粮长小民坐此箠搒瘐禁流亡而死者，何可胜计？此尤仁人君子所当动心者也。君子平其政，今使田上者税耗反轻，而下者反重，谓之平得乎？此事譬之二人担水，而力有强弱，强者虽加以斗升未害，弱者虽本分尚不能久胜，其势然也。乃挹强者以益弱者，使一人攘臂而趋，一人困顿而不能前。或遂委憊以至于毙，仁者见之忍乎？③

　　顾鼎臣已经认识到"只论其粮之轻重，不须问其田之官民"，而嘉靖时明确提出官民一则的是刑科给事中徐俊民。十一年（1532），徐氏上书，请求"无论官民，合为一等"。

　　以今之田赋言之，有受地于官，岁供租税者，谓之官田；有江水

　　①（明）顾鼎臣：《顾文康公文草》卷一《申末议以裨国计拯民命疏》，《四库全书存目丛书》集部第55册，齐鲁书社1997年影印本，第274页。

　　②（明）顾鼎臣：《顾文康公文草》卷一〇《与东湖都宪》，《四库全书存目丛书》集部第55册，齐鲁书社1997年影印本，第444—445页。

　　③（明）顾鼎臣：《顾文康公文草》卷一〇《与王太守肃庵》，《四库全书存目丛书》集部第55册，齐鲁书社1997年影印本，第447页上。

泛漫，沟塍湮没者，谓之坍江；有流移亡绝，田弃粮存者，谓之事故。官田贫民佃种，亩入租三斗或五六斗或石以上者有之；坍江、事故二项虚粮里甲包赔，或一二石或数十石或百余石者有之。夫民田之价十倍官田，穷民既不能置，而官田粮重，每病取盈。益以坍江、事故虚粮，又苦摊纳、追呼、敲扑，岁无宁时，而奸富猾胥方且诡寄那移，并轻分重，此小民疾苦，闾阎凋瘁，所以日益而月增也。臣请立为均粮限田之制，将郡县田粮随各处原额通融均派，无论官民，合为一等，坍江、事故悉与蠲豁。其旧熟新垦，一例起科，就中分为三则，膏腴为上，沿山边海及居湖腹者为下，肥硗半者为中。上则全征本色，中则半折，下则全折。①

上述奏请均未得到应有重视，究其原因，无论是"履亩丈量，编造图册"，还是"官民合一，通融均派"，由于"民田多归于豪右，官田多留于贫穷"，这些举措侵犯了权贵缙绅的既得利益，受到他们的反抗也是自然而然的。举凡顾鼎臣、徐俊民上述之奏请，如顾氏所言，"实为七府小民救困扶颠，以举国家大计，非臣一身一家之私图也"②，但仍然受到各方面的冷遇和阻碍。如顾鼎臣嘉靖六年（1527）、九年（1530）的两次上疏，尽管得到世宗的批示，但同僚一直拖延不行。此后，苏州赋税失衡问题更加严重，国库财政收入大受影响，又陷入"出非量不明，耗非摊不平"③之窘境。

第二节　征一法的实施

一　"摊耗"下的官民一则

嘉靖十五年（1536），顾鼎臣的门生王仪出任苏州知府，其对老师的改革措施大力支持，十六年（1537），顾鼎臣任礼部尚书，第三次要求清理苏州诸府田赋。其《恳乞天恩饬典宪拯民命以振举军国大计疏》曰：

---

① 《明世宗实录》卷一三五，嘉靖十一年二月戊戌，第3198—3199页。

② （明）顾鼎臣：《顾文康公文草》卷二《恳乞天恩饬典宪拯民命以振举军国大计疏》，《四库全书存目丛书》集部第55册，齐鲁书社1997年影印本，第293页下。

③ （明）王世昌：《书量田均粮册后》，嘉靖《太仓州志》卷五《田赋》，《天一阁明代方志选刊续编》第20册，上海书店出版社1990年影印本，第386页。

"庶蠹弊清而民命苏，军国之需永永有赖矣！臣愚无任为千百万生灵哀吁祈恳之至。"①《明世宗实录》卷二○四载顾鼎臣言："苏、松、常、镇、嘉、湖、杭七府财赋甲天下，而里书豪强欺隐洒派之弊，在今日为尤多，以致小民税存而产去，大户有田而无粮，害及生民，大亏国计。臣于往年两次具奏，经今十余年，未闻一人遵奉敕旨能清查者。"随后明世宗批准了顾的奏疏，"行抚按官各委知府亲诣所属州县悉心清查，其虚应故事及延捱迟玩者劾奏之"②，并派遣右副都御史欧阳铎巡抚应天等十府，督办此事。顾鼎臣的不懈努力，终使苏州府的赋役改革，拉开了重启序幕。

欧阳铎（约1481—1544），字崇道，江西泰和人。正德三年（1508）进士，为人廉洁正直，敢于进谏。曾任工部郎中、太常少卿、南京光禄寺卿。嘉靖十六年（1537），以右副都御史身份巡抚南直隶。欧阳铎到任后，对苏州所面临的经济形势亦有清醒认识：

> 民田每亩正米五升，官田重者每亩正米五斗，是官田一抵民田十。而又从粮起耗，每升一合，则官田一抵民田十一矣。就使东乡田瘠亦不应若是，其悬绝者而不令作区处。③
>
> 苏州粮则细数之至一千有奇，虽上智莫能致诘，而况生之至愚者乎？每岁实证号白册与黄册绝不相同，是巡抚所不敢议者，而书算顾得恣意出入，甚是大怖事也。今奉例清查鱼鳞图册，悬赏求之，久不能得。官田多胰，改民图价变卖，日久无从质正，生非亲临地方，遍访父老，亦将疑有司为虚应故事。④
>
> 地方积弊，以官田改民，以重则改轻，莫可寻究。⑤

彼时，嘉兴知府赵瀛，"建议田不分官民，地不分等则，一切以三斗

---

①　（明）顾鼎臣：《顾文康公文草》卷二《恳乞天恩饬典宪拯民命以振举军国大计疏》，《四库全书存目丛书》集部第55册，齐鲁书社1997年影印本，第294页上。

②　《明世宗实录》卷二○四，嘉靖十六年九月戊戌，第4269—4270页。

③　（明）欧阳铎：《欧阳恭简公文集》卷一二《上叙庵季公书二首》，《四库全书存目丛书》集部六四，齐鲁书社1997年影印本，第106页。

④　（明）欧阳铎：《欧阳恭简公文集》卷一二《与俭庵梁公书》，齐鲁书社1997年影印本，第108页。

⑤　（明）欧阳铎：《欧阳恭简公文集》卷一二《与邢侍御北冈书》，齐鲁书社1997年影印本，第111页。

起征。于是应天巡抚欧阳铎与苏州知府王仪，尽括官民田衰益之。履亩清丈，定为等则"①。首先是清丈田亩，以厘清各类田土的实在数字。万历《嘉定县志》记载了嘉定县清丈过程：

> 礼部尚书顾鼎臣奏行清理。是时巡抚欧阳铎谋于知府王仪，建均粮之法。而知县李资坤悉力行之，乃履亩丈量，图方圆、曲直之形及四至。图有圩，圩有甲乙号。于是诸弊毕出，旧有虚存正米一万八千九十石一斗六升一合二勺，又有有粮无田、有田无粮并无征田荡共一千七百七顷一十三亩。②

此条史料中的知府王仪，嘉靖五年（1526）时曾任嘉定县令，熟悉民情，因此清丈工作以嘉定为试点。经过"履亩丈量，悉力行之"，"坍荒虚实，并产去粮存各项积弊，已有端绪"③，清出欺隐田共170713亩。其他州县也相继进行了清丈田亩工作，根据《姑苏志》和《嘉定县志》记载列表4—1如下。

表4—1　　　　　嘉靖十七年（1538）苏州府清理欺隐田一览

州县	原额（亩）	府志载清出欺隐田（亩）	县志载清出欺隐田（亩）	嘉靖十七年田额	欺隐田比重
吴县	495300	1100		496400	0.22
长洲	1248600	51200		1299800	4.10
昆山	1152500	2400		1154900	0.21
常熟	1481200	37600		1518800	2.54
吴江	1187700	2100		1189800	0.18
嘉定	1299900	102600	170713	1402500	7.89

① 乾隆《苏州府志》卷八《田赋》，乾隆十三年（1748）刻本，中国社会科学院历史所馆藏，第13页。

② 万历《嘉定县志》卷五《田赋考上》，《中国方志丛书》第421号，成文出版社有限公司1983年影印本，第337页。

③ （明）顾鼎臣：《顾文康公文草》卷二，《恳乞天恩饬典宪拯民命以振举军国大计疏》，《四库全书存目丛书》集部第55册，齐鲁书社1997年影印本，第293页。

州县	原额 （亩）	府志载清出 欺隐田（亩）	县志载清出 欺隐田（亩）	嘉靖十七年 田额	欺隐田比重
太仓州	940900	42000		982900	4.46
崇明	832400			832400	0.00
合计	8638500	239000		8877500	2.77

资料来源：正德《姑苏志》卷十五《田赋》，嘉靖二十一年修订本，《天一阁明代方志选刊续编》第2册，第986—987页。

从《苏州府志》数据可知，原额田亩共 8638500 亩，清出欺隐田 239000 亩，占原额 2.77%，其中除崇明外，欺隐田比重最高的是嘉定县，占原额的 7.89%；最低的吴江县，欺隐田比重只有 0.18%，其次是昆山 0.21%、吴县 0.22%。欺隐田比重如此之低，若与苏州地籍混乱、人员流动、赋税失衡的记载对照，则上述数字或清丈效果是大可怀疑的。另外，即以巡抚、府、县三级官员督办的嘉定县来看，虽然清出的欺隐田比例最高，但府志记载与县志记载亦大相径庭。若以县志记载计算，欺隐田比重则更高，达到 13.13%。

不过，扒平官民田科则，才是欧阳铎和王仪赋税改革的目的。"夫官民田之非旧也久矣。图籍界石无足征焉。轻田翻输金花，本色派及重则，盖至于今极矣。故议则重者以金花折除之，使与轻等；则轻者，以耗米加乘之，使与重均。"① 在清理田粮的基础上，"摊耗"则是实现官民一则的路径。

在重拾其加耗折银原则的基础上，欧阳铎、王仪"以八事定税粮"：一曰"以原额稽其始"，即稽核原来各项田土赋税总额；二曰"以事故除其虚"，即剔除坍江等各项虚粮；三曰"以分项别其异"，区分田地山荡不同科则田实征税粮；四曰"以归总正其实"，即总计各县实征平米总额、本色、折色等项；五曰"以坐派定其运"，即将所收税粮分别项目计算清楚；六曰"以运余拨其存"，即厘清存留项目的存留、数额；七曰"以存余考其积"，即收支相抵后算出结余银米；八曰"以征一定其则"，

① （明）欧阳铎：《欧阳恭简公文集》卷一《因成堂记》，齐鲁书社 1997 年影印本，第 12 页。

这是扒平官民田科则之关键，即将各项应征税额依照田亩均分，统一税额征收。① 上述前七项措施主要涉及财政收支方面，却是"征一法"赋税改革的基础性工作。

> 　　征一者，总征银米之凡，而计亩均输之。其科则最重与最轻者，稍以耗损益推移。重者不能尽损，惟递减耗米，派轻赍折除之，阴予以轻。轻者不能加益，为征本色，递增耗米加乘之，阴予以重。推收之法，以田为母，户为子。时豪右多梗其议，鼎臣独以为善，曰："是法行，吾家益千石输，然贫民减千石矣，不可易也。"顾其时，上不能损赋额，长民者私以己意变通。由是官田不至偏重，而民田之赋反加矣。②

欧阳铎和王仪仍用金花银和耗米来调整不同科则田地的税负，"粮则重者，以金花折除之以从轻；粮则轻者，以耗米加而乘之以等重"③，名义上对原黄册所登记的科则不作改动，实则通过"牵耗"，取消了官民田等则之间的差别，而采取官民田一则起科之税则。其与周忱的"加耗折征法"，有相通的地方，即两者都是运用征收耗米和折征白银均平田赋。但"牵耗法"巧妙运用了折银率这一手段，触及了官民田问题的实质，并最终使官田制度走向崩溃。对此，《明史》赞曰："令赋最重者减耗米，派轻赍；最轻者征本色，增耗米。阴轻重之，赋乃均。诸推收田，从圩不从户，诡寄无所容。州县荒田四千四百余顷，岁勒民偿赋。铎以所清漏赋及他奇羡补之。"④

王仪在其《摊耗派征说》一文解释了"银数之赢亏"与"准米之多寡"的关系。

> 　　客有过仪而问曰："子，郡主也。一方之休戚于子寄之。金花银

---

① 崇祯《吴县志》卷七《田赋》，《天一阁藏明代方志选刊续编》第 15 册，上海书店出版社 1990 年影印本，第 648 页。

② 《明史》卷七八《食货二》，中华书局 1974 年标点本，第 1900—1901 页。

③ （明）欧阳铎：《欧阳恭简公文集》卷一二《上未斋顾公书》，齐鲁书社 1997 年影印本，第 106 页。

④ 《明史》卷二〇三《欧阳铎传》，中华书局 1974 年标点本，第 5363 页。

一两旧征米四石，而子征米二石，米价三钱八分，而子准五钱，不有病于民与？"仪曰："子过矣，论折色者，当考夫银数之赢亏，不当较夫准米之多寡。盖米数可增可减，而银数则一定而不可移也。

以长洲一县言之，本色平米四十四万五千一百一十八万石零，金花银五万两，白银五万二千六百四十三两零。若照旧例金花准四石，白银准二石三斗，共该本折平米五十六万零，每亩该米四斗五升六合；以今二石准之，止该平米四十四万零，每亩止该三斗七升五合。以米准银，多则耗米增之，少则耗米减之，或增或减，而金、白银一十万两二千六百之数，则自若也，毫厘丝忽可以增减否耶？旧例金花准米四石，今议准米二石。盖旧例金花二石为实米，二石为虚数，仪止派实米二石，其二石之虚数则削之，则名虽二石，其实即旧日之四石也。"①

根据王仪记载，列示于表4—2。

表4—2　　　　　　　　　嘉靖时期长洲县摊耗派征明细

	金花银（两）	折率	金花银折米（石）	白银（两）	折率	白粮银折米（石）	折米（石）
旧例折	50000	4	200000	52643	2.3	121078.9	321078.9
现折	50000	2	100000	52643	2	105286	205286
差额					0.3	15792.9	115792.9
应征平方米	445118						
旧例折平方米（石）	560910.9						

理解上述史料的关键是"米数可增可减，而银数则一定而不可移"。金花银折征制度施行以来，明廷所定折征标准银一两折米四石，在国家层面上一直未变，而中央财政于各布政司、州、县所征收本色米、折色银均

① （明）顾沅：《吴郡文编（二）》卷三六《赋役四》，《苏州文献丛书》第一辑，上海古籍出版社2011年版，第44页。

有一定数额，除蠲免、折征外，不会轻易改变。然而，市场米价却不因政府部门一纸命令而不再波动，如成化八年（1472），银一两买米二石左右①；嘉靖十六年（1537），江南米价一石折银九钱。② 朝廷米粮折银价格与市场价格的背离，一方面，地方官员可以银为媒介，做一些均平赋税的善事，成化八年（1472年），毕亨即将"金花银一两，折米四石……乃减为三石，以余利一石，充为起运之费"；另一方面，"轻田翻输金花，本色派及重则"，增加了吏胥豪民通同作弊、向贫民转嫁赋税负担的可能。长洲县的摊耗派征，"以米准银，多则耗米增之，少则耗米减之"，牵摊后赋额，不论官田民田，每亩"止该三斗七升五合"。官民田的区别被抹平了，官田从此后不复存在。

崇明县因赋税只供本地支配，无耗可摊，故照旧征收③。除长洲县、崇明县外，苏州府其他州县亦丈量均平，官民合一。

吴江县，"清出弊隐改正田二十一顷六亩四分四厘三毫……该实在田一万一千三百三十三顷二十八亩一分四厘六毫……派征正耗米三斗七升六合"④。

昆山县，"知府王仪灼见其弊，立为牵耗之法，官府册籍七则如故，民间定例以正耗米牵为一则，每亩均派正粮三斗三升五合，惟极低者每亩二斗二升，金花银、官布总在白银数内画一征收，以绝朝三暮四之扰，民亦称便"⑤。实际操作中，除低漥地外，高阜旱区与膏腴水田，每亩"均摊三斗三升五合"，"歉薄之田，二斗二升"⑥。

---

① （明）史鉴：《西村集》卷五《论郡政利弊书》，《钦定四库全书》集部，文渊阁四库全书本，第9页。

② （明）唐顺之：《荆川先生文集》卷九《与李龙冈邑令书》，上海涵芬楼藏万历本，四部丛刊集部，第24页b。

③ 正德《姑苏志》卷一五《田赋》，《天一阁明代方志选刊续编》第2册，嘉靖二十一年修订版，上海书店出版社1990年影印本，第988页。

④ 嘉靖《吴江县志》卷九《食货志一·土田》，《中国史学丛书三编》，台湾学生书局1987年影印本，第446—448页。

⑤ 万历《重修昆山县志》卷二《田赋》，《中国方志丛书》第433号，成文出版社有限公司1983年影印本，第150页。

⑥ （明）归有光：《震川先生集》卷八《论三区赋役水利书》，上海古籍出版社1981年版，第168—169页。

吴县，"将各斗则与金花田耗衷益扣算牵耗，每亩正耗米三斗四升四合"①。另外，"苏州一府，惟吴县山不曾均为一则，至今有官山、私山之名。官山每亩科五升，私山亩科一升五勺"②。

嘉定县，"标准官民田科则划一，中上等田每亩摊征平米三斗，赢薄田每亩摊平米二斗"③。

常熟县，高乡每亩摊征平米二斗一升八合，低乡为三斗一升八合。④

太仓州，正德时期，地方志中已不再区分官民田⑤，嘉靖十七（1538）每亩摊征平米二斗八升⑥。

毋庸置疑，由顾鼎臣倡导，欧阳铎、王仪主持的赋役改革，是不同阶层之间一次彻底的利益重新分配，必然触及部分权贵阶层的既得利益。因而遭到他们的激烈反抗和打击报复，也是历史的必然。其中遭受攻击最甚者，当属时任知府王仪。王仪曾因遭受攻击而罢官，只是由于言官的上疏求情，以及苏州百姓的多次请愿，王仪才得以复职。应天巡抚欧阳铎亦曾"谤议四腾"⑦，其反击谤议者说："以征法格之，辄诧曰干版籍。此奸人之雄适己私，冀书算而为奸者，非至明者，孰其焰之。"⑧

尽管如此，由于官民一则顺应了历史的发展方向，加之改革条件的成熟，终究获得了成功。官民合一所引起的变化，即"田不分官民，税不分等则"⑨，在苏州府不仅体现在官民田不再区分，而且两税合一的趋向

---

① 崇祯《吴县志》卷七《田赋》，《天一阁藏明代方志选刊续编》第 15 册，上海书店出版社 1990 年影印本，第 641 页。

② （明）顾炎武著，陈垣校：《日知录校注》卷一〇《苏松二府田赋之重》，安徽大学出版社 2007 年版，第 588 页。

③ 正德《姑苏志》卷一五《田赋》，《天一阁明代方志选刊续编》第 2 册，嘉靖二十一年修订版，第 988 页。

④ 同上。

⑤ 嘉靖《太仓州志》卷五《田赋》，《天一阁藏明代方志选刊续编》第 20 册，上海书店出版社 1990 年影印本，第 374 页。

⑥ 正德《姑苏志》卷一五《田赋》，《天一阁明代方志选刊续编》第 2 册，嘉靖二十一年修订版，上海书店出版社 1990 年影印本，第 988 页。

⑦ （明）欧阳铎：《欧阳恭简公文集》卷一二《上未斋顾公书》，齐鲁书社 1997 年影印本，第 106 页。

⑧ （明）欧阳铎：《欧阳恭简公文集》卷一《因成堂记》，齐鲁书社 1997 年影印本，第 13 页上。

⑨ 《苏松历代财赋考》卷一，《四库全书存目丛书》史部第 276 册，齐鲁书社 1996 年影印本，第 109 页。

亦十分明显，这在地方志记载中有清楚的反映。如赋税改革前的嘉靖元年，嘉定县"官田地涂荡一万四百六十六顷一十九亩，民田地涂荡四千一百六十四顷三十六亩。夏税麦五千一百七十六石，丝四万四千九十九两，钞九千一百四十五贯；秋粮二十八万四千四百四十五石"。而赋税改革后的嘉靖三十五年，嘉定县"官民田地涂荡一万四千六百四十九顷八十一亩有奇"。①

官民一则裨益之处，首先在于官田制度的彻底崩溃，而非无论田地涂荡，一则起科。若如是，则会在均平赋税的过程中，造成新的不平衡。归有光所言昆山县三区，高阜旱区贫瘠之地，均赋后科则与膏腴水田同，因而造成抛荒、逋赋②，即为例证。至于官民合一后，田地科则的执行和演变将在后面进一步探讨。其次，"征一者，总征银米之凡，而计亩均输之"③，"计亩均输法，正以革里书纷纷之弊……今施之实征册，与版籍无干。近日苏州亦行之，谓之牵耗，市民颇以为便"④。显而易见，苏州各州县纷纷通过摊耗派征，计亩均输，而达到官民合一、统一征收之目的。征一法即为牵耗法，没有牵耗则征一无法实现。因此，有学者认为征一法是简化税粮征收的方法，而不是均平官民田税则的改革⑤，或征一法是归并诸役的改革⑥，都是可以商榷的。最后，官民田合一后，政府所收田赋总额并不会减少，而随着白银货币化和赋税白银化的深入，田赋收入较之以前更能得到保证。

官民合一后，田赋征收基准逐渐均等化。征收时，"每粮一石验派本色米若干，折色银若干"⑦。田赋方面征收基准的变化，带动了徭役征收

①　万历《嘉定县志》卷五《田赋考上》，《中国方志丛书》第421号，成文出版社有限公司1983年影印本，第363页。

②　（明）归有光：《震川先生集》卷八《论三区赋役水利书》，上海古籍出版社1981年版，第168—169页。

③　乾隆《苏州府志》卷八《田赋》，乾隆十三年（1748）刻本，中国社会科学院历史研究所馆藏，第13页。

④　（明）欧阳铎：《欧阳恭简公文集》卷一二《与邢侍御北冈书》，齐鲁书社1997年影印本，第111页。

⑤　范金民、夏维中：《苏州地区社会经济史（明清卷）》，南京大学出版社1993年版，第177页。

⑥　唐文基：《明代赋役制度史》，中国社会科学出版社1991年版，第185页。

⑦　顾炎武：《天下郡国利病书》原编第七册《常镇》，上海商务印书馆1935—1936年影印本，第3页b。

基准由人丁向土地的转化。夏税小麦、丝、钞、农桑丝、马草及户口盐钞、义役、马役、水夫工食、祗应、修船等项……悉并入秋粮项下通征。又总计正耗，不分官民田一体均摊，且验派止分本色米、折色银两项。① 官民合一，为里甲、均徭、物料等折银摊入田亩扫除了最大的障碍。无怪乎万历《昆山县志》对此评价道："此税粮之一变，世道升降之一机也。"②

二　嘉靖十七年徭役编银

宣德、正统年间，周忱巡抚苏州时，会同知府况钟，曾用"耗米"或轻赍银补贴里甲正役的不敷支出，亦曾建立"济农仓"和"义役仓"应对各种支用。继周忱之后，东南各省相继进行了里甲正役的改革。浙江、广东分别在天顺、成化年间实行改革，名曰"均平银"；福建的"纲银"形成于成、弘之际；江西的"板榜银"出现在正德之前。到了嘉靖、万历时期，里甲正役改革，已波及北直隶、河南等地。各地里甲正役改革具体内容差异很大，但有一点是相同的，即把某一或某几个里甲正役项目按不同标准摊入田粮，折银征收。如福建纲银法，按"丁四粮六"折银。

> 时又有纲银、一串铃诸法。纲银者，举民间应役岁费，丁四粮六总征之，易知而不繁，犹网之有纲也。一串铃，则夥收分解法也。自是民间输纳，止收本色及折色银矣。③

嘉靖九年（1530），根据桂萼《审编徭役》的奏疏，户部尚书梁材提出革除赋役制度弊病的方案："合将十甲丁、粮总于一里，各里丁、粮总于一州一县，各州、县丁、粮总于一府，各府丁、粮总于一布政司，布政司通将一省丁、粮，均派一省徭役，内量除优免之数，每粮一石编银若

① 乾隆《吴江县志》卷一二《田赋》，《中国地方志集成·江苏府县志辑》第19册，江苏古籍出版社1991年影印本，第425页上。

② 万历《重修昆山县志》卷二《田赋》，《中国方志丛书》第433册，成文出版社有限公司1983年影印本，第150页。

③ 《明史》卷七八《食货二》，中华书局1974年标点本，第1901页。

干，每丁审银若干，斟酌繁简，通融科派。"① 同年，明世宗诏"令各该司府县级审编徭役，先查岁额各项差役若干，该用银若干。黄册实在丁粮，除应免品官监生、生员、吏典、贫难下户外，其应役丁粮若干，以所用役银，酌量每人一丁，田几亩该出银若干，尽数分派"②。嘉靖十年（1531）三月，御史傅汉臣把这种"通将一省丁、粮，均派一省徭役"的方法称为"一条鞭法"。

与此同时，正统时期肇始于江西的均徭法，也在发生摊丁入亩的变化。前述苏州府于成化十五年刊刻的均徭册，即是一例。在福建，均徭法发展成为"十段册"法，通计一县丁粮，重新均分编甲轮役，"周十甲而复始"，均徭按丁粮不同折算标准征均徭银。常州府武进县正德年间亦曾将通县田地均分十段，每年编审一段；嘉靖初年，"以家资富盛及丁田居上者为上户，丁田数少，家道颇可者为中户，丁田消乏者为下户。某项徭役重大，合派上三则人户，某项徭轻省，合派中下人户。一户或编一差及数差，或数户朋一差，务期酌量贫富，定拟差役，轻重适均"③。

上述各里甲、均徭中的均平银、纲银、十段册法，皆是对里甲、均徭中的部分或单项徭役进行的改革。由于徭役名目多如牛毛，不仅编审、派差、征银不便，而且给了吏胥、豪绅通同作弊的机会。嘉靖九年（1530），巡抚欧阳必进"令民输徭里银，官雇给直，然均徭内犹有银差、力差之别"④。因此，要求归并役目，按丁田征收役银的呼声日益高涨。嘉靖十年（1531），御史傅汉臣提议：

> 顷行一条编（鞭）法，十甲丁粮，总于一里。各里丁粮，总于一州一县。各州县总于府，各府总于布政司。布政司通将一省丁粮，均派一省徭役，内量除优免之数，每粮一石，审银若干，每丁审银若

① 《古今图书集成》食货典卷一四二《赋役部·总论五》，中华书局、巴蜀书社1985年影印本，第68763页。

② 万历《明会典》卷二〇《户部七·户口二·赋役》，中华书局1989年标点本，第134页。

③ （明）顾炎武：《天下郡国利病书》原编第七册《常镇》，上海商务印书馆1935—1936年影印本，第9页b。

④ 光绪《嘉定县志》卷三《赋法沿革》，《中国地方志集成·上海府县志辑》第8册，上海书店出版社1991年影印本，第71页上。

干，斟酌繁简，通融科派，造定册籍，行令各府州县，永为遵守。①

　　"通将一省丁粮，均派一省徭役"，这是一种赋役合一、统一征银的理想状态。一省之内各州县间差别悬殊，殊难一致。因为"一县丁粮，均派一县徭役"，终明世尚难以完成。"每粮一石，审银若干，每丁审银若干"，其编审前提是科则的统一和公平，但在"官民田粮，轻重相悬，无虑千百则"②情形下，难以达到均役之目的。嘉靖十六年（1537），王仪在进行官民一则改革的同时，借鉴常州府的改革经验，在苏州进行了归并里甲、均徭，按丁田征收徭役的尝试。

　　常州知府应槚，是役法改革的倡导者和实践者。其改革主要内容是将里甲、均徭"合用数目，总会而并征之，仍查照旧额各以类分"③，并定祭祀、乡饮、公费、备用等支费。苏州知府王仪，则是役法改革的集大成者。王氏"以八事考里甲，曰丁田、曰庆贺、曰祭祀、曰乡饮、曰科供、曰恤政、曰公费、曰备用"；④"以三事定均徭"——银差、力差、马差。里甲及均徭之银差、力差分别计算，总括后按丁田而编银，是继成化十五年（1479）吴县编银的进一步深化。

　　嘉定县是苏州面积最广的属邑，"然濒海而土瘠，地广则赋繁，土瘠则民疲；以疲民供繁赋，尤难矣"⑤。于是，嘉靖十七年（1538），嘉定县"通计一县里甲、备用之数，为银一千一百七十二两；均徭以银差者，为银四千二百五十五两有奇，以力差者，为银五千一百六十八两有奇。乃计丁而编之，丁出一分；计田而编之，亩出七厘七毫；计滩池涂荡而编之，亩出四厘，凡得银一万一千六百九十一两有奇。适当前数，载之于书，曰赋役册"。⑥

---

　　①　《明世宗实录》卷一二三，嘉靖十年三月己酉，第 2971 页。

　　②　万历《嘉定县志》卷五《田赋考上》，《中国方志丛书》第 421 号，成文出版社有限公司 1983 年影印本，第 336—337 页。

　　③　（明）顾炎武：《天下郡国利病书》原编第七册《常镇》，上海商务印书馆 1935—1936 年影印本，第 10 页 a。

　　④　乾隆《苏州府志》卷八《田赋》，乾隆十三年（1748）刻本，中国社会科学院历史研究所馆藏，第 13 页。

　　⑤　（明）归有光：《送嘉定县令张侯序》，《震川先生集》卷十一《赠送序》，上海古籍出版社 1981 年版，第 253 页。

　　⑥　万历《嘉定县志》卷六《田赋考中》，《中国方志丛书》第 421 号，成文出版社有限公司 1983 年影印本，第 418 页。

吴江县"知府王仪建议总计邑中人丁九万五千六百六十七，官民田地一万八百五十顷八十五亩三分八厘，荡一千一百四十八顷十一亩三分九厘五毫，令民岁出丁银三分，田一亩银一分二厘，荡一亩银四厘，凡得银一万六千三百五十两二钱八分二毫，仍于该年应役甲中差其上户中户役之，而以前银贴焉，其银差则但征银而已，均徭之外余银二千八百八十九两三钱六分二毫，别金上户收贮，以供祭祀、乡饮、科贡、恤政公费、备用之费又以县总、书算磨其数而派之"①。

除嘉定、吴江以外，太仓、长洲、吴县、常熟、昆山、崇明八州县都进行了清丈、均田、均役的工作。成化十五年之吴县编银，只局限于吴县一隅，此时已付诸苏州全境了。

现将各州县徭役编银情况见表4—3。

表4—3　　　　　　嘉靖十七年（1538）苏州各府县徭役编银

州县	征收项目		实编人丁数	实编地亩数	徭役银②		丁田折银比重（%）
					标准（两/丁）	金额（两）	
太仓州	丁银		32844		0.0169	555.06	6.80
	地银			832863	0.0091	7604.29	93.20
	合计		32844	832863		8159.35	100.00
长洲县	丁银		162320		0.0300	4869.60	24.22
	地银	田地		1223200	0.0110	13455.20	66.92
		荡涂		70300	0.0040	281.20	1.40
	家资编银					1500.00	7.46
	合计		162320	1293500		20106.00	100.00
吴县	丁银		145100		0.0300	4355.00	29.67
	地银	田地		501100	0.0120	6013.20	40.96
		山荡		203100	0.0040	812.40	5.53
	家资编银					3500.00	23.84
	合计		145100	704200		14680.00	100.00

① 嘉靖《吴江县志》卷十《食货志二·差役》，台湾学生书局1987年影印本，第542—543页。

② 按正德《姑苏志》载，应包括里甲银和均徭银。

续表

州县	征收项目		实编人丁数	实编地亩数	徭役银		丁田折银比重（%）
					标准（两/丁）	金额（两）	
吴江县	丁银		95660		0.0300	2869.80	16.84
	地银	田		1145900	0.0120	13750.80	80.71
		荡		104200	0.0040	416.80	2.45
	合计		95660	1250100		17038.00	100.00
常熟县	丁银		70100		0.0100	701.00	5.32
	地银	熟田		1482100	0.0077	11412.17	86.65
		地荡		264500	0.0040	1058.00	8.03
	合计		70100	1746600		13171.00	100.00
昆山县	丁银		69940		0.0100	699.40	7.38
	地银	田地		1119200	0.0077	8617.84	90.94
		佃荡		39600	0.0040	158.40	1.67
	合计		69940	1158800		9476.00	100.00
嘉定县	丁银		157640		0.0100	1576.40	13.48
	地银	田地		1293100	0.0077	9956.87	85.17
		佃荡		39300	0.0040	157.20	1.34
	合计		157640	1332400		11691.00	100.00
崇明县	丁银		5020		0.0100	50.20	1.65
	地银	田地		197200	0.0100	1972.00	64.98
		佃荡		253000	0.0040	1012.00	33.34
	合计		5020	450200	0	3035	100.00
合计			738624.00	8768663.00		97356.35	

资料来源：正德《姑苏志》卷一五《田赋》，《天一阁明代方志选刊续编》，嘉靖二十一年修订版，第1007—1009页。

表4—3显示了嘉靖十七年苏州府一州七县里甲、均徭按丁田编银的情况，并计算出各州县丁田折银比重。"明初，惟税粮为正赋"，至此，整个苏州府"以里甲、均徭银编入正赋"①。苏州府属一州七县之编银，

① 光绪《嘉定县志》卷三《赋法沿革》，《中国地方志集成·上海府县志辑》第8册，上海书店出版社1991年影印本，第71页上。

独有吴县、长洲两县列明在城附郭市民两山家资编银，其他州县皆为丁田两项，而且吴、长两县按丁编银以及以丁折田比重较其他州县明显偏高。长洲和吴县是苏州府城所在地，城市经济发达，非农人口集聚，因此才有家资编银之说。

若对照表3—1成化十五年（1479），与表4—3嘉靖十七年（1538）吴县编银数据，时间跨越一甲子，而数据并没有丝毫变化，这是很难成立的。再者，如前所述，吴县成化十五年编银，出现了数个计算方面的错误，而六十年后依旧未予改变，说明表4—3吴县之编银数据，应为成化时期数据混入。至于长洲县数据，是否也为早期数据混入，亦是大可怀疑的。另据嘉隆万时期清官海瑞称："家资银，有此银亦得少宽小民一分，甚便。长吴二县近日渐变出自丁田，今仍前论家当一年普派。此长吴二县事例，别县原无此例者，不许起派。"①可以明确的是苏州府只吴县、长洲二县征收家资银由来已久，而"长吴二县近日渐变出自丁田"，说明家资编银有逐渐消弭的趋势。

考察表4—3丁田折银比重一栏，除吴县、长洲两县外，以丁编银，可以称之为丁从丁起，崇明最低为1.65%，其次是太仓州6.8%；以田编银，即丁从田起，吴江最低，为80.71%。赖慧敏计算江南编排差役，田粮占65%—70%②，而黄仁宇则估计华北编派役银田粮只占35%—40%，可见嘉靖时苏州府摊丁入亩之程度在全国的位次。至于田、地、山、荡具体的归类，以按田地、佃荡分类为多，如昆山、嘉定、崇明。比较特别的是常熟将地归于荡类，大约所谓"地"，应为瘠薄山地而已。而表中太仓州地未分类，并不能说明实际情况如此，即如其他各县虽归为两类，实际可能是折合的结果。海瑞曾言："好山得利迟，较田地利加倍亦有之。编金丁田，遗了山地，非不均乎？窃意当以叁亩地当田壹亩，以玖亩山当地叁亩，人田山地并入算编金。分于此则轻于彼，小民受惠多矣。"③

结合吴县成化十五年编银的情况，可知在明代中后期，从丁田摊派比

①（明）海瑞著，陈义钟编校：《海瑞集（上册）》上编，《则例》，中华书局1962年版，第270—271页。

②赖慧敏：《明代南直隶赋役制度的研究》，"国立"台湾大学出版委员会1982年版，第149页。

③（明）海瑞著，陈义钟编校：《海瑞集（上册）》上编，《兴革条例》，中华书局1962年版，第61页。

重来看，丁的比重在减少，相应田的比重在增加。再看以丁与田折算比例，除吴县、长洲外，吴江为 0.03/0.012 = 2.5/1；太仓为 0.0169/0.0091 ≈ 1.9/1；常熟、昆山、嘉定均为 0.01/0.0077 ≈ 1.3/1；崇明为 0.01/0.01 = 1/1。前述成化十五年吴县为 1 丁折 2.5 亩，到嘉靖十七年 1 丁折 1.3 亩，甚至 1 亩，可以说摊丁入亩的趋势是不断加强的。而相邻省份之江西，在嘉靖后期亦有 "里甲一丁折米一石，均徭两丁折米一石"①的说法。

　　与海瑞同时代的姚汝循，对丁从地起不以为然。其《丁粮议》云："巡抚周文襄公时始为劝借之说，以粮补丁，然不过十之二三而已。至巡抚欧石江公时，事益增，役益繁，而人丁益不能支矣，于是有均摊米与人丁均编，赋役二途，遂合而一。虽一时权宜救弊，不得不然，而实与祖宗创制之初意寝失尽矣。乃至今日编差，则人丁止居四分之一，而粮石反居四分之三，是本末倒置甚矣。"②尽管姚氏反对按田编银，但该史料还是反映了摊丁入亩的发展趋势。而对于江北府县而言，情况有所不同。《泗州志》云："户口之载之黄册矣，此外复有审编丁则者，以江北税役，比江南不同。江南田地肥饶，诸凡差徭，全自钱粮起派，而但以丁银助之。其丁止据黄册官丁，或十而朋一，未可知也。江北田稍瘠薄，惟论丁起差，间有以田粮携带者，而丁常居三分之二。其起差重，故其编丁不得不多；其派丁多，故其审户不得不密。"③《古今图书集成》亦称："丁粮差重者派银亦重，差轻者派银亦轻，轻重均派于众，未尝独利独累于一人，虽善于规避者无所容其计，巧于营为者无所施其术。"④

　　"概一县之役，计银若干；科一县之田，亩银若干。第不分银力，率附正赋而征之。既征银入官，官为之雇募应役者也"⑤，正是明中后期赋

　　①　（明）刘光济：《差役疏》，万历《新修南昌府志》卷二五《艺文》，《日本藏中国罕见地方志丛刊》，书目文献出版社 1990 年影印本，第 489 页下。

　　②　万历《上元县志》卷一二《艺文》，《南京图书馆稀见方志丛刊》第 22 册，国家图书馆出版社 2012 年影印本，第 402 页。

　　③　（明）顾炎武：《天下郡国利病书》原编第九册《凤宁徽》，《四部丛刊三编》史部，上海商务印书馆 1935—1936 年影印本，第 24 页。

　　④　《古今图书集成》食货典卷一五一一《赋役部·艺文四平·赋役序》，中华书局、巴蜀书社 1985 年影印本，第 68840 页。

　　⑤　（明）顾炎武：《天下郡国利病书》原编第七册《常镇》，《四部丛刊三编》史部，上海商务印书馆 1935—1936 年影印本，第 17 页。

役改革发展的方向。

三　徭里银之分配

官民合一和徭役按丁田编银，是嘉靖十六年（1537）欧阳铎、王仪改革的主要内容，亦是对一百年前周忱、况钟加耗折征改革的继承和深化。"夫里甲、均徭同出于丁田，是二者合而为一也；仓库解户祸不及民，余凡繁简轻重之事，皆为雇役，是银差、力差合二为一也；粮塘之长排年轮充，是正役、杂役合二为一也。"[1] 经此改革后，"古之所谓力役之征，唐之所谓庸"，终于为之一变，成为几出于田亩的货币税。徭役有了稳定的税源，也有了合法的去向。

明初役目相对简约，只区分里甲、杂泛两项，而且各自名目并不为多。此后役目渐多，百姓负担渐重。里甲本"自勾摄公事、催办粮差之外，无他事也。奈何有司不加体恤，凡祭礼、宴飨、造作、供帐、馈遗、夫马，百尔费用，皆令坊里直日管办；坊里又坐派于甲首，费出无经，以一科十"[2]。杂泛更是日渐增多，且编佥时"放富差贫"，于是才有均徭法行，并有银差、力差的区分。苏州府于上述改革后，银、力差虽有名目之分，因皆可纳银代役，实无本质差别。不过原属均徭内部的驿传和民壮，由于支出渐涨，嘉靖时已显卓然于独立于均徭之外的趋向。

驿传是在官府所设的驿递中服役，为政府传递公文，接送和款待过往官员、使客的差役，一般包括驿站、急递铺、递运所三个部分。驿站的主要职责在于"传送使客，飞报军务"，其中传送使客即迎送招待过往官员，包括提供食宿、车船轿马，是驿站沉重的负担。驿站一般设在水陆交通干道，每60—80里设一处。急递铺的主要任务是传递公文，一般是10里设一铺，每铺设铺长一名，铺兵10名，或4—5名。递运所主要用以运输军需和贡物，设于交通干道的水陆码头。"驿传马夫出资买马，早夜供亿，劳费倍于他役"[3]，驿传的服役者不仅要无偿提供劳务，而且要提供车、船、马等交通工具及沿途各种支应费用，因此负担非常沉重。

----

① 万历《嘉定县志》卷六《田赋考中》，《中国方志丛书》第 421 号，成文出版社有限公司 1983 年影印本，第 424 页。

② （明）刘光济：《差役疏》，万历《新修南昌府志》卷二五《艺文》，《日本藏中国罕见地方志丛刊》，书目文献出版社 1990 年影印本，第 489 页上。

③ 《明太祖实录》卷九八，洪武八年三月乙酉，第 1677 页。

民壮即民兵，有乡兵、机兵、弓兵、义勇、快手之分，是军籍之外，由官府佥点，用以维护地方治安的武装。明初在全国建立卫所制度，兵员则取自世袭的军户，并无"民兵"之类的地方武装。明中叶前后，各地军户大量逃亡，卫所制度趋于解体，无力维护社会秩序，因而始有"民兵"之役。

嘉靖十七年（1538），苏州府太仓、吴江、吴县等州县在里甲、均徭按丁田编银的基础上，刊定徭里册。其审编、刊定原则如下：

> 题准今后凡遇审编均徭，务要查照律例，申明禁约。如某州县银力二差，原额各该若干，实该费银若干，从公查审，刊刻成册。颁布各府州县，候审编之时，就将实费之数，编作差银，分为三等九则，随其丁产，量差重轻，务使贫富适均，毋致偏累，违者纠察问罪。①

关于嘉靖太仓州徭役编银与分拨情况见表4—4。

表4—4　　　　嘉靖时期太仓州徭役编银与分拨情况

	编银对象	数量	编银标准			折银
			丁（分/丁）	田（分/亩）	荡（分/亩）	
编银	丁（丁）	45552	0.01			455.52
	官民田（亩）	940649		0.01		10347.14
	山荡（亩）	2242				8.97
	合计					10811.63
分拨	使用项目			派银额		
	里甲合用银（两）			2058.65		
	均徭合用银（两）	银差		1880		
		力差		5591.6		
	备用银（两）			1281.38		
	合计			10811.63		

资料来源：嘉靖《太仓州志》卷五《田赋》，《天一阁明代方志选刊续编》第20册，第388—389页。

---

① 万历《明会典》卷二○《户部七·户口二·赋役》，中华书局1989年标点本，第134页。

　　嘉靖《太仓州志》记载太仓州里甲、均徭编银 10811.63 两,与《姑苏志》记载嘉靖十七年(1538)编银 8159.35 两相较,多出 2652.28 两。虽然编银时间未予注明,可初步推断应为嘉靖十八年(1539)及之后数据。

　　在分拨项下值得注意的有三点:其一,里甲合用银,由里甲正役衍生而来,是将地方公费开支按丁田征收的货币税,主要用于庆贺、祭祀、乡饮、科贡、恤政、教育诸方面,在浙江、广东等布政司又称均平银。其二,力差虽已折银,与银差无异,但仍然单独列示。嘉靖时期编纂的苏州方志,力差亦普遍用银来衡量其轻重,这是白银货币于财政领域地位上升的征象。此次太仓州编银 5591.6 两,几乎是银差额度的 3 倍,占总额的 51.72%,其中应包含金额较大的驿传、民壮两项。其三,除里甲、均徭银外,专设"备用银"项,以备不敷支用。

　　下面以嘉靖《吴江县志》和崇祯《吴县志》的记载具体分析。表4—5 和表4—6 是两县嘉靖十七年徭役编银后的分配和分布情况:

表4—5　　　　嘉靖十七年(1538)苏州府吴江县、吴县徭里银分配　　　单位:两

区域	编银对象		金额	按种类分	金额	按服役区域分	金额
吴江县	里甲银				2839.35		
	均徭银	银差	2048.92	均徭	5922.00	京役	40.00
		力差	10699.60	驿传	2192.92	府役	624.00
		马差	112.00	民壮	4745.60	县役	12196.52
		小计			12860.52		
	合计				15699.87		
吴县	里甲银				2343.52		
	均徭银	银差	2355.6	均徭	4243.8	京役	91.00
		力差	8038.00	驿传	4360	府役	380.00
		马差	1626.2	民壮	3416	县役	11548.80
		小计			12019.80		
	合计				14363.32		

　　资料来源:崇祯《吴县志》卷七《田赋》,《天一阁明代方志选刊续编》第15册,第674—684页;嘉靖《吴江县志》卷一〇《食货志二·差役》,《中国史学丛书三编》,台湾学生书局1987年影印本,第544—569页。

表4—6　　　嘉靖十七年（1538）苏州府吴江县、吴县徭里银分布　　单位：%

区域	编银项目		占比（%）	按徭役类型分	占比（%）	按服役区域分	占比（%）
吴江县	里甲银		18.09				
	均徭银	银差	15.93	均徭	46.05	京役	0.31
		力差	83.20	驿传	17.05	府役	4.85
		马差	0.87	民壮	36.90	县役	94.84
		%	81.91				
吴县	里甲银		16.32				
	均徭银	银差	19.60	均徭	35.31	京役	0.76
		力差	66.87	驿传	36.27	府役	3.16
		马差	13.53	民壮	28.42	县役	96.08
		%	83.68				

　　资料来源：崇祯《吴县志》卷七《田赋》，《天一阁明代方志选刊续编》第15册，第674—684页；嘉靖《吴江县志》卷一〇《食货志二·差役》，《中国史学丛书三编》，第544—569页。

　　首先需要指出，嘉靖十七年，吴江县、吴县徭役按丁田编银的金额分别是17038两和14680两，而分配金额分别为15699.87两和14363.32两，分别少1338.13两和316.68两。原因可能有二，其一，编银数字是预算数字，是否能够足额征收存在不确定性；其二，支出数小于征收数，差额可作为"备用银"，以有余补不足。

　　上述徭里编银，主要用于俸工经费和地方公用，并不解部。从里甲银和均徭银整体构成来看，里甲银所占比重不足20%，吴县甚至只有16.32%；均徭银则高达80%以上，吴县达到83.68%。说明从杂役发展而来的均徭，至明代中期以后，其支出已是里甲正役的4倍以上，成为劳动人民的沉重负担。同时，从侧面反映了徭役不断增长的趋势。

　　从均徭银编银项目进行区分，则力差占有绝对优势，吴江县甚至到83.2%，而银差只有15.93%。银差所编人员较少，主要集中于膳夫、马夫、馆夫等项，但人均编银金额却大。如吴江县银差编银共58人，平均每人支出达35.33两。之所以如此，乃是由于历来银差责任大，不仅有工食费，还须另加职役上的开销。如儒学膳夫，须采办粮食、肉类、蔬菜等，每名编银六十两；马夫，须担负马匹草料及驿站设备等，每名编银四十两。马差则与之相反，门子、巡拦、普司兵是职务较轻的徭役，主要负担其工食银 2—6 两。吴江县力差编银共 1384 人，金额 10699.60 两，平均每人仅支出 7.73 两。以上数据分析见表 4—7。

表 4—7　　　　　嘉靖十七年（1538）吴江县徭役编银支出明细①

差役	役名	人数（名）	雇役银（两）	银数（两）	备注
银差	柴薪皂隶	15	12	180	闰月加银 1 两
	马夫	7	40	280	
	儒学斋夫	6	12	72	闰月加银 1 两
	儒学膳夫	2	60	120	
	祗应馆夫	24	40	960	
	松陵驿铺陈		29.9	29.9	
	平望驿铺陈		7.02	7.02	
	松陵驿斗级	2	100	200	闰月之年加 1 名
	平望驿斗级	2	100	200	
	合计	58		2048.92	
力差	都察院门子	4	4	16	
	分司门子	2	3	6	
	公馆门子	2	3	6	
	迎恩馆等门子	2	2	4	
	兵备道皂隶	1	8	8	
	本府皂隶	80	7.2	576	
	司狱司禁子	6	8	48	
	本县门子	8	3	24	
	直堂弓兵	25	6	150	
	本县禁子	8	8	64	
	本县库子	2	20	40	
	钟鼓夫	2	3	6	
	儒学等门子	11	5	55	
	儒学斗级	3	5	15	

① 嘉靖《吴江县志》卷十《食货志二·差役》，《中国史学丛书三编》，台湾学生书局 1987 年影印本，第 544—569 页。

续表

差役	役名	人数（名）	雇役银（两）	银数（两）	备注
	济农仓斗级	16	15.7	251.2	
	河下夫隶	554	7.2	3988.8	
	巡盐民壮	20	10	200	
	巡检司弓兵	240	10	2400	
	差操民壮	280	7.2	2145.6	
	普司兵	100	6	600	
	松陵驿馆夫	8	6	48	
	平望驿馆夫	6	6	36	
	巡拦	4	3	12	
	合计	1384		10699.6	
马差	走递马夫	8	14	112	
里甲	祭祀银			232.35	
	乡饮银			40	
	科贡银			235.33	
	恤政银			300	
	公费银			1179.48	
	存留银			852.19	
	合计			2839.35	
	总计			15699.87	

资料来源：嘉靖《吴江县志》卷一〇《食货志·差役》，《中国史学丛书三编》，第543—555页。

　　另外两县力差总额均是银差总额的 3.4 倍以上，吴江县甚至达到了5.22 倍，此与明中期后作为力差的民壮用银甚多颇有关联。盖因卫所军窳劣，不堪大用而兴，民壮银从无到有，由少渐多，昭示出嘉靖朝军备废弛、财政失额的窘境。从均徭银构成分析，更可见一斑，民壮银几占均徭银的 1/3，吴江县则高达 36.9%。此外，驿传银亦为数不少，吴县支销额为 4360 两，占均徭银的 36.27%。由于苏州为交通、财赋重地，使客往来频繁，因此置驿站之地支应亦较他处为多。不唯如此，苏州府县，不仅须编金本地驿递夫役，还要协济其他省份所属驿站的马驴车船，如吴县须负担山东、江南各驿马银 1374.20 两。[1]

　　从服役地区而言，到南京服役的人数及金额，所占比例均不及 1%；苏州府役比例小于 5%；而县役占 95% 左右。如吴江县承担都察院门子、兵备道皂隶京役者，共 11 丁，白银 40 两，只有均徭银金额的 0.31%；府役金额 624 两，占均徭银的 4.85%。支应京徭费用较低，并不代表实际确实如此，比如上贡物料至明中后期，已然品目繁多，此处却并未记载编银。

　　里甲银方面，其品目则相对简单。嘉靖十六年（1537），王仪曾以八事考里甲，除丁田不是分配项目外，尚有庆贺、祭祀、乡饮、科贡、恤政、公费、备用七项。表 4—8 为吴江县、吴县嘉靖十七年里甲银之分配。

表 4—8　　　嘉靖十七年（1538）苏州府吴江县、吴县里甲银分布　　　单位：%

区域	庆贺银	祭祀银	乡饮银	科贡银	恤政银	公费银	存留银	合计
吴江县		232.35	40.00	235.33	300.00	1179.48	852.19	2839.35
占比		8.18	1.41	8.29	10.57	41.54	30.01	100.00
吴县	36.00	178.08				1283.67	845.77	2343.52
占比	1.54	7.60				54.78	36.09	100.00

　　由吴江县、吴县里甲银分配所知，公费银和存留银所占比例颇高，分居第一、第二位，并且两者合计皆超过里甲银 70%，吴县甚至达到 90% 以上，其中公费银即达 54.78%。以吴县为例，地方公费银支出包括：新官到任什物、祭宴银、刑具银、各衙门冬夏桌围银、修理衙门料价银、各上司卷箱扛架银、上司操练军官银、朝觐长夫每年带征银、岁季考生试卷花红银等，不一而足。[2]

　　居次的备用银两县均超过里甲银的 30%，由于所占比例较大，在备不时之需的同时，也增加了吏胥挪用作弊的可能。吴江县注意到了教育、安抚等公用事业的用银，但所占比重并不为高，分别仅有 235.33 两和 300 两，所占比例分别为 8.29% 和 10.57%。不过，与几乎没有相应支出

　　①　崇祯《吴县志》卷七《田赋》，《天一阁藏明代方志选刊续编》第 15 册，上海书店出版社 1990 年影印本，第 680 页。
　　②　同上书，第 683 页。

的吴县相较，可谓聊胜于无。①

以上以吴江、吴县为例，分析了苏州府里甲银、徭役银的分配去向。日本学者岩井茂树认为一条鞭法实行后，地方官府的财政开始具有统一性和组织性，以往凌乱的徭役系统课征形成的地方财政，从此具有统一化和组织化的特性，进而为一揽子预算的确立创立了条件。② 由于上述支应项目，远远不能满足各级官吏的不时之需，以及社会公共事业的需求，地方官吏并不会墨守成规，而是另有增加收入之来源与手段。嘉靖十九年（1540），嘉定"县令马公麟以田亩所编为重，而县有科麦地六百一十二顷有奇，均粮之法所不及也。于一县之田独为轻则，乃亩加一斗六升八合九勺五抄，凡得银五千一百七十七两有奇。以四分之一抵十六、十七都荒田无征之额，以四分之三入之里甲均徭，视昔所编者少减矣"③。

嘉靖二十七年（1548），吴县知县宋仪望创置公田以助役，主要贴补对象是粮长，规定：

> 本县田亩共四二六九顷四七亩，敛田之法，每田百亩抽田五亩，但区分大小不同，田粮多寡亦异。本职核计，本县三十六区，区大者人户众多，差解繁重，大约公田不过五、六百亩，中者三、四百亩，小者一、二百亩。共计一万三千二百四十八亩，岁收租一万三千五百石有奇，于粮长中择忠实能干者任之。④

随着时间的推移，在实践中颇受称道的利民举措不免走样、停滞甚至倒退，嘉靖三十六年（1557），"县令杨公旦请复十年一审之旧，而王公仪所为精思远虑以立宜民之法，几至寝废而不行"⑤。不过，官民一则起

① 吴县将岁季考生花红银 102 两列为公费银，参见崇祯《吴县志》卷七《田赋》，《天一阁藏明代方志选刊续编》第 15 册，上海书店出版社 1990 年影印本，第 683 页。

② ［日］岩井茂树：《中国近代财政史研究》，付勇译，社会科学文献出版社 2011 年版，第 299—300 页。

③ 万历《嘉定县志》卷六《田赋考中·徭役》，《中国方志丛书》第 421 号，成文出版社有限公司 1983 年影印本，第 418—419 页。

④ 乾隆《苏州府志》卷一一《田赋四》，乾隆十三年（1748）刻本，中国社会科学院历史研究所馆藏，第 8 页 b。

⑤ （明）顾炎武：《天下郡国利病书》原编第六册《苏松》，上海商务印书馆 1935—1936 年影印本，第 22 页 a。

科，徭役按丁田编银这两大原则，确是无可改变的了。

在一条鞭法之下的赋役合并，使各种杂派、役银摊入田亩，同正税混同征收，一定程度上会影响"正赋"的解纳。这在最早进行赋役改革，且比较彻底的江南地区，最为明显。隆庆元年（1567），应天巡抚林润条陈"复粮额"事，内称："苏州等府及广德等州，历年加派数多，乞要以后遵照嘉靖初年旧额征派。"户部尚书马森覆奏曰："本部卷查坐派各省税粮，自国初至今，有一定之额，俱以夏税、秋粮、马草为正赋，其余各项杂派银力等役，另立款项，或照地科，或计丁派，或编入均徭，或取足里甲，与夏秋粮草正额无干。惟是苏松等府，不分正赋、杂派，皆混入粮内征收，名曰'平米'。杂派多则正赋反累，而不知者，以加派归咎户部，不亦冤乎？"① 可见，江南苏松地区赋役改革的一个方向，是将正赋、杂派均摊入粮内征收，结果却造成了"杂派多则正赋反累"的情况。六年以后，明神宗"登基诏"中也特别申明："各处审编差役，原有正数，节年有司指称别项名色，纷纷加派及一应无名供应之类。科需既繁，赋税无出。闾阎萧索，实为隐忧。诏书到日，各有司官即照旧额，速行改正，此外不得擅科一钱，擅增一役。抚按官务要严查参治，坐赃罢黜。"② 可知，当时各地因摊派、增役而影响正赋缴纳，进而加剧逋赋的情况相当普遍，已经引起朝廷警惕。

第三节　隆庆朝苏州府赋税政策的调整

一　蔡国熙的验派平米之法

嘉靖时期，应天巡抚欧阳铎和王仪，在苏州实行的征一法，以及徭役摊入丁田，可谓一条鞭法之前奏。③ 此后，类似一条鞭法的改革逐渐推广开来，并渐成燎原之势。尤其是潘季驯、庞尚鹏等理财名臣分别主政的广东、浙江两省。离苏州较远的广东，嘉靖三十八年（1559），监察御史潘季驯"行均平里甲法"，而使"广人大便"④；次年，潘具疏上奏朝廷，

① 张学颜等：《万历会计录》卷一六《南直隶·沿革事例》，书目文献出版社 1988 年版，第 662 页。

② 《明神宗实录》卷二，隆庆六年六月癸亥，第 21 页。

③ 唐文基：《明代赋役制度史》，中国社会科学出版社 1991 年版，第 290 页。

④ 《明史》卷二二三《潘季驯传》，中华书局 1974 年标点本，第 5869 页。

"请饬后至者守其法"，并获准将其改革措施编印成书，定名为《广东永平录》，以使其法令化。邻近的浙江省，嘉靖四十五年（1566），巡按御史庞尚鹏按浙后"通府州县十岁中夏税、秋粮、存留、起运额若干，均徭、里甲、土贡、雇募加银额若干，通为一条鞭总征而均支之"①，嗣后，又编纂成册，名曰《浙江均平录》。然而，由于各地特色不一，一条鞭法不可能将所有项目条款悉编为一条，而是差役、田赋、收解等方面分别条编。

明人于慎行云：

> 夫条编者，一切之名，而非一定之名也。如粮不分厫口，总收分解，亦谓之条编；差不分户则，以丁为准，亦谓之条编；粮差合而为一，皆出于地，亦谓之条编；丁不分上下，一体出银，此丁之条编；地不分上下，一体出银，此地之条编。其名虽同，而其实不相盖也。敝邑所谓条编者，税粮不分厫口，总收起解；差役则除去三等九则之名，止照丁地编排；丁不论贫富，每丁出银若干；地不论厚薄，每亩出银若干；上柜征收，招募应役，而里甲之银附焉。此敝邑条编之略也。②

由于各种条件所限，明一条鞭法不可能将所有项目都编为一条，只是将田赋、差役、丁银甚至收解方法各自进行合并，并皆称之为条鞭。梁方仲曾指出，各项赋役的合并与纳银是各种赋役改革的两种趋势，有些改革虽不以一条鞭的名称出现，事实上就是采用一条鞭的办法，一条鞭即集合这些趋势之大成，将其更为深刻化与普遍化。③ 对苏州主政者而言，对一条鞭法的认知和实践也并不相同。嘉靖三十九年（1560），楼如山任嘉定知县，"出公帑银万两，于上江籴米二万石，以备非常。身历四郊，识民间所种花稻。令稻田兑本色，花田征折色……乃以所籴米兑军，而令民每石出银七钱。因用其余，以食济民，人谓有济时之智"④。隆庆元年

①　（明）孙承泽：《春明梦余录》卷三五《户部一》，北京古籍出版社1992年版，第588页。
②　（明）于慎行：《与抚台宋公论赋役书》，《谷城山馆文集》卷三四，万历间于纬刻本，第17页。
③　梁方仲：《一条鞭法》，《梁方仲经济史论文集》，中华书局1989年版，第50页。
④　万历《嘉定县志》卷九《职官》，《中国方志丛书》第421号，成文出版社有限公司1983年影印本，第652—653页。

（1567），户部复应天抚臣林润疏改折二事，对先前苏州府的做法有所指摘："各省粮额俱以夏税，秋粮、马草为正赋，差役增编为杂派，唯是苏、松诸郡不分正杂而混征之，名曰平米。其中如马役、料价、义役，原非户部之加增，如轻赍、脚米、户口盐钞亦非粮额之正数，杂派渐多，常赋反累。"① 此与时任苏州知府蔡国熙、继任应天巡抚海瑞的言行颇不一致。

隆庆一朝，虽曰短暂，却是苏州社会经济发生重大变迁的时代，因为此间苏州相继迎来了勇于任事的郡守和巡抚。先是"朝野称循吏者必曰蔡苏州"的蔡国熙"革旧役"之弊；后是应天巡抚海瑞驻苏州，兴水利，抑豪强，均赋税。时人伍袁萃感慨地说："予自有知识以来几五十年，阅地方诸公多矣。清风高节，惟中丞忠介海公、兵宪春台蔡公，然不独风节超卓而已。吴中所最苦者，无如赋役之重，二公同心共事，调停而均节之，犹解倒悬也。匪直造一方之福，抑亦垂百世之利，所谓功在民社者，二公有焉。"②

嘉靖时期，官民科则扒平后，苏州夏秋两税亦合二为一了。先是桑丝绵绢，并入秋粮夏麦内征收，最后则唯存秋粮米一项，而不见夏麦名色。苏州府各州县清正田地山荡，首先确定每亩摊征平米数，其次按每亩一石验派本色米和折色银，最后将预算里甲银、徭役银按丁田编银征收。隆庆二年（1568），蔡国熙详定会计册，以吴县为例：

> 验派平米一石例，免存留二升，实派九斗八升，本色米四斗九升。折色米四斗九升，折银二钱四分五厘，内税粮马草银二钱一分八厘六毫三丝一忽；料价水马夫役银一分八厘一丝六忽；户口盐钞银八厘二毫五丝三忽。荒粮平米一石折银五钱，例免存留银一分，实派缓□宗人府银四钱九分。
> 另征练兵每平米一石，派银二分六厘九毫五丝。③

---

① （明）王圻：《续文献通考》卷三《田赋考·田赋事例》，《续修四库全书》第761册，上海古籍出版社1995年影印本，第570页。

② （明）伍袁萃：《林居漫录》卷一，《续修四库全书》第1172册，上海古籍出版社2002年影印本，第108页。

③ 崇祯《吴县志》卷七《田赋》，《天一阁藏明代方志选刊续编》第15册，上海书店出版社1990年影印本，第684—685页。

为直观起见，现将以上史料制成表4—9，以方便进一步分析。

表4—9　　　　　隆庆二年（1568）吴县每石平米实征银米数

	本色米（石）	折色银（两）			练兵银（两）
		税粮马草银	料价水马夫役银	户口盐钞银	
征平米1石	0.49	0.219	0.018	0.008	0.027
		0.245			
征荒粮平米1石	0.49				0.027

首先考察本色米、折色银之构成比例。由平米"本色米四斗九升，折色米四斗九升，折银二钱四分五厘"，可知银米折算标准一仍其旧，为1石米折银5钱，此其一。就单位平米所征本色米、折色银，是等额的，即赋税白银化程度为50%，此其二。荒粮平米1石，全部征收折色银，并加收练兵银，此其三。因此，隆庆二年（1568），吴县赋税白银化程度已超过50%。其次，进一步追索折色银的构成，可知隆庆二年，吴县不仅马草、户口盐钞全部征银，并成为秋粮的一部分，而且物料、夫役已经摊入田亩，征收银两。料价水马夫役银，应是里甲、徭役由田亩征收的部分。这是苏州府赋役合一、统一征银的最早例释。

进而，蔡国熙针对苏州人民不堪承受的"白粮"重赋，展开纾解之努力。白粮输纳是苏州赋税的重要组成，除嘉定因"米谷之入，尚不足以自饱"[1]，而不承担白粮运纳外，其余州县概莫能外。明廷对所纳白粮有特殊要求，须"每粒拣选，务在粮精纯"，倘达不到要求，则须"换纳"[2]。因而，白粮与普通白米价格相差甚是悬殊，银一两折米四石，

---

① （明）王锡爵：《永折漕粮碑记》，《天下郡国利病书》原编第六册《苏松》，上海商务印书馆1935—1936年影印本，第24页b。

② 《明英宗实录》卷七四，正统五年十二月庚辰，第1435页载："行在工部左侍郎周忱奏，浙江输纳行在光禄寺白熟糯粮，近以米色不纯，责令换纳，仍令纳户拣选。查得今年起运补纳共米二万八千六十四石有奇，若令每粒拣选，务在精纯，一时卒不能备，况江南小民所种糯米，最少收成之时，必日色晴明，晒晾透彻，方得米色精纯。比因水旱相继，天时既失，人力不齐，米不精纯，实此之故，请敕有司选其精纯者进造。上用酒未纯者造支应酒，庶供应不亏，粮用亦足。从之。"

此为金花银的折算标准，而光禄寺糯米则为"每石折银一两一钱"①。不唯如此，自永乐北运始，白粮解纳之费，冠绝诸税粮，役之最大者"曰白粮解户，当此者靡不破家"②。成化以后，白粮俱令小民运送内府，"揽头之需索，入仓交纳之艰难"③，令解户"皆饮泣贷补，又倍息以偿，多至破产"④。根据胡铁球考证，嘉靖时期，吴江县一年须解运白粮约 10182 石，编金粮长共二十名，每名解运白粮约略 510 石；太仓州额派白粮 10851 石，分为 20 批，每批金粮长 1 人，每批平均解运 542 石。⑤ 明人称："嘉靖十年以前，民运尚有保全之家，至嘉靖十年以后，凡充是役，未有不破家者。"⑥

为此，蔡国熙一方面奏请固定加耗，使监收者不得越例需求，得到批准：

> 户部覆直隶苏州府知府蔡国熙奏。民运白粮，如内官监白熟细米，每石加耗米一斗；供用白熟粳米、酒醋局白熟糯米，及景汝泾三王府禄米，俱如内官监白熟粳米例，每石加耗米五升。至于铺垫等费，每石酌议银三分，与光禄寺禄米，仓白糙粮，一体遵收。上纳者不得藉口妄索，监收者不得越例需求，其粮长包揽之弊，下抚臣严禁。得旨允行。⑦

另一方面，实施"编金粮长法"，来辅助轮值白粮南北运役的民户，改革破家重役以解小民倒悬之苦。⑧

---

① 万历《秀水县志》卷三《食货志·田赋》，《中国方志丛书》第 57 号，成文出版社有限公司 1970 年影印本，第 155 页。
② 乾隆《苏州府志》卷八《田赋》，乾隆十三年（1748）刻本，中国社会科学院历史研究所馆藏，第 19 页 a。
③ （明）陆树德：《民运困极疏》，《明经世文编》卷二九一《二陆文集》，中华书局 1962 年影印本，第 3072 页下。
④ 《明宪宗实录》卷二六〇，成化二十一年正月己丑，第 4398 页。
⑤ 胡铁球：《明代"重役"体制的形成》，《社会科学》2012 年第 6 期。
⑥ （明）陆树德：《民运困极疏》，《明经世文编》卷二九一《二陆文集》，中华书局 1962 年影印本，第 3072 页下。
⑦ 《明穆宗实录》卷一九，隆庆二年四月戊子，第 526 页。
⑧ 同治《苏州府志》卷七〇，《中国地方志集成·江苏府县志辑》第 7 册，江苏古籍出版社 1991 年版，第 19 页。

自嘉靖四十五年（1566）始，至隆庆三年（1569）止，蔡国熙任苏州郡守三年，除上述赋税、白粮方面的举措外，其勇于任事还表现在如下三点：一是置社仓以养民备荒，二是兴水利以保税安民，三是徭役方面的兴利除弊。隆庆二年（1568），蔡氏"详定南北运柜收等役及仓兑，并五年一编与十年排役，各别挨轮。每遇编期，核造虎头鼠尾册佥点，以田多少定差轻重。革府总、县总佥点大户，改选书役承充，革报库子城当等为雇役"①。其改革举措涉及税粮或税银交纳、运输、仓储诸多方面，如制定编佥徭役之标准和期限，裁剪冗役或更为雇役，并设定民户将税银自封投柜、官收官解。

隆庆五年（1571），去职后的蔡国熙再临斯土，人是故人，身份已变。"湖广按察司副使苏松常镇兵备"，虽无管理粮储之责，却对苏州赋税不均之苦念兹在兹，"益求故所未尽者举之"。其主要功绩是推动"条鞭法"的深入，《天下郡国利病书》有云：

> 其法，先总梁州县每年银差若干，其力差应出雇役银若干，其繁苦而应加增者，明为加增，共该银若干。次总一州县实在人丁若干，除优免外，将一岁合用之数，均派丁田，并入秋粮征办。应解者官自发解，应顾者官自给值。并里甲每田一亩，大约共输银一分五厘有奇，百姓不知有徭里之差矣。至今永为例云。②

上述举措，如将每年徭役合用之银均派于丁田，并入秋粮征办，实来源于嘉靖十七年欧阳铎、王仪的均田均役改革，虽非蔡国熙之原创，但蔡氏却是忠贞的执行者和实践者。隆庆二年（1568），作为苏州知府，蔡氏所定会计册，所体现的也是赋役合一、统一征银之精神。"应解者官自发解，应顾者官自给值"，使赋役合一得到了保障。由于上述措施"不便于士绅尔，齐民则诚便"③，从此苏松"百姓不知有徭里之差矣"。

---

① 崇祯《吴县志》卷九《役法》，《天一阁藏明代方志选刊续编》第15册，上海书店出版社1990年影印本，第839页。

② （明）顾炎武：《天下郡国利病书》原编第七册《常镇》，上海商务印书馆1935—1936年影印本，第17页a。

③ 同上。

二　海瑞的均徭均费改革

惜蔡国熙任职未久，其改革之遗意，则由右佥都御史海瑞来传承。海瑞，字汝贤，号刚峰，海南琼山人，正德八年（1513）生，嘉靖二十八年（1549）乡试中举，曾任浙江淳安、江西兴国知县，户部主事，右佥都御史等职。隆庆三年（1569）六月，海瑞任应天巡抚，驻地苏州，总督江南十府粮储。在八个月的任职期内，其刚正廉洁、心系百姓、勇于任事的秉性展露无遗。总督江南十府粮储，乃海瑞基本的职责。自嘉靖朝苏州官民一则后，土地兼并成为苏州府赋税不均的主要原因。

江南各地的赋役制度，自嘉靖时起，大体上赋税征收已不分官田、民田，扒平为一则，徭役征发则采用归并诸役的征一法，人丁逐渐摊入了地亩中。海瑞出任应天巡抚时，江西、浙江、福建等地正实行明代赋役制度史上的大改革——一条鞭法。彼时，海瑞曾经任职的江西，由抚院刘光济主政，大行一条鞭法。"通计一岁用银若干，止照丁粮编派，开载各户由帖，立限征收……其银一完，则终岁无追呼之扰，而四民各安其业。"①

海瑞上任伊始，深切感受到江南赋税钱粮之重，谓"江南粮差之重，天下无有，古今无有……江南巡抚完钱粮是一大苦事"②。而"生至地方，始知富饶全是虚名，而苦楚特甚。其间可为百姓痛哭，可为百姓长太息者，难以一言尽也"，由于"贫富相倾，弱者率投献田地豪家以为奸利"，因此"不得已而限田，又不得已而均税"。③上任当年，海瑞即颁行《钱粮册式》以清理钱粮，格式见表4—10。

照得各州县钱粮有五七年未完者，有已完挪借不明，有未经抵补未解者，有起解五七年未获批关者。盖因头绪甚多，文卷浩繁，官司不及致详，吏书因而为弊。奸豪拖欠，积揽侵欺，日加一日，后将何极。本院职专总理，必有提纲挈领之方，庶免挂一漏万之失。为此设

---

① （明）刘光济：《差役疏》，万历《新修南昌府志》卷二五《艺文》，《日本藏中国罕见地方志丛刊》，书目文献出版社1990年影印本，第488页下。

② （明）海瑞著，陈义钟编校：《海瑞集（下册）》，《书牍类·启谭次川侍郎》，中华书局1962年版，第422页。

③ （明）黄秉石：《海忠介公传》，《海瑞集（下册）》，中华书局1962年版，第591—592页。

格眼册，仰各府州将属州县，自嘉靖四十三年起，至隆庆二年止，一应钱粮，先北京次南京，又次各衙门；一衙门之中，又先其急者，后其轻者；各州县全完者，将起解日期，官解姓名，已未获批关照式填。完一半者于起解日期上添已完若干，填注未完者，空下格眼，不许混填。奉例蠲免者注蠲免，原未坐派注未坐派字。其存留米若该州县管解人数多，格眼不能容者，别为一册。①

表 4—10　　　　　　　隆庆三年（1569）苏州府清理钱粮册式

幹若共糧錢項某門衙某解			嘉靖肆拾叁年
嘉定縣銀若幹	常熟縣銀若幹	吳縣銀若幹	太倉州銀若幹　某年月日某官解某人 解獲批單或批單未獲
崇明縣銀若幹	昆山縣銀若幹	吳江縣銀若幹	長洲縣銀若幹　某年月日某官解某人 解獲批單或批單未獲

资料来源：《海瑞集（上册）》上编，《均徭册式》，中华书局 1962 年版，第 264—265 页。

表 4—10 为各州县清理钱粮所报册单，按照一定次序，将解某衙门某项钱粮之明细，填入各县指定位置，汇总后记入顶端一栏。对解运全完者、完一半者、填注未完者，均规定了填列方法。另外，对存留银米另行填列，别为一册。至于清理效果，惜未有记载。而对于士绅兼并土地、转嫁赋税，海瑞以为"田实而赋不得通，徭轻而则壤者易矣"，于是"令疲

① （明）海瑞著，陈义钟编校：《海瑞集（上册）》上编，《均徭册式》，中华书局 1962 年版，第 263—264 页。

邑，抚三吴，皆用清丈"①，民各自实其田，凡侵夺及受献者，悉令"还其田，或许以赎"②。

在清理田粮的同时，海瑞致力于一条鞭法的推广。嘉靖四十二年（1563），海瑞时任江西兴国县令，即是一条鞭法的忠实拥趸：

> 江西均徭均平，尽以一条鞭法行之。银止总数，役无指名。以此小民得止输正数，较之他省，有一倍再倍三倍十余倍输当者相远，便民良法也。独红站马船，又编正户正名，募人自征收。③

而对均徭和银、力差是这样认识的：

> 均徭，徭而谓之均者，谓均平如一，不当偏有轻重也。然人家有贫富，户丁有多少，税有虚实。富者出百十两，虽或费力，亦有从来。贫人应正银，致变产、致典卖妻子有之。若不审其家之贫富，丁之多少，税之虚实，而徒曰均之云者，不可以谓之均也。均徭，富者宜当重差，当银差；贫者宜当轻差，当力差……不许照丁均役，仍照各贫富各田多少，贫者轻，田多者重，田少者轻，然后为均平也。④

其时兴国县所推广的一条鞭法，不包括水陆驿站的费用，仅含有均徭、里甲费用。此时，海瑞认为依照贫富和田地多寡划分户等，富者承担重差和银差，贫者担当轻差和力差，即可实现均徭和均平之目的。巡抚南畿时，海瑞认识到力差的存在以及额外编银的危害。"府县官不能为百姓做主，各州县尚有力差名目，可恨！可叹！"⑤ "其有数外编余银及优免，

① （明）黄秉石：《海忠介公传》，《海瑞集（下册）》，中华书局1962年版，第564页。
② （明）王弘海：《海忠介公传》，《海瑞集（下册）》，中华书局1962年版，第531页。
③ （明）海瑞著，陈义钟编校：《海瑞集（上册）》上编，《兴国八议》，中华书局1962年版，第206页。
④ （明）海瑞著，陈义钟编校：《海瑞集（上册）》上编，《兴革条例》，中华书局1962年版，第61页。
⑤ （明）海瑞著，陈义钟编校：《海瑞集（上册）》上编，《督抚条约》，中华书局1962年版，第249页。

不照则例，……官吏坐赃问罪。"①此时力差虽已编银多年，但仍有力差名目，并且还有额外编银。针对上述弊端，海瑞发布通告：

　　照得钱粮外，有均徭一事。钱粮正供有额，独均徭官自为私，时有增益，且不如例征银，包当人指名倍取，厉阶不改，剥民为毒。本院今就各州县原差徭数一一较量，损其可损，益所当益。大约一县中，其田地，其人丁，其优免，其今岁役当增，其来岁役当减，相去不远。县官委屈调停，存有余，补不足，事无不济……长、吴二县，均徭原设"备用银"一款，借此立为通法：以后年分诸事增减，止借备用银调停之。小民输官，岁岁此数，通之而百十年可一定，可通行矣。一切如长、吴二县，乡当里甲公费……分"均徭""均费"二端：其事用人谓之"徭"，用银谓之"费"，又止以"均徭"统之。刻成书册，标之曰某县均徭册。以后年分，用有加减，丁田、优免有加减，先年银有无余剩，因之备用一款增若干，减若干，随多寡备细刻一二纸续于后。②

　　均徭法在苏州已行多年，仍然问题多多。一则"官自为私"，随意加派；二则在力差名存实亡有年的情况下，却"不如例征银"；三则中间"包当人"利用指定编役名额倍收役银。海瑞应对的举措有二：其一，斟酌损益各州县原额应征银数，以使"小民输官，岁岁此数"；其二，"复设备用一款，以待调剂其规划"③。具体做法是：立"备用银"一款为通法，如本年度入不敷出，则借"备用银"来补足；若有盈余，则归入"备用银"之额度，以备下一年度不时之需。

　　均徭、均费等银不分银、力二差，俱以一条鞭征银④。施行的效果，海瑞还是比较满意的。"均徭银力二差，近日题准总一条鞭概编银，不得

---

①　（明）海瑞著，陈义钟编校：《海瑞集（上册）》上编，《督抚条约》，中华书局1962年版，第249页。

②　（明）海瑞著，陈义钟编校：《海瑞集（上册）》上编，《均徭册式》，中华书局1962年版，第268页。

③　崇祯《常熟县志》卷三《赋役志》，崇祯十二年（1639）钞本，第10页。

④　乾隆《苏州府志》卷一一《田赋四》，乾隆十三年（1748）刻本，中国社会科学院历史研究所馆藏，第9页。

已而为补偏救弊之法,一时良法也。"① 其后,海瑞又发布《则例》《通
法》再次予以重申:

> 斗级不得已作力差,如有应募人仍作银差为便……州县事体不出
> 钱粮者,尽归均徭。不许于均徭外,再有编征名色。有系一二甲一
> 编,尚存三五年者,总作一条鞭总编银。以后年分总十甲作一年编。
> 有某项原是十年一编,未完者参算征银,编入均徭,各县民多告愿十
> 甲总编,或此为便。②

> 如见年均徭,应增一用,减去备用银,小民出银不增。应减一
> 用,增入备用银,小民出银不减。如役过年分有余银,见年备用银
> 增;无余则见年备用银如旧。官中岁有增减,小民不得知不得蒙惠。
> 增则增出,虽减亦止照增的数输纳。此存乎有司之贤与否耳。虽不尽
> 然,使之归于一定,自是良法。可常行无弊。③

通过一段时间悉心治理,隆庆四年(1570),长洲县徭役银减了
9688.44 两,吴县减了 6752.32 两④。而嘉靖十七年(1538)两县之徭役
编银数字,分别是 20106 两和 14680 两,两相比较,则分别下降 51.81%
和 54%,足见海瑞均平赋税之成效。对此,海瑞认为:"若为减额过多,
其实先年甚是冗费。本院以为决可行者。今数酌之酌之,绰绰有裕。其中
尚有化行以渐之意。若四年以后,本院尚此苟禄,徭役必有减数,决无增
加。"⑤ 成效显著,亦增加了海瑞下一年度继续减除役银的信心。

> 隆庆四年分徭役银某项有无增减,有无余剩,银若干,当留入作
> 今备用,共银若干。今备用银除增减去该编若干,总前有无余银,共

---

① (明)海瑞著,陈义钟编校:《海瑞集(上册)》上编,《督抚条约》,中华书局 1962 年
版,第 249 页。

② (明)海瑞著,陈义钟编校:《海瑞集(上册)》上编,《则例》,中华书局 1962 年版,
第 269、271 页。

③ (明)海瑞著,陈义钟编校:《海瑞集(上册)》上编,《通法》,中华书局 1962 年版,
第 269 页。

④ (明)海瑞著,陈义钟编校:《海瑞集(上册)》上编,《则例》,中华书局 1962 年版,
第 271 页。

⑤ 同上。

计该银若干。①

　　隆庆五年，均徭增减银数：田地、人丁、山荡比四年增若干，增者增备用银若干，减者减备用银若干。②

　　在海瑞巡抚南畿之前，苏州知府蔡国熙曾实行"官收官解"，"百姓如出水火"。海瑞到后，"令通如蔡知府议行"③。由于户部听信各衙门"过称银不足秤"之言，而对海瑞之官收官解有所指摘。为此，海瑞复户部侍郎张守直："此事于各衙门之人诚不利，于百姓则为甚利，贵部一担当之，而百年困苦，一朝可苏息矣。讬爱谨奉恳。解户生不复改矣！决矣！"④

　　因而在巡抚任上，海瑞对推行条鞭法改革是义无反顾的。除以上措施之外，对一些"扰民"的差役，海瑞明确予以废除。如革除府城附郭总甲。总甲充役者的任务是监视所谓"逃盗"，最称繁苦，官府公私营办、劫掠杀伤事件，往往拖累总甲，甚有破家者。又如革除保管、运输漕粮的"库子""斗级""解户""禁子"之类的差役，并改为以银代役。

　　苏州人伍袁萃论述道："自庞惺庵倡行条编法，而两浙积困为甦，海刚峰、蔡春台取而斟酌润色焉。凡吴中重役如斗库、斗级、里长、办当各官，自占柴薪、富户之类，一切裁革，倒悬之解未足喻也。以后各省遍行之，遂为划一之政，三公所施远矣。今吴中惟白粮一役，动至倾家，最为民害，而事关内府，议者咋舌。方今圣明在上，得一贤辅力请而归之司农，毋经阉竖之手，则江南二百年疾苦悉除矣。"⑤ 苏州除了白粮一项重役后来一直存在到清代，其他杂役均已纳入一条鞭法之中。庞惺庵即浙江巡抚庞尚鹏，蔡春台即蔡国熙。

　　海瑞巡抚南畿甚短，但其对一条鞭法的坚守和推广却是全方位的。明

---

① （明）海瑞著，陈义钟编校：《海瑞集（上册）》上编，《则例》，中华书局1962年版，第272页。

② 同上书，第271页。

③ （明）海瑞著，陈义钟编校：《海瑞集（下册）》，《复张笔峯侍郎》，中华书局1962年版，第433页。

④ 同上。

⑤ （明）伍袁萃：《林居漫录》卷五，《续修四库全书》第1172册，上海古籍出版社2002年影印本，第174页。

人刘仕义称：

> 海公瑞巡抚南畿，慨小民困于徭役之不均也，乃立为划一之法，
> 以一县繁简，适中者为准。总计徭役几何？当用雇直几何？于是概一
> 县之田，除一切应优免外，总计田亩几何？一亩当出雇值几何？不论
> 官民，惟按户计亩，按亩收直，其编派差徭，官自办雇。遂以其式颁
> 诸郡县，一体行之，名为一条鞭。①

海瑞的均田均役改革，目的是在减少、归并徭役的基础上，摊入田
亩，按亩收银，差徭官自雇募。这条史料厘清了"摊丁入亩"与"一条
鞭法"的关系，是将力差全部变为银差，彻底实行雇役制的明确记载。
至此，一条鞭法和摊丁入亩在苏州得以进一步推广。后人评价海瑞治苏，
"以清丈为急，而力行条鞭一法，令额外征徭不致重困之"②，由于役不偏
累任一阶层，种田之利遂成为共识。"吴中经界以正，赋役以均"③，于是
城中富室也开始求田问舍，而乡间贫民则不肯轻弃其田。

遗憾的是，海瑞巡抚南畿之行不足一年，即因"夺富民田府怨"而
"解官归里"。盖因海瑞丈田亩、行条鞭，锋芒所及，损害了缙绅富户
的既得利益。如曾任内阁首辅的徐阶纵"子弟家奴暴横闾里，一方病
之，如坐水火"，却指责海瑞均粮之举，"其意以为富者之财，散入于
贫，则贫者均当富矣，而岂知人情得财既易，用财遂轻，加以奸恶之
徒，竞相诱引，淫奢饮博，视如泥沙。讼墨未干，空乏如故，故富者之
衰落，则不可复振"④。徐阶所言"百姓"，所指并非穷苦百姓，而是包
括其本人在内，拥有大量土地的地主豪绅。又如给事中戴凤翔攻击海瑞
"庇奸民，鱼肉缙绅，沽名乱政"⑤，纵民为"虎"，而以乡官为"肉"。

---

① （明）刘仕义：《新知录摘抄·一条鞭》，《丛书集成初编》，上海商务印书馆 1936 年版，
第 58—59 页。

② （明）李贽：《太子少保海忠介公传》，《海瑞集（下册）》，中华书局 1962 年版，第 547
页。

③ （明）黄秉石：《海忠介公传》，《海瑞集（下册）》，中华书局 1962 年版，第 565 页。

④ （明）徐阶：《上太岳少师乞救荒》，《明经世文编》卷二四五《徐文贞公集二》，中华
书局 1962 年影印本，第 2574 页上。

⑤ （明）王国宪：《海忠介公传》，《海瑞集（下册）》，中华书局 1962 年版，第 592 页。

都给事中舒化弹劾他"迂滞不达政体"，提出"宜以南京清秩处之"①。

当然，海瑞行政自有其"迂滞不达政体"一面。"举凡天下之人，见天下之有饥寒疾苦者必哀之，见天下有冤抑沉郁不得其平者必为忿之。哀之忿之，情不能已，仕之所由来也。"② 海瑞具有疾恶如仇、悲天悯人的情怀，在其职权所及所进行的兴利除弊的改革，不仅符合时代潮流，也契合了人民愿望。这一点就连曾反对他的张居正也说："海刚峰之在吴，其施为虽若过当，而心则出于为民。"③

事情闹到朝廷，终以海瑞去职而告一段落。时人评论道："此一事也，见方正之难容焉，见法纪之澌灭焉，见家居之罢相能逐朝廷之风宪焉，见琐闼之言官甘为私门之鹰犬焉。"④ 以至于时任次揆的张居正，只能表达其矛盾的心理："三尺法不行于吴久矣，公骤而矫以绳墨，议其不能堪也。讹言沸腾，听者惶惑。仆谬忝钧轴，得于参庙堂之末议，而不能为朝廷奖奉法之议，有深愧焉。"⑤

首辅大学士高拱连连指令继任巡抚朱大器道："夫海君所行谓其尽善，非也；而遂谓其尽不善，亦非也。若于其过激不近人情处不加调停，固不可；若并其痛惩积弊为民作主处悉去之，则尤不可矣。天下之事，创始甚难，承终极易。海君当极弊之馀，奋不顾身，创为剔刷之举，此乃事之所难，其招怨而不能安，势也……如以为戒而尽反其为，则仍滋弊窦而失百姓之心，岂惟非国家之利，亦非公之利矣。"⑥ "苏松田粮不明，小民受累已极。若不一一申白，徒为容隐，则困何时苏也？今宜将田地粮石尽行查出，要见在民纳粮者若干，其为势豪侵占而小民赔纳者若干。势豪为谁，并名下地亩逐一开出奏闻，下部议处，庶可有厘正之期。不然，民困

---

① 《明史》卷二二六《海瑞传》，中华书局1974年标点本，第5931页。

② （明）海瑞著，陈义钟编校：《海瑞集（上册）》上编，《淳安县政事序》，中华书局1962年版，第37页。

③ （明）张居正：《张太岳集》卷三四《答应天巡抚朱东园》，上海古籍出版社1984年影印本，第428页。

④ （明）伍袁萃录，贺灿然评：《漫录评正》，《北京图书馆古籍珍本丛刊》第70册，书目文献出版社2000年版，第543页。

⑤ （明）张居正：《张太岳文集》卷二二《答应天巡抚海刚峰》，上海古籍出版社1984年影印本，第262页。

⑥ （明）高拱著，岳金西等编校：《高拱全集》卷三《各省应答·答苏松朱巡抚书一》，中州古籍出版社2006年版，第523页。

愈极而事有他出，非所以为安也。"①

　　明末人黄秉石说："公至吴九阅月耳，而天下财赋之原，肃然一清。至惠泽所流，于今若慕考妣，言之娓娓欲泣也。"② 连深受海瑞株锄之苦的当事人徐阶也不得不说："敝乡近来甚为新政所困，然刚峰初意亦出为民，只缘稍涉偏颇。"③ 华亭县乡绅何良俊对海瑞颇多怨言，但也承认："海刚峰之意无非为民，为民，为朝廷也。"④

三　水利、赋税与"以工代赈"

　　海瑞任职应天巡抚，短时期内即使苏州"经界以正，赋役以均"，其所作所为确是为民均平赋税、为朝廷整理税粮。不仅如此，他对太湖流域水利的兴修，则更可能泽被后世。

　　自唐后期以降，苏州之所以成为国家财赋中心，是与其所处地理环境密切相关的。宋代的苏州被称为平江，即因其地势低下，与江水相平之故。"夫朝廷粮饷取给东南，然其生之之源，全在于农，农之耕种，全赖水利。"⑤ 水利是苏州经济之命脉，水利兴则农业旺，农业旺则衣食足。反之，水利废则水灾为害，民受其苦。美国学者珀金斯在《中国农业的发展（1368—1968）》一书中，注意到在产米省份，人口增加与水利建设走着同样的道路，存在正相关的逻辑关系，而明代东南人口稠密的地区，水利活动大规模进行了数个世纪。⑥ 法国学者魁奈惊诧于传教士们对中国南方梯田的描写：那些在别处几乎连荆棘或灌木都难以生长的土地，在这里却变成肥沃的明媚美景。⑦

　　明代苏州为重赋区，重赋更有赖于水利。"夫江南厥田惟下下，而厥

---

　　① （明）高拱著，岳金西等编校：《高拱全集》卷三《各省应答·答苏松朱巡抚书二》，中州古籍出版社2006年版，第524页。

　　② （明）黄秉石：《海忠介公传》，《海瑞集（下册）》，中华书局1962年版，第567页。

　　③ （明）徐阶：《世经堂续集》卷十一《复翁见海中丞》，万历三十六年刻本。

　　④ （明）何良俊：《四友斋丛说》卷十三《史九》，中华书局1959年版，第109页。

　　⑤ （明）何良俊：《四友斋丛说》卷十四《史十》，中华书局1959年版，第120—121页。

　　⑥ ［美］珀金斯：《中国农业的发展（1368—1968）》，宋海文等译，上海译文出版社1984年版，第79页。

　　⑦ ［法］魁奈：《中华帝国的专制制度》，谈敏译，商务印书馆1992年版，第66页。

赋则上上者，利于水也"①，说明水的利用和水利的兴修，可以使水乡泽国变成鱼米之乡。反之，水利废弛，乃吴民之病源②。研究中国古代经济的美国学者麦迪森认为，中国的农业生产高度依赖于灌溉和水利管理，目的是提高土地肥力，降低水患与旱灾的风险。③对于水利与赋税的关系，明人亦有深刻的感悟：

> 东南之患，赋税为难，其病实在于水利。④
>
> 东南之难，全在赋税。而赋税之所出，与民生之所养，全在水利。盖潴泄有法，则旱涝无患，而年谷每登，国赋不亏也。⑤
>
> 江湖通达，然后田野丰登，田野丰登，然后仓廪盈溢，仓廪盈溢，然后府库充足。⑥
>
> 苏松地方延袤千里，财赋所入当天下三分之一，由外滨大海，内阻江湖，大河环列于群县，以吐纳江海之流；支河错综于原野，以分折大河之派，寸土尺地皆获灌溉，此东南财赋之深也。⑦

嘉靖时苏松巡按吕光洵还分析了苏、松、常、镇赋税的地区差别。苏州赋税最重，是因为水利最为便利；松江赋税只有苏州一半，却远高于常州，是其水利便利程度不如苏州但好于常州的结果；镇江府田多瘠硗，水利不兴，赋税独在各府之下。⑧

---

① （明）严讷：《浚白茆塘记》，《明经世文编》卷二七九《严文靖公文集》，中华书局1962年影印本，第2953页下。

② 参见（明）吕光洵《修水利以保财赋重地疏》，《明经世文编》卷二一一《吕司马奏疏》，中华书局1962年影印本，第2206页下。

③ ［英］安格斯·麦迪森：《中国经济的长期表现——公元960—2030年》，伍晓鹰、马德斌译，上海人民出版社2008年版，第23—24页。

④ 崇祯《松江府志》卷十七《水利》，《日本藏中国罕见地方志丛刊》，书目文献出版社1990年影印本，第440页。

⑤ （明）徐光启：《农政全书》卷一五《东南水利》下，《钦定四库全书》子部，文渊阁四库全书本，第1页a。

⑥ （明）金藻：《三江水利》，《天下郡国利病书》原编第四册《苏上》，上海商务印书馆1935—1936年影印本，第31页。

⑦ 《明世宗实录》卷五五八，嘉靖四十五年五月己未，第8976页。

⑧ （明）吕光洵：《三吴水利图考》卷首，参见冯贤亮《明清江南地区的环境变动与社会控制》，上海人民出版社2002年版，第42—43页。

明代立国后，以苏州为国家财赋重地，也曾对吴中水利进行过大规模兴修，并逐渐形成"治水督农官"管理模式。永乐元年（1403），苏州等江南诸府遭遇水患，明廷一方面蠲免受灾税粮；另一方面派遣户部尚书夏原吉督办水利事务。对于"被水田地，堪种者，趣（趋）民种之；后时者，除今年租税"①；并组织十万民夫疏浚三江入海故道。弘治十三年（1500），苏州府大规模疏浚太仓州吴川塘，"乃鸠州万有五千夫，昆山千二百夫……日给导河夫官银，糜三千二百五十两。于是水道流利，而田野辟，舟楫便，租赋复，上下赖之"②。此后"三吴治水惟正德辛巳之役最巨，费最多，而迄无实效"③。

辛巳年是正德十六年（1521），此后历经嘉靖，至海瑞隆庆三年（1569）出任应天巡抚，江南水利无专人管理，水利设施得不到正常维持。④ 兴修江南水利的关键是解决好太湖出水。宣泄太湖之水有三条大川，东出嘉定、松江为吴淞江，东北出昆山、太仓为刘家河，更东北出长洲、常熟为白茆河。如果长期水利不修，经河既湮，支流亦将淤塞，沿河农田必然深受影响，整个苏、松、常、嘉、湖五府重赋区皆受其害。嘉靖中期有识之士对此不禁深感忧虑：

> 今之苏松，公家之赋强半仰给，主计者每议设官以督之，而不知赋出于田，田资于水利。水利诚修，则田可不芜，而赋可不亏。是以有识者，谓宜裁督赋之官而专设官以司水利，可谓知要之论。⑤
>
> 今天下大计，在西北莫重于军旅，在东南莫重于财赋。而苏松等府地方，不过数百里，岁计其财赋所入，乃略当天下三分之一。由其地阻江湖，民得擅水之利，而修耕稼之业故也。近岁水路渐湮，有司者既不以时奏闻，而民间又不肯自出其力，随处修治，遂至於大坏。

----

① 《明太宗实录》卷二一，永乐元年六月辛亥，第378页。

② （明）祝允明：《重浚吴川塘记》，载张内蕴、周大韶撰《三吴水考》卷一六，《钦定四库全书》史部，文渊阁四库全书本，第18页。

③ （明）徐思曾：《吴江水利功成碑》，《三吴水考》卷一六，《钦定四库全书》史部，文渊阁四库全书本，第39页。

④ 范金民：《明代江南施政述论》，《首都师范大学学报》2014年第3期。

⑤ （明）严讷：《白茆港新建石闸记》，《明经世文编》卷二七九《严文靖公文集》，中华书局1962年影印本，第2952页下。

而潴泄之法，皆失其常。自嘉靖十八年以来，频遭水患，而去年尤剧。今年又值旱灾，其始高阜槁枯，至七八月间河浦绝流，虽素称沃壤之田，皆荒落不治，而耕稼之民，困饿流离，无以为命。①

　　吴下之田，以圩岸为存亡也。失今不治，则坍没日甚，而农桑日蹙矣。②

　　而海瑞赴任之时正值夏季大水，秋成歉收，饿殍遍地，饥民云集。海瑞奏曰："臣奉命巡抚江南，各州县被灾所在甚多分数，应题请者臣照例题请，已蒙皇上覃敷洪恩，赐之改折，赐之蠲免，小民欢欣鼓舞，感恩无穷极矣。"但若水灾过大，则"旁郡无可转输，本地无可借贷"。所以应"尽数改折"，"留米以济江南之饥，折银以济诸员役之用"③。

　　太湖通海的主流吴淞江已逐渐淤塞，太湖和吴淞江之间的许多沟渠和堤坝也都失去了调节作用，因此遇上雨水过多的年月，太湖便会泛滥成灾。嘉靖四十年（1561）、隆庆三年（1569）水灾都是如此。吴淞江流经的苏、松、常、杭、嘉、湖六府，都是重要的粮食产地，这两次大水灾使得六府粮食收成遭到重大损失。这一带的百姓多年来就盼望着开浚吴淞江，彻底根治水灾。前任官员虽做疏浚，但因工程艰难，一直没有成功。因此民间有"要开吴淞江，除是海龙王"的歌谣。由于认识到疏浚"吴淞江一水，国计所需，民生攸赖"④，因此海瑞不顾艰巨与否，决定立即动工，"修之举之，不可一日缓也"⑤。

　　在疏浚吴淞江时，海瑞采用"以工代赈"之法，即将治水与赈灾统一起来。在中国荒政史上，虽然救荒举措首推钱粮救济，但"以工代赈"亦不鲜见。春秋时齐国发生灾荒，"晏子之济饥，以智行仁，即工寓赈"⑥。美

---

① （明）吕光洵：《修水利以保财赋重地疏》，《明经世文编》卷二一一《吕司马奏疏》，中华书局1962年影印本，第2206页上。

② 同上书，第2207页下。

③ （明）海瑞著，陈义钟编校：《海瑞集（上册）》，《改折禄米仓粮疏》，中华书局1962年版，第230页。

④ （明）海瑞著，陈义钟编校：《海瑞集（上册）》，《开吴淞江疏》，中华书局1962年版，第231页。

⑤ 同上。

⑥ （清）陆曾禹：《钦定康济录》，李文海、夏明方《中国荒政全书》第二辑第一卷，北京古籍出版社2004年版，第348页。

国社会学教授苏黛瑞研究中国儒家思想，认为其核心教义就是政府承担着不可推卸的"养民"责任。[①] 海瑞作为清正廉洁、知行合一的官员，其"以工代赈"，也体现了其仁爱子民的儒家伦理道德。以荒年计工受值的方式招募灾民，具有保障基层民众基本生存需求、维护社会安定的社会功效。

在议开吴淞江之前，海瑞向朝廷上奏了他的资金筹措计划，计该用银七万六千一百二两二钱九分，来源一是"量留苏、松、常三府漕粮二十万石，准照前旨银数改折"后的差额；二是应天等十一府州县库贮赃罚银两；三是浙江杭嘉湖三府与苏松常三府的库藏银。[②] 由于急需支付银两，海瑞为此将各府练兵银两作垫付，从苏州、松江、常州三府共筹措4万两。[③] 该举措将兴修水利、调配资金与救济灾民融合起来，正如海瑞所言，"彼处饥民亦听上工就食，吴淞借饥民之力而故道可通，民借银米之需而荒歉有济，一举两利"[④]。

在治水过程中，海瑞不仅率领属官，躬亲督察，而且直接将工食钱粮发给民工，"不迟缓一刻，不扣除一厘"。由于"募工兴役，赴者如归"[⑤]，因此工程进度奇快，不足两个月即告完成；又由于荒年工价低贱，"民无加赋之苦，官无迎送之劳"[⑥]，因而费银远低于预算。明人范濂称："海公调停允当，不烦国课，不费民财，计日奏功，士民至今称颂。"[⑦] 黄秉石在《海忠介公传》中亦评价道："由于旱涝有备，年谷丰登，吴民永赖，乐利无穷，公之开河之功，创三吴所未有矣。"[⑧]

---

① Dorothy J. Solinger, *Three Welfare Models and Current Chinese Social Assistance：Confucian Justifications, Variable Applications. The Journal of Asian Studies*, 2015（4）.

② （明）海瑞著，陈义钟编校：《海瑞集（上册）》，《开吴淞江疏》，中华书局1962年版，第231—232页。

③ （明）海瑞著，陈义钟编校：《海瑞集（上册）》，《处补练兵银两疏》，中华书局1962年版，第234页。

④ （明）海瑞著，陈义钟编校：《海瑞集（上册）》，《开吴淞江疏》，中华书局1962年版，第232页。

⑤ 万历《重修昆山县志》卷二《水利》，《中国方志丛书》第433册，成文出版社有限公司1983年影印本，第134页。

⑥ 同上。

⑦ （明）范濂：《云间据目抄》卷三《纪祥异》，万历二十一年（1593）刊本，第6页a。

⑧ （明）黄秉石：《海忠介公传》，《海瑞集（下册）》，中华书局1962年版，第591页。

第 五 章

万历时期苏州府的田赋
折银与赋税结构

第一节　张居正理财背景下的苏州赋税

嘉隆以降，明王朝已度过稳步发展的中期，迈入多事之秋的暮年。此前肇始于苏州，继而弥漫全国的条鞭法改革，虽名实不符，内容各异，但赋役合一、统一征银乃大势所趋；此后，随着赋役改革的渐次深入，明代白银货币化亦基本完成。从国内视角来看，嘉隆时期，赋税折银改革方兴未艾，并与商品货币经济发展互为因果，不仅使社会各阶层卷入市场之中，而且催生出新的经济成分①。至此时，"朝野率皆用银"方成为社会共识和现实常态。从国际视野而言，彼时的欧洲奉行重商主义，对美洲新大陆的白银情有独钟。"商品交换越是打破地方的限制，商品价值越是发展成为人类劳动一般的体化物，货币就越是归到那种天然最适于担任一般等价物这种社会机能的商品，那就是贵金属。"② 在中国历史上，白银恰好扮演了这个重要角色。到了明代，人们更把它看成天然合适的货币材料，一些学者也论证了银为货币，优于钞和铜钱。作为明代嘉隆万时期的文坛领袖，苏州太仓人王世贞对各类流通货币有如下评价：

> 凡贸易金太贵而不便小用，且耗日多而产日少，米与钱贱而不便大用，钱近实而易伪易杂，米不能久，钞太虚亦复有涴烂，是以白金

---

① 万明对此有详细论证，参见《晚明社会变迁：问题与研究》第三章"白银货币化与中外变革"，商务印书馆 2005 年版，第 188—216 页。

② 马克思：《资本论》第一卷，人民出版社 2004 年版，第 75 页。

之为币长也。①

弘治年间，丘濬称"铜钱、宝钞相兼行使，日久弊生。钱之弊在于伪，钞之弊在于多"，因而提出"以银为上币，钞为中币，钱为下币，以中、下币为公私通用之具，而一准上币以权之焉"，亦即银为主币、钱钞为辅币的货币体系。并且还具体设定："每银一分，易十文；新制之钞，四角完全未中折者，每贯易钱五文，中折者三文，昏烂而有一贯字者一文。通诏天下以为定制。"②

白银货币化乃催发经济繁荣之燃素，在其作用下，从明中叶起，明代经济显示三百年王朝常有的中期繁荣。③ 生活在嘉靖后的姜良栋说："苏州为江南首郡，财赋奥区，商贩之所走集，货财之所辐辏，游手游食之辈，异言异服之徒，无不托足而潜处焉。名为府，其实一大都会也。"④日本学者宫崎市定称，彼时苏州已是中国"金融的中心"，中国商品输出所获现银，集中于苏州，巨额赋税即以现银的形式征收，往返于北京苏州之间。⑤

只是，与明代中期始经济繁荣不相匹配者，一是抵制赋税改革之官绅势力甚是强大，竟自行组织不为官府支配的纳赋团体"官甲"，逃避税粮并滥免丁役。

> 盖因隆庆年间，吴中士夫创立官甲，自办自比，自收自兑。未几巧诈百出，弊窦纷然，有倚官甲为避差之窟而诡计者，有通钱神于猾胥之手而花分者，有寄庄而图优免者，相沿积习，牢不可破，而长民之吏，莫能究诘。⑥

---

① （明）王世贞：《弇州史料后集》卷三七《笔记上·钞法》，万历四十二年（1614）刊本，第5页b。

② （明）丘濬：《大学衍义补》卷二七《治国平天下之要》，京华出版社1999年版，第259—260页。

③ 王家范：《明清江南的"市镇化"》，《东方早报》之《上海书评》，2013年。

④ （明）姜良栋：《镇吴录》，日本京都大学景照内阁文库馆藏万历刊本，转引自韩大成《明代社会经济初探》，人民出版社1986年版，第241页。

⑤ ［日］宫崎市定：《明清时代的苏州与轻工业的发达》，《宫崎市定论文选集》（上），中国科学院历史所译，商务印书馆1963年版，第232页。

⑥ 《江苏省明清以来碑刻资料选集》，生活·读书·新知三联书店1959年版，第516页。

　　由此可见，一是缙绅豪强为维护既得利益，使"官甲"成为"避差之窟"，而地方官员竟"莫能究诘"。因而"吴中一遇编差，上户不足点及中户，中户不足点及朋户"，而"豪门子弟倚势人奴，方且半拥良田美宅，歌童舞女，耳中曾不闻'役'之一字。而彼瓮牖贫民……反共出四力，以代大户非常之劳费"①。

　　二是嘉隆万易代之际，赋税的征不足额和财政的入不敷出。"隆庆六年六月，诏书一款，自嘉靖四十三四五等年，并隆庆元年钱粮，除金花银外，悉从蠲免，其二、三、四年则各免十分之三，水患兵伤地方并二三年亦从蠲免，犹不能追纳。至万历二年，户部乃议于拖欠七分之中，每年带征三分，而民犹以为苦"②。就白银岁入岁出论，万历五年（1577），政府岁入4359400余两，而六年所入仅3359800余两，是比旧少进80余万两矣。五年岁出3494200余两，而六年所出乃至3888400余两，是比旧多用40万余两矣。③

　　面对如此窘况，张居正开出了量入为出、以岁入制国用的理财策略：

　　　　夫古者王制，以岁终制国用，量入以为出，计三年所入必积有一年之余，而后可以待非常之事，无匮乏之虞。乃今一岁所出反多于所入，如此年复一年，旧积者日渐消磨，新收者日渐短少，目前支持已觉费力，脱一旦有四方水旱之灾、疆场意外之变，何以给之？此皆事之不可知而势之所必至也，此时欲取之于官，则仓廪所在皆虚，无可措处；欲取之于民，则百姓膏血已竭，难以复支，而民穷势蹙，计乃无聊，天下之患有不可胜讳者。此臣等所深忧也。夫天地生财，止有此数，设法巧取，不能增多，惟加意樽节，则其用自足。④

　　财赋之地苏州亦是如此，大学士申时行不禁慨叹当时的财政窘迫，并

　　① 《江苏省明清以来碑刻资料选集》，生活·读书·新知三联书店1959年版，第517页。
　　② 《明神宗实录》卷五二，万历四年七月丁酉，第1210页。
　　③ （明）孙承泽：《春明梦余录》卷三五《户部一》，北京古籍出版社1992年版，第585页。
　　④ （明）张居正：《张太岳集》卷四三《看详户部进呈揭帖疏》，上海古籍出版社1984年影印本，第555页。

追忆周忱抚吴所取得的政绩。

> 余尝闻父老言，周文襄抚吴时，缮治津梁道途以数十百计，所在廪庾皆满，间以抵无年之租，熙熙乎若成周之盛世！而今则有大异不然者，赋额日广，供亿日繁。重以灾沴荐臻，督逋之檄，旁午于道。闾阎如磬，儋藏如洗，有司至不能名一钱，甚则学宫颓圮，经数岁而不得治。盖已窘矣。①

时应天巡抚宋阳山曾就重赋问题上书，内阁首辅张居正答复：

> 来翰谓苏松田赋不均，侵欺拖欠云云，读之使人扼腕……即如公言，豪家田至七万顷，粮至两万，又不以时纳……夫民之亡且乱者，咸以贪吏剥下，而上不加恤，豪强兼并，而民贫失所故也。今为侵欺隐占者，权豪也，非细民也，而吾法之所施者，奸人也，非良民也。清隐占，则小民免包赔之累，而得守其本业；惩贪墨，则闾阎无剥削之扰，而得以安其田里。②
>
> 里甲、经催、投靠、优免四者，正吴人受病处……然事极必变，势穷斯通，吴中事势已极，理必有变。③

其后，又云：

> 苏、松两府，拖欠至七十余万，盖以彼处税粮原重，故逋负独多，其间固有豪右奸猾，恃顽不纳者，然穷民小户，力不能办者亦有之，而有司之令但能行于小民，不能行于豪右，故催科之苦，小民独当之。④

---

① （明）申时行：《浒墅关修堤记》，《明经世文编》卷三八一《申文定公集二》，中华书局1962年影印本，第4135页下。

② （明）张居正：《张太岳集》卷二六《答应天巡抚宋阳山论均粮足民》，上海古籍出版社1984年影印本，第316—317页。

③ （明）张居正：《张太岳集》卷二七《答应天巡抚宋阳山》，上海古籍出版社1984年影印本，第324页。

④ （明）张居正：《张太岳集》卷四六《请蠲积逋以安民生疏》，上海古籍出版社1984年影印本，第578页。

　　张居正的分析大体是不错的。自嘉靖十七（1812）年官民一则后，官田的毒瘤已不复存在，其后赋役折银、统一征银成为不可阻挡之趋势，苏州府更在隆庆时期得以巩固赋税改革成果。此为赋税发展史中的主流，所谓"大浪淘金，泥沙俱下"，主流之外，更有支流甚或逆流。官田之消失，一方面减轻了耕种者的赋税负担，另一方面刮起了特权阶层兼并土地之风；商品货币经济的发展，更是刺激了缙绅地主求田问舍、集聚货币财富的欲望。即如上文所言"豪家田至七万顷，粮至两万，又不以时纳"，而"小民独当之"，以致逋赋问题长期难以解决。嘉靖三十年，苏州府吴县令宋仪望亦承认："江南逋负，动至数百万，其在苏吴，十居其五。"①当然，权豪之所以能够"侵欺隐占"，是与官府施法者贪蠹息息相关的。因而张居正认为，在"清隐田"的同时，需要"惩贪墨"，这与隆庆二年（1568）七月，张居正所呈《陈六事疏》言及"固邦本""核名实"的主旨是相通的②。此即张居正严格"考成"官吏、清丈田亩、推广一条鞭法的诱因。

　　考成法，实乃"举废饬弛"之法，并非张居正创制，洪武时期即已存在，只是彼时以教化风俗和"户口增、田野辟"为考核重点③，而不以赋税完纳为首务。宣德五年（1430）则另行规定："天下官员三年六年考满者，俱令赴部给由，所欠税粮立限追征。九年考满就便铨注，任内钱粮完足，方许给由。"④ 只是此项规定当时执行并不到位。万历初年，张居正一俟登上首辅之位即着手实施。"稽查章奏，自是祖宗成宪，第岁久因循，视为故事耳。请自今伊始，申明旧章，凡六部、都察院遇各章奏，或

---

　　① （明）宋仪望：《华阳馆文集》卷六《吴邑役田碑》，《四库全书存目丛书》第116册，集部，齐鲁书社1997年影印本，第673页。

　　② （明）张居正：《张太岳集》卷三六《陈六事疏》，上海古籍出版社1984年影印本，第456—458页。

　　③ 《明太祖实录》卷六五，洪武四年五月乙亥，第1232页载："今四方既定，选用贤良，专意治道，以厚吾民，其今年秋粮及没官田租，俱与蠲免。食者民之天，民乃邦之本，一视同仁，岂有厚薄。然恩之所及，时有先后，咨尔人民，其体朕怀，永安生业，共享太平。"（明）张卤《皇明制书》卷一《大明令·吏令》，《续修四库全书本》第788册，上海古籍出版社1995年影印本，第3页载："凡各处府州县官员任内以户口增、田野辟为尚。所行事迹，从监察御史按察司考核明白，开坐实迹申闻，以凭黜陟。"

　　④ 正德《明会典》卷一四《考功清吏司》，《影印文渊阁四库全书》第617册，台湾商务印书馆1986年影印本，第143页。

题奉明旨，或覆奉钦依，转行各该衙门，俱先酌量道里远近，事情缓急，立定程期，置立文簿存照，每月终注销。"① "以催科为考成"②，至张居正当国，始达到顶峰。考成法"以九分为及格，仍令带征宿负二分，是民岁输十分以上也"③，在财政状况好转的同时，也滋生一些弊端。如张学颜所言："自辅臣奏行考成之法，将二三十年积逋，严行清理催督。故今太仓所储，视之嘉隆间，虽稍有积余，若视之国初不十之三四耳，然抚按因此罚俸，有司因此降斥，小民因此空竭。自万历七年之后，旧欠无复可追，太仓渐以告匮，年复一年，入愈少而出愈多。"④

上述情形的出现使张居正意识到"悉行蠲免"陈年积逋，是十分必要的：

> 臣等窃谓布德施惠当出自朝廷，若令地方官请而得之，则恩归于下，怨归于上矣。臣等愚见，合无特谕户部，会同兵工二部，查万历七年以前，节年逋负几何。除金花银两系供上用，例不议免外，其余悉行蠲免，止将见年正供之数，责令尽数完纳……夫以当年之所入，完当年之所供，在百姓易于办纳，在有司易于催征。⑤

> 尚有一事，为民病者，带征钱粮是也……查得江南苏松等府，拖欠本折银七十一万一千三百五十余两，淮扬等府二十三万九千六百三十余两，山东三十三万二千七百一十余两……一体蠲免。从之。⑥

有人以为"以催科为考成，使吏治大坏"⑦，而严格整顿吏治的裨益

---

① 南炳文、吴彦玲校：《辑校万历起居注》第 1 册，天津古籍出版社 2010 年版，第 132 页。

② （清）万斯同：《群书疑辨》卷一二《书张居正传后》，《续修四库全书》第 1145 册，上海古籍出版社 2002 年影印本，第 636 页。

③ 《明史》卷二二七《萧彦传》，中华书局 1974 年标点本，第 5964 页。

④ （明）张学颜：《题停取帑银疏》，《明经世文编》卷三六三《张心斋奏议》，中华书局 1962 年影印本，第 3917 页下。

⑤ （明）张居正：《张太岳集》卷四六《请蠲积逋以安民生疏》，上海古籍出版社 1984 年影印本，第 578—579 页。

⑥ 《明神宗实录》卷一二一，万历十年二月丁酉，第 2259 页。

⑦ （清）万斯同：《群书疑辨》卷一二《书张居正传后》，《续修四库全书》第 1145 册，上海古籍出版社 2002 年影印本，第 636 页。

之处，也是显而易见的，一是使一条鞭法得以在更大范围内推行，二是清丈田亩基本上在全国得到有效执行。"盖吴中财赋之区，一向苦于赋役不均，豪右挠法，致使官民两困，仆甚患之"①，张居正亦深知苏州府财政方面存在的问题，于是擢宋仪望为右佥都御史兼应天巡抚，巡抚苏州诸府。宋仪望，即此前提及的宋阳山，乃苏州故人，深谙苏州政情民瘼。嘉靖中期，其为吴知县时曾"计田授役"，创公田法助役，以缓解该县"输白粮京师，辄破家"之难题②。万历二年（1574）至四年（1576），宋氏一方面进行土地清丈，另一方面推行一条鞭法。万历三年（1575），宋仪望重定会计册和徭里册③，巩固了嘉隆以降赋税改革的成果④。当然，无论清丈田亩，还是推广条鞭，皆易招致既得利益者的侧目和横议。在张居正"宜自审画，无为山鬼所惑"⑤的慰勉下，终于使田亩、户口方面的积弊得以清理。万历五年（1577），胡执礼继为应天巡抚，居正函嘱其保持政策的延续性："往属阳山公稍为经理，而人心玩愒日久，一旦骤绳以法，人遂不堪，谤议四起，然仆终不为动，任之愈力。今观公所措画，不吐不茹，式和厥中，积岁恃顽强梗，咸频首祗奉约束，盖至是吴人始知有法，而阳山公之经理于始者，赖卒成之矣。"⑥最大限度维护了前期赋税改革的既有成果。

虽然张居正在其执政期间并未明令推行一条鞭法，但其认为"一条编之法……行法在人，又贵因地。此法在南方颇便，既与民宜，因之可也。但须得良有司行之耳"⑦。另外，通过赋税改征折色，可将地方财政

---

① （明）张居正：《张太岳集》卷二九《答应天巡抚胡雅斋言严治为善爱》，上海古籍出版社1984年影印本，第357页。
② 《明史》卷二二七《宋仪望传》，中华书局1974年标点本，第5953页。
③ 崇祯《吴县志》卷七《田赋》，《天一阁藏明代方志选刊续编》第15册，上海书店出版社1990年影印本，第685—686页。
④ 崇祯《吴县志》卷七《田赋》，上海书店出版社1990年影印本，第686页载："宋都宪惠民甚切，时知府蔡公尚莅苏，持法精严，征赋悉依隆庆二年则例，稍有变通，行此验派之法。"
⑤ （明）张居正：《张太岳集》卷二七《答应天巡抚宋阳山》，上海古籍出版社1984年影印本，第324页。
⑥ （明）张居正：《张太岳集》卷二九《答应天巡抚胡雅斋言严治为善爱》，上海古籍出版社1984年影印本，第357页。
⑦ （明）张居正：《张太岳集》卷二八《答楚按院向明台》，上海古籍出版社1984年影印本，第345页。

置于被检查的地位。① 张氏的用心和用人，对于一条鞭法得以流布全国大有裨益。据梁方仲先生制作的《一条鞭法年表》，张居正当政的十年，是一条鞭法推行最为集中的年代，几遍于大江南北，全国各地。

然吏部侍郎杨巍认为条鞭之弊，"徒利于士大夫，而害于小民"，张居正答复：

> 条编之法，有极言其便者，有极言其不便者，有言利害半者。仆思政以人举，法贵宜民，执此例彼，俱非通论。故近拟旨云："果宜于此，任从其便；如有不便；不必强行。"朝廷之意，但欲爱养元元，使之省便耳，未尝为一切之政以困民也。若如公言，"徒利于士大夫而害于小民"，是岂上所以恤下厚民者乎？公既灼知其不便，自宜告于抚、按当事者，遵奉近旨罢之。若仆之于天下事，则不敢有一毫成心，可否兴革，一顺天下之公而已。②

"一顺天下之公"，顺势而为罢了。一条鞭法，至万历初年得以在全国推行，正如清人所言："明之条编，犹唐之两税。两税之行也，天下有不得不两税之势，杨炎不过因其势而行之。议者或咎其轻于变古，卒未有更两税而善其法者。条编之行也，天下有不得不条编之势，张江陵不过因其势而行之。议者或病其奉行之不谨，名实之不孚，卒未有舍条编而善其法者。"③ 当然，张居正功不可没，"如果没有张居正的极力支持，一条鞭法恐怕不易推动。从这点说，张氏是推行一条鞭法最有功的人，亦未尝不可"④。

如果从清丈的角度来看，则张居正之于一条鞭法的重要性就更为清晰。"万历六年，帝用大学士张居正议，天下田亩通行丈量，限三载竣

---

① ［美］曾小萍著：《州县官的银两》，董建中译，中国人民大学出版社 2005 年版，第 9 页。

② （明）张居正：《张太岳集》卷二九《答少宰杨二山言条编》，上海古籍出版社 1984 年影印本，第 353 页。

③ （清）任源祥：《问条编征收之法》，贺长龄《皇朝经世文编》卷二九《户政四·赋役一》，文海出版社有限公司 1966 年影印本，第 1061—1062 页。

④ 梁方仲：《明代一条鞭法的论战》，《梁方仲经济史论文集》，中华书局 1989 年版，第 340 页。

事。"① 实际上在中央部署下，最先开始的是福建布政司。当年十一月，明廷令"以福建田粮不均，偏累小民，命抚按着实清丈"，方法是"履亩丈量，均匀摊补，其亩视田高下为差，其则以县原额为定，截长补短，彼此适均"。② 在福建清丈初战告捷的基础上，万历八年（1580）张居正公布了八款清丈条例，其中复坐派之额、行丈量磨算之法、处纸札供应支费三款，规定了清丈的原则、方法和纳税事宜。《明史·食货志》云：清丈"用开方法，以径围乘除，畸零截补。于是豪猾不得欺隐，里甲免赔累，而小民无虚粮"③。其清丈目的在于均税，"税则计亩均分"④，而非增加赋税总额。《明实录》载："户部覆广西巡按郭应聘题，清丈过该省田粮，除补足国初原额外，多余官民田七百六十八顷八十七亩零，该粮三千八百九十八石零于内，余粮不多者，并入实征原科过重，均摊减轻。"⑤ 丈田之后，不仅对欺隐田科税，而且依据新增隐田税额，对原科过重田，"均摊减轻"。

　　苏州府在此次全国性清丈中表现如何？从有限的资料中可窥知一二。其一，苏郡守杨贡以民间多隐田，于是为丈量之法。在此次清丈中，有欺隐田主讽刺杨守诗者曰："量尽山田与水田，只留沧海与青天，如今哪有闲洲渚，寄语沙鸥莫浪眠"⑥，可见苏州府清丈田亩之彻底。其二，张居正曾就清丈事与应天巡抚孙小溪有书信往来，云："清丈事闻，已有次第。顷朱苏州已查过优免，开揭见教其中，但有查革总数，而无革过户名，安知其不详核于卑官杂流，而曲庇于宦族豪右乎？"⑦ 张氏对苏州清丈观察之细致可见一斑。其三，嘉定县之清丈至为详细。"丈量之法，先分某图、某圩、某号，自一号起至某号止。令主户各立标田，次随其长短、广狭，以六尺为步，四周度之，绘图于册，而书之曰'某图、某圩、某号田若干亩，四至步尺若干，主户某某'。书毕，即偃其标积号为圩，

　　① 《明史》卷七七《食货一》，中华书局 1974 年标点本，第 1883 页。

　　② 万历《福州府志》卷七《食货》，万历二十四年（1596）刻本，第 5 页 a。

　　③ 《明史》卷七七《食货一》，中华书局 1974 年标点本，第 1883 页。

　　④ （明）顾炎武：《天下郡国利病书》原编第一五册《山东》上《滕县旧制》，上海商务印书馆 1935—1936 年影印本，第 155 页 b。

　　⑤ 《明神宗实录》卷一二六，万历十年七月甲子，第 2346 页。

　　⑥ 《中国历代食货典》卷六〇《田制部》，中华书局 1970 年版，第 321 页。

　　⑦ （明）张居正：《张太岳集》卷三三《答应天巡抚孙小溪》，上海古籍出版社 1984 年影印本，第 424 页。

积圩为图，以次相比，名鱼鳞册。某田易主，必开写原户某，今户某，虽更数姓，仍存丈量时主户名，谓之归户"①。其四，康熙《长洲县志》卷一二《徭役》载，长洲县自丈量之后，官府曾派人"携册临图复丈"，如"弓口数目相同，验过等则无异，即与印记'丈验相同'四字于册，以便攒造归户实征文册"。

第二节　万历六年苏州府的田赋折银——
以《万历会计录》苏州资料为中心

一　万历六年苏州府的财政结构

实际上，张居正于万历初年实施的新政，于财税改革而言，可分为两个阶段。万历元年（1573）至六年（1578），"以催科为考成"，兼行条鞭；七年（1579）至十年（1582），清田亩与行条鞭并重。与万历新政相始终，作为新政财政方面的总结性文献，《万历会计录》②就是在上述历史背景下产生的，并于万历十年刊行。

《会计录》的编撰亦经历了两个阶段。从万历元年（1573）至四年（1576）为第一阶段，主事者为户部尚书王国光。四年二月，《会计录》编撰基本就绪。彼时正当张居正行考成法，财政稍有积余之时，所谓"创立考成之规，酌定降罚之例，清积逋、核边饷、减徭役、浚河槽、汰冗官、禁驰驿"，但豪强兼并土地、隐匿额田、赋税不均的实质性问题尚未解决。《会计录》只对过往户口、田土、赋税、支出作了辑录，并不能反映新政之成果。此为《会计录》当时未予颁行原因之一。第二阶段，从万历七年（1579）至九年（1581）四月，继任户部尚书张学颜主事。《明史·张学颜传》称："时张居正当国，以学颜精心计，深倚任之。学颜撰《会计录》以勾稽出纳。又奏列清丈条例，厘两京、山东、陕西勋戚庄田，清溢额、脱漏、诡借诸弊。又通行天下，得官民屯牧湖陂八十余万顷。民困赔累者，以其赋抵之。自正、嘉虚耗之后，至万历十年间，最

---

① 光绪《嘉定县志》卷三《赋法沿革》，《中国地方志集成·上海府县志辑》第 8 册，上海书店出版社 1991 年影印本，第 72 页上。

②（明）张学颜等：《万历会计录》，《北京图书馆古籍珍本丛刊》第 52、53 册，书目文献出版社 1988 年版。

称富庶，学颜有力焉。"① 由此可知，张学颜不仅是重撰《会计录》的主
笔，而且是新政的亲身参与者。在《万历会计录·进书表》中，张氏曰：
"迩命需臣重辑会典，又命臣等通行天下清丈田粮，革豪右隐占，苏小户
包赔，故吏皆奉法，民不加赋，正供所输太仓，有九年之积，自国初至今
未有积贮如是充裕者。"这表明国家财政已有盈余，其所囊括的内容，诸
如田土、户口、赋税得以恢复正常。在这种情况下，修定并颁行《万历
会计录》就势在必行了。

　　而颁行《会计录》之目的，乃"阅诸司掌故、省府岁征，谓浚其
源则可以永流，习其数则可以考实"，或曰"朝廷欲复旧制，计臣欲考
旧额"。此时，明代的赋役折银，从宣德五年（1430）周忱改革起，至
嘉靖初年出现"一条鞭法"，再到万历初年向全国推行，经历了约一个
半世纪的时间。② 与白银货币化的赋税改革相适应，《会计录》是以白
银作为财政收支的主要计量单位，反映万历新政成果的国家财政总账。
《会计录》四十三卷，对各项财政收支作了全面记载。卷一录全国洪
武、弘治旧额，万历六年（1578）现额；卷二至卷一六分别叙述了十
三布政司、南北两直隶田赋数额及沿革脉络，万历六年详至府、州、
县；卷一七至卷二九载九边十三镇粮饷；卷三〇至卷四三载内库、光禄
寺供应、宗藩禄粮、屯田、盐法、茶法、钞关、杂课的具体收支情况。

　　传统中国的赋税结构中，劳役是隐性财政的重要组成部分，其支出
难以以货币计量反映出来。明代后期，朝廷对财政收支的考核大都以白
银作为计量单位，实物收支入账，亦大都通过规定的价格折算成白银③，
白银业已成为会计核算中的主要货币量度④。《会计录》中田赋的起运
存留和折银情况，为今人探讨赋税折银以及白银货币化的发展提供了便
利，并可进一步了解明代万历时期的财政结构。卷一六记载了苏州府万
历六年的田赋状况，主要包括夏税、秋粮两项。夏税分为小麦、农桑丝
折绢、税丝、税钞四类；秋粮分为米、马草和户口盐钞银。详细情况
如下：

————————

① 《明史》卷二二二《张学颜传》，中华书局 1974 年标点本，第 5856 页。
② 万明：《白银货币化视角下的赋役改革（上）》，《学术月刊》2007 年第 5 期，第 124 页。
③ 郭道扬：《中国会计史稿（下册）》，中国财政经济出版社 1988 年版，第 65 页。
④ 郭道扬：《会计发展史纲》，中央广播电视大学出版社 1984 年版，第 261 页。

夏税小麦五万三千六百六十五石四斗三升（比弘治增一石五斗一升八合八勺），起运京库小麦三万石，内除一万七十三石一斗九升五合二勺改留崇明县支用外，实解京库麦一万九千九百二十六石八斗八合八勺，每石折银二钱五分。镇江府仓小麦五千石，凤阳府仓小麦五千七百石，南京各卫仓小麦一万石以上，共起运麦四万六百二十六石八斗四合八勺，存留麦一万三千三十八石六斗二升五合二勺。

税丝折绢一万二千五百五十五匹，本色（起运京库，比弘治增一万一千八百五十八匹）。农桑丝折绢六百四十匹二丈九寸三分三厘（比弘治增四百七十二匹），本色一半，折色一半，每匹折银七钱（起运南京库）。税丝一十万二千四百七十八两四分零。税钞四千三百九十二锭三贯八百七十二文（比弘治增一千一百二十五锭三贯一百五十七文，二项俱存留）。

秋粮米二百三万八千八百九十四石七千四升二合二勺（比弘治增五百七十一石五斗九升五勺）。起运京库米七十六万四千八百二十六石八斗八升五合七勺，每石折银二钱五分。兑军米六十五万五千石。淮安府仓改兑米四万二千石；光禄寺白熟粳米一万五千石，准糙粳米一万六千五百石，白熟糯米二千五百石，准糙粳米二千七百五十石；酒醋面局白熟糯米三千一百五十石，准糙粳米三千四百六十五石；供用库白熟粳米一万七千四百九十石；内官监白熟粳米四千二百五十石，准糙粳米四千六百七十五石；北京公侯驸马伯并公主岁支禄米八千五百一十六石，内小麦二百一十八石，每石折银四钱，其余米每石折银七钱；泾府养赡禄白粳米五百石；汝府养赡禄白粳米一千石，景府养赡禄白粳米七百五十石；德府禄米一千石，内糙粳米七百一十六石八斗，白熟粳米二百八十三石二千，准糙粳米三百一十一石五千二升；府部院寺等衙门并神乐观糙粳米二万四千四百九十一石，本色八分，折色二分，每石折银一两。

京库阔白棉布一十九万匹，内五万匹每匹折银三钱，其余一十四万匹本色；南京酒醋面局白熟糯米七百石，准糙粳米七百七十石；南京光禄寺白熟粳米六十八石，准糙粳米七十四石八斗，次等白粳米六千石，准糙粳米六千六百石，白熟糯米一百二十七石，准糙粳米一百三十九石七斗；南京牺牲所菉豆六百石；南京会同馆此等白粳米二百二十五石，准糙粳米二百四十七石五斗；南京神乐观糙粳米六百四十石，本色一半折色一半，每石折银陆钱；南京公侯驸马伯并府部院寺等衙门俸米一万九千六百九十二石，禄米四千石，俱每石折银七钱；南京各卫仓米二万八千七百五十七石；凤阳府仓米八千石，每石折银六钱；扬州府仓米一万二千一百八十五石，愿纳折色者每石折银六千；宗人府等衙门派剩米三万五千九百九石三升二合五勺，每石折银七钱。解太仓银库以上共起运米一百八十五万六百七石二斗三升八合二勺零，存留米一十八万八千二百八十七石五斗三合九勺零。

马草五十三万八千四百一十四包六斤八两七钱五分（比弘治增六百零五包），起运京库草三十五万包，每包折银三分。南京内官监稻草一千束，南京户部定场草一十六万包，俱本色。以上共起运草五十一万一千包，存留草二万七千四百一十四包六斤八两七钱五分。

户口盐钞银一万一千一百九十七两四钱四分一厘，起运银五千五百九十八两七钱二分五毫，存留银五千五百九十八两七钱三分五毫。①

由于上述项目中起运麦、米、农桑丝折绢、马草皆标明了折银标准，首先可以将上述田赋征收项目中已折银的实物部分进行计算，得出田赋货币化部分之金额；再以《会计录》中列示之折银标准，采用加权平均法计算出统一折银价格，进而缴纳的实物部分其货币额即可轻易获得。在计算过程中，注意了田赋征收时中央财政和地方财政的区分，即起运额和存留额其货币化部分和实物部分各自的比例。

"省直银粮，名色虽不一，大约田赋、均徭二项，不离起解、存留两款"②，苏州府自嘉靖年间官民一则后，各州县普遍按丁田编银。如苏州属县成化十五年（1479）为1丁折2.5亩，嘉靖十七年（1538）则1丁折1.3亩甚至1亩。③ 嘉靖年间官民一则起科后，各州县普遍按丁田编银。换言之，包含银差、力差的均徭，多已摊入田亩，计亩征银。而从财政结构的角度而言，明代地方上缴的田赋可分为起运、存留两类。所谓起

---

① （明）张学颜等：《万历会计录》卷一六《田赋·南直隶》，第601—603页。
② （明）孙承泽：《春明梦余录》卷三五《户部一》，北京古籍出版社1992年版，第581页。
③ 侯官响：《明代苏州府徭役折银考论》，《明史研究论丛》第十二辑，中国广播电视出版社2014年版，第60页。

运，就是运到京师或其他省的府、州、县，以及各边镇、都司、卫所等军事区域的部分；存留就是留供本地开销的部分，其用途因各地繁简充僻微有多寡之不同，另有些特别支出，供给本地亲王蕃府岁禄之用。①

　　根据《会计录》卷一六之田赋状况，按照上述折银原则，首先分别计算出万历六年（1578）苏州府夏税、秋粮起运、存留折银明细，见表5—1和表5—2。

表5—1　　　　万历六年（1578）苏州府夏税起运、存留折银明细

去向	田赋	数额	起运	存留	折银标准	折银总额（两）
京库	小麦	30000 石	19927 石	10073 石	0.25	7500.00
镇江仓	小麦	5000 石	5000 石		0.25	1250.00
凤阳仓	小麦	5700 石	5700 石		0.25	1425.00
南京仓	小麦	10000 石	10000 石		0.25	2500.00
存留		2965 石		2965 石	0.25	741.25
小麦合计		53665 石	40627 石	13038 石		13416.25
	农桑丝折绢	640 匹	320 匹	320 匹	0.7	448.00
	税丝折绢	12555 匹	12555 匹		0.7	8788.50
	税丝	102478 两	102478 两		0.08	8198.24
	税钞	4392 锭 3 贯		4392 锭 3 贯	1 锭 = 5 贯；钞 1 贯 = 0.001143 两	25.04
总计						30876.03
去向	田赋	起运折银（两）	占比（%）	存留折银（两）	占比（%）	折银标准
京库	小麦	4981.75	66.42	2518.25	33.58	
镇江仓	小麦	1250.00	100.00	0.00		
凤阳仓	小麦	1425.00	100.00	0.00		0.25 两/石
南京仓	小麦	2500.00	100.00	0.00		
存留		0.00	0.00	741.25	100.00	

①　梁方仲：《田赋史上起运存留的划分与道路远近的关系》，《梁方仲经济史论文集》，中华书局 1989 年版，第 208 页。

续表

去向	田赋	数额	起运	存留	折银标准	折银总额（两）
小麦合计		10156.75	75.70	3259.50	24.30	
	农桑丝折绢	448.00	100.00		0.00	0.7 两/匹
	税丝折绢	8788.50	100.00		0.00	
	税丝			8198.24	100.00	0.08 两银/两丝
	税钞		0.00	25.04	100.00	1 锭 = 5 贯；钞 1 贯 = 0.001143 两
总计		19393.25	62.81	11482.78	37.19	

资料来源：《万历会计录》卷一六《田赋·南直隶·夏税》，第 601 页。税丝折银标准参见《万历会计录》卷八《田赋·河南布政司·夏税·工部织染局丝》，第 259 页。税钞折银标准参见（万历）《明会典》卷四一《官民户口盐钞》，第 291 页，下同。

表 5—1 显示，万历六年苏州府夏税由小麦、农桑丝折绢、税丝折绢、税丝、税钞共五个子目组成，折银后共 30876.03 两，其中小麦折银 13416.25 两，占夏税总额的 43.45%，丝绢钞折银占 56.55%。既往关于苏州重赋的研究，所引用数据虽称为夏税、秋粮，实则只包括米麦两项。如"天下夏税秋粮，以石计者……苏州府二百八十九万九千余"[1]。事实上，正如以上数据所显示的，其中非粮食作物产品所纳赋税、所占比例并不为低，不可等闲视之。

从起运、存留的角度考察，起运共折银 19393.25 两，占夏税折银总额的 62.81%；而存留折银 11482.78 两，占折银总额的 37.19%。换言之，夏税一项，归中央和地方财政支配的税收之比是 1.69：1。明清史学者吴琦曾根据《明史·食货志》记载，计算出万历六年中央与地方财政中夏税分配比例，其结果是中央财政占国家税粮总额的 41.3%，地方财政占 58.7%[2]，中央与地方的税收之比只有 0.7：1。需要指出的是，吴氏所计算的夏税名目，只是计算单位以石来表示的米（麦）一项，而对于

---

① （明）丘濬：《大学衍义补》卷二四《制国用·经制之义下》，京华出版社 1999 年版，第 236 页。

② 吴琦：《明代财政的症结：中央与地方的政策执行差异》，《漕运·群体·社会（明清史论集）》，湖北人民出版社 2007 年版，第 273 页。

丝绢钞等则未予考虑。盖因一般认为所占比重不大，计算单位不一，并且未注明是否起运、存留所致。

从苏州府的视域来看，如仅计算夏税麦，又分两种情况：一是考虑折银，起运、存留分别是10156.75两和3259.50两，各占夏税折银小麦的75.70%和24.30%；二是不考虑折银，只以实物计算，起运、存留分别是40627石和13038石，分别占夏税实物小麦的75.70%和24.30%。两种情况起运、存留比重相同，是因为折率皆为0.25两/石的缘故。若因实物品质不同或其他原因，往往分为若干折率，结果即存在或多或少的差异。

表5—2　　万历六年（1578）苏州府秋粮起运、存留及折银明细

去向	田赋	数额（石）	起运（石）	存留（石）	折银标准	折银（两）
京库	糙米	764826.00	764826.00		0.25	191206.50
	兑军米	655000.00	655000.00		0.25	163750.00
	淮安改兑米	42000.00	42000.00		0.25	10500.00
光禄寺	白熟粳米	15000.00	15000.00		0.70	10500.00
	白熟糯米	2500.00	2500.00		0.70	1750.00
酒醋面局	白熟糯米	3150.00	3150.00		0.70	2205.00
供用库	白熟粳米	15900.00	15900.00		0.70	11130.00
	禄米小麦	218.00	218.00		0.40	87.20
	禄米粳米	8298.00	8298.00		0.70	5808.60
内官监	白熟粳米	4250.00	4250.00		0.70	2975.00
南京各仓	白熟粳米	28757.00	28757.00		0.60	17254.20
凤阳府仓	白熟粳米	8000.00	8000.00		0.60	4800.00
扬州府仓	白熟粳米	12185.00	12185.00		0.60	7311.00
宗人府	白熟粳米	35909.00	35909.00		0.70	25136.30
泾府等四府	白粳米	3250.00	3250.00		0.70	2275.00
寺观	白粳米	24491.00	24491.00		1.00	24491.00
京库阔白棉布准米	白粳米	190000.00	190000.00		0.30	57000.00
南京光禄寺	白熟粳米	68.00	68.00		0.70	47.60
	次白熟粳米	6000.00	6000.00		0.60	3600.00

去向	田赋	数额（石）	起运（石）	存留（石）	折银标准	折银（两）
	白熟糯米	127.00	127.00		0.70	88.90
酒醋面局	白熟糯米	700.00	700.00		0.70	490.00
南京牺牲所	绿豆	600.00	600.00		0.81	486.00
会同馆	次白熟粳米	225.00	225.00		0.60	135.00
神乐观	糙粳米	640.00	640.00		0.60	384.00
公侯驸马	俸禄米	19692.00	19692.00		0.70	13784.40
米起运			1841786.00			557195.70
米存留		197108.00		197108	0.3025	59625.17
米合计		2038894			0.3025	616820.87
京库	马草	350000.00	350000.00		0.03	10500.00
南京内官监	马草	1000.00	1000.00		0.03	30.00
南京户部	马草	160000.00	160000.00		0.03	4800.00
马草存留		27414.00		27414	0.03	822.42
马草合计		538414.00	511000.00	27414		16152.42
京库	户口盐钞银					5598.50
存留	户口盐钞银					5598.50
总计						644170.29

去向	田赋	起运折银	占比（%）	存留折银	占比（%）	折银标准
京库	糙米	191206.50	100.00		0.00	
	兑军米	163750.00	100.00		0.00	
	淮安改兑米	10500.00	100.00		0.00	
光禄寺	白熟粳米	10500.00	100.00		0.00	
	白熟糯米	1750.00	100.00		0.00	
酒醋面局	白熟糯米	2205.00	100.00		0.00	
供用库	白熟粳米	11130.00	100.00		0.00	
	禄米小麦	87.20	100.00		0.00	
	禄米粳米	5808.60	100.00		0.00	
内官监	白熟粳米	2975.00	100.00		0.00	
南京各仓	白熟粳米	17254.20	100.00		0.00	
凤阳府仓	白熟粳米	4800.00	100.00		0.00	
扬州府仓	白熟粳米	7311.00	100.00		0.00	

续表

去向	田赋	数额（石）	起运（石）	存留（石）	折银标准	折银（两）
宗人府	白熟粳米	25136.30	100.00		0.00	
泾府等四府	白粳米	2275.00	100.00		0.00	
寺观	白粳米	24491.00	100.00		0.00	
京库阔白棉布准米	白粳米	57000.00	100.00		0.00	
南京光禄寺	白熟粳米	47.60	100.00		0.00	
	次白熟粳米	3600.00	100.00		0.00	
	白熟糯米	88.90	100.00		0.00	
酒醋面局	白熟糯米	490.00	100.00		0.00	
南京牺牲所	绿豆	486.00	100.00		0.00	0.81 两/石
会同馆	次白熟粳米	135.00	100.00		0.00	
神乐观	糙粳米	384.00	100.00		0.00	
公侯驸马	俸禄米	13784.40	100.00		0.00	
秋粮米起运合计		557195.70			0.00	
米存留				59625.17		
米合计		557195.70	90.33	59625.17	9.67	
京库	马草	10500.00	100.00		0.00	
南京内官监	马草	30.00	100.00		0.00	
南京户部	马草	4800.00	100.00		0.00	
马草存留				822.42	100	
马草合计		15330.00	94.91	822.42	5.09	
盐京库	户口盐钞银	5598.50	50.00		0.00	
盐存留	户口盐钞银			5598.50	50.00	
秋粮总计		578124.20	89.75	66046.09	10.25	

资料来源：《万历会计录》卷一六《田赋·南直隶·秋粮》，第602—603页；南京牺牲所绿豆折银标准参见《万历会计录》卷三〇《内府供应·商价时估》，第1005页。

同样，从表5—2可知，秋粮主要由米、马草、户口盐钞银三项子目构成，其中米细目繁多，囊括粳米、糙米、糯米、绿豆诸项，又因仓口、用途、品质的不同又有不同分类。"狭义的田赋，在明代为麦米两项"①，这在秋粮的构成中尤其明显。苏州府秋粮折银后共 644170.29 两，其中，秋粮米折银 616820.87 两，占秋粮总额的 95.75%，其余马草、户口盐钞银两项只占秋粮的 4.25%。应该说，明代田赋所征收的实物，唯夏季小麦、秋季粟米为正项，其征收范围遍及全国。其次是农桑丝及其折纳物——绢，几遍江南江北，尤以江南诸府为盛，万历六年仅川、云、贵、两广、延庆州、保安州及太平府没有输纳。

从起存的角度区分，秋粮起运共折银 578124.20 两，占秋粮总额的 89.75%；存留共折银 66046.09 两，只占总额的 10.25%。由于秋粮米品种和品质的差异，其所归仓口和最终去向各不相同，大体可归为三类。其一，糙米、兑军米、改兑米归于京库，一般用于军饷，此方面共折银 365456.50 两，占秋粮米起运折银额 557195.70 两的 65.59%；其二，白熟糯米、粳米等上好米共折银 177954.80 两，主要用于内府、百司支用，占起运米的 31.94%；其三，公侯驸马俸禄米 13784.40 两，占起运米的 2.47%。尽管苏州府并非宗藩封地，但须承担部分王禄。

由表 5—1 和表 5—2 两表，进一步归并项目，可得到表 5—3，并以同一计算方法，将万历六年扬州府的田赋分布列示于表 5—4，以期进一步从总体上把握和分析苏州府的田赋结构。

表 5—3　　　　　　万历六年（1578）苏州府田赋分布

田赋	数额（两）	占比（%）	起运	占比（%）	存留（两）	占比（%）	折银标准
总计	675046.32	100	597517.45	88.52	77528.87	11.48	
夏税总计	30876.03	100	19393.25	62.81	11482.78	37.19	
小麦	13416.25	100	10156.75	75.70	3259.50	24.30	0.25 两/石②
农桑丝折绢	448.00	100	448.00	100.00		0.00	0.7 两/匹③
税丝折绢	8788.50	100	8788.50	100.00		0.00	0.7 两/匹④

①　梁方仲：《明代"两税"税目》，《梁方仲经济史论文集》，中华书局 1989 年版，第 26 页。

②　（明）张学颜等：《万历会计录》卷一六《田赋·南直隶·夏税》，第 601 页。

③　同上。

④　按农桑丝折绢标准计算。

续表

田赋	数额 (两)	占比 (%)	起运	占比 (%)	存留 (两)	占比 (%)	折银标准
税丝	8198.24	100		0.00	8198.24	100	0.08 两银/两丝①
税钞	25.04			0.00	25.04	100	1 锭 = 5 贯; 钞 1 贯 = 0.001143 两②
秋粮总计	644170.29	100	578124.20	89.75	66046.09	10.25	
米	616820.87	100	557195.70	90.33	59625.17	9.67	加权平均单价 0.3025 两/石
马草	16152.42	100	15330.00	94.91	822.42	5.09	0.03 两/包③
户口盐钞银	11197.00	100	5598.50	50.00	5598.50	50.00	

资料来源:《万历会计录》卷一六《田赋·南直隶》,第 601—603 页。

表5—4　　　　　万历六年(1578)扬州府田赋分布

田赋	数额 (两)	占比 (%)	起运 (两)	占比 (%)	存留 (两)	占比 (%)	折银标准
总计	154097.54	100	106650.40	69.21	47447.14	30.79	
夏税总计	16563.16	100	4713.00	28.45	11850.16	71.55	
小麦	15970.00	100	4123.60	25.82	11846.40	74.18	0.4 两/石
农桑丝折绢	589.40	100	589.40	100.00		0.00	0.7 两/匹
零丝	3.76	100		0.00	3.76	100	0.08 两银/两丝
秋粮总计	137534.38	100	101937.40	74.12	35596.98	25.88	
秋粮米	123961.80	100	90660.00	73.14	33301.80	26.86	0.6 两/石
牛租米	1.50	100		0.00	1.50	100	0.6 两/石
马草	10477.08	100	9812.40		664.68	6.34	0.03 两/包

---

① (明)张学颜等:《万历会计录》卷八《田赋·河南布政司·夏税·工部织染局丝》,第 259 页。

② 万历《明会典》卷四一《官民户口盐钞》,中华书局 1989 年标点本,第 291 页。

③ (明)张学颜等:《万历会计录》卷三十《田赋·南直隶·马草·京库》,第 631 页。

续表

田赋	数额（两）	占比（%）	起运（两）	占比（%）	存留（两）	占比（%）	折银标准
户口盐钞银	3094.00	100	1465.00	47.35	1629.00	52.65	

资料来源：《万历会计录》卷一六《田赋·南直隶》，第630—631页。税丝折银标准参见《万历会计录》卷八《田赋·河南布政司·夏税·工部织染局丝》，第259页。税钞折银标准参见万历《明会典》卷四一《官民户口盐钞》，第291页。

万历六年苏州府田赋总计为675046.32两白银，其中夏税30876.03两，占田赋总额的4.57%，秋粮644170.29两，占田赋总额的95.43%。"夏麦为轻，秋米为重"[1]，此为北方地方志中的记载。实际上，明代两税，不论南方北方，不论税率税额，秋粮远重于夏税，只是江南更突出一些。譬如北方之山西诸府，夏税折银后占田赋总额的20%，而秋粮比重为80%[2]；又如江北之扬州府夏税折银后占田赋总额的10.75%，秋粮则达到89.25%[3]。

从财政结构来看，万历六年苏州府夏税秋粮起运折银597517.45两，占赋税总额的88.52%，存留77528.87两，占赋税总额的11.48%。与宣德五年（1430）作纵向比较，彼时苏州府两税起运占87.6%，存留占12.4%[4]，两者财政结构几乎没有变化。在与山西诸府、江北扬州作横向比较，山西万历六年两税折银后起运量为39%，存留量为61%[5]，扬州府起存比重则分别为69.21%和30.79%。山西之所以存留比例远高于起运，主要因素是巨额的宗藩禄粮支出。[6]而苏州府境内虽无藩王封地，但

---

① 万历《华阴县志》卷四，明万历四十二年刻本，第40页a。

② 万明、侯官响：《财政视角下的明代田赋折银征收——以〈万历会计录〉山西田赋资料为中心》，《文史哲》2013年第1期。

③ 参见表5—4，夏税占比例为16563.16/154097.54＝10.75；秋粮137534.38/154097.54＝89.25%。

④ 宣德五年苏州府减免部分田赋后，两税共征收2472275石，其中起运2164709石，存留307566石。参见况钟《况太守集》卷七《请减秋粮奏》，江苏人民出版社1983年版，第72页。

⑤ 万明、侯官响：《财政视角下的明代田赋折银征收——以〈万历会计录〉山西田赋资料为中心》，《文史哲》2013年第1期。

⑥ （明）梁材：《梁端肃公奏议》卷二《会议王禄军粮及内府收纳疏》，《明经世文编》卷一〇三，中华书局1962年影印本，第921页载："王府禄米，查得洪武年间，如山西初封晋府一王，岁支禄米一万石，今增郡王、镇辅、奉国将军、中尉、郡县等主君，并仪宾等至一千八百五十一位员，共岁支禄米八十七万二千三百六石零。"

用于百司支用的白粮即占起运米的 31.94%。扬州府则内不供应宗藩，外不供给百司，起存较为均衡。

可见，明代田赋的结构，具体到地方层面，起运与存留并没有统一的比例。苏州所处的江南地区，"天下财赋，东南居其半"，起运远大于存留[1]；贫瘠的边远地区，其赋税并不能满足本省需求，存留远超过起运。如正德四年（1509），户部曾云原额秋粮"在苏为二百三万八千三百石有奇，在松为九十三万九千二百石有奇，在常为六十万六千九百石有奇，中间起运者十之八九，存留者十之一二"[2]。苏即苏州府，松即松江府，常即常州府。反之，则如万历六年广西、云南、贵州三布政司，夏税、秋粮俱存留本省备用。[3] 梁方仲先生认为江西、浙江、河南数省，因为与两京距离较近，并且交通便利，地富民庶，其缴纳的田赋最多，反之，如四川、广东、山西等省，起运的百分比最低。[4] 万明、徐英凯测定河南万历六年起运量为 78%，存留量为 22%，亦可证明梁氏此言不虚。

那么，有明一代，从整个国家层面来讲，作为中央财政的起运与作为地方财政的存留，是否有相对固定的比例呢？从以上苏州、扬州、山西、河南等地的分析来看，很容易得出否定的结论。但若以全国的起运、存留作为考据，则又当别论。下面取永乐朝、弘治朝、万历朝官方数据，对其起运、存留进行量化分析。

永乐二十年（1422）：

> 户部尚书郭资言："天下郡县所上，永乐十七年至十九年实征之数，分豁本色折色，内存留本外军卫、有司等仓米九百七十六万二千三百五十三石有奇。其输运南北二京及交趾等处仓米一千二百七十七万一千四百二十石有奇；丝二万斤，折米二万石；苎布八万九千二百八十二匹，折米六万二千八百四十七石；棉布一百七万五千九百七十

---

① 《明神宗实录》卷一七六，万历十四年七月己酉，第 3245 页。

② 《明武宗实录》卷五六，正德四年东十月甲寅，第 1262—1263 页。

③ 参见张学颜《万历会计录》卷一二《广西》，第 427 页；卷一三《云南》，第 444 页；卷一四《贵州》，第 460—461 页田赋的相关记载。

④ 梁方仲：《田赋史上起运存留的划分与道路远近的关系》，《梁方仲经济史论文集》，中华书局 1989 年版，第 217 页。

匹，每匹折米一石；钞五百七十万三千一百一十六锭，折米九十五万
五百一十九石有奇；白二梭布五千匹，折米七千五百石；棉花绒六十
万斤，折米六万石。率未完，宜差官催征。"皇太子从之。①

弘治十五年（1502）：

> 每岁天下税粮，存留一千一百七十六万四千八百六十五石有奇，
> 起运一千五百三万四千四百七十六石有奇；马草存留四百九万三千五
> 百六十四束，起运二千一百八十五万二千七百四十八束；绢二十七万
> 八千二百八十七匹；布五十七万六百三十七匹；棉绒三十七万四千九
> 百三十五斤；户口食盐钞存留七千三百五十三万三千三百七十九贯，
> 起运四千四百七万四千七十九贯；钞关船料钞大约三千七百一十九万三
> 千六百一十一贯；各运司额办盐课一百九十五万四千三百五十五引；
> 屯粮大约三百七十七万六千二百九十三石有奇。②

万历朝：

> 夏税，米麦总四百六十万五千余石，起运百九十万三千余石，余
> 悉存留；钞五万七千九百余锭；绢二十万六千余匹。秋粮，米总二千
> 二百三万三千余石，起运千三百三十六万二千余石，余悉存留；钞二
> 万三千六百余锭；屯田六十三万五千余顷，花园仓基千九百余所，征
> 粮四百五十八万四千余石；粮草折银八万五千余两；布五万匹；钞五
> 万余贯；各运司提举大小引盐二百二十二万八千余引。③

永乐十七年至十九年（1419—1421），全国起运夏税秋粮 12771420
石，约占总额的 56.68%；存留 9762363 石，约占总额的 43.32%。弘治
十五年（1502），起运 15034476 石，约占总额的 56.50%；存留 11764865
石，约占总额的 43.40%。万历朝，起运 15265000 石，约占总额的

---

① 《明太宗实录》卷二五〇，永乐二十年八月己亥，第 2341—2342 页。
② 《明孝宗实录》卷一九二，弘治十五年十月辛酉，第 3548—3549 页。
③ 《明史》卷八二《食货六》，中华书局 1974 年标点本，第 2005—2006 页。

57.20%；存留 11423000 石，约占总额的 42.80%。可见，若将视域投向整个国家层面，作为中央财政的起运与作为地方财政的存留，大体维持相对固定的比例。

2005 年，有研究人员提出明代中央集权高度强化，中央财政和地方财政八二分成的观点①，可称为一家之言。吴琦根据《明史·食货志》《明实录》记载，计算出弘治时期全国夏税秋粮起运、存留比分别为 68%、32%，万历时期则分别下降为 58%、42%②，这可称为另一家之言。如果借助《会计录》各布政司、两直隶的田赋资料记载，以白银为统一的计算单位，按照规定的折银标准和起运、存留数额，将各省、府赋税折成银两，汇总后得到的起运、存留比重，庶几是中央财政和地方财政较为准确的划分。

二　苏州府田赋货币化的程度分析

明代赋税从征收米麦丝绢等本色，经过偶尔折征，渐折色增多，到征收白银，是一个动态的演变过程，其间充满了矛盾和争议。反对折色，主张赋税征收本色的代表人物是丘濬。③ 在倡导折色者中，成化时湖广按察司金事尚褫反对折银而主张折钞④。

总的来说，明宣德、正统之前的田赋折银，大多是属于临时性的。宣

---

① 财政部财科所 2005 年研究报告认为，明代中央政府与地方政府的财力分配，由于受高度集中的财政体制的影响，大约 80% 的赋税收入归中央政府支配，20% 的赋税留归地方，参见赵云旗《中国历史上中央与地方官俸发放原则》，http://www.crifs.org.cn/crifs/html/default/caizhengshihua/_history/138，2005 年 5 月 20 日。

② 吴琦：《明代财政的症结：中央与地方的政策执行差异》，《漕运·群体·社会（明清史论集）》，湖北人民出版社 2007 年版，第 274 页。肖立军《明代财政制度中的起运与存留》，《南开学报》1997 年第 2 期，同样认为弘治十五年起运额为总额的 68%，存留为 32%。

③ （明）丘濬：《大学衍义补》卷二二《贡赋之常》，京华出版社 1999 年版，第 290 页载："粟生于地非一日所能致，钱出于人力，可旬月间而办也。自古识治体者，恒重粟而轻钱，盖以钱可无而粟不可无故也。后世以钱代租赋，可谓失轻重之宜，违缓急之序矣。故为国家长久计者，宁以菽粟当钱物，使其腐于仓庾之中，不肯以钱物当菽粟，恐一旦天为之灾，地无所出，金银布帛不可以充饥，坐而待毙也。"

④ 《明宪宗实录》卷九三，成化七年秋己卯，第 1785 页载："凡钱粮均储年项，洪武宣德间，应本色者征本色，应折色者征钞。顷来凡遇征输，动辄折收银两。然乡间小民何由得银？不免临时展转易换，以免逋负。有司收纳，既重其权衡以多取。及其交纳，又杂铜以为伪。民既受其害，而官又受其弊。臣请自今凡本色折收之例，一遵旧典。"

德末年，周忱、况钟于苏州等地将田赋折征轻赉，成为正统以后逐渐形成的金花银的起源。成弘以后，各种田赋折银明显增多。"正德以后，官吏的俸给，十分之九用白银，十分之九用铜钱。"[1] "嘉靖以后，白银在中国币制中是主要的因素，各种铜钱都是同白银发生联系，规定比价。大数用银，小数用钱。"[2] 到嘉隆万年间，随着一条鞭法在全国各地的展开，白银货币化程度逐渐加深，从而使白银在政府岁入岁出中占据了主导地位。通过研究宋明两代岁出入中银钱比例的变动，全汉昇得出结论，明中叶后的国家财政收支，除实物以外，白银占99%以上，铜钱则不及1%，甚而不及1‰。[3] 说明嘉隆万时期，白银已获得国家主币地位，并且几乎成为国家税收中的唯一货币形态。

　　既然如此，在国家财政收入中，米麦丝绢等实物税与白银货币税之间，究竟是一种怎样的结构？向以国家财赋中心著称的苏州，其田赋货币化的程度是否与其社会经济发展程度吻合？利用《会计录》苏州府田赋资料及折银标准，可以计算出万历六年苏州府夏税、秋粮已折银和未折银比率，亦即货币税和实物税的比重，见表5—5和表5—6，从而进一步研讨苏州府田赋货币化程度。

表5—5　　　　　万历六年（1578）苏州府夏税货币化明细

去向	田赋	折银（两）	已折银（两）	占比（%）	未折银（两）	占比（%）
京库	小麦	7500.00	4981.75	66.42	2518.25	33.58
镇江仓	小麦	1250.00		0.00	1250.00	100.00
凤阳仓	小麦	1425.00		0.00	1425.00	100.00
南京仓	小麦	2500.00		0.00	2500.00	100.00
存留		741.25		0.00	741.25	100.00
合计		13416.25	4981.75	37.13	8434.50	62.87
	农桑丝折绢	448.00	224.00	50.00	224.00	50.00
	税丝折绢	8788.50		0.00	8788.50	100.00

[1]　彭信威：《中国货币史》第七章《明代的货币》，上海人民出版社1958年版，第453页。
[2]　同上。
[3]　全汉昇：《自宋至明政府岁出入中银钱比例的变动》，《中国经济史论丛（一）》，中华书局2011年版，第416页。

续表

去向	田赋	折银（两）	已折银（两）	占比（%）	未折银（两）	占比（%）
	税丝	8198.24		0.00	8198.24	100.00
	税钞	25.04		0.00	25.04	100.00
总计		30876.03	5205.75	16.86	25670.28	83.14

资料来源：《万历会计录》卷一六《田赋·南直隶》，第601页。

夏税方面，万历六年苏州府已明确征收白银5205.75两，仍征实物者折合白银25670.28两，田赋货币化程度只有16.86%。其中入京库小麦因路途遥远，折银征收比例为66.42%；入附近镇江、南京、凤阳仓小麦，全部以实物征纳。所征税丝、税丝折绢等物，因官府别有用途，无论起运京库、南京仓，还是存留本府，基本征收实物。

表5—6　　　　万历六年（1578）苏州府秋粮货币化明细

去向	田赋	折银总额（两）	已折银（两）	占比（%）	未折银（两）	占比（%）
京库	糙米	191206.50	191206.50	100.00	0.00	0.00
	兑军米	163750.00		0.00	163750.00	100.00
	淮安改兑米	10500.00		0.00	10500.00	100.00
光禄寺	白熟粳米	10500.00		0.00	10500.00	100.00
	白熟糯米	1750.00		0.00	1750.00	100.00
酒醋面局	白熟糯米	2205.00		0.00	2205.00	100.00
供用库	白熟粳米	11130.00		0.00	11130.00	100.00
	禄米小麦	87.20	87.20	100.00	0.00	0.00
	禄米粳米	5808.60	5808.60	100.00	0.00	0.00
内官监	白熟粳米	2975.00		0.00	2975.00	100.00
南京各仓	白熟粳米	17254.20		0.00	17254.20	100.00
凤阳府仓	白熟粳米	4800.00	4800.00	100.00	0.00	0.00
扬州府仓	白熟粳米	7311.00		0.00	7311.00	100.00
宗人府	白熟粳米	25136.30		0.00	25136.30	100.00
泾府等四府	白粳米	2275.00		0.00	2275.00	100.00
寺观	白粳米	24491.00	4898.20	20.00	19592.80	80.00

续表

去向	田赋	折银总额（两）	已折银（两）	占比（%）	未折银（两）	占比（%）
京库阔白棉布准米	白粳米	57000.00	28500.00	50.00	28500.00	50.00
南京光禄寺	白熟粳米	47.60		0.00	47.60	100.00
	次白熟粳米	3600.00		0.00	3600.00	100.00
	白熟糯米	88.90		0.00	88.90	100.00
酒醋面局	白熟糯米	490.00		0.00	490.00	100.00
南京牺牲所	绿豆	486.00		0.00	486.00	100.00
会同馆	次白熟粳米	135.00		0.00	135.00	100.00
神乐观	糙粳米	384.00	192.00	50.00	192.00	50.00
公侯驸马	俸禄米	13784.40		0.00	13784.40	100.00
起运合计		557195.70		0.00	557195.70	100.00
秋粮米存留		59625.17		0.00	59625.17	100.00
秋粮米合计		616820.87	235492.50	38.18	381328.37	61.82
京库	马草	10500.00	10500.00	100.00	0.00	0.00
南京内官监	马草	30.00		0.00	30.00	100.00
南京户部	马草	4800.00		0.00	4800.00	100.00
马草存留		822.42		0.00	822.42	100.00
马草合计		16152.42	10500.00	65.01	5652.42	34.99
京库	户口盐钞银	5598.50	5598.50	100.00	0.00	0.00
存留	户口盐钞银	5598.50	5598.50	100.00	0.00	0.00
总计		644170.29	257189.50	39.93	386980.79	60.07

资料来源：《万历会计录》卷一六《田赋·南直隶》，第602—603页。

秋粮由米、马草、户口盐钞三部分组成，其中户口盐钞已全部折银，货币化程度为100%；马草折银比重亦达到65%以上；而各种米已经标明折银的为235492.50两，没有标明折银的是381328.37两，货币化程度为38.18%。三者合计计算，秋粮中已经折银的为257189.50两，没有折银的是386980.79两，货币化程度为39.93%。

具体而言，京库糙米已全部征银，金额为191206.50两，其他仓口折银仅44286两。实际上，京库糙米折银，即正统元年开始实施的金花银。

除此以外，运往内府及各衙门上好白米基本不予折银，而以实物缴纳。《明史·食货志》载："苏、松、常、嘉、湖五府，输运内府白熟粳糯米十七万四十余石，内折色八千余石，各府部糙粳米四万四千余石，内折色八千八百余石，令民运。谓之白粮船。自长运法行，粮皆军运，而白粮民运如故。"① 实际上，从表5—6可知，只苏州一府所纳白粮即达177954.8两，其中只有44094两征的是白银，白银货币化程度为24.78%。

进一步将表5—5、表5—6合并，可得到表5—7，这样可更为清楚地显示苏州府的田赋货币化程度。

表5—7　　　　　万历六年（1578）苏州府田赋货币化比例

项目	共计折银	折银（两）	已折（%）	未折银项目折银（两）	未折（%）	折银标准
小麦	13416.25	4981.75	37.13	8434.50	62.87	0.25 两/石②
农桑丝折绢	448.00	224.00	50.00	224.00	50.00	0.7 两/匹③
税丝折绢	8788.50		0.00	8788.50	100.00	
税丝	8198.24		0.00	8198.24	100.00	0.08 两银/两丝④
税钞	25.04		0.00	25.04	100.00	
秋粮米	616820.87	235492.50	38.18	381328.37	61.82	0.6 两/石⑤
马草	16152.42	10500.00	65.01	5652.42	34.99	0.03 两/包⑥
户口盐钞银	11197.00	11197.00	100.00		0.00	
夏税	30876.03	5205.75	16.86	25670.28	83.14	
秋粮	644170.29	257189.50	39.93	386980.79	60.07	
田赋总计	675046.32	262395.25	38.87	412651.07	61.13	

资料来源：《万历会计录》卷一六《田赋·南直隶》，第601—603页。

---

① 《明史》卷七九《食货三》，中华书局1974年标点本，第1923页。
② （明）张学颜等：《万历会计录》卷一六《田赋·南直隶·夏税·亳州仓》，第630页。
③ （明）张学颜等：《万历会计录》卷一六《田赋·南直隶·夏税·农桑丝》，第630页。
④ （明）张学颜等：《万历会计录》卷八《田赋·河南布政司·夏税·工部织染局丝》，第259页。
⑤ （明）张学颜等：《万历会计录》卷一六《田赋·南直隶·秋粮·本府仓》，第631页。
⑥ （明）张学颜等：《万历会计录》卷一六《田赋·南直隶·马草·京库》，第631页。

两税中，夏税货币化程度为 16.86%，秋粮货币化程度为 39.93%，加权平均后田赋货币化程度为 38.87%，而实物纳税额仍然达到了 61.13%。此前，有学者计算万历六年山西布政司货币化程度为 32%，实物纳税额为 68%①；河南布政司货币化程度则高达 65%，实物纳税额仅有 35%②；而浙江田赋货币化程度与苏州府相近，为 35.83%③。之所以浙江田赋货币化程度低，其最主要原因是该省有大量白粮与本色丝绢为朝廷所需而供。苏州虽有白粮供应但白粮只占秋粮米的 28.87%④，并且白粮中 24.78% 已征收白银。不仅如此，苏州还承担了 191206.50 两的"金花银"，几接近全国的 1/5，仅此一项即贡献了 28.32%⑤的货币化率。显然，苏州府承担白粮供应，不足以解释其田赋货币化程度如此之低。而相较于山西布政司，苏州府田赋货币化程度仅高出 6.87 个百分点，似与其商品货币经济繁荣程度颇不相称。而且，若剔除"金花银"因素，则其货币化程度仅为 10.55%。不仅比之山西相形见绌；与河南相比，更是不可望其项背。

此种现象应该如何解释？这与以往学界不言而喻的共识颇有不同。自嘉靖以降，苏州所在江南地区，地方条鞭法改革此起彼伏，绵延不绝，而主政北方诸省之地方官员，在万历之前，鲜有赋役折银改革之举，原因在于南北气候、土质、农作物以及经济发展水平存在诸多差异。如顾炎武所言："江南土地肥饶，以田为富，故赋役一出于田，赋重而役轻，以轻丽重，且捐妄费，安得不利！齐鲁土瘠而少产，其富在末，故赋主田而役主户，赋轻而役重，以轻带重，田不足供，安得不困！"⑥进一步追索苏州地方志，则可清楚地窥见一些与《会计录》记载之相悖之处。嘉靖三年（1524），因偶然性不定期折银，苏州所征折

① 万明、侯官响：《财政视角下的明代田赋折银征收——以〈万历会计录〉山西田赋资料为中心》，《文史哲》2013 年第 1 期。

② 万明、徐英凯：《明代白银货币化再探——以〈万历会计录〉河南田赋资料为中心》，《"基调与变奏"：7—20 世纪的中国》第二卷，2008 年版，第 105—127 页。

③ 万明：《明代财政的转型——以〈万历会计录〉浙江田赋为中心的探析》，《明史研究论丛》第十二辑，中国广播电视出版社 2014 年版，第 11 页。

④ 计算过程如下：177954.80/616820.87×100 = 28.87%。

⑤ 万历六年苏州府金花银纳银额为 191206.50 两，占总折银总额 675046.32 两的 28.32%。

⑥ （明）顾炎武：《天下郡国利病书》第七册《常镇》，四部丛刊三编，上海商务印书馆 1935—1936 年版，第 17—18 页。

色银已占田赋总额的 55.64%①；嘉靖十七年（1538），欧阳铎、王仪行征一法之前，常熟县已出现两税合一的倾向②，之后，经过官民一则改革，两税已然合一。正如万历时人赵用贤所说："如京库折丝绢，南京库农桑折丝绢，起运马草等类，此旧征之于山地者，而今亦混于秋粮中矣。又如驿传、马役、驿递、水夫、户口盐钞，昔议征之于均徭者，而今亦混于秋粮中矣；近年又有义役、料解、带征兵饷役银三项，复计粮而派矣。"③

地方志中亦不见夏税、秋粮之称谓，惟见本色米、折色银之记载。如隆庆二年（1568）吴县定会计册："验派平米一石例，免存留二升，实派九斗八升，本色米四斗九升。折色米四斗九升，折钱二钱四分五厘，……荒粮平米一石折银五钱，例免存留银一分，实派缓□宗人府银四钱九分。另征练兵每平米一石，派银二分六厘九毫五丝。"④ 直到万历十七年（1589），吴县仍"每熟田平米一石，验派内本色米四斗九升七合，折色银二钱三分六厘"⑤。而《会计录》记载万历六年（1578）现额，仍然区分夏税秋粮，"夏税小麦三千四百石六斗五升五合八勺，起运麦三千四百石一斗九升三合二勺，存留麦四斗六升二合六勺。税丝折绢一千三百三十九匹。农桑丝折绢二百五匹一丈一尺九寸三分。税丝一万九百一十五两九分五厘零。税钞二百八十四锭三贯一百二十文。秋粮米一十三万四百一十二石九斗二升八合，起运米一十二万一百五十六石四斗三升四合七勺，存留米一万二百五十六石四斗九升三合三勺"⑥。其次，根据地方志记载估

---

① 据同治《苏州府志》记载，嘉靖三年（1524），苏州府"岁征本色米 1428952 石，折色银 447998 两，每银一两，折米 4 石"。也即大约 1791992 石米折征银两，占本色米、折色米总额的 55.64%。参见同治《苏州府志》卷一二《田赋一》，《中国地方志集成·江苏府县志辑》第 7 册，江苏古籍出版社 1991 年版，第 312 页。

② 嘉靖《常熟县志》记载"原额科粮官民田 1482153 亩，征秋粮米 300190 石"。参见嘉靖《常熟县志》卷二《田赋志》，吴相湘主编《中国史学丛刊》，台湾学生书局 1986 年影印本，第 182 页。

③ （明）赵用贤：《议平江南粮役疏》，《明经世文编》卷三九七《赵文毅文集》，中华书局 1962 年影印本，第 4288 页下。

④ 崇祯《吴县志》卷七《田赋》，《天一阁藏明代方志选刊续编》第 15 册，上海书店出版社 1990 年影印本，第 684—685 页。

⑤ 崇祯《吴县志》卷八《田赋》，《天一阁藏明代方志选刊续编》第 15 册，上海书店出版社 1990 年影印本，第 704 页。

⑥ （明）张学颜等：《万历会计录》卷一六《田赋·南直隶·见额·吴县》，第 603 页。

算，隆庆时期，苏州地方各县白银货币化即已超过 50%，如上述吴县所定会计册，平米一石，只征本色米 1/2，余者 1/2 征银，另外练兵及荒粮平米一概征银；又如隆庆四年（1570），长洲县通计平米 454039 石，其中本色米 223350 石，折色银 111675 两，练兵工食银 6414 两。① 此后，平米中一半征本色、一半征银已成普遍现象。如常熟县征本色米 204459 石，折色银 102720 两。② 再次，《会计录》中吴江县万历六年见额："夏税小麦二千九百五石一斗七升二合二勺……农桑丝折绢二百四十八匹一丈八尺一寸……秋粮米三十八万七千七百一十石八斗一升八合六勺，……马草七万八千九百八包四斤一十两。"③ 其内容与嘉靖《吴江县志》嘉靖十七年前所载数据完全一致。④ 从嘉靖十七年至万历六年，时间跨度超越四十年，其征收内容纤毫不差，其可怪也欤？若非地方官员敷衍塞责，虚与委蛇，实在找不出另外的解释。

何况在此阶段，欧阳铎、王仪、蔡国熙、海瑞、宋仪望先后主政苏州，在统一官民田科则、实行征一法的基础上，清丈田亩，赋役合一，赋税白银化当有进一步发展。有鉴于此，可初步得出结论：一是由于《会计录》所载田赋资料时间有误，据此计算的田赋货币化程度并不能反映实际情况，38.87% 的比率似应出现于嘉靖十七年之前，而非万历时期。二是根据上述分析，可以明确的是，万历六年，苏州府白银货币化程度应大于 50%。另外，田赋折银只是白银货币化的一个方面而已，尚有徭役编银，钞关税、商税、上供物料征银问题。诸如此类的白银货币化，作为一条鞭法改革的核心区域，苏州府当更有优势一些。《太仓考》卷九记载了各省直地方岁入太仓库银额情况，其中北直隶所辖八府，总计 170123 两，南直隶所辖 18 府、州，总计银额 364485 两，而苏州府民壮银、俸米折银、物料折银等共 80183 两，占南直隶的 22%，

① 隆庆《长洲县志》卷二《田赋》，《天一阁明代方志丛书续编》第 23 册，上海书店出版社 1990 年影印本，第 73 页。
② 崇祯《常熟县志》卷三《赋役志》，崇祯十二年（1639）钞本，第 27 页 a。
③ （明）张学颜等：《万历会计录》卷一六《田赋·南直隶·见额·吴江县》，第 604—605 页。
④ 嘉靖《吴江县志》卷一〇《食货志·差役》，台湾学生书局 1987 年影印本，第 488—489 页载："嘉靖中夏税小麦二千九百五石一斗七升二合二勺，……农桑丝折绢二百四十八匹一丈八尺一寸，……秋粮三十八万七千七百一十石八斗一升八合六勺，……马草七万八千九百八包四斤一十两。"

相当于北直隶的 47.13%。[1]

第三节　万历时期苏州府的赋税结构

一　赋税总额的计算

上一节以银为统一货币单位，计算了苏州、扬州万历六年田赋总额。其中苏州府折银 675046.32 两，此时其人丁登记为 2011985 口，人均 0.3355 两，若每户按 5 口计算，则户均纳税额为 1.6775 两；扬州府田赋总额为 154097.54 两，人丁 817856 口，人均 0.1884 两，苏州府人均田赋为扬州府田赋的 1.78 倍；若以实物计算，苏州、扬州赋税总额及均额见表 5—8。万历六年苏州府田赋总额为 2092560 石，人均田赋为 1.04 石；扬州府只有 246530 石，人均田赋只有 0.3014 石，苏州为扬州的 3.45 倍。折银前后计算田赋总额，差额如此之巨，折银标准不同是其根本原因。无论是《明英宗实录》中所记，还是 150 年后《万历会计录》所载，在国家层面上，金花银一两折米四石一仍其旧。就苏扬二府而言，苏州向为交纳金花银之地，扬州则否。一般而言，如无灾害或歉收，米之价格，"五钱者，江南之平价也；七钱者，折色之极则也"[2]。如岁稔或秋成大熟，米石三钱五分或粜三钱。而全国 1551—1575 年的常年平均米价为每石 0.49 两[3]，并且价格波动甚小，"米有贵贱，贵时值银六钱以上，贱时不满四钱"[4]。因而扬州府米每石按银六钱折价，应属正常，而苏州府因金花银故，石折银只有 0.25 两，总额折银亦下降一半以上。实际折银率低于市场价格，多少减轻了农户的赋税负担，从而使苏州重赋在一定程度上得以遏制。

---

① （明）刘斯洁：《太仓考》卷九，《北京图书馆古籍珍本丛刊》，书目文献出版社 2000 年影印本，第 835 页。

② （明）唐顺之：《唐荆川文集》卷九《与李龙冈邑令书》，上海涵芬楼藏万历本，第 24 页 a。

③ 吴承明：《现代化与中国十六、十七世纪的现代化因素》，《中国经济史研究》1998 年第 4 期。

④ （明）万士和：《条陈南粮缺乏事宜疏》，《明经世文编》卷三一二《万文恭公集》，中华书局 1962 年影印本，第 3305 页上。

表5—8　　　　　　**万历六年（1578）苏州府、扬州府田赋明细**

区域	年度	公元（年）	口	田地（亩）	田赋（石）	人均田赋（石）	亩均田赋（石）	人均田地（亩）
苏州	洪武二十六年	1393	2355030	9850671	2810490	1.1934	0.2853	4.1828
	万历六年	1578	2011985	9295951	2092560	1.0400	0.2251	4.6203
扬州	洪武二十六年	1393	736165	4276734	297806	0.4045	0.0696	5.8095
	万历六年	1578	817856	6108500	246530	0.3014	0.0404	7.4689

资料来源：万历《明会典》卷一九《户口一》，第124、128、129页；《万历会计录》卷一六《田赋·南直隶》，第586、601、630页。

　　尽管苏州折银率不及扬州的一半，只有其41.67%，人均田赋负担却是其1.78倍，由此可见苏州赋重的程度。不过，田赋虽占苏州赋税总额的主要部分，田赋而外，尚有上供物料、钞关税、盐税、商税、里甲均徭折银等项。万历时期，白银货币化程度不断加深的背景，为赋税总额的计算提供了可能。下面以《万历会计录》《浒墅关志》《太仓考》等文献之记载为基础，试做计算分析。

　　（一）上供物料

　　《万历会计录》卷一、卷三〇记载了苏州府万历九年上供物料名目及折银标准：

　　　　供用库：黄蜡二千六百斤，芽叶茶三千一百斤，灯草二千斤。甲字库：银硃光粉等料五千九百七斤七两，棉布一十四万匹。丁字库：生漆桐油等料一万七千三百九十一斤七两，黄牛皮六十八张。光禄寺厨料果品折银五百九十八两一钱。太仓库：黄蜡折银一千一百八十一两七钱六分二厘五毫，巡按赃罚银五千两。[1]

　　　　供用库：芽茶二千斤，叶茶一千一百斤，除上述黄蜡二千六百斤外，另有黄蜡五千九百八斤，折银一千一百八十一两七钱六分二厘五毫。[2] 甲字库：银硃实该一千七百六十五斤三两，靛花青实该一千九百五十八斤一十三两，光粉实该八百一斤一十两，乌梅实该一千三百

① （明）张学颜等：《万历会计录》卷一，第58页。
② （明）张学颜等：《万历会计录》卷三十《内库供应》，第997—998页。

八十一斤一十三两；阔白棉布一十四万匹。① 丁字库：生漆四千八百八十三斤六两，桐油七千五十二斤八两，黄熟铜一千五十斤一十两，锡一千八十三斤六两，黄蜡一千九百一十七斤三两，黄牛皮六十八张，红熟铜一千四百四斤六两。②

　　商价时估：递年上下二估，本部山东、河南等司官、九门盐法等委官会同科道，照时岁丰歉多寡不定，大约亦不甚远，今备录万历九年题准会估之数，以备查考。③

　　根据上供物料明细及时估价格，计算其折银额为 43816.13 两，如表5—9所示。

表5—9　　　万历九年（1581）苏州府上供物料折银明细

仓口	物料品名	数量④	单位	时估价格⑤（两）	折银（两）
供用库	黄蜡	2600	斤	0.2	520
	芽茶	2000	斤	0.08	160
	叶茶	1100	斤	0.02	22
	灯草	2000	斤	0.04	80
	黄蜡	5908	斤		1181.76
甲字库	银硃	1765.1875	斤	0.52	917.90
	靛花青	1958.8125	斤	0.07	137.12
	光粉	801.625	斤	0.045	36.07
	乌梅	1381.8125	斤	0.02	27.64
	阔白棉布	140000	匹	0.28	39200.00
丁字库	生漆	4883.375	斤	0.11	537.17
	桐油	7052.8	斤	0.042	296.22
	黄熟铜	1050.625	斤	0.118	123.97
	锡	1083.375	斤	0.09	97.50

① （明）张学颜等：《万历会计录》卷三十《内库供应》，第994页。
② 同上书，第1001页。
③ 同上书，第1005页。
④ 如单位为斤、两，则按彼时折算标准1斤＝16两计算。
⑤ （明）张学颜等：《万历会计录》卷三十《内库供应》，第1005—1006页。

续表

仓口	物料品名	数量	单位	时估价格（两）	折银（两）
	黄蜡	1917.1875	斤	0.165	316.34
	黄牛皮	68	张	0.22	14.96
	红熟铜	1404.625	斤	0.105	147.49
合计					43816.13

（二）钞关税

《浒墅关志》载，万历时，浒墅关本色钞 586 万贯，钱 1173 万文，折色船料正余银 39900 两。① 旧例每钞 10 贯钱 20 文折银 7 分。② 时折银价钞 1000 贯价银 0.6 两；钱分古钱和嘉靖钱，前者每 1000 文银价 1.6 两，后者 1000 文折银 2.05 两。③ 则本色钞折银为 5860000/1000 × 0.6 = 3516 两；古钱与嘉靖钱各按 50% 计算，折银为 11730000 × 50%/1000 × (1.6 + 2.05) = 5865 × 3.65 = 21407.25 两。则钞关税总额为 39900 + 3516 + 21407.25 = 64823.25 两。

查《太仓考》所载万历八年（1580）太仓库岁入，知浒墅关钞关商税为正余银 17376 余两④；又查《万历会计录》所载万历初年，浒墅钞关轮年解折色船料银，其金额为 39900 余两。两处记录入太仓库名称不同，金额悬殊。再与《浒墅关志》记载对照，《会计录》中的轮年解折色船料银，与其折色船料正余银金额完全相同。可见《会计录》之记载，只为《浒墅关志》记载之一部分，并不包括本色钞和铜钱的收入。至于《太仓考》之记载，只能说明浒墅关钞关税入太仓库的金额，并非浒墅关全部钞关税收。有鉴于此，无论《太仓考》之钞关商税正余银，还是《会计录》之轮年解折色船料银，本书皆不采信。为直观起见，将上述描述以表格形式列示如表 5—10 所示。

---

①　康熙《浒墅关志》卷六《岁额》，国家图书馆馆藏清康熙十二年（1673）影印本，钞本，第 2 页；卷五《钱钞》，国家图书馆馆藏清康熙十二年（1673）影印本，钞本，第 7 页。

②　康熙《浒墅关志》卷五《钱钞》，第 6 页。

③　（明）张学颜等：《万历会计录》卷四二《钞关》，第 1319 页。

④　（明）刘斯洁：《太仓考》卷九《岁入》，《北京图书馆古籍珍本丛刊》，书目文献出版社 2000 年影印本，第 835 页。

表5—10　　　　　　　　万历初年苏州浒墅关钞关税岁入及折银　　　　单位：两

项目	《太仓考》	《万历会计录》	《浒墅关志》	
	钞关商税正余银	轮年解折色船料银	钞、钱及船料正余银	折银
本色钞（贯）			5680000.00	3516.00
钱（文）			11730000.00	21407.25
银（两）	17376.00	39900.00	39900.00	39900.00
合计	17376.00	39900.00		64823.25

（三）盐税

盐运司、提举司等机构所征盐课银，由于资料阙如，唯见各盐运司、提举司收入总额，而不见各具体盐场之数。郭正忠《中国盐业史》记录了两浙各盐场及各县所征盐课银的分配项目，由此可窥知苏州府辖地课银情况，见表5—11。

表5—11　　　　　　　　　万历期间苏州府盐课明细　　　　　　　单位：两

县、场名	解京银	给商银	轿甲工食银	备荒银	小计
长洲县	2.26	4.53			6.79
吴江县	1.65	3.3			4.95
嘉定县	214.92	422.93			637.85
太仓州	1.67	3.33			5
崇明县	712.53	1793.15	271.65	297.14	3074.47
清浦场	103.44	200			303.44
合计	1036.47	2427.24	271.65	297.14	4032.5

资料来源：《中国盐业史》，人民出版社1997年版，第657—658页。

盐课银分配项目，主要有解京、给商、备荒等项，解京，即由盐运司解送户部太仓银；给商，是盐运司付给边商的仓钞价；备荒，系留存的灶户赈济银。万历时，苏州府辖地年征收盐课银为4032.5两。另外。户口盐钞银11197两属于盐税，应从田赋中剔除计入，两者合计15229.50两。

（四）杂课

包括商税、积谷两部分。商税并非国家或地方税收主要来源，即便商品交易频繁之地，亦是如此。明代对城市商贾多征市肆门摊税，唯苏州不收。《万历会计录》卷四三记载了苏州额征商税等项，本色钞七万二千九百一十锭三贯六百四十一文，折色钞七万三百二十二锭四贯，鱼课银六十八两五钱五分解南京户部，荡钞银六十五两八钱九分①，共折银 2282.94 两，具体计算过程如表 5—12 所示。《续文献通考》所载万历六年苏州府商税课钞为 692108 贯 121 文，与表 5—12 折算额 716167.64 贯差别不大，故仍以《万历会计录》记载商税额进行折银。

表 5—12　　　　　　万历九年（1581）苏州府商税折银明细

商税		折钞贯	折银标准②	折银
本色钞	七万二千九百一十锭三贯六百四十一文	364553.64	钞 1 贯 = 银 3 厘	1093.66
折色钞	七万三百二十二锭四贯	351614.00		1054.84
鱼课银				68.55
荡课银				65.89
合计		716167.64		2282.94

资料来源：《万历会计录》卷四三《杂课》，第 1336 页。

积谷乃明廷规定为赈灾而贮藏于预备仓的仓粮。弘治三年（1490），定预备仓粮事例，有司每十里以下应积粮一千五百石，若少积三分，则罚俸半年；少五分者，罚俸一年；六分以上者，九年考满降职使用。③ 苏州府共积谷一万石④，按万历初时价，每石折银 3 钱⑤，共折银 3000 两。

杂课合计共折银 5282.94 两。

（五）徭役折银

万历时，苏州府嘉定县取消了"均徭旧例十年轮编"的做法，今皆征银募役，每年入条编带征。均徭共银 10845.5 两，以实编丁田平米为

---

① （明）张学颜等：《万历会计录》卷四三《杂课·商税》，第 1336 页。

② ［日］佐久间重男：《明代万历 6 年全国商税表》，日本《史学杂志》1956 年第 2 期；李龙潜：《明代税课司局和商税的征收》，《中国经济史研究》1997 年第 4 期。

③ （明）张学颜等：《万历会计录》卷四三《杂课·积谷》，第 1368 页。

④ 同上。

⑤ （明）赵用贤：《议平江南粮役疏》，《明经世文编》卷三九七《赵文毅文集》，中华书局 1962 年影印本，第 4291 页。

法，每石该派银 0.026 两，里甲共银 3099.9 两，每石派银 0.0073 两。[①]
改按丁田编银为按粮派银，在官民一则统一的前提下，将徭里银完全摊之
于税粮，是一种完全的摊丁入亩。

自嘉靖十七年苏州府属各州县大规模徭役编银以来，里甲、均徭银成
为正赋，按丁田分摊役银已成为常态，每年地丁银额数也比较固定。《天
下郡国利病书》记载了万历末年苏州府各州县徭役编银情况，列表如 5—
13 所示。

表5—13　　　　万历四十五年（1617）苏州府各州县徭里银汇总　　　单位：两

州县	均徭银	里甲银	合计
太仓州	8159.35	5428.87	13588.22
长洲县	10406.79	7150.22	17557.01
吴县	9714.78	6389.66	16104.43
吴江县	11890.30	4775.05	16665.35
常熟县	11692.12	5846.06	17538.18
昆山县	9477.92	4738.96	14216.88
嘉定县	10710.80	3291.40	14002.20
崇明县	3857.94	963.53	4821.47
合计	75910.00	38583.76	114493.75

资料来源：顾炎武：《天下郡国利病书》原编第六册《苏松》，《四部丛刊三编》史部，
1935—1936 年，第 58—61 页。

由表5—13可知，万历四十五年，苏州府属各州县共编银 114493.75
两，与嘉靖十七年编银 97356.35 两相比，增长了 17137.4 两。因万历六
年恰好位于两者中间，故取上述折银额的算术平均数 105925.05 两，作为
万历六年徭役折银总额。

（六）田赋剔除户口盐钞银，675046.32 − 11197 = 663849.32 两。

以上一至六项共折银 898926.19 两，此即万历初年苏州府的赋税
总额。

---

① 万历《嘉定县志》卷六《田赋考中》，成文出版社有限公司 1983 年影印本，第 431 页。

二 万历时期苏州府的赋税结构分析

传统的农业社会，田赋是公共税收，即财政收入的主要来源。随着时间的递进，田赋在财政上的重要性有下降的趋势，而其他方面的赋税，比如工商方面的税收，却有愈加上升的趋向。明代中后期，中国处于由传统小农社会向近代多元社会转型的起始点，经济结构由小农经济向市场经济转变①，势必影响到赋税结构的变化。其中白银在社会经济中尤其是国家财政收支的广泛应用，使我们在考察晚明各项赋税时，可以摒弃实物税简单加总、无法对比分析的缺陷。在以白银为统一货币单位，计算出赋税总额后，可进一步对赋税构成进行分析。基于对万历初年苏州府赋税总额的计算，由此得到苏州府万历初年赋税结构图 5—1。

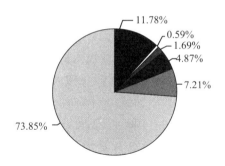

■ 徭役银　□ 杂课　■ 盐课　■ 上供物料　■ 钞关税　□ 田赋

图 5—1　万历初年苏州府赋税结构

从图 5—1 可以看出，万历初年苏州府田赋占赋税总额的 73.85%，表明明代中后期经济繁盛如苏州者，仍是农业经济的天下。徭役折银为赋税总额的 11.78%，另外 4.87% 的上供物料亦归为里甲役负担，两者合计为 16.65%，成为苏州民户的重要负担。钞关税占总额的 7.21%，已成长为国家主要赋税组成部分。隆庆年间钞关接管商税的征收，"其所榷本色钱钞则归内库，以备赏赐；折色银两则归太仓，以备边储。每岁或本折轮

---

①　万明主编：《晚明社会变迁：问题与研究》，商务印书馆 2005 年版，第 27 页。

收，或折色居七分之二"①。盐课比重较低，是由于苏州非重要盐产地的缘故。杂课比重为 0.59%，由于包括商税之故，此比重明显偏低，需在下面进一步追索其深层次原因。

万历初年明代苏州赋税总额中，田赋几占其 3/4，其余部分占赋税总额 11.78% 的徭役折银，其中至少 2/3 摊入田赋，因此之故，实际田赋收入要超过 80%。若从全国范围内观察，这个比例恐怕还要高一些。由此上溯至三百年前宋代，据贾大泉研究，田赋在国家赋税中，已退居次要地位，此前无足轻重的商税、专卖税、矿税却升居主要位次，并且在熙宁十年（1077）所占比重达到 70%②；而由万历初年下行至一个半世纪后的清乾隆时期，据王业键研究，1753 年正额田赋占赋税总额的 77.94%③，其他盐税、内地关税、杂税只占赋税总额的 22.06%。显而易见，明代后期的赋税结构，与清代中前期是相似的，或者说一脉相承的；而与北宋熙宁时期相较，却是南辕北辙般背道而驰，这不禁令人惶惑，难道是历史的倒退？多年前所形成的共识，即"唐宋变革"论或"明清停滞"论，其市场早已式微④，更遑论倒退了。

北宋承袭唐、五代之禁榷法，财政收入重点出现由田赋向茶、盐、酒税的变化，国家对手工业和商业的依赖在加大。⑤ 其项目有盐、酒、茶、矾多种，其条法之严密亦甚于前代。⑥ 因而两税之外，悉取山海之货，酒榷之饶。景德年间（1004—1007）至庆历五年（1045），酒课由 428 万贯增至 1710 万贯；盐课由 335 万贯增至 715 万贯；商税由 450 万贯

① 万历《明会典》卷三五《户部二十二·课程四·钞关》，中华书局 1989 年标点本，第 245 页。

② 贾大泉：《宋代赋税结构初探》，《社会科学研究》1981 年第 3 期。

③ [美]王业键：《清代田赋刍论》（1550—1911），人民出版社 2008 年版，第 94 页，表 4.2 数字计算。

④ 20 世纪 90 年代，李伯重对 13—14 世纪江南农业发展进行了深入探讨，相继发表了系列论文，认为从人口、耕地、技术、经营方式等方面来看，宋末至明初江南农业的变化，与唐宋或明清的变化都朝着同一方面，因而其性质是相同的。至于变化速度上的差异，也可以用周期性来解释，不应视为重大逆转。在自唐代至清代的一千多年的江南农业发展史上，没有唐宋革命，也没有明清停滞，所以也没有 13—14 世纪转折点。见氏著《宋末至明初江南农业变化的特点和历史地位》，《中国农史》1998 年第 3 期。

⑤ 李桂海：《中国封建结构探要》，辽宁大学出版社 1987 年版，第 357 页。

⑥ 汪圣铎：《两宋财政史》，中华书局 1995 年版，第 34 页。

增至 1975 万贯①。短短四十年，酒、盐、商三税分别增加 299.53%、113.43% 和 333.89%。熙宁十年（1077）所征酒、盐、茶榷税共22266130 贯，而两税所征折钱只 21626985 贯②，榷税反比两税正额多出 639145 贯。另外王安石变法后，自熙宁二年（1069）以来，青苗息钱、免役钱每年税额为 500 万贯。③ 斯波义信在其名著《宋代江南经济史研究》中，按税别统计了北宋时期财政收入，更为清楚地显示了上述背景下的赋税结构。④

尽管专卖收入对王朝财政贡献如此之大，但长期来看，它是一种杀鸡取卵式的低生息财政政策，必然会抑制民间商业的发展。这也是宋代以降，工商业税收在财政收入结构中不占主要地位，不能出现货币经济突破性变革的原因之一。这是一种涸泽而渔的赋税政策，当时即招致广泛批评。"夫山泽之利，与民共之。自汉以来，取为国用，不可弃也，然亦不可尽也"⑤，方今"山泽之利竭矣，征赋之入尽矣"⑥。因此，来源于山泽之利的赋税结构，并非根植于商品货币经济基础之上，于国于民亦非益事。不过，相较于北宋熙宁十年的商税收入折银 7748135 两⑦，明代万历初年的 145658 两⑧甚是寒伧，后者只是前者的 1.88%。原因何在？北宋熙宁时期存在涸泽而渔之倾向，明代万历年间是否反其道而行之？

---

① （宋）李焘：《续资治通鉴长编》卷二〇九，治平四年闰三月丙午，张方平语，上海古籍出版社 1986 年影印本，第 1946 页下。

② 贾大泉：《宋代赋税结构初探》，《社会科学研究》1981 年第 3 期。

③ 汪圣铎：《两宋财政史》，中华书局 1995 年版，第 54 页。

④ 公元 997—1007 年，北宋两税、商税、酒税、盐税构成分别为 69.96%、11.15%、10.60%、8.30%，而 1077 年则分别是 44.17%、14.15%、21.73%、19.95%。参见［日］斯波义信《宋代江南经济史研究》，方健、何忠礼译，江苏人民出版社 2012 年版，第 234 页表 3。

⑤ 《宋史》卷二九三《王禹偁传》，中华书局 1977 年标点本，第 9796 页。

⑥ （宋）包拯著、杨国宜校：《包拯集校注》卷三《论冗官财用等》，黄山书社 1999 年版，第 141 页。

⑦ 根据《宋会要辑稿·食货》卷一五至卷一七，熙宁十年商税统计数，贾大全统计为8046646 贯，见氏著《宋代赋税结构初探》；程民生统计为 7748135 贯，见氏著《宋代地域经济》，河南大学出版社 1992 年版，第 224 页。北宋神宗熙宁十年版，钱一贯折银一两，钱7748135 贯 = 银 7748135 两，铜钱折银标准见加藤繁《中国经济史考证》第二卷，中华书局 2012年版，第 128 页。

⑧ 林枫：《试析明万历前期的营业税》，《厦门大学学报》（哲学社会科学版）2000 年第 3期。

明初建立的小农经济体系，农业税是国家财政收入的主要来源，商税收入因数额较小且过于分散，而显得无足轻重。所以整个明王朝，少有对商业税缴纳比率的抱怨，大多数是针对非法和重复征收的不满。宣德时钞关建立后，商税收入愈加走低，所收商税，甚至仅能维持当地税课司局的正常运转。至15世纪前后，非国家发行货币白银成为主导货币，迫使国家逐渐采纳市场经济模式。① 市场经济的繁荣，意味着小农经济体系下的赋税结构逐渐向农商并举的赋税结构转变，即商业税比重上升，而农业税比重下降。然而，实际征收过程中，商业发展水平与营业税额脱节严重。日本学者佐久间重男对明代商业税颇有研究，认为明代中期尤其是15世纪中叶，政府大幅度削减了对商业税的征收，而且对诸如棉花、食品、纺织品之类生活必需品的征税，远比奢侈品要低。② 黄仁宇得出的结论是，明代商税在16世纪逐渐消融和瓦解，一部分被取消，一部分归属地方各省得以幸存，还有一些则实行包税制。③ 明末清初四川人唐甄曾长期滞留苏州，对经营蚕丝之厚利有独到的观察："无税，无荒，以三旬之劳，无农四时之久，而半其利④。"据范金民研究，《天下水陆路程》以及后来的几种商书所称、今人所标点的一段文字"御史朱昌，端州府人，嘉靖七年，奏定门摊客货不税，苏、松、常、镇四府皆然，于是商贾益聚于苏州，而杭州次之"⑤，应该标点为，"御史朱寊，端州府人，嘉靖七年，奏定门摊，客货不税，苏、松、常、镇四府皆然"；其中的"端州府"实际应为"瑞州府"，"嘉靖七年"实际应为"嘉靖四年"。⑥ 即嘉靖四年后，苏州只征门摊税而不征商税，不仅有利于行商，而且促进了商品的流通，所以"商贾益聚于苏州"。

明初曾建立400余个税课司局，至万历后期已然关闭近3/4，只有

① 赵轶峰：《明清帝制农商社会论纲》，《古代文明》2011年第3期。

② ［日］佐久间重男：《明代商税征收与财政之间的关系》，日本《史学杂志》1956年第65卷第2期。

③ ［美］黄仁宇：《十六世纪明代中国之财政与税收》，阿风等译，生活·读书·新知三联书店2001年版，第307页。

④ （清）唐甄：《潜书》下篇下《教蚕》，四川人民出版社1984年版，第440页。

⑤ （明）黄汴撰、杨正泰校注：《天下水陆路程》，山西人民出版社1992年版，第204页。

⑥ 范金民：《明代嘉靖年间江南的门摊税问题——关于一条材料的标点理解》，《中国经济史研究》2002年第1期。

112 个硕果仅存[①]。如苏州府嘉定县"税课局，在按察司东，吴元年建，洪武四年改建。嘉靖四十一年，巡按御史陈瑞奏革，有子局九所，在南翔、大场、罗店、黄渡、安亭、清浦、张泾、钱门塘、十四都。今俱废"[②]。崇明县税课局亦于弘治十八年（1505）裁撤，未裁的则交由附近钞关代管。中央政府之所以大规模裁撤税课司局，有人认为是为了保证钞关收入，以解决多重征税的问题。[③]嘉靖时，苏州浒墅关代管税课司局七处，岁办课钞共 401254 贯，折钱 802508 文，实际仅折银 1230.76 两[④]。其中苏州税课司位于郡城，长洲、吴县税课局位于郡城两翼，共同担负苏州府城的税课，岁办课钞共 338734 贯，占所收商税总额的 84.42%。若折成银两，则仅有 1038 两。

　　南直隶作为商业发达地区，其商品流通额可达数千万两，应征营业税百万两左右，实征仅 2 万余两，其中相差近 100 万两。[⑤]苏州府，万历初年只丝织业一项，年流通额以百万两计，其年商品流通额及应纳营业税额，约为南直隶的 1/5。由此看来，苏州府万历初年商业税收被严重低估，在此可保守估计为银 20 万两。图 5—1 所示万历初年赋税结构，是笔者所见文献资料的反映也许比较接近其本来面相。若从经济结构的角度考虑，万历初年苏州各赋税单项，可进一步调整为如表 5—14 所示，其中杂课中 2282.94 两计入商税，积谷 3000 两计田赋。

---

　　① 吴兆莘：《中国税制史》，商务印书馆 1937 年版，第 169 页。另台湾学者苏更生《明初的商政与商税》（载台湾《明史研究论丛》第十二辑，大立出版社 1985 年版，第 435 页），日本学者和田清《明史食货志译注》（下卷，商税条，第 854 页）稍有不同，均认为仅剩余百十一所。

　　② 万历《嘉定县志》卷四《营建》，成文出版社有限公司 1983 年影印本，第 250 页。

　　③ 江玉勤：《明代课程制度研究》，厦门大学博士学位论文，2008 年，第 38 页。

　　④ 苏州浒墅关原代管税课司局九处，分别是苏州府税课司，岁办课钞 123200 贯，吴县税课局 112100 贯，常熟县税课局 20264 贯，吴江县税课局 10800 贯，嘉定县税课局 27780 贯，长洲县税课局 103434 贯，太仓州 3676 贯，崇明县税课局于弘治十六年奉例裁革，吴江同里税课局"近奉例裁革"。参见嘉靖《浒墅关志》卷七《管辖》，《上海图书馆藏稀见方志丛刊》第 63 册，国家图书馆出版社 2011 年影印本，第 317—319 页。

　　⑤ 林枫：《试析明万历前期的营业税》，《厦门大学学报》（哲学社会科学版）2000 年第 3 期。

项目	田赋	上供物料	钞关税	盐税	商税	徭役折银	合计
原额	663849.32	43816.13	64823.25	15229.50	5282.94	105925.05	898926.19
修正额	666849.32	43816.13	64823.25	15229.50	202282.94	105925.05	1098926.19

表5—14　　　　　万历六年（1578）苏州府赋税原额、修正额　　　单位：两

赋税结构则进一步如图5—2所示。

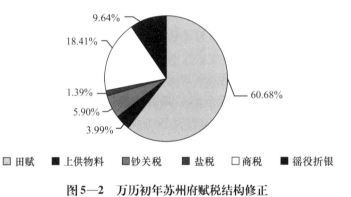

图5—2　万历初年苏州府赋税结构修正

经过修正后的万历初年苏州府赋税结构，田赋降至60.68％，而商税升为18.41％，其他盐税、钞关税、上供物料亦随之稍有变动。实际上，此赋税结构，与图5—1所显示的结构相比，只是经济结构视角下观察到的相对真实，似乎有助于解释苏州府长期存在的重赋悖论。洪武以降，直至万历初年，苏州府向来赋税沉重、经济繁荣并存，一方面，"三吴赋税之重，甲于天下，一县可敌江北一大郡，破家亡身者往往有之"①；另一方面，"吴中百货所聚，其工商贾人之利，又居农之什七，故虽赋重，不见民贫"②。苏州赋重而不见民贫的原因，与其说与农人多经商致富有关，不如说缘于明廷之赋税政策。彼时除田赋占大宗以外，其次即是进入市场进行销售的商税了。商税由坐税和过税组成。过税，即钞关税；坐税，即塌房税、市肆门摊税、渔课等税课司、渔课所所征之税。此种制度设计挂一漏万的情况甚多，以致明代赋税文献记载之商税额少之又少。

---

① （明）谢肇淛：《五杂俎》卷三《地部一》，上海书店出版社2001年版，第50页。

② （明）王士性：《广志绎》卷二，《两都》，中华书局1997年版，第32页。

地狭人稠是苏州经商者众的客观原因之一。日本学者滨岛敦俊在《农村社会》一文中，认为新田不断开垦和增加，是实现江南重赋的途径，"只要贯彻原额主义，只要低地造田还在持续，在该地财富的产出、流动、分配结构中，就能充分消化这种重赋"①。也许这一论断适用于苏州、松江以外的江南地区，而就苏州而言，绝非题中应有之义。作者承认在最早开发的苏州附近，15世纪中叶后，已然没有了适宜开发的土地；在江南三角洲，人口压力在16世纪就发生了。② 显然，滨岛氏论文中的材料，只能作为上述结论的反证。

事实上，明代立国未久，苏州即已显现地狭人稠的矛盾。洪武年间，明太祖之所以大规模迁移苏州民户往耕濠州、滁州、和州等处，与此关系甚大。宣德时，"苏松之逃民，其始也皆因艰窘，不得已而逋逃"，此前业已论述，科则悬殊的官民田制度是赋税沉重、民户逃亡的主因，但人均田地之不足，则是另一需要关注的根源。洪武二十六年（1393），全国人均占有耕地14亩，缴纳税粮0.486石；而苏州府人均耕地4.1亩，缴纳税粮1.193石。③ 苏州府人均耕地只有全国的29%，人均负担的税粮却是全国的2.45倍。

"天下之民，出其乡则无所容其身；苏松之民，出其乡则足以售其巧。"去本逐末，"以末致财，用本守之"，成为苏州民众之共识。嘉靖以降，伴随白银货币化的展开，"大抵以十分百姓言之，已六七分去农"④。苏州逐渐由粮食输出地区而变为输入地区，枫桥、关上成为苏州著名的商品粮集散地。从崇祯时应天巡抚黄希宪发布的告示⑤可知，苏州米市兴盛已久，以至形成米行牙侩盘根错节、"把持行市"的局面。而经商之吴人

---

① ［日］滨岛敦俊：《农村社会》，森正夫等编《明清时代史的基本问题》，商务印书馆2013年版，第146—147页。
② ［日］滨岛敦俊：《农村社会》，《明清时代史的基本问题》，周绍泉、栾成显译，商务印书馆2013年版，第147、157页。
③ 林金树：《试论明代苏松二府的重赋问题》，《明史研究论丛》第一辑，江苏人民出版社1982年版，第100—101页。
④ （明）何良俊：《四友斋丛说》卷一三《史九》，中华书局1959年版，第111—112页。
⑤ （明）黄希宪：《抚吴檄略》卷一，崇祯十三年五月二十九日移牒苏州府长洲吴县檄载："照得江、广各商，冒涉风涛险阻，贩米来苏，不过权母子而少获资耳。乃有积年奸牙季环溪、羊俸仪二人，盘踞枫桥，把持行市，各商误入其家，百端勒挟。每粜籼米一石，克扣四钱，使吾民受高抬之害，远商遭折本之苦。"

或 "以商贾为生，……靡远不到"①，"博锱铢于四方，以供吴之赋税"②；或植棉养蚕，"一人织之，十人聚而衣之"③，"全赖花布贸易，以为完粮之资"④，以此上供赋税，下给俯仰。商贾经营之所得，有 "积银常至数十万两者"⑤，有 "以万计者不能枚举"⑥，然而苏州实际所收之商税，折银只有二千余两。"若其民居稠密，风土繁华，则皆出于四方之富商大贾，于本处力田之人，实同风马。今欲于下下之田，而责其供十倍于上上之税，民何以堪？"⑦ 以商业经营之重利，补农业经营之重赋，才是苏州赋重、不见民贫之实质。

三　从赋税结构看苏州民户的赋税负担与生活状况

前文业已计算了苏州府的赋税总额，并分别得到了万历初苏州府实际上和理论上的赋税结构。那么，在商品货币经济颇有发展的万历初年，苏州民户的具体负担及生活状况是怎样的？尤其是赋税负担与其家庭收入的比重如何？由此可进一步剖析苏州重赋之实质。

对传统小农经济来说，先贤有研究认为，农民在种植上并不存在窒碍，根据市场要求和社会经济的变化，小生产者可以随时向商品性农业生产转化。⑧ 明清两代的江南地区，稻米等粮食作物的收成，除了缴纳赋税外，所剩无多，必须依赖于商品性农作物的种植与贸易⑨。明代中期以后，苏州府表现得更为明显，农业生产结构发生了根本性的改变，由过去

---

①　崇祯《吴县志》卷一〇《风俗》，《天一阁藏明代方志选刊续编》第 15 册，上海书店出版社 1990 年影印本，第 891 页。

②　（明）顾炎武：《天下郡国利病书》原编第五册《苏下》，上海商务印书馆 1935—1936 年影印本，第 47 页。

③　万历《嘉定县志》卷六《田赋考中·物产》，成文出版社有限公司 1983 年影印本，第 479 页。

④　万历《嘉定县志》卷七《田赋考下·漕折始末》，成文出版社有限公司 1983 年影印本，第 483 页。

⑤　（清）陈梦雷：《古今图书集成·食货典十》卷三五八《钱钞部·钱谷论》，鼎文书局 1977 年版，第 3436 页。

⑥　《明史》卷二五一《钱士升传》，中华书局 1977 年版，第 6478—6479 页。

⑦　《苏松历代财赋考》卷一，《四库全书存目丛书》史部 276 册，齐鲁书社 1996 年影印本，第 101 页。

⑧　高王凌：《租佃关系新论》，上海书店出版社 2005 年版，第 4 页。

⑨　刘石吉：《明清时代江南市镇研究》，中国社会科学出版社 1987 年版，第 9 页。

单一的粮食种植，向桑蚕和棉花等多种经济作物种植转变。如嘉定一带，"地形高亢，土脉沙瘠""地不产米，止宜木棉"①；邻近的太仓州，"州地宜稻者亦十之六七，皆弃稻袭花"，因而"郊原四望，遍地皆棉"②。而吴县、长洲和吴江诸县，正位于"北不愈淞，南不愈浙，西不愈湖，东不至海"③的蚕桑之地，因而民户遍种桑园，尽逐绫绸之利。请看明人诗文对蚕桑、丝织业的渲染：

> 吴蚕吐丝白于银，染丝上机颜色新……明日朝廷促功商，输官不得亏铢两。④
>
> 吴越分歧处，青林接远树。水乡成一市，罗绮走中原。尚利民风薄，多金商贾尊。人家勤织作，机杼彻晨昏。⑤
>
> 说这苏州府吴江县离城七十里，有个乡镇，地名盛泽，镇上居民稠广，土俗淳朴，俱以蚕桑为业。男女勤谨，络纬机杼之声，通宵彻夜。那市上两岸绸丝牙行，约有千百余家，远近村坊织成绸匹，俱到此上市。四方商贾来收买的，蜂攒蚁集，挨挤不开，路途无伫足之隙；乃出产锦绣之乡，集聚绫罗之地。江南养蚕所在甚多，惟此镇处最盛。有几句口号为证：
>
> 东风二月暖洋洋，江南处处蚕桑忙……缲成万缕千丝长，大筐小筐随络床……咿咿轧轧谐宫商，花开锦簇成匹量……莫忧八口无餐粮，朝来镇上添远商。⑥

桑蚕、缲丝、丝织业的发展，使以此为特色的市镇迅速发展起来。

---

① 《上海碑刻资料选辑》六四《嘉定粮里为漕粮永折里请立石碑》，上海人民出版社1980年版，第137页。

② 崇祯《太仓州志》卷一五，崇祯十五年（1642）刻本，国家图书馆馆藏缩微胶卷，第31页。

③ 淞即吴淞江，浙即浙江，湖即太湖，海即东海，见唐甄《潜书》下篇下《教蚕》，四川人民出版社1984年版，第440—441页。

④ （明）张宣：《染丝行》，《明诗纪事》，上海古籍出版社1993年版，第153页。

⑤ （清）周燦：《盛泽》，乾隆《吴江县志》卷五〇《集诗》，乾隆十二年（1747）刻本，《中国地方志集成·江苏府县志辑》第20册，第250页上。

⑥ （明）冯梦龙：《醒世恒言》卷一八《施润泽滩阙遇友》，人民文学出版社1956年版，第339—340页。

除前述震泽镇外，另有盛泽镇引人注目。吴江县治东南的盛泽，明初居民只有五六十家，嘉靖时"居民百家，以绸绫为业，其后，商贾辐辏，烟火万家，百倍于昔"[1]，迨至万历以后，"绫罗纱绸出盛泽镇，奔走衣被遍天下。富商大贾数千里辇万金而来，摩肩连袂，如一都会矣"[2]。

"大抵东南之利，莫大于罗绮绢纻，而三吴为最……而今三吴之以机杼致富者尤众"[3]。据樊树志估计，种棉比种稻收益高达 70%—100%[4]，而种桑则利润更高。良田一亩可养蚕 16 斤，缫丝 16 斤，嘉靖中丝每两值银 2 分，丝 16 斤可得银 5.12 两；若用于稻作，丰年可得米 4 石，每石银 3 钱，收益为银 1.2 两。效益相差四至五倍。[5] 万历六年苏州人均耕地为 4.6203 亩[6]，如一家按 5 口计算，则好的年景种桑人家收入为 $4.6203 \times 5 \times 5.12 \approx 118.28$ 两。而种稻收入则为 $4.6203 \times 5 \times 1.2 \approx 27.72$ 两。此时，种桑与种稻收入之比为 $118.28：27.72 = 4.27：1$。若"以中岁计之，亩米二石，麦七斗，抵米五斗"，则每亩得米 2.5 石，每石按平价银 5 钱计算，则每亩收益为 1.25 两，一家收入为 $4.6203 \times 5 \times 1.25 \approx 28.88$ 两。若以丰年时的稻米产量每亩 4 石，常年平价每石 5 钱计算，种稻人家每亩收益不过 $4 \times 0.5 = 2$ 两，全家收入为 $4.6203 \times 5 \times 2 \approx 46.2$ 两。彼时种桑比之种稻，其年收入之比是 $118.28：46.2 = 2.56：1$。因此之故，种桑产生的收入是种稻收入的 2.56—4.27 倍。

上述收入只是一个家庭的毛收入，而非净收入，因为未减掉应缴纳的赋税。由表 5—8 可知，万历六年苏州府人均田赋为 1.04 石，按每石折银五钱计算，则民户一家至少应纳田赋为 $1.04 \times 5 \times 0.3 = 1.56$ 两，若按表 5—12 修正后赋税总额计算，则民户家庭应纳赋税额为 $1098926.19/2011985 \times 5 \approx 2.73$ 两。因此，种稻家庭，其年净收入下限为 $27.72 - 2.73 = 24.99$ 两，上限为 $27.72 - 1.56 = 26.16$ 两。进而可知田赋占种稻家

① 光绪《盛湖志补》卷一，江苏吴江图书馆馆藏，第 1 页。
② 康熙《吴江县志》卷一七《物产》，江苏吴江图书馆馆藏，第 1 页。
③ （明）张翰：《松窗梦语》卷四《商贾记》，《元明史料笔记》，中华书局 1985 年版，第 85 页。
④ 樊树志：《十一至十七世纪江南农业经济的发展》，中国史研究编辑部编《中国封建社会经济结构研究》，中国社会科学出版社 1985 年版，第 392—393 页。
⑤ 同上书，第 396 页。
⑥ 根据表 5—8 计算数字。

庭总收入的 5.63% — 9.85%。对于植桑养蚕家庭而言，蚕丝走向市场，销售后尚需缴纳商品交易税，因税率资料阙如，暂按三十税一计算，则年应纳税额为 118.28 × 1/30 ≈ 3.94 两。另外巢丝易银后，需要缴纳田赋 1.04 × 5 × 0.5 = 2.6 两。种桑收入减去赋税，即 118.28 − 3.94 − 2.6 = 112.74 两，即是植桑养蚕家庭年净收入。进一步可得到赋税约占其总收入的 5.53%。

　　由以上分析可知，一方面，种稻之于养蚕，其赋税上限几占收入的 10%，因而赋重是名实相符的。但并不能因此认为一般种稻之户，其基本生产、生活难以为继。从维持生存方面的支出来看，口粮最为重要。五口之家，若大小口牵算，如谚语所云"大口小口，一月三斗"，平均每人日食一升，全年食粮为 3.6 石，一年全家口粮约为米 18 石。若每石折银 5 钱，则全家口粮支出为 9 两，不及其家庭收入的 1/3，剩余 2/3 的收入，可用于其他方面。事实上，"三吴之野，终岁勤动为上农者，不知其几千万人也"，①凭借力田起家的富民阶层，亦屡见不鲜。如昆山，诚甫"世为苏州人……徙昆山之真义里……以力穑致富，甲于县中"②。张翁"居昆山之大慈。予尝自安亭入郡，数经其地，有双洋荡，多美田，翁以多耕致饶足，而兄弟友爱，不肯析居殖私财"③。据《水东日记》记载，成化二年（1466），昆山"旱麦水稻田土，每亩岁收米麦四石之上"④。通过辛勤开垦，嘉万后米麦产量当不会低于此数。又如吴江，"明农者因势利导，大者隄，小者塘，界以埂，分为塍，久之皆成沃壤，今吴江人往往如此法，力耕以致富厚，余目所经见，二十里内，有起白手致万金者两家"⑤。

　　另一方面，植桑养蚕由于收益丰厚，所纳赋税相对较低，因而赋税虽

---

　　①　（明）吴宽：《匏翁家藏集》卷三六《心耕记》，《四部丛刊》集部，上海涵芬楼藏明正德刊本，第 11 页。

　　②　（明）归有光：《震川先生集》卷二五《魏成甫行状》，上海古籍出版社 1981 年版，第 592 页。

　　③　（明）归有光：《震川先生集》卷一三《张翁八十寿序》，上海古籍出版社 1981 年版，第 326 页。

　　④　（明）叶盛：《水东日记》卷三一《土薄岁入少》，《历代史料笔记丛刊》，中华书局 1980 年版，第 313 页。

　　⑤　（明）朱国祯：《涌幢小品》卷六《隄利》，《明清笔记丛刊》，中华书局 1959 年版，第 138—139 页。

较他郡为重，仍少见民贫，甚或奢靡之风大兴。明末清初时川人唐甄，晚年曾长期定居苏州，对苏州、湖州此等景况，有如下之总结：

> 吴丝衣天下，聚于双林；吴、越、闽、番至于海岛，皆来市焉。五月，载银而至，委积如瓦砾。吴南诸乡，岁有百十万之益。是以虽赋重困穷，民未至于空虚，室庐舟楫之繁庶胜于他所，此蚕之厚利也。①

若以蚕丝从事丝织绫绸之业，则比养蚕获利要多。例如妇人 1 名，年可织绢 60 匹，收入可达 60 两；支出有经丝 350 两，银价 25 两，纬丝 250 两，银价 13.5 两，丝线、家伙、线腊值银 2.5 两，妇人口食 5 两，共耗银 45 两，收入支出相抵，净收入为 15 两。以上所述原料，乃是从市场购入；② 若用自产蚕丝，则获利还会增加。

一般而言，随着经济结构的转变，苏州民户家庭并非只种水稻，或仅植农桑，而是根据市场需求，不仅进行经济作物的多样种植，而且农、工、商并举。田多者或出租经营，或雇用长、短工；田少者和无田者，或佃种他人田亩，或投雇富家力田，或干脆弃农经商，考察后者的生活状况，则可进一步认知苏州重赋与繁荣并存的面相。

嘉万以降，佃种他人田亩者，当不在少数。“吴中之民，有田者什一，为人佃作者十九。”③ 虽然古人在使用非具体数字时，常有夸大或故弄玄虚之嫌，但仍可说明明中后期佃户增多之趋势。嘉靖二十四年（1545）优免则例规定，京官一品免粮三十石，人丁三十丁；二品免粮二十四石，人丁二十四丁，以下依次递减，至九品免粮六石，免丁六人；内官内使亦复如是，地方官按同品京官减半。④ 这一特权政策助长了小民带产投靠或投献之风。不过，对于商品货币经济相对发达的苏州而言，毕竟不是主流。嘉靖之前，苏州府官田制度的存在，是其赋税重于别处的原因

---

① （清）唐甄：《潜书》下篇下《教蚕》，四川人民出版社 1984 年版，第 440 页。

② 《沈氏农书》之《运田地法》，王云五主编《丛书集成初编》，上海商务印书馆 1936 年版，第 17 页。

③ （明）顾炎武著，陈垣校：《日知录校注》卷一〇《苏松二府田赋之重》，安徽大学出版社 2007 年版，第 590 页。

④ 万历《明会典》卷二〇《户部七·赋役》，中华书局 1989 年标点本，第 135 页。

之一。但该赋税政策并非一无是处，在一条鞭法推广之前，长工、短工等雇佣劳动的普遍出现和广泛分布即是其一。在这些雇农中有一特点，即他们以契约为基础，并且在法律上有明确的规定。① 苏州府官田占土地总额的63％，而耕种官田的小农负担了远高于富户的赋税。贫户不堪重负而逃亡，其中成为雇佣劳动力者亦相当可观。这为富裕农户建立经营性庄园带来了机会和劳动力资源②。一条鞭法推广之后，佃种富室田亩，定期缴纳分成地租或定额地租，甚至将所佃田亩再次出佃、成为二地主者，越来越多。

　　这种佃户家庭的生活究竟如何？《日知录》云："岁仅秋禾一熟，一亩之收不能至三石，少者不过石余，而私租之重至一石二、三斗，少亦七、八斗。"③ 这段话当作仔细辨析，据此尚不足以判断明代苏州的实物地租率，因为米麦的产量和租额并非一成不变的。明人耿橘《大兴水利申》曰："计常熟民间田租之入，最上每亩不过一石二斗，而实入之数，不过一石。乃粮之重者，每亩至三斗二升，而实费之数，殆逾四斗，是什四之赋矣。"④ 佃户每亩缴纳的田租，包含一定的虚额在内。实际缴纳的地租，须依照年成高下折算。协议规定"每亩不过一石二斗"，实际缴纳不到一石，而出租田亩者，须缴给官府田赋4斗，剩余仅6斗。上溯至北宋，苏州佃户所纳田租，名义上规定是对半分，实际上亦难以实现。熙宁八年（1075）八月，王安石变法的重要参与者、参政知事吕惠卿称："苏州，臣等皆有田在，彼一贯钱典得一亩，岁收米四五六斗。然常有拖欠，如两岁一收。上田得米三斗，斗五十钱，不过百五十钱。"⑤ 以吕之权势，只能收到名义田租的一半，更别说一般小土地所有者了。北宋末年郑刚中诗云："硗田能几何，旱穗正容摘。岂便得收

---

　　① 傅衣凌：《明代江南富户经济分析》，《厦门大学学报》1956年第1期。

　　② ［美］黄宗智：《长江三角洲小农家庭与乡村发展》，张皓、张升译，中华书局1992年版，第63页。

　　③ （明）顾炎武著，陈垣校：《日知录校注》卷一〇《苏松二府田赋之重》，安徽大学出版社2007年版，第590页。

　　④ （明）徐光启：《农政全书》卷一五《东南水利》下，《钦定四库全书》子部，文渊阁四库全书本，第1页。

　　⑤ （宋）李焘：《续资治通鉴长编》卷二六七，熙宁八年八月戊午条，第2523页下。

敛，半属租种客。分争既不贤，烈日仍暴炙。"① 可以想见，宋时全额地租是无法收取的。下至清代仍是如此，"吴农佃人之田者……三春虽种菽麦，要其所得，不过如佣耕之自食其力而无余，一岁仅恃秋禾一熟耳。秋禾亩不过收三石，少者只一石有余，而私租竟有一石五斗之额。然此犹虚额也，例以八折算之，小欠则再减"②。更有甚者，如清人王炳燮所言，苏州"实收租米，多者不过五六成，少者才及三四成。是所谓租额，不过纸上虚名"③。

而且，无论明清，出租田亩者并非对所有田亩所产收租。"春熟不分租"，已为乡例。上述亩租一石，是所谓秋粮"正租"，而南方的"小春作物"，一向是不收租的。④ "小春作物"即夏麦，明代江南小麦的亩产量，相当于同块地秋米产量的一半，其价格大致相当于米价的一半。⑤ 若某一五口佃户，租种 20 亩地，如《安吴四种》所言，"苏民精于农事，亩常收米三石，麦一石二斗"。即以米 2.5 石、麦折米 0.6 石计算，纳田租 1 石后，每亩尚留 2.1 石，按每石折银 0.5 两计算，20 亩地其净收入为 $2.1 \times 0.5 \times 20 = 21$ 两，预留口粮 9 两外，剩余 12 两供其他支出。与拥有自有 20 亩土地家庭生活，尚有不小差距，需要进一步租佃或其他经营才能予以弥补。需要注意的是，苏州所处江南地区，人多地狭，佃户经营若靠外延式增长，比如扩大佃种面积，则终非长久之计。因此，变外延式增长为内涵式增长，比如从事棉纺、丝织等业的生产，庶几可得"小康"。清人薛福保道出了原因："往时江南无尺寸隙地，民力田，佃十五亩者称上农，家饶给矣。次仅五六亩，或三数亩，佐以杂作，非凶岁亦可无饥。何者？男子耕于外，妇人蚕织于内，五口之家，人人自食其力，不仰给于一人也。"⑥

又如弃农经商，不啻是改善农户家庭生活的又一路径。两宋时，苏州

---

① （宋）郑刚中：《临刈旱苗》，《全宋诗》第 30 册卷一六九二，北京大学出版社 1998 年版，第 19057—19058 页。

② （清）陶煦：《租核》，赵靖、易梦虹《中国近代经济思想资料选辑（上）》，中华书局 1982 年版，第 383—384 页。

③ 赵靖、易梦虹：《中国近代经济思想资料选辑（上）》，中华书局 1982 年版，第 404 页。

④ 高王凌：《租佃关系新论》，上海书店出版社 2005 年版，第 7 页。

⑤ 郑志章：《明清时期江南的地租率和地息率》，《中国社会经济史研究》1986 年第 3 期。

⑥ （清）薛福保：《江北本政论》，《皇朝经世文续编》卷四一《户政一三·农政上》，光绪思补楼本，第 24 页。

即有"民不耕耨，而多富足，中家壮子，无不贾贩以游"①之传统。宣德时，周忱即意识到苏松逃民"出其乡则足以售其巧"，从事多样的工商业活动，或开张店铺，或买卖办课，或屠沽贩卖，往来南北，几遍天下。此时，"流寓"之所以胜于"土著"，得益于吴人的经商传统和禀赋。其后，"人生十七八，即挟赀出商，楚、卫、齐、鲁，靡远不到，有数年不归者"②。嘉万时期，苏州诸州县民户经商氛围更浓，嘉定"商贾贩鬻，近自杭、歙、清、济，远自蓟、辽、山、陕，其用至广，利亦至饶"③；常熟地"虽僻远，其食与货常给予外境。每岁杭、越、徽、衢之贾，皆问籴于邑。其人不至，则食之价平矣。至于货布用之邑者有限，而捆载舟输，行贾于齐鲁之境，常什六"④。而吴县洞庭人成为苏州商人群体的代表，"往往天下所至，多有洞庭人"⑤。不过此时，相较于宣德时期的"出其乡"以"售其巧"，人口流动更有一种逆向的变化。人口不是因"推力"而外移，而是由"拉力"而内迁。⑥苏州作为东南都会之地，时人称"阊门内外，居货山积，行人水流；列肆招牌，灿若云锦。语其繁华，都门不逮"⑦；"绫、锦、纻、丝、纱、罗、绸、绢皆出郡城机房，产兼两邑，而东城为盛，比屋皆工织作，转贸四方，吴之大资"⑧。以郡城为中心，吴县、长洲为两翼的都市聚集区，不仅是工业制造中心，而且是商品集散之地。因而不但引得商贾云集，更是各色人等的寻梦之地。万历时徽

①　（宋）范成大：《吴郡志》卷三七，《江苏地方文献丛书》，江苏古籍出版社1999年标点本，第530页。

②　崇祯《吴县志》卷一〇《风俗》，《天一阁藏明代方志选刊续编》第15册，上海书店出版社1990年影印本，第891页。

③　万历《嘉定县志》卷六《田赋考中·物产》，成文出版社有限公司1983年影印本，第476页。

④　嘉靖《常熟县志》卷四《食货》，吴相湘主编《中国史学丛书》，台湾学生书局1986年影印本，第385—386页。

⑤　（明）归有光：《震川先生集》卷二一《叶母墓志铭》，上海古籍出版社1981年版，第522页。

⑥　范金民：《明清江南商业的发展》，南京大学出版社1998年版，第335页。

⑦　（明）孙嘉淦：《南游记》，上海文艺小丛书社1933年版，第27—28页。

⑧　嘉靖《吴邑志》卷十四《土产》，《天一阁明代方志选刊续编》第10册，上海书店出版社1990年影印本，第50页。

州人黄汴，曾"侨居吴会，与二京十三省暨边方商贾贸易"①。来自全国
的行商，于苏州"开张字号行铺者，率皆四方旅寓之人"②。而或为逃避
赋税，或怀致富梦想，单靠出卖劳动力维持生计者，其数量之多不得而
知。单在机房中任职的就有数千人，是官办织染局人数的两三倍。

经商者众，又使从事长短工者供不应求，朱国祯《涌幢小品》卷二
云："近年农夫日贵，其值增四之一，当由务农者少。"③像现代社会一
般，农民以外出打工为生，不仅养活自己，而且可以获得工钱，补贴家
用。庄园中一名长工，除吃米五石五斗，消费柴酒一两二钱外，还可获得
工银五两④。而罔籍田业的苏州市民，"听大户呼织，日取分金为饔飧计，
大户一日之机不织则束手；小户一日不就人织则腹枵，两者相资为生"⑤。
"机户出资，机工出力，相资为生久矣"⑥，市场是二者结合的媒介，此为
赋税白银化和白银货币化下经济发展的必然归宿。明代后期，苏州"不
仅是一个政治城市，而且还是一个商业城市，并逐渐变化为一个轻工业城
市"⑦。彼时已形成棉布加工、丝织、碾米、酿酒、榨油、纸张加工、印
刷、草编、铁器及珠宝制作等众多行业。究竟其间使用了多少佣工，不得
而知。万历二十九年（1601），应天巡抚、右金都御史曹时聘言：苏州机
户"得业则生，失业则死……染坊罢而染工散者数千人，机户罢而织工
散者又数千人"⑧，从中可见一斑。江南能够支撑繁重的赋税，赖以丝绵
绸布等手工业商品的生产，苏州当更如是。

从以上分析可知，明代苏州商品货币经济的发展，在解决人口与土地
矛盾的同时，纾解或减轻了苏州重赋问题，而解决重赋问题，"若求诸田

---

① （明）黄汴：《一统路程图记·序》，《四库全书存目丛书》史部第 166 册，齐鲁书社
1996 年影印本，第 481 页。

② （明）郑若曾：《郑开阳杂著》卷一一《苏松浮赋议》，《景印文渊阁四库全书》第 584
册，史部，台湾商务印书馆 1986 年影印本，第 647 页。

③ （明）朱国祯：《涌幢小品》卷二，《明清笔记丛刊》，中华书局 1959 年版，第 43 页。

④ 《沈氏农书》之《运田地法》，王云五主编《丛书集成初编》，上海商务印书馆据学海类
编本排印 1936 年版，第 15 页。

⑤ （明）蒋以化：《西台漫纪》卷四《纪葛贤》，浙江巡抚采进本，第 5 页 a。

⑥ 《明神宗实录》卷三六一，万历二十九年丁未，第 6471 页。

⑦ ［日］宫崎市定：《明清时代の苏州と轻工业の发达》，《东方学》第二辑，1951 年。

⑧ 《明神宗实录》卷三六一，万历二十九年丁未，第 6742 页。

亩之收，则必不可办"①。苏州经济结构的变化以及由此导致的农业生产专业化、商品化，一方面减轻了过剩人口对有限耕地的压力，另一方面促进了市镇经济的兴盛。于是昔日"苏湖熟，天下足"的鱼米之乡，至明代中叶始发生了逆转。苏州"米则一岁之收，不足一岁之用"，湖广则"聚至数万人，贩米于苏、松等处"②，至此，"湖广熟，天下足"之论声名鹊起③。

嘉靖以降，随着赋役折银、摊丁入亩的展开，进一步松弛了千百年来人身依附于户籍、土地的状况，激发了市场的活力。此时"苏州是中国最大的市场，集积内外商品，具备着各种物资，可以说没有买不到的东西"④，当然也是江南城市化水平最高的地方。据曹树基估计，明代后期苏州城居民可能超过 50 万人⑤。苏州城区拥有人口如此之多，因而显得分外繁华，"城连万雉，列巷通衢，华区锦肆，坊市棋列，桥梁栉比，梵宫蓬宇，高门甲第，货财所居，珍异所聚，歌台舞榭，春船夜市，远土钜商，它方流妓，千金一笑，万钱一箸，所谓海内繁华，江南佳丽者欤"⑥。

相较于收入成倍的增长，苏民不仅"上供赋税，下给俯仰"，而且有了奢靡的理由。嘉靖年间，江南学者陆楫提出了崇奢黜俭论，开始为过度消费和追求奢靡生活进行辩护。"苏杭之境为天下南北要冲，四方辐辏，百货毕集，故其民赖以市易为生，非其俗奢之故也。噫！是有见于市易之利，而不知所以市易者正起于奢。使其相率而为俭，则逐末者归农矣，宁复以市易相高耶？"⑦"大抵其地奢则民必易为生，其地俭则其民必不易为生也……今天下之财赋在吴越，吴俗之奢莫甚于苏杭之民……盖俗奢而逐

---

① （明）徐光启：《农政全书》卷三五《木棉》，《钦定四库全书》子部，文渊阁四库全书本，第 13 页 b。

② （明）朱国祯：《涌幢小品》卷二六，中华书局 1959 年版，第 629 页。

③ "湖广熟，天下足"之谣产生于明中叶正德年间甚至更前的时期，但它在当时并不表明湖广有大量粮食外售，直到万历初它才真正成为大量剩余粮食外运的代名词。参见龚胜生《论"湖广熟，天下足"》，《农业考古》1995 年第 1 期。

④ ［日］宫崎市定：《明清时代的苏州与轻工业的发达》，《宫崎市定论文选集》（上），中国科学院历史所译，商务印书馆 1963 年版，第 232 页。

⑤ 曹树基：《中国人口史》第 4 卷《明时期》，复旦大学出版社 2000 年版，第 311 页。

⑥ （明）莫旦：《苏州赋》，同治《苏州府志》卷二《疆域》，《中国地方志集成·江苏府县志辑》第 7 册，江苏古籍出版社 1991 年版，第 122 页。

⑦ （明）陆楫：《蒹葭堂杂著摘抄》，《纪录汇编》卷二〇四，景明刻本，第 3—4 页。

末者众也，只以苏杭之湖山言之，其居人按时而游，游必画舫、肩舆、珍馐、良酝、歌舞而行，可谓奢矣。而不知舆夫、舟子、歌童、舞妓，仰湖山而待爨者不知其几。故曰彼有所损，则此有所益"①。

明初风气淳朴，乃是由于彼时社会经济衰退，"物力有所制"的缘故；明末苏州商品货币经济的发展，更加促成社会风气的奢靡，而社会风气的奢靡，不仅刺激消费，增加需求，而且冲击了"贵贱有等"的社会秩序。② 因此"江南侈于江北，而江南之侈尤莫过于三吴"③，奢靡程度与商品经济的发达程度，大抵呈现正相关的比例。清代士人顾公燮论及此事说："以吾苏郡而论，洋货、皮货、衣饰、金玉、珠宝、参药诸铺、戏园、游船、酒肆、茶座，如山如林，不知几千万人。有千万人之奢华，即有千万人之生理。若欲变千万人之奢华而返于淳，必将使千万人之生理亦几于绝。此天地间损益流通，不可转移之局也。"④ 而乾隆《吴县志》卷二四《风俗》则说得更为清楚："议吴俗者，皆病其奢，而不知吴民之奢，亦穷民之所藉以生也。今之为游民者，无业可入，则恐流而入于匪类，幸有豪奢之家驱使之役，用之挥金钱以为宴乐冶游之费，而百工技能皆可效其用，以取其材，即游民亦得沾余韵以丐其生。此非根本之图，亦一补救之术也。"缘何苏州赋甲天下，繁庶仍胜于他所？从此视角亦可窥见一斑。

当然，考虑到明代经济结构中，农业在总经济中所占的比重平均为88%，整个中国基本上是一个稳态的农业社会，不可能出现大规模的技术革新⑤，因此苏州乃至江南商品经济的繁荣，并不能撼动整个国家的经济结构的改变。正如傅衣凌先生所言，苏州商人通过工艺品和土特产品的输出，很容易成为商业资本家，但由于自然环境和社会条件的限制，这些资

---

① （明）陆楫：《兼葭堂杂著摘抄》，《纪录汇编》卷二〇四，景明刻本，第3页a。

② 徐泓：《明代风气的转变——以江浙地区为例》，《台湾学者中国史研究论丛》5《社会变迁》，中国大百科全书出版社2005年版，第313页。

③ （明）张瀚：《松窗梦语》卷四《百工纪》，《元明史料笔记》，中华书局1985年版，第97页。

④ （清）顾公燮：《消夏闲记摘钞》卷上《苏俗奢靡》，《丛书集成续编》第96册，上海书店出版社1994年版，第700页。

⑤ 管汉晖、李稻葵：《明代GDP及结构试探》，《经济学》（季刊）2010年第3期。

本并不能转化为工业资本，或为工业资本提供支持的早起金融资本。[1] 既然商业资本不能转化为工业资本或金融资本，明代苏州地区消费经济昌盛、奢靡之风大兴也就不足为奇了。

---

[1]　傅衣凌：《明代江苏洞庭商人》，《明清时代商人与商人资本》，人民出版社 1956 年版，第 102 页。

第 六 章

明末清初苏州府一条鞭法的
推进与摊丁入亩的展开

第一节 明末苏州府一条鞭法的推进

一 田赋科则与折银的变化——以万历十七年吴县《经赋册》为例

宣德以降，苏州府连绵不断的赋役改革，因赋税沉重、徭役不均而起，又因白银货币化的展开、商品货币经济的兴盛而得以深入。期间，最为明显的特征则是，以农业税为宗的田赋，其趋向是折银；而以银力差为主的徭役，则不断归于田赋，财政结构呈现赋役向赋税的嬗变。迨至万历清丈之后，一条鞭法在全国范围内得到推广，并准确地被工科右给事中曲迁乔概括为"总括一县之赋役，量地计丁，一概征银，官为分解，雇役应付"[1]。致力于明代一条鞭法研究的梁方仲先生指出：

> 明代嘉靖万历间开始推行的一条鞭法，为田赋史上一绝大枢纽。它的设立，可以说是现代田赋制度的开始。自从一条鞭法施行以后，田赋的缴纳才以银子为主体，打破二三千年来的实物田赋制度。这里包含的意义，不仅限于田赋制度的本身，其实乃代表一般社会经济状况的各方面。[2]

一条鞭法之所以是现代田赋制度的开始，首先因为"其改革的方向，是役法由原来的以'丁'为对象，转向'丁''田'相兼，田地最后也

---

① 《明神宗实录》卷二二〇，万历十八年二月戊子，第4124页。
② 梁方仲：《一条鞭法》，《梁方仲经济史论文集》，中华书局1989年版，第36页。

成了徭役的摊派对象"①；其次，一条鞭法在全国范围推广，使省府州县的的赋役制度做到了基本统一。再次，黄册制度采取的是"量入为出"的原则，即先形成预算方案，后向民户征派。在此基础上，实征册籍的名称，亦逐渐统一命名为"赋役全书"②。现存明代《赋役全书》最早为万历年间刊印，是张居正万历清丈和赋税改革的产物。"司有各府之总，府有各县之总，县照册以派单，民照单以纳银，纲举目张，条分缕析，外如鱼油课钞，商税麻铁，屯粮子粒，悉附于内，至详至备，一览了然，诚全书也。"③《赋役全书》是各地赋役税则和具体征收数额之汇编，起着维系赋税征收秩序、规范社会经济关系的作用。

今所留存的明代《赋役全书》及其他赋役册较少，只有《江西赋役全书》（万历三十九年刊印）、《徽府赋役全书》（泰昌元年刊印）等数种，并且不见苏州府赋役册的记载。所幸万历以降直至乾隆时期，关涉苏州赋役的方志甚为丰富，尚堪弥补上述缺憾。下面即以苏州方志记载为中心，进一步考察后张居正时期，苏州府田赋折银与赋役合一的演化态势。

关于田赋折银，先看科则方面的变化。嘉靖十七年（1538），苏州府普遍实行官民一则。官民一则首先意味着官民田身份的整齐划一。即自此以后，不再有官民田身份的区分；其次，若田土级次同等，则亩均税负一致，而非无论田地涂荡，并为一则。若如是，在实际执行中非但难以操作，还会造成新的不均衡。在执行过程中，也曾出现不论田土肥瘠，科则均为一则者，如昆山县④。但更多的大约是按上述原则，加以区分。据万历时人赵用贤记载，长洲、昆山、吴江、太仓均是三则，吴江二则，常熟四则⑤。实

---

① 郭润涛：《〈明清赋役全书〉序》，《明清赋役全书》第一编，国家图书馆出版社 2010 年版。

② 在隆庆、万历之际，赋役册已有"赋役全书"之名。赵镗《衢州府知府韩公邦宪墓志铭》，焦竑《国朝献征录》卷八五，台湾学生书局 1984 年版，第 3623 页称："其他事不胜书，其大者则《两浙赋役全书》是也。"

③ 《江西赋役全书》卷首《案照》，万历三十九年（1611）江西布政司刊本，台湾学生书局 1970 年影印本，第 2 页。

④ 归有光曾云昆山县三区，高阜旱区贫瘠之地，均赋后科则与膏腴水田同，因而造成抛荒、通赋。参见归有光《震川先生集》卷八《论三区赋役水利书》，上海古籍出版社 1981 年版，第 168—169 页。

⑤ （明）赵用贤：《议评江南粮役书》，《明经世文编》卷三九七《赵文毅文集》，中华书局 1962 年影印本，第 4289 页下。

际执行起来则可能更多，如常熟县于嘉靖十七年清丈后，田土"分高低二乡，乡之高者，为扇二十六，厥土白壤或黑坟，海濒广潟，厥赋二则，曰二斗五升，一斗九升；乡之低者，为扇五十九，厥土涂泥或坟垆，厥赋二则，曰三斗二升，二斗三升，而别有三斗五升者，为仓城基一斗五升者，为涨滩一斗者，为蒲台沙山南地堆土沙坑地，召佃开荒圩五升者，为山北地三升者为江滩湖荡"①。

随着时间的推移，田土科则就更多了。请看方志、碑刻有关记载：

嘉靖四十五年（1566），长洲县科则超过 10 则，实征田地荡 13193 顷，内有三斗七升五合田 11418 顷，三斗田三顷，二斗八升田 504 顷，二斗六升田 24 顷，二斗五升田 10 顷，一斗八升田 60 顷，一斗二升五合田 2 顷，一斗田 39 亩，荡 192 顷，麦地 186 顷，租田荡 791 顷。②

万历十七年（1589），吴县田地山荡 19 则，"实在官民田地山荡七千一百四十一顷二十九亩。内三斗四升田四千一百八十五顷九十七亩，该米十四万三千九百九十七石六斗……一斗五合山荡一千三百六十四顷，六升一合科麦地七百四十六顷……额征平米十五万七千一百九十三石二斗三升"③。

万历三十二年（1604），嘉定田地荡涂 1305262 亩，分为三斗田、二斗七升七合田、二斗五升田荡、二斗田荡、一斗五升田荡、一斗田荡、六升田荡、三升荡涂、一升涂共 9 则。④

天启六年（1626），长洲县田地由嘉靖末年的 10 多则，增加到 35 则，田地 12324 顷，其中三斗七升五合田 11918 顷，每亩验派本色一斗八升五合九勺四抄，验派折色一钱七厘二毫四忽一微。⑤

下面即以万历十七年吴县所定经赋册为例，制表 6—1，进一步加以说明。

---

① 崇祯《常熟县志》卷三《赋役》，崇祯十二年（1639）钞本，第 4 页。
② 隆庆《长洲县志》卷二《田赋》，《天一阁藏明代方志丛书续编》第 23 册，上海书店出版社 1990 年影印本，第 69—70 页。
③ 崇祯《吴县志》卷八《田赋》，《天一阁藏明代方志选刊续编》第 15 册，上海书店出版社 1990 年影印本，第 699—703 页。
④ 万历《嘉定县志》卷五《田赋考上·田赋》，成文出版社有限公司 1983 年影印本，第 366 页。
⑤ 苏州博物馆藏碑刻拓片，参见洪焕春《明清苏州农村经济资料》，江苏古籍出版社 1988 年版，第 415 页。

表6—1　　　　万历十七年（1589）吴县田则及税粮①

科则	田地（亩）	占田地总额比例（％）	原额税粮（石）	占原额税粮比例（％）
合计	714129.3450		157193.2390	
田	419650.3470	58.76	144178.6797	91.72
0.3440	418597.7910	58.6165	143997.6401	91.61
0.1720	1052.5560	0.1474	181.0396	0.12
地	90027.5350	12.61	7332.8698	4.66
0.8560	4.5890	0.0006	3.9282	0.00
0.3000	2583.2930	0.3617	774.9879	0.49
0.2840	1.0620	0.0001	0.3016	0.00
0.2500	1658.9230	0.2323	414.7307	0.26
0.2000	3575.4670	0.5007	715.0934	0.45
0.1500	2256.8740	0.3160	338.5211	0.22
0.1000	5250.9010	0.7353	525.0901	0.33
0.0611	74696.4260	10.4598	4560.2168	2.90
荡合计	204451.463	28.63	5681.690	3.61
山	55145.7740	7.7221	2437.3831	1.55
0.0500	31177.7440	4.3658	1668.0093	1.06
0.0300	23968.0300	3.3563	769.3738	0.49
山荡	136411.8020	19.1018	2046.1770	1.30
0.1050	136411.8020	19.1018	2046.1770	1.30
荡	10310.5920	1.4438	915.3396	0.58
0.2000	1436.8680	0.2012	287.3736	0.18
0.1500	1200.5480	0.1681	180.0822	0.11
0.1000	2621.0850	0.3670	262.1085	0.17
0.0500	1704.7150	0.2387	85.3540	0.05
0.0300	3347.3760	0.4687	100.4213	0.06
科丝钞山荡	2583.2950	0.3617	282.7898	0.18

资料来源：崇祯《吴县志》卷八《田赋》，第700—703页。

---

① 崇祯《吴县志》卷八《田赋》，《天一阁藏明代方志选刊续编》，上海书店出版社1990年影印本，第700—703页。

由表6—1可知，万历十七年（1589），吴县田土共19则714129亩，比之洪武十二年之前的43则、438345亩①，科则减少了约56%，田土却增加了约39%。而如前所述，嘉靖十七年（1538），吴县肥瘠相等田，"每亩正耗米三斗四升四合"，而自然条件较差的湖荡山地，只以正额起科，说明赋税改革后，在官田名目不复存在的同时，科则暂时被扒平了。自嘉靖十七年至万历十七年，时间跨越了半个世纪，就科则名目逐渐增长来看，俨然让人产生重蹈旧路之虞。是否一则起科，已是明日黄花？

其实不然。首先，田分两则，一则亩科0.344石，另一则减半。前者不仅是嘉靖十七年后的标准科则，而且是以58.62%的田额，缴纳91.61%的赋税，一方面说明水田之于苏州府的重要性；另一方面，足以印证五十年前赋税改革成果之存在。而后者则以0.15%，缴纳0.12%的税粮，几可忽略不计。其次，地分八则，占总数的12.61%，而税额更低，仅占总额的4.66%。其中科则最高者，亩科0.856石，然不足4.59亩，其所纳税额不过3.93石，因数额太低，难以显示其所占比例。再次，山荡九则，以其28.63%的田地山荡比重，缴纳3.61%的税粮。除吴县外，苏州其他州县亦大约如是。如嘉定县，万历三十二年（1604），嘉定科则九，其中三斗米1138297亩，占田地荡涂的87.21%，二斗七升七合田88745亩，占6.8%，此两则合计占94.01%。② 由于其余科则均在0.25石以下，甚或只有0.01石，其赋税所占比例也是微不足道的。拨开田赋科则渐多之表象，应该说万历时期，官民一则的科税标准已然得到尊重和遵守，至少从官府公布的经赋册来看，苏州百姓赋税承担与嘉靖中后期相较，并不为多。

下面从田赋实际征收和折银方面继续探讨。万历十七年（1589），吴县额征平米157193.239石，《吴县志》记载了征收本色米、折色银的验派规则：

> 验派本色米0.497石，内起运米0.321石，岁用米0.140石，存

---

① 洪武《苏州府志》卷一〇《税赋》，《中国方志丛书》第432号，成文出版社有限公司1983年影印本，第427—428页。

② 万历《嘉定县志》卷五《田赋考上·田赋》，成文出版社有限公司1983年影印本，第366页。

留米 0.035 石；共计该征本色米 78167.357 石，内起运米 50456.724 石，岁用耗脚夫船等米 22129.572 石，存留米 5581.060 石。

验派折色银 0.23697 两，共计该征折色银 37250.7 两，内起运银 26398.945 两，岁用银 8734.828 两，存留银 2116.927 两。[①]

根据上述验派规则列示于表 6—2。

表6—2　　　　万历十七年（1589）吴县征收本色米、折色银明细

每石验派	用途	标准	共米（石）	折银标准（两/石）	共折银（两）
本色米 0.497 石	起运	0.321	50456.724	0.471[②]	23765.1170
	岁用	0.141	22129.572		10423.0284
	存留	0.035	5581.060		2628.6793
	合计	0.497	78167.357		36816.8251
折色银 0.23697 两	起运		79025.88		26398.9450
	岁用				8734.8280
	存留				2116.9270
	合计				37250.7000
合计			157193.24		148135.05

隆庆二年（1568），吴县所定会计册，规定每石验派本色米 0.49 石，折色银 0.245 两，并将马草银、料价水马夫役银、户口盐钞银包含在内[③]，说明彼时侧重于田赋项目的归并整合。至万历中期，随着田赋项目的减少，无论本色米抑或折色银，如表 6—2 所示，起运、存留，即中央和地方财政，有比较明确的区分。不过，岁用本色米 22129.572 石中，既含起运，也有存留，其中留存岁用本色米 5581.06 石，连同留存米 5581.06 石，包括本府永丰仓米 3144.12 石，儒学仓米 735 石，本县儒学

---

① 崇祯《吴县志》卷八《田赋》，《天一阁藏明代方志选刊续编》第 15 册，上海书店出版社 1990 年影印本，第 705—706 页。

② 折银标准 = 37250.7/（157193.24 − 78167.357）。

③ 崇祯《吴县志》卷七《田赋》，《天一阁藏明代方志选刊续编》第 15 册，上海书店出版社 1990 年影印本，第 684—685 页。

仓米 367.5 石，官吏俸粮并恤孤米 1334.45 石，共 11162.12 石，占本色米 78167.357 石的 14.28%。①

通过计算，本色米折纳白银约 36816.83 两，与所征折色银 37250.7 两合计为 74067.53 两。由此可知，此时吴县白银货币化程度为 50.29%。万历二十二年（1594），常熟县征本色米 204459 石，折色银 102720 两②，其白银货币化程度也超过了 50%。是时，一方面，田赋科则数目名义上虽有反弹，但实际上一则起科得以巩固，并且税率可为一般家庭接受；另一方面，徭役按丁田编银已成惯例，摊丁入亩的程度有所加深。

二　嘉定县漕粮永折的实现

嘉定虽与吴县同属一府，但无论自然条件、经济结构，还是征税项目、白银货币化程度，均有颇多差异。万历时嘉定人徐行对此有形象的描述：

> 苏州府七县一州，独本县三面缘海，土田高亢瘠薄，与他县悬殊，虽自昔已然，但国初承宋元之后，考之旧志，境内塘浦泾港大小三千余条，水道通流，犹可车戽，民间种稻者十分而九，以故与他县照常均派本色兑运，尚能支持几二百年也。其后江湖壅塞，清水不下，浊潮逆上，沙土日积，旋塞旋开，渐浅渐狭，既不宜于禾稻，姑取办于木棉，以花织布，以布贸银，以银籴米，以米兑军运。③

已经习惯植棉的老百姓只能依赖市场，来获取他们所需的谷物，以便缴纳赋税，或者满足日常所需。因而赋税折征和折银，乃商品货币经济发展的合理逻辑。然而，此于嘉定而言，却并非如此。

王锡爵《永折漕粮碑记》载：

> 地势固然也。加以米不土出，常不能豫具以待事；运船之至城

---

① 崇祯《吴县志》卷八《田赋》，《天一阁藏明代方志选刊续编》第 15 册，上海书店出版社 1990 年影印本，第 716 页。

② 崇祯《常熟县志》卷三《赋役志》，崇祯十二年（1639）钞本，第 27 页 a。

③ （明）徐行：《永折民疏》（万历二十三年），程钰辑《折漕汇编》卷二，光绪九年刻本，第 2 页。

下，舳舻相次如鱼鳞，而仓庾尚无稊粒。于是，四方糠秕船浥润之米，一入其境，价必翔踊。而军士动以米恶为辞，所以摧抑之百端……庆历之际，四境荒芜之田，无虑数万亩。老稚提携而去者，项背相望。议者以为数年之后，殆不可以为县。①

明初的折征制度曾对折布有所规定，洪武三年（1370），"户部奏，赏军用布其数甚多，请令浙西四府秋粮内收布三十万匹。上曰：松江乃产布之地，止令一府输纳，以便其民，余征米如故"。此时，折布仅在松江一府实施，苏州府并不关涉。究竟明代苏州府折布始于何时？学界比较一致的观点集中于宣德时期。为纾解苏州重赋和逋赋问题，周忱、况钟实行了加耗折征法，其中田赋折纳官布，每匹准粮一石②，此于嘉定县最为有利。据县志载："嘉定土薄民贫，而赋与旁邑等，思所以恤之，谓地产棉花，而民习为布，奏令出官布二十万匹，当米一石。"③ "地不产米，止宜木棉"④，对于土薄民贫的嘉定而言，田赋折纳官布，相当于赋税上的任土作贡，因之棉花耕作成为农户首选，加之明代中期以后，水利失修，进而"种稻之田不能十一"。其结果，首先使农业经济结构发生了极大转变。以此为基础，嘉定县棉纺织业尤为发达。"邑之民业，首藉棉布，纺织之勤，比户相属。"⑤ 与此相埒，颇具规模的粮食市场随之应运而生。于是"夏麦方熟，秋禾既登，商人载米而来者，舳舻相衔也，中人之家，朝炊夕爨，负米而入者，项背相望也"。⑥

"东南财赋，京师之所仰给，起征、兑运皆不可缓。"⑦ 江南农业经济

---

① （明）王锡爵：《永折漕粮碑记》，载《折漕汇编》卷六，光绪九年刻本，第6—7页。

② （清）傅维鳞：《明书》卷一二一《周忱传》，《丛书集成初编》，上海商务印书馆1936年版，第2429页。

③ 万历《嘉定县志》卷五《田赋考上·田赋》，成文出版社有限公司1983年影印本，第335—336页。

④ 《上海碑刻资料选辑》六四《嘉定粮里为漕粮永折呈请立石碑》，上海人民出版社1980年版，第137页。

⑤ 万历《嘉定县志》卷六《田赋考中·物产》，成文出版社有限公司1983年影印本，第476页。

⑥ （明）顾炎武：《天下郡国利病书》原编第六册《苏松》，上海商务印书馆1935—1936年影印本，第57页。

⑦ 《明武宗实录》卷五六，正德四年东十月甲寅，第1262—1263页。

结构已然发生转变，而京城粮食消费依然仰给于江南。"有明自漕粮而外，尽数折银。不特折钱之布帛为银，而历代相仍不折之谷米，亦无不为银矣；不特谷米不听上纳，即欲以钱准银，亦有所不能矣。"① 尽管嘉隆以降，苏州府白银货币化程度已超50%，但漕粮折银确是难以跨越的禁区。因为明廷对此有严格规定，一是漕粮征收需纳本色，"解京粮料，务征本色……不许折收价银"②；二是必须足额，"国家岁漕江南米四百万石以给京师，有兑运，有支运，其兑运若有灾伤减免，则为改补，务不失原额"③。显然，岁漕京师的供给形势，乃与江南地区社会经济发展状况颇多抵牾。

成为棉纺织业中心和粮食输入市场后，嘉定县"民必以花成布，以布贸银，以银籴米"④。因此之故，以银纳税，一跃成为其最优选择；以布纳税，退而成为次优选择；以米纳税，则"民不堪命，遂至十室九空。竟成蒿莱满目"⑤。如万历十一年（1583）"本县粮塘里老等役通状"所言：

> 小人之依，全倚花布。织作之苦，无间于昼夜暑祈；至贸易之艰，常任其低昂贵贱，赋税出纳，酸楚万端。如以米纳粮，则百姓既受粮长之抑勒，每仓米一石，倍收二石之价者有之；以粮出兑，则粮长又受官军之迫胁，每漕粮百石，而横索五十石之赠者有之。彼此岁见喧争，有司时被参罚，此无他。米由市易，则贩夫难必其无弊；粮从京运，则湿碎乌得以无辞？视之他县，自米自兑，谁敢声言！故苏属之中，未有掣肘如嘉定者也。⑥

而现实的情况，则是以布纳粮亦不可得：

---

① （明）黄宗羲：《明夷待访录·田制三》，中华书局1981年版，第28页。
② 万历《明会典》卷二八《户部十五·会计四·京粮》，中华书局1989年标点本，第206页。
③ 《明宪宗实录》卷一七二，成化十三年十一月辛卯，第3115页。
④ 《上海碑刻资料选辑》六四《嘉定粮里为漕粮永折呈请立石碑》，上海人民出版社1980年版，第137页。
⑤ 同上。
⑥ 万历《嘉定县志》卷七《田赋考下·漕折始末》，成文出版社有限公司1983年影印本，第481—482页。

　　已而割地以置太仓，分布一万五千匹，正德之末，抚臣为一时挪移之计，以一万匹分之宜兴，以四万六千匹分之昆山，而当米一石之额一减而为八斗，再减而为六斗。文襄公之遗意鲜有存矣。①

迨至万历时期，"北方自出花布，而南方织作几弃于地矣"②。

　　此时，嘉定县"每岁漕粮一十四万石，皆籴之境外"③，由于"米谷之入，尚不足以自饱"，因"而岁出十四万石以漕京师，非取之他县，不能办也"④。邻近的昆山县，亦出现了与嘉定县类似的情况。昆山人归有光说："今之赋役册，凡县之官布，皆为白银矣……有布之地，不征其布，而必责其银；无布之地，不征其银，而必责其布。"⑤ 应该说，经过万历初年一条鞭法的进一步展开，漕粮折银实具有较强的可操作性。于是万历十一年（1583），嘉定县奏请尽数征银解京，永免拨兑。

　　然户部官员对上述嘉定之奏请顾虑重重，盖因"漕运粮征收、开兑，俱有定额"⑥，"查各省直地方，一遇改折，便至逋负"，"若本色短少，折色太多，应将所辖何项钱粮，照数处补。此系漕粮四百万石之数，务使国计民情两不相妨，经久可行"⑦。由于其他各省的税粮折银，易致逋赋形成，于是户部对于嘉定折漕的申请采取了审慎的态度，委派当地官员先行实地查勘，然后定夺。

　　嘉定知县朱廷益首先查勘汇报：

　　　堪得实征田地塗荡等项共一万二千九百八十六顷一十七亩四分七厘六毫，内有板荒田地一千三百一顷九十余亩，粮累里甲包赔。其宜

---

　　① 万历《嘉定县志》卷五《田赋考上》，成文出版社有限公司 1983 年影印本，第 336 页。
　　② 万历《嘉定县志》卷七《田赋考下·漕折始末》，成文出版社有限公司 1983 年影印本，第 482 页。
　　③ 万历《嘉定县志》卷五《田赋考上》，成文出版社有限公司 1983 年影印本，第 343 页。
　　④ （明）顾炎武：《天下郡国利病书》原编第六册《苏松》，引王锡爵《永折漕粮碑记》，光绪九年刻本，第 24 页 b。
　　⑤ （明）归有光：《震川先生集》卷八《论三区赋役水利书》，上海古籍出版社 1981 年版，第 168—169 页。
　　⑥ 《明穆宗实录》卷二三，隆庆二年八月戊子，第 613 页。
　　⑦ 万历《嘉定县志》卷七《田赋考下·漕折始末》，成文出版社有限公司 1983 年影印本，第 484 页。

种稻禾田地止一千三百一十一顷六十余亩，堪种花荳田地一万三百七十二顷五十余亩。复集乡耆父老酌议，得本县地形高亢，土脉沙瘠，种稻之田约止十分之一，其余止堪种花荳，但遇淫雨则易腐烂，遇旱蹼则易于枯槁，又海啸之虞不得有秋。十年之内，荒歉恒居五六，用是小民日至流移，粮长日至疲困。所议改折漕粮，必当经久，但奉部札之，咨准改折，先议漕粮作何抵补，诚为长虑，但在本县并无别项钱粮堪补。细查本县田，内宜种稻米者，照常该派本色米，一万九千六百七十四石二斗六升一合，而县额有岁派南北二运白粳糙糯、春办、夫船正耗平米，二万六千四百一十九石九升。①

朱廷益旨在阐明，嘉定县可出本色米的水田，只占全县田地涂荡的1/10，余者皆是棉田，而水田所产本色米不到二万石，不足以支撑每年上纳的白粮数额，因此106671石漕粮，除了改折银两，别无他途。之后，苏州知府朱文科、兵备道副使李顺相继进行复勘，并将复勘结果呈报巡抚都御使郭思极、巡按御史邢侗②。抚按会题后，上奏户部："请将嘉定县应运漕粮十万六千六百七十六石有零，俱准予万历十二年为始，查照议定价值，尽行改折，每年征银解部，永为定规。庶国课不致有亏，而海澨世世获乐生之庆矣。"③ 但户部只同意试行改折一年，正兑七钱，改兑六钱，若有拖欠，则重新征收本色。如果该年折银依期完解，以后可以再议题请改折。但如果造成逋负，照旧征输本色。

万历十四年（1586），经过力争，嘉定县获得漕粮改折三年。此后，"三年折一次，一次管三年"，为漕粮永折进一步铺平了道路。二十一年（1593），嘉定县民徐行为漕粮永折事上奏。先是陈述折漕之原因：

> （嘉定）既不宜于禾稻，姑取办于木棉，以花织布，以布贸银，以银籴米，以米兑军。运他邑之粟，充本县之粮，飞輓隔别，其劳自倍；折阅展转，其费自多。故出之民间，一石几同于他县之二石；输

① 万历《嘉定县志》卷七《田赋考下·漕折始末》，成文出版社有限公司1983年影印本，第484—485页。
② 同上书，第486—491页。
③ 同上书，第493页。

之官府，则民间之二石，不加于他县之一石。况米从别处杂贩，其颗粒、颜色，自难齐一。军得借口，百计刁难，每当交兑，多至缺乏。民急则倾家逃窜，官急则借商那补，弊端丛集，皆坐于此。此积至万历十二年间，重以天灾，十室九空，几于狼狈不可收拾。①

继之历数折漕一十二年来于官于民之利：

> 自昨蒙恩改折以来，然后输纳稍轻，流亡渐复，民知力田之利，野有既辟之土，则改折之有便于民甚明矣。先年临兑缺米，军民交□，官无不住之俸，赋无可完之期。自昨蒙恩改折以来，行之一十二年，遇中熟必前期报完，即大灾亦殚力赔破，追呼不闻，文案较省，则改折之有便于官又甚明矣。以四百万而内折十万，上不见其为损；以六百里而岁宽十万，下则大受其益。民出兑平米十四万石，军交兑正米十万石，兑则赠耗之米，徒饱漕卒；折则羡余之利，总归太仓。②

然后阐明漕粮永折之缘由：

> 数年以来，民不习兑，官无成法，仓厫颓废已久，斗甲革除殆尽，一朝议复，百费丛生，是十年之修养，曾不当一旦之征呼。③

上述奏请终于得到户部批准，嘉定县漕粮永折成为定制。漕粮永折的成功，与其说源自地方士绅因利益认同所做的据理力争，毋庸说是白银货币化背景下，一条鞭法不断推进的结果。经过十二年的试行折漕，尤其是赋税统一征银，已为国家与社会所普遍接受，嘉定漕粮永折之成功，亦是官民上下互动的结果。折漕成功后，"崇祯年间，叠经部议，复兑本色，不果行。入国朝顺治二年，钦奉恩诏，土田科则悉准万历中赋额，而折色

---

① 万历《嘉定县志》卷七《田赋考下·漕折始末》，成文出版社有限公司1983年影印本，第498—499页。

② 同上书，第499页。

③ 同上书，第500页。

遂以为常"①。自万历二十一年（1593）确定漕粮永折后，嘉定县漕粮折银，虽经非议，但从未改易本色，直至清代之后，亦为常制。

三　万历后期的徭役编银与摊丁入亩

一条鞭法推广后，苏州府田赋折银的运行实态，业已论述于前。实际上，发端于嘉靖初年的一条鞭法，徭役折银及摊入田亩，乃其核心内容和归宿。至万历初年，赋役合一，徭役折银，已为江南所普遍接受。《天下郡国利病书》云：

> 惟条编则以一县之役，课一县之田。责之轻者减编，役之重者加算，昔之什百于一家，通融于一县矣。有田者遵额输银，执役者于官领傲，昔之力差悉为银差矣。额则徭赋分科，征则徭赋并比，昔之终岁比而不竟者，悉以十限毕事矣。岁椠一县而征之，安能移甲；岁椠一县而银差，安事花分。奸猾何其操其权，势要无庸受其寄，无十年并役之难，无终岁再征之苦。百亩之家岁输一金有奇，千亩之家岁输十金有奇，鼓腹而游，高枕而卧矣。盖并之赋额似乎稍加，问其徭役则不免而免矣……江南条编无可变矣。②

于苏州府而言，万历中期以后，里甲、均徭"皆征银募役，每年入条鞭带征"③。此时粮长之职已产生分化，经收银两由专门人员负责，吴县称守柜、长洲称柜收、吴江称柜头、太仓称收银、常熟称收头。④ 其他临时编金的徭役，"愿役者与不愿役而愿银者听"⑤。如"春秋享祀、乡饮习仪及守储公署，势不得不役人，乃计招募之费，通城内外供之"，岁出

① （明）程锴：《折漕汇编》，上海嘉定图书馆藏本，第1页。

② （明）顾炎武：《天下郡国利病书》原编第七册《常镇》，上海商务印书馆1935—1936年影印本，第19页。

③ 万历《嘉定县志》卷六《田赋考中·徭役》，成文出版社有限公司1983年影印本，第431页。

④ ［日］滨岛敦俊：《论明末苏松常三府之均田均役》，《第九届明史国际学术讨论会暨傅衣凌教授诞辰九十周年纪念论文集》，厦门大学出版社2003年版，第44页。

⑤ 万历《嘉定县志》卷六《田赋考中·徭役》，成文出版社有限公司1983年影印本，第411页。

银若干而事办。[1] 至万历末年，嘉定县凡牲口、颜料、药材等项皆以折色解部，唯绢匹仍征本色。赋役合一，纳银雇役，无论对富室豪绅，还是贫穷人家，亦无论于国于民，可谓利益均沾，官民两便。但由于各种因素制约，一条鞭法的推进也并不顺利。正如滨岛敦俊所言，"16 世纪中期为止，里甲正役一部分，杂役大部分，已由银纳。赋税征收或运送，水利诸役，仍以力役残存"[2]。而"吴民之最苦，莫如差解，差解之最重，莫过北运、收头，往往首名大户，覆辙相寻，颠沛接踵"[3]。至万历三十八年（1610），巡抚都御使徐民式题准苏州府"尽数照田编役"，"绅衿限田优免，余俱一体当差……役分上、中、下三则，以田多寡为差次"[4]。各州县粮役只对拥有一定田土面积的户头派役，同时也说明过去那种以人丁为准的派役方式已经消亡，并沿着以田土面积为标准的方向发展。[5]

　　从表 6—3 列示的万历四十五年（1617）编银情况来看，完全的摊丁入亩恐怕难以完全实现。

表6—3　　　　　万历四十五年（1617）苏州府各州县徭里编银

州县	征收项目		丁田数 （丁/亩）	均徭银 （两）	里甲银 （两）	地丁银 合计（两）	丁田折银 比例（%）
太仓	丁		32844	555.06	472.95	1028.01	7.57
	田荡涂		832863	7604.29	4955.92	12560.21	92.43
	合计			8159.35	5428.87	13588.22	100.00
长洲	丁		135288	2746.35	1894.03	4640.38	26.43
	地	田地	1095796	7341.83	5040.66	12382.49	70.53
		荡涂	93709	318.61	215.53	534.14	3.04
	合计			10406.79	7150.22	17557.01	100.00

---

① （明）顾炎武：《天下郡国利病书》原编第六册《苏松》，上海商务印书馆 1935—1936年影印本，第 22 页 b。

② ［日］滨岛敦俊：《明代江南农村社会の研究》，东京大学出版会 1982 年版，第 3 页。

③ 崇祯《吴县志》卷九《役法》，《天一阁藏明代方志选刊续编》第 15 册，上海书店出版社 1990 年影印本，第 849 页。

④ 乾隆《苏州府志》卷一一《田赋四》，国家图书馆藏乾隆十三年（1748）刻本，第 9 页。

⑤ ［日］滨岛敦俊：《论明末苏松常三府之均田均役》，《第九届明史国际学术讨论会暨傅衣凌教授诞辰九十周年纪念论文集》，厦门大学出版社 2003 年版，第 50 页。

续表

州县	征收项目		丁田数（丁/亩）	均徭银（两）	里甲银（两）	地丁银合计（两）	丁田折银比例（%）
吴县	丁		98651	3206.16	2121.00	5327.15	33.08
	地	田地	501100	5411.88	3557.81	8969.69	55.70
		山荡	203100	1096.74	710.85	1807.59	11.22
	合计			9714.78	6389.66	16104.43	100.00
吴江	丁		118338	2851.95	1159.71	4011.66	24.07
	地	田	1034703	8277.62	3311.05	11588.67	69.54
		荡	190182	760.73	304.29	1065.02	6.39
	合计			11890.30	4775.05	16665.35	100.00
常熟	丁		99895	1278.66	639.33	1917.98	10.94
	地	熟田	1598672	10231.50	5115.75	15347.25	87.51
		熟荡	56863	181.96	90.98	272.94	1.56
	合计			11692.12	5846.06	17538.18	100.00
昆山	丁		50275	1146.27	573.14	1719.41	12.09
	地	田地	1069177	8125.75	4062.87	12188.62	85.73
		佃荡	54186	205.91	102.95	308.86	2.17
	合计			9477.92	4738.96	14216.88	100.00
嘉定	丁		70873				
	地	田	1309355	10710.80	3291.40	14002.20	100.00
崇明	地丁银			3857.94	963.53	4821.47	100.00
合计				38583.76	114493.75		

资料来源：顾炎武：《天下郡国利病书》原编第六册《苏松》，第58—61页。

赖慧敏在其著《明代南直隶赋役制度的研究》一书中，曾估算了太仓州、长洲、吴县、吴江四州县役银分配，其结果与本书稍有差异。如役银分配于丁之银两，赖氏结果分别为 8.19%、28.12%、28.28%、22.99%[1]。另赖氏同时估算了役并入赋后，役所增加的比率，四州县分别为 8.7%、5.79%、17.5%、6.88%。

————————

[1]　赖惠敏：《明代南直隶赋役制度的研究》表四之三，"国立"台湾大学出版委员会 1982 年版，第 146 页。

从表6—3可知两点，一是万历四十五年（1617），嘉定、崇明完全照田编银。其中嘉定县抛却丁身，"一以田为准"，可追溯至万历二十九年（1601）。彼时乃大造黄册之年，县令韩浚深知"均田则可以均役"，但"一县之田，势不可得均"，于是退而求其次，"就所在一扇之中，计田若干，应编排年若干，一以田为准"[①]。"扇"在嘉定县又称为"区"，即粮长管辖的区域。[②] 彼时嘉定县并不能做到"均一县之田，均一县之役"，但能够在更小范围的"区"内推广，也算较他县为先。

二是太仓、吴江、常熟、昆山诸州县，与嘉靖十七年（1538）编银相比，按丁编银的比例均有所提升，依田编银的比例皆有不同程度的下降。图6—1显示了这一趋势，表明直到万历末年，尽管摊丁入亩总的趋势不容改变，但局部的反复、停滞甚至倒退都是可能发生的。

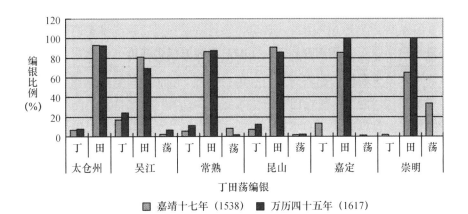

图6—1　嘉靖、万历朝苏州属县摊丁入亩示意

彭雨新认为明代后期赋役改革难于摊丁入亩的原因，在于官绅们利用优免制度这个护身符，从中横加阻挠。[③] 滨岛敦俊亦指出，均田均役之实施，由于乡绅的拒绝协办与阻挠，难于实现[④]。缙绅指"通过封建选举制

—————————

① 万历《嘉定县志》卷六《田赋考中·徭役》，成文出版社有限公司1983年影印本，第411页。

② 万历《嘉定县志》卷一《疆域考·乡都》，第122页b称："每区复分正副扇，其谓扇者，正副粮长割地管辖，各立簿籍一扇故也。"

③ 彭雨新：《明清赋役改革与官绅地主阶层的逆流》，《中国史研究》1989年第1期。

④ ［日］滨岛敦俊：《明代江南农村社会的研究》，东京大学出版会1982年版，第4页。

度取得官职的现任官员及其恩荫子弟；致仕家居的乡官（乡绅）；虽未出仕，但具有生员、贡生、监生、举人、进士等功名地位和政治身份者。在广义上，捐纳官也应包括在内"。① 明代缙绅阶层的优免权，先是以其本人和家人免服杂役为主，以后还包括论品级免纳一定数额的承役田粮。缙绅地主往往利用赋役优免特权，肆意谋求法外收益，多行诡寄、投献、花分等冒滥之举，从而转嫁赋役责任。由于其势力盘根错节，尾大不掉，势必成为阻挠"一条鞭法"推进的桎梏。表6—4、表6—5 分别列示了万历四十五年苏州府优免田、丁的情况。其中田优免比例最高者，超过11%；丁优免最高者，达到 5.49%。在等级社会里，特权阶层虽是纳银免役的受益者，但以最小之成本，攫取最大的利益，确是这一阶层孜孜以求的。完全的摊丁入亩，既然官绅们认定损害了其既得利益，尽管符合帕累托改进的经济学原则，遭到其强烈反对，是历史的必然。

表6—4　　　　　万历四十五年（1617）苏州府优免均徭田　　　单位：亩，%

州县	田土类型	原额	优免数	实编数	优免比例
太仓州	田	868972	50314	832863	5.70
	荡涂	14205			
	合计	883177			
长洲县	田地	1232432	136636	109596	11.09
	荡涂	93732	23	93709	0.02
	合计	1326164	136659	203305	10.30
吴县	田地	496256	39250	457006	7.91
	山荡	205076	6771	198305	3.30
	合计	701332	46021	655311	6.56
吴江县	田	1096739	62036	1034703	5.66
	荡	190182		190182	0.00
	合计	1286921	62036	1224885	4.82
常熟县	熟田	1643439	44767	1598672	2.72
	熟地荡	57023	158	56863	0.28
	合计	1700462	44925	1655535	2.64

---

① 张显清：《明代缙绅地主浅论》，《中国史研究》1984 年第 2 期。

续表

州县	田土类型	原额	优免数	实编数	优免比例
昆山县	田地	1117313	48136	169177	4.31
	佃荡	54186		54186	0.00
	合计	1171499	48136	223363	4.11
嘉定县	田荡	1309355	—	1309355	
崇明县		—	—	—	—

资料来源:《天下郡国利病书》原编第六册《苏松》,《四部丛刊三编》史部,第58a—61b页。

表6—5　　　　　　万历四十五年(1617)苏州府优免丁数

州县	户口人丁	优免人丁	实编人丁	优免比例(%)
太仓州	34753	1909	32844	5.49
长洲县	140899	5611	135288	3.98
吴县	100969	2318	98651	2.30
吴江县	119563	1225	118338	1.02
常熟县	101051	1156	99895	1.14
昆山县	51365	1090	50275	2.12
嘉定县	73343	2470	70873	3.37
崇明县	—	—	—	—

资料来源:《天下郡国利病书》原编第六册《苏松》,《四部丛刊三编》史部,第58a—61b页。

　　袁良义除认可反改革官绅的强大以外,还认为腐朽的里甲制度、改革政策的不连续、财政上缺乏支持也是明代摊丁入亩没有真正完成的原因。[①] 如果就整个国家来说,其分析无疑是正确的。但若论江南,论苏州,似乎具备了完全摊丁入亩的条件。苏州白银货币经济的发展,使所谓的鱼米之乡,变成了以白银为媒介进行商品交易的中心。而赋役合一、摊丁入亩,则是白银货币经济发展的必然要求和结果。

---

　　① 袁良义:《清一条鞭法》,北京大学出版社1995年版,第15—62页。

苏州府的赋税改革，甚至于天启、崇祯时期，仍有余声而未得停滞。如崇祯四年（1631），苏州府永革布行承值当官，一改先前实物交纳棉布形式，而用白银"照依时价购买"①。崇祯十五年（1642），巡抚都御使改苏州白粮民运为官运②，而太仓州仍然维持了将里甲银、均徭银摊入丁田的做法，实编丁银1008.21两、地银12730.32两。③ 然而，历史不容假设。万历后期直至明亡，在苏州，反摊丁入亩的逆流一直存在，农民的力役负担仍很繁重，徭役的彻底银纳化、赋役的完全合一将遇到更大挑战。

四 田赋验派方式的变化与折徭的产生

虽然反改革逆流一直存在，然万历以降，里甲、均徭、杂役与田赋合并征银，毕竟是历史发展的趋向。嘉靖十七年（1538）官民一则以来，田赋验派一般是每粮一石，验派本色米若干，折色银若干。如隆庆二年（1568），苏州府吴县，规定每石验派本色米0.49石，折色银0.245两；万历十七年（1589），每石验派本色米0.497石，折色银0.23697两。

至万历四十八年（1620），田赋验派有了新的方式。彼时吴江县颁行《九则田荡验派法》，田分九则，按田征银，每田一亩，征收50%本色米，另50%征收若干折色银。其中科则最高者，亩征三斗六升，与嘉靖十七年（1538）统一科则时的三斗七升六合相比，降低了4.26%。具体验派方法见表6—6。

表6—6   万历四十八年（1620）吴江县九则田荡验派法

九则	田荡	科则（石）	本色米（石）	折色银（两）	练兵银（两）
上上	田	0.36	0.180	0.0890	0.0147
上中	田	0.30	0.150	0.0740	0.0122
上下	田	0.25	0.125	0.0617	0.0120
中上	田	0.20	0.100	0.0490	0.0081

---

① 《苏州府为永革布行承值当官碑》，收入《明清苏州工商业碑刻集》，第53页。

② 乾隆《苏州府志》卷一一《田赋四》，国家图书馆藏乾隆十三年（1748）刻本，第10页。

③ 崇祯《太仓州志》，崇祯十五年（1642）刻本，国家图书馆缩微胶卷，第43页b。

续表

九则	田荡	科则（石）	本色米（石）	折色银（两）	练兵银（两）
中中	田	0.15	0.075	0.0370	0.0061
中下	荡	0.10	0.050	0.0250	0.0048
下上	荡	0.07	0.035	0.0170	0.0030
下中	荡	0.05	0.025	0.0120	0.0024
下下	荡	0.03	0.015	0.0074	0.0012

　　资料来源：乾隆《吴江县志》卷一二《田赋》，乾隆十二年（1747）刻本，《中国地方志集成·江苏府县志辑》第19册，第427页。

　　前述宣德以降，至嘉靖十七年官民一则前，苏州赋税改革长期在"论田加耗"和"论粮加耗"中徘徊。借用此两种加耗方式名称，不妨将官民一则后田赋的验派方式称为"论田征银"和"论粮折银"。"九则田荡验派法"当然属于前者，而"每粮一石，本色米若干，折色银若干"属于后者。

　　如表6—6所示，"论田征银"之于"论粮折银"，有三个细微变化。其一，"论田征银"乃以田亩科则为基准，直接征银，而非实物赋税基础上的折银；其二，征输划一，明确开列田荡等则，每亩应输本色若干，折色若干，民户可一目了然，如严格执行，可有效防止奸弊丛生；其三，"论田征银"有助于编银后摊丁入亩的深入，此后长洲县于天启年间甚至出现了"折徭"的徭役派征方式。

　　显而易见，"论田征银"与"论粮折银"相较，有一定的进步性，因此这一赋税征收方式得到了推广。天启六年（1626）八月，苏州知府寇慎，会同推官王瑞梅、长洲知县张茂梧设立长洲县田地等则，及每亩应输税粮项款碑。"将通县田粮并每亩应输本色若干，折色若干，逐一开列项款"，并"勒石县门，著为永例，以便小民一览了然输纳"。如此，则"有地方之责者，上廪国课，下念民瘼，其永鉴诸"[①]。根据《抚院派征便民碑记》，列示征收赋税明细见表6—7。

---

　　① 天启六年长洲县《抚院派征便民碑记》，苏州博物馆藏碑刻拓片，收入洪焕椿编《明清苏州农村经济资料》，江苏古籍出版社1988年版，第414页。

表6—7　　　　　　　天启六年（1626）长洲县"论田征银"明细

科则	田地（亩）	比例（%）	原额税粮（石）	比例（%）	亩征（石）	本色合计（石）	每亩折徭（两）	总计折徭（两）
合计	1285619.39	100	469129.03	100.00		231758.29		29095.08
田	1272723.23	99.00	467439.42	99.64		231758.09		28336.05
0.3750	1191848.90	92.71	446943.34	95.27	0.1859	221612.38	0.02	20504.69
0.3000	54.20	0.00	16.26	0.00	0.1488	8.06	0.11	5.76
0.2800	56100.77	4.36	15708.21	3.35	0.1388	7788.47	0.11	5946.86
0.2617	25.16	0.00	6.58	0.00	0.1298	3.26	0.00	0.11
0.2600	1019.44	0.08	265.06	0.06	0.1289	131.42	0.10	96.85
0.2500	28.09	0.00	7.02	0.00	0.1240	3.48	0.09	2.58
0.2300	22.83	0.00	5.25	0.00	0.1140	2.60	0.09	1.97
0.2090	1.20	0.00	0.25	0.00	0.1036	0.12	0.09	0.10
0.2000	16582.08	1.29	3316.42	0.71	0.0992	1644.28	0.08	1295.06
0.1910	30.00	0.00	5.73	0.00	0.0947	2.84	0.08	2.27
0.1875	48.20	0.00	9.04	0.00	0.0930	4.48	0.07	3.60
0.1800	5061.57	0.39	911.08	0.19	0.0893	451.75	0.07	364.43
0.1600	2.00	0.00	0.32	0.00	0.0793	0.16	0.07	0.13
0.1535	4.15	0.00	0.64	0.00	0.0761	0.32	0.07	0.27
0.1500	329.35	0.03	49.40	0.01	0.0744	24.49	0.06	21.14
0.1450	10.00	0.00	1.45	0.00	0.0719	0.72	0.06	0.63
0.1400	310.59	0.02	43.48	0.01	0.0694	21.56	0.06	19.06
0.1367	203.61	0.02	27.83	0.01	0.0000	0.00	0.06	13.11
0.1300	2.70	0.00	0.35	0.00	0.0645	0.17	0.06	0.16
0.1258	9.79	0.00	1.23	0.00	0.0624	0.61	0.06	0.56
0.1250	265.88	0.02	33.23	0.01	0.0620	16.48	0.06	15.20
0.1200	320.94	0.02	38.51	0.01	0.0595	19.10	0.06	17.90
0.1190	44.66	0.00	5.31	0.00	0.0590	2.63	0.06	2.48
0.1130	106.22	0.01	12.00	0.00	0.0560	5.95	0.06	5.89
0.1110	6.09	0.00	0.68	0.00	0.0550	0.34	0.05	0.32
0.1090	229.69	0.02	25.04	0.01	0.0540	12.41	0.05	12.10
0.1035	28.75	0.00	2.98	0.00			0.05	1.47
0.1030	26.37	0.00	2.72	0.00			0.05	1.34

续表

科则	田地 （亩）	比例 （%）	原额税粮 （石）	比例 （%）	亩征 （石）	本色合计 （石）	每亩折徭 （两）	总计折徭 （两）
地	12894.81	1.00	1689.44	0.36	0.2024	0.12		758.95
0.1510	1.23	0.00	0.19	0.00	0.0749	0.09	0.06	0.08
0.1310	12893.03	1.00	1688.99	0.36		0.00	0.06	758.86
0.6000	0.10	0.00	0.06	0.00	0.0290	0.00	0.02	0.00
0.5000	0.20	0.00	0.10	0.00	0.0495	0.01	0.03	0.01
0.4250	0.25	0.00	0.11	0.00	0.0490	0.01	0.03	0.01
堅、潨	1.35	0.00	0.17	0.00	0.1264	0.08		0.08
0.1330	0.35	0.00	0.05	0.00	0.0659	0.02		0.02
0.1220	1.00	0.00	0.12	0.00	0.0605	0.06	0.06	0.06

　　资料来源：天启六年长洲县《抚院派征便民碑记》，洪焕椿编《明清苏州农村经济资料》，第415—419页。

　　表6—7显示，天启六年（1626），长洲县虽有科则三十五，但嘉靖十七年（1538）官民一则时的基准科则并没有湮没，仍是亩征三斗七升五合。不仅如此，从该科则项下所占田地数量、赋税贡献比来看，分别约为92.71%和95.27%。此为赋税改革成果在实践中的体现之一，体现之二是徭银的完全摊入田亩。"里甲、均徭同出于丁田"，于苏州府而言由来已久，最早可追溯至成化十五年（1479），吴县的徭役编银。长洲县最早记载是嘉靖十七年（1538），彼时丁银占徭役编银的24.22%，出于田的徭役编银占75.78%。万历四十五年（1617），长洲县编银丁银比例不降反升，占编银总额的26.43%，田地编银占73.57%。可见，此前八十八年，丁田编银比例维持在1∶3左右。天启元年（1621），给事中甄淑奏请均丁银，"小民所最苦者，无田之粮，无米之丁，田卖富室，产去粮存而犹输，米若干丁赋，宜取额丁额米，两衡而定其数，米若干即带丁若干，买田者收米便收丁，则县册不失丁额，贫丁不至赔累"①。而今，徭

────────────

① （清）王庆云：《石渠余纪》卷三《纪丁随地起》，《近代中国史料丛刊》第八辑，文海出版社有限公司1967年影印本，第260页。

役按田征银，"开列田地山荡等则，每亩应输本色若干，折色若干二项"，其中的折色实际所指为"折徭"，在丁银消失的前提下，应该说这是一种完全摊丁入亩的尝试。因此，清代苏州人王庆云所称"嘉靖后行一条鞭，均徭、里甲与两税为一，丁随地起非权舆于今日"①，在此可以作为一个例证。

不过，上述征税规定究竟执行如何？因资料匮乏，暂无法进一步解读。"论田征银"，在有利于实施摊丁入亩的同时，亦便于官府的进一步加征、摊派。"勒石县门，著为永例"，恐怕只是地方官员的一厢情愿了。

五　一条鞭法推进中的逆流和苏州府的财政困境

从明代宣德年间周忱、况钟开始，苏州府的赋役改革一直是地方政府甚至是中央政府施政的中心之一。② 万历中期以降，国家进入多事之秋，社会冲突和动荡的加剧，给苏州社会经济的发展带来巨大影响。天启时东林七君子之一的周宗建曾作《吴农叹》，描绘了苏州民户的凄惨生活："田家终岁勤耕作，获稻秋成未为乐。民间粟少官廪多，辛苦农人食藜藿。丰年犹自苦饥寒，况乃天灾水为虐。赋税东南尽入边，征输岂问年丰恶。司牧年年见岁丰，老农日日填沟壑。吁嗟皇天岂不仁，饥寒犹作中土民。"③ 虽然均田均役的改革并未偃旗息鼓，但一条鞭法却难以产生新的突破。换言之，此前的改革已经完全实现了官民一则、两税合一，也在很大程度上做到了赋役征银和丁随地起，但地丁合一、役归于赋却不能尽数完成。

袁良义总结了四点原因④，其中有两点在苏州府亦广泛存在。一是明一条鞭法推行于农村和一般市镇，主要解决田赋折银和四差银问题，而四差外的各种力役之征并没有解决，反而加重了民户负担。滨岛敦俊曾统计

---

① （清）王庆云：《石渠余纪》卷三《纪丁随地起》，《近代中国史料丛刊》第八辑，文海出版社有限公司1967年影印本，第255页。

② 范金民、夏维中：《苏州地区社会经济史（明清卷）》，南京大学出版社1993年版，第309页。

③ （明）周宗建：《吴农叹》，乾隆《吴江县志》卷五〇《集诗》，乾隆十二年（1747）刻本，《中国地方志集成·江苏府县志辑》第20册，江苏古籍出版社1991年影印本，第249页下。

④ 参见袁良义《清一条鞭法》，北京大学出版社1995年版，第10—11页。

了万历三十八年苏州府各州县的粮役，涉及北运、南运、仓兑、柜头等役目，共 785 人。① 二是没有废除里甲制度，里长、大户明罢实存，没有切实做到钱粮自封投柜和官收官解。彭雨新则认为"优免制度不除"，使得"一条鞭法基本上停留于赋役统征银两的低级水平，均田均役也不可能达到全部役转于赋的目的"②，这条原因苏州府同样不能免除。差役未能尽数折银，丁银又未能尽数与地银合一，即丁银未完全摊入地亩，部分仍征诸人丁。

"有田则有税，有身则有役"，此为中国传统的赋役理论，而"赋税必视田亩"，"以天下之垦田，定天下之赋税"③，这种"因田定赋"的主张，只有在私有土地权利得到充分承认、生产者的独立人格获得保障、雇佣关系相当发展的前提下才能真正实现。④ 此时，里甲制度虽然不断削弱，但尚未退出历史舞台，加之豪绅地主的阻挠和反对、保守官吏的作梗和舞弊，明代一条鞭法的结局也就不难想象了。

张居正主持的万历清丈和一条鞭法改革，因此后人息而政亡。万历"三大征"和"两宫三殿火"，不仅耗尽了张居正积攒十年的国家储备，而且使得国家财政入不敷出。而自万历四十六年（1618），建州女真首领努尔哈赤起兵，到崇祯元年（1628）爆发的西北农民大起义，终于将大明王朝推向了崩溃的边缘。

在兵戈四起，大厦将倾的万历后期，明廷为解决巨额军费开支，采取釜底抽薪的办法，"正额之外，复多杂派"⑤，枯竭的财政已难以支撑帝国的正常运转了。万历二十年（1592）至二十八年（1600）之间，仅万历三大征即耗银 1200 余万两。⑥ 又万历四十六年（1618）至四十八年（1620），辽饷三次加派，每亩加征白银 9 厘，共征银 520 余

---

① ［日］滨岛敦俊：《明代江南农村社会の研究》，东京大学出版会 1980 年版，第 364 页。
② 彭雨新：《明清赋役改革与官绅地主阶层的逆流》，《中国史研究》1989 年第 1 期。
③ （明）丘濬：《大学衍义补》卷二二《贡赋之常》，京华出版社 1999 年版，第 214 页。
④ 伍丹戈：《明代土地制度和赋役制度的发展》，福建人民出版社 1982 年版，第 125 页。
⑤ （清）王庆云：《石渠余纪》卷三《纪丁随地起》，《近代中国史料丛刊》第八辑，文海出版社有限公司 1967 年影印本，第 257 页。
⑥ 《明神宗实录》卷四四一，万历三十五年癸未，第 16 页云："宁夏之役费饷金几二百万，东倭之役七百八十余万，播州之役亦费三百余万。"另毕自严《石隐园藏稿》卷六《清查九边军饷疏》有不同记载："征哱之费，用过一百余万；两次征倭之费，用过五百九十五万四千余两；征播之费，用过一百二十二万七千余两。"

万两①。而万历三十一年（1603），太仓库岁入总银额只有 420 万—430 万银两。② 此后，天启、崇祯年间，辽饷加派成为定例，崇祯七年（1634）后复又有练饷、剿饷、盐课、关税、杂项的增派。至崇祯末，年兵饷预算支出突破 2100 万两。③ 苏州及其所在的江南地区首当其冲，成为加派的重灾区。

就苏州而言，各种加派目前有案可稽者，撮其要约略如次：田赋方面，万历中期以后，"苏州则八万三千六百六十余两……其加与他省同也，而原额之重则与他省异。所谓不揣其本而齐其末者也"④。此其为三次加派之一也。杂派方面，天启三年（1623）加征白银 21680 两⑤，崇祯四年（1631）加征 15151.60 两⑥。盐课方面，天启元年（1621），两浙增额 30000 两⑦。钞关税方面，原额 45000 两，天启元年（1621）和天启五年（1625）分别增额 22500 两和 20000 两，共 87500 两⑧，几乎翻番。另外，豪强势力利用优免特权花分、诡寄、滥冒之嚣张，比以前更甚。时人称"一青衿寄籍其间，即终身无半锱入县官者，至甲科孝廉之属，其所饱者更不可胜计，故数郡之内，闻风猬至，大僚以及诸生，纷纷寄冒，正

---

① 《明神宗实录》卷五七四，万历四十六年庚戌，第 11 页；卷五八九，万历四十七年十二月乙丑，第 9—10 页；卷五九二，万历四十八年三月庚寅，第 6 页。

② （明）赵世卿：《司农奏议》卷三《经用匮乏有由疏》，《续修四库全书》史部第 480 册，上海古籍出版社 2002 年版，第 187 页载："盖国家钱粮征收有额，曰税粮，曰马草，曰农桑，曰盐钞者，为正课；各运司者为盐课；各钞关者为关课；税契、赎锾、香商、鱼、茶、屯折、富户等项为杂课。内除径解边镇外，大约三百七十余万两，此外则开纳、搏省、军兴搜括等银，为非时额外之课，大约五六十万不等，合此数项，方足四百余万之数，以当一岁之出。"

③ 《明史》卷七八《食货二》，中华书局 1974 年标点本，第 1903—1904 页。

④ （明）顾炎武：《天下郡国利病书》原编第七册《苏松》，引《东南赋役独重疏》，上海商务印书馆 1935—1936 年影印本，第 48 页 a；陈仁锡《皇明世法录》卷三四《理财》，吴相湘主编《中国史学丛书》，台湾学生书局 1986 年版，第 988 页下亦载："加派新饷地亩银八万三千六百六十三两五钱五分四厘八毫二丝四忽。"

⑤ （明）陈仁锡：《皇明世法录》卷三四《理财》，吴相湘主编《中国史学丛书》，台湾学生书局 1986 年版，第 988 页下。

⑥ （明）毕自严：《度支奏议·新饷司》卷二七《奏报新饷出入大数疏》，《续修四库全书》第 486 册，上海古籍出版社 2000 年影印本，第 174 页。

⑦ （明）毕自严：《度支奏议·新饷司》卷六《新饷司·覆户科题覆新饷入数疏》，《续修四库全书》第 484 册，上海古籍出版社 2000 年影印本，第 501 页。

⑧ （明）毕自严：《度支奏议·堂稿》卷二《申饬榷政旧额新增疏》，《续修四库全书》第 483 册，上海古籍出版社 2000 年影印本，第 66 页；卷六《新饷司·覆户科题覆新饷入数疏》，《续修四库全书》第 484 册，上海古籍出版社 2000 年影印本，第 501 页。

供之欠数十万"①。万历十四年（1586）至二十五年（1597），苏州和松江二府共逋欠金花银 48 万两。②万历三十八年（1610），应天巡抚徐民式清查出长洲、吴江、常熟三县花诡、当差田 160 余万亩，为原来当差田的数倍。③

崇祯初年，苏州府逋欠更为严重。崇祯年间户部尚书毕自严奏曰：

> 苏州府原额太仓银一十四万八千八百九十三两八钱一分，系压征。自天启七年至崇祯二年共该银四十四万六千六百八十一两四钱三分，天启七年经管知府王时和，本部并科院于崇祯二年内除解到外，查参未完银四万一千九百八十八两四钱五分零，参后续完银一万四千七百三十八两五钱二分，共完过银一十二万一千六百四十三两八钱八分零，今止未完银二万七千二百四十九两九钱三分，计欠一分以上，旧例住俸，今照新例降俸一级，但查已经被劾，合应免议。崇祯元、二两年经管知府史应选，本部并科院于崇祯三年内并三年年终除解到外，查参未完银一十万九千九百七两一钱零，参后续完银二万四千二百七两一钱零，共完过银二十一万二千八十七两六钱，今止未完银八万五千七百两零，计欠一分，于三年内一并查参。崇祯三年份经管官同该预征五分银七万四千四百四十六两九钱零，已完银五千八百七十九两七钱七分零，未完银六万八千五百六十七两一钱三分零，连前共欠五分以上，旧例降职二级，今照新例降职三级，戴罪督催。④

毕自严，字景曾，淄川人，万历二十年（1592）进士。天启中，毕自严曾以右都御史兼户部左侍郎，巡抚天津，兼督辽饷。天启六年（1626），以南京都察院右都御史改任南京户部尚书，因忤大太监魏忠贤，致仕归里。不过，其"善治赋"之名广为人知。崇祯元年，自严受召起复，官拜户部尚书，自此，掌计部达六年之久。史称，"自严以度支大

---

①　（清）《研堂见闻杂记》，《中国历史研究资料丛书》，上海书店出版社 1982 年版，第 294 页。

②　《明神宗实录》卷四三一，万历三十五年三月甲申，第 8145 页。

③　彭雨新：《明清赋役改革与官绅地主阶层的逆流》，《中国史研究》1989 年第 1 期。

④　（明）毕自严：《度支奏议·堂稿》卷一七《题崇祯四年觐参京边完欠疏》，《续修四库全书》第 484 册，上海古籍出版社 2000 年影印本，第 79—93 页。

绌，请核逋赋，督屯田，严考成，汰冗卒，停蓟、密、昌、永四镇新增盐菜银二十二万。俱报可"①。其中"核逋赋"与"严考成"正是其试图挽救财政危机的重要手段。

毕自严分析了逋欠产生的原因："比岁地方或以旱潦之故，一时宽缓民力，遂将此项视为可逋钱粮，且闻有已征在库而恣意那借，年来拖欠百万有奇，宁堪触目，实可寒心。诘所逋处，唯三吴与江右二省直而已。夫三吴乃财赋之区，江右亦沃壤之地，岂践土而不必食毛，食毛而不当作贡乎？查本年四月间臣部曾因三吴积欠，奉旨差文华殿中书孙光裕前往守催。无奈官卑职小，有司全不介意，迄今数阅月，止据八月内解到十一万有奇，余竟杳然绝响！"② 若按地区逋欠额多寡计，首当其冲者江南和江西。基于此，毕自严提出，要想金花银尽快完解，就必须要加强对地方政府的参罚力度，特别是首先要给地方抚按压力："欲严有司之参，必先责成抚按。盖抚按事权统摄，其于各应经征，各应完欠，查核俱悉，分别题参。"此议得到崇祯帝首肯，令南直各该抚按，严督各府州粮，天启六年和天启七年两年未完金花，一律限本年征完，天启五年以前金花，限每年带完十分之三，如逾限不完或完不足额者，将予以重处。③

毕自严注重清查、严格考成的理财方式，并不能遏制逋赋的发展趋势。到崇祯六年（1633）正月，明廷再次遣使分督直省逋赋，至六月，太监张彝宪又请催逋赋一千七百余万两。④ 面对财源枯竭，毕自严叹曰："在昔累朝休养之余，犹有老库可供搜补，今老库竭矣，有闾库可供借贷，今闾库亦竭矣，浸假至于今日，搜无可搜，借无可借。"⑤ 而颇具讽刺意味的是，在其制定的这套"核逋赋—严考成"制度运行之下，毕自严自身也受到牵连，并因此而下狱。

不唯如此，除田赋方面的加派外，明廷还加强了商税的搜刮。万历二

---

① 《明史》卷二五六《毕自严传》，中华书局 1974 年标点本，第 6609—6612 页。

② （明）毕自严：《度支奏议·堂稿》卷二《查催逋负金花疏》，《续修四库全书》第 483 册，上海古籍出版社 2000 年影印本，第 56—57 页。

③ 同上书，第 57 页。

④ （清）嵇璜等：《钦定续文献通考》卷二《田赋考·历代田赋之制》，文渊阁四库全书本，第 49 页。

⑤ （明）毕自严：《度支奏议·堂稿》卷三《召对面谕清查辽左缺饷疏》，《续修四库全书》第 483 册《史部·诏令奏议类》，上海古籍出版社 2000 年影印本，第 73 页。

十九年（1601），中央派遣司礼监太监孙隆赴苏州增征税金。孙隆身兼苏杭等处提督织造，兼理税务，于苏州"分别九则，设立五关"，而"榷纲之设，密如秋荼"。后又"织机一张税银三钱"，于是"人情汹汹，讹言四起"，"机户皆杜门罢织，而织工皆自分饿死，一呼响应"①，最终演变成苏州各界广泛参与的城市动荡。"四月水杀麦，五月水杀禾，茫茫阡陌殚为河！杀禾杀麦犹自可，更有税官来杀我。千人奋挺出，万人夹道看。斩尔木，揭尔竿，随我来杀税官！"②此为时人钦叔阳的诗，反映了人祸甚于天灾、官逼民反的社会现实。此后，万历三十一年（1603）、天启六年（1626）、崇祯六年（1633）、崇祯十七年（1644）皆发生了较大影响的都市抗争。另外还有此起彼伏的奴变和抗租、抢米风潮。

上述财政危机和社会动荡，昭示赋税改革深化的基础条件的缺失。若想通过赋税改革纾解财政危机，可能性已变得微乎其微，遑论一条鞭法进一步深化，以及摊丁入亩的完成了。这一历史使命，只有留待新的王朝去实现了。

第二节　清初苏州府摊丁入亩的展开

一　清初对明代赋税政策的承继

明清鼎革，给苏州的社会经济造成了巨大冲击，同时也为其发展带来了机遇。清代建立伊始，因明代旧有的赋役册籍大都毁于兵火，只好以仅存的万历条鞭清丈册为基准征收赋役。顺治元年（1644），清世祖即位诏书称："地亩钱粮俱照前朝会计录原额。自顺治元年五月初一日起按亩征解。凡加派辽饷、新饷、练饷、召买等项，悉行蠲免。"③顺治三年（1646），"谕户部稽核钱粮原额，汇为赋役全书，悉复明万历间之旧。计天下财赋，惟江南、浙江、江西为重，三省中尤以苏、松、嘉、湖诸府为最"④。

---

① 《明神宗实录》卷三六一，万历二十九年丁未，第6741—6742页。

② （明）钦叔阳：《税官谣》，（清）朱彝尊《明诗综》卷六三，《钦定四库全书荟要》集部，乾隆御览本，第20页。

③ 《清实录》第三册《世祖章皇帝实录》卷九，顺治元年十月甲子，中华书局1985年影印本，第95页上。

④ 《清史稿》卷一二一《食货二》，中华书局1976年标点本（内部发行），第3527页。

顺治八年（1651），江南苏松巡按秦世祯以江南"赋重差烦，征解失宜"，提出应从八个方面进行整理："一、田地令业主自相丈量，明注印册以清花诡。二、额定粮数俱填易知由单，设有增减另给小单一纸，则奸胥不得籍口。三、由单详开钱粮总撒数目及花户姓名，先给后征以便磨对。四、催科不许差人，设立滚单以次追比，则法简而事易办。五、收粮听里户自纳簿柜，俱加司府封印，以防奸弊。六、解放先急后缓，勒限掣销完验，不得分毫存留衙役之手。七、民差查田均派，排门册对，庶不至苦乐不均。八、备用银两每事节省，额外不得透支。布政司将征解原册按季提查，年终报部。"①

秦世祯所奏行举措尤其强调易知由单的设立。"由单之式，每州县开列上中下则，正杂本折钱粮，末缀总数，于开征一月前颁之。"② 纳税户可根据由单上款项自封投柜，凡一切收折贮解，官吏任之，与民无关，这样就减少了中间环节，真正做到了官收官解。另外，在清丈田地、均派差役、完善征解手续等方面做出规定，这样就减少了衙役作弊的可能。

顺治十四年（1657），清廷编定全国赋税额，"将各直省每年额定征收、起存、总撒实数，编列成帙，详稽往牍，参酌时宜，凡有参差遗漏，悉行驳正，钱粮则例，俱照明万历年间。其天启、崇祯时加增，尽行蠲免。地丁则开原额若干，除荒若干，原额以明万历年刊书为准"③。明代万历时期土地清丈影响深远，王业键称："清帝将万历年间的税额，特别是此时期编制的《赋役全书》作为确定田赋和劳役的依据，因此，当时参照的原额就是万历年间官方统计中的面积。"④ 在战马倥偬、财政孔亟之时，虽是权宜之计，但也承继了明代赋役改革的部分成果。随着战乱平息，人民生活逐渐安定，清廷又核实天下户口，具载版籍，丁增，赋亦随之增加。

清初沿用万历九年（1581）的赋税额和征收办法。本来万历时期

① 《清实录》第三册《世祖章皇帝实录》卷五九，顺治八年八月丙寅，中华书局1985年影印本，第471页。
② 《清史稿》卷一二一《食货二》，中华书局1976年标点本（内部发行），第3528页。
③ 《清实录》第三册《世祖章皇帝实录》卷一一二，顺治十四年十月丙子，中华书局1985年影印本，第878页上。
④ ［美］王业键：《清代田赋刍论》，高风等译，人民出版社2008年版，第29页。

"条鞭法行十余年",已经"规制顿紊,不能尽遵"①,何况至顺治十四年又过去了七十六年,因此清初的赋役制度也是比较杂乱的。如田赋方面,《顺治赋役全书·序》规定:"田赋有二:曰民田,曰屯田,皆分上、中、下三则。有本征者,有折征者,有本折各半者。本征曰漕,漕有正粮,有杂粮。正粮为米,杂粮为豆、麦荞、麻等类。折征者,始定为银,继则银、钱兼纳。"又如丁徭,"有分三等九则者,有一条鞭征者,有丁随田派者,有丁从丁派者。即一省之内,则例各殊"②。唯其相同之处,即田赋尽管也征米豆,但主要是征银;丁徭俱征银两,然后政府以之雇役,名曰"丁银"。而"江南江苏等处,每丁科银一分四厘零,至二钱零不等"③。

清朝平定江南后,虽然"其土田规则悉用前明之旧,以万历中赋额起征"④,但苏州府重赋程度有增无减。顺治时期,苏州府"赋额仍前明万历时旧例,而因时制宜,增减不一",本色诸项目共增米、豆、麦60987石,减米45939石;增银650807两,减银308038两。⑤康熙二十二年(1683),苏州府共征折色税粮,包括地亩、徭里银1271814.73两,本色米1064264.22石,另外还征豆、麦和杂役银若干⑥。彼时,"江南钱粮独苏松最重,亦惟苏松积逋从未有一岁照额十分全完者",赋税无一官曾经征足、无一县可以全完、无一岁偶能及额成为常态。⑦明初对于苏州重赋问题采取的措施不外乎蠲免和折征,其中宣德时期即蠲免苏州赋税七十余万石。而"自万历迄于明末,惟有不时额外之浮征,而无宽省之恩泽矣"⑧。

---

① 《明史》卷七八《食货志·赋役》,中华书局1974年标点本,第1905—1906页。

② 康熙《大清会典》卷二三,康熙二十六年内府刊本,第1页。

③ 同上书,第15页。

④ 乾隆《江南通志》卷六八《食货志·田赋二》,《中国地方志集成·省志辑》,凤凰出版社2011年影印本,第317页下。

⑤ 乾隆《苏州府志》卷一〇《田赋三》,乾隆十三年(1748)刻本,中国社会科学院历史所馆藏,第1—8页。

⑥ 康熙《江南通志》卷一七《田赋》,《中国地方志集成·省志辑》,凤凰出版社2011年影印本,第298—299页。

⑦ (清)慕天颜:《请减浮粮疏》,乾隆《苏州府志》卷一〇《田赋三》,中国社会科学院历史所馆藏,第12页。

⑧ (清)韩世琦:《苏松浮粮疏》,贺长龄《皇朝经世文编》卷三二《户政七·赋役四》,文海出版社有限公司1966年影印本,第1176页。

当然，前人研究业已证明，此并非事实①。自明中期以降，解决赋役不均，主要是靠均田均役和一条鞭法来推动。

清初亦承继了明代的蠲免政策，顺治十一年（1654），因江宁等属州县卫所旱涝灾害，免江宁、安、徽、苏、松、常、镇、庐、凤、淮、徐、滁等属五十州县，江宁等二十六卫所十年分旱涝租赋。②此后主政江南省、苏州府者，解决重赋之道，无不以申请蠲免为务。康熙初年，江南巡抚韩世琦奏曰：

> 顺治二年至康熙元年岁岁压欠，积逋之数动盈千万，守令之铨授斯土者，往往席未暇暖，褫削旋加，日怀参罚处分之惧。莫展催科抚字之长。百姓之生于其地者，皮骨仅存，衣食不谋。惨受追呼敲扑之苦，而无安土乐生之心……臣之愚昧，窃敢推广计度，与其民力弗胜，逃亡莫保，议蠲于催征不得之后，孰若预涣恩纶，施惠于浮赋当减之先。将苏松二府钱粮仿佛元时制赋旧额，兼照各省见征大例，准与酌量，大赐减省。如以目前军国多需，势难多减，则亦乞依常州接壤之科则，再若万万不能，亦祈于十分之中稍减其二三。③

康熙二十四年（1685），苏州巡抚汤斌疏曰："臣惟财赋为国家根本之计，而苏松尤为财赋最重之乡。臣以庸碌谬抚兹土，见钱粮累年逋欠，每当奏销之期，多者尝欠至五十余万，最少者亦不下三四十万……及此纂修简明全书之时，博集廷议，将苏、松钱粮合盘打算，各照科则量减一二分，定适中可完之实数，无存过重必欠之虚额，再将科则稍加归并，使简易明白，便于稽核。"④

上述无论是韩世琦的奏请，还是汤斌的上疏，皆申明苏松逋赋之严重

---

① 张兆裕曾对万历时期的蠲免次数进行过统计，结果四十八年中，共蠲免155次，其中南直隶最多，达到32次。对苏州的蠲免亦不鲜见，如万历七年，苏松遭遇水灾，共蠲免两府拖欠至七十余万。参见《明代万历时期灾荒中的蠲免》，《中国经济史研究》1999年第3期。

② 《清实录》第三册《世祖章皇帝实录》卷八〇，顺治十一年正月戊申，中华书局1985年影印本，第630页上。

③ （清）韩世琦：《苏松浮粮疏》，贺长龄《皇朝经世文编》卷三二《户政七·赋役四》，文海出版社有限公司1966年影印本，第1176—1177页。

④ （清）汤斌：《请减赋额疏》，乾隆《苏州府志》卷一〇《田赋三》，中国社会科学院历史所馆藏，第15—16页。

程度，并申请量减一二。由于"江苏所属各郡县为财赋重地，额征钱粮甲于他省，且累岁输将供亿，效力惟勤，兹用大沛恩膏，除漕项钱粮外，所有康熙二十七年应征地丁各项钱粮，俱令蠲免，二十六年未完钱粮亦悉与豁除"①。康熙五十年（1711），清圣祖又恩蠲江苏地区亏空无着钱粮，共十万八千两有奇②。据罗仑、范金民计算，顺治朝地丁钱粮蠲免比例为20%，而康熙朝此比例则有25%之多③。从全国范围来看，"康熙中期以后，这种频繁的逋欠蠲免已不多见"④，而苏州自此至雍正末年，逋赋蠲免仍为常态。

除对逋赋进行蠲免外，苏州府还进行了丈量田亩，重新编制图甲的活动。顺治十四年（1657），吴江县"通计一县田亩，按图均配，旧五百五十七图半，裁并为五百有七图，每图二千亩，每甲田二百亩"⑤，以通县为单位而重新编制区划。此时，为严惩偷漏赋税的"江南奏销案"尚未发生，官儒户仍享有优免特权，因而规定"今自优免外，无田不役"，特将官户、庠户之田另行列出。⑥吴县"每图田地九百六十亩零，充一图里役"⑦，昆山县七十二区，"田亩分为三百六十图，图分十甲，每甲收田三百二三十亩不等"⑧，均仿照吴江县成例。新编图甲，田数虽不等，但都是用按田编里代替按户编里，"是以人从田也"。以人从田就会突破原有里甲组织的边界，这是里甲组织破坏的第一步。⑨

对于漕运，清政府还继续沿用明代漕粮改折政策，以此来减少百姓负担，也使赋税征收能够顺利进行。虽然清政府多次强调，只许照价改折，但在改折过程中还是不可避免地遇到科索加派、折价过高、劳民伤财的情

---

① 《清实录》第五册《圣祖仁皇帝实录》卷一三一，康熙二十六年八月辛丑，中华书局1985年影印本，第418页下。

② 《清实录》第六册《圣祖仁皇帝实录》卷二四六，康熙五十年夏四月己酉，中华书局1985年影印本，第443页上。

③ 罗仑、范金民：《清前期苏松钱粮蠲免述论》，《中国农史》1991年第2期。

④ 陈支平：《清代赋役制度演变新探》，厦门大学出版社1988年版，第77页。

⑤ 康熙《吴江县志》卷七《徭役》，康熙二十四年刻、三十九年增修本，第46页。

⑥ 乾隆《吴江县志》卷四四《均田荡赋役》，乾隆十二年（1747）刻本，《中国地方志集成·江苏府县志辑》第20册，江苏古籍出版社1991年影印本，第214页上。

⑦ 康熙《吴县志》卷一九《役法》，康熙三十年刻本，第17页。

⑧ 乾隆《昆山新阳合志》卷七《徭役》，乾隆十六年刻本，第33页。

⑨ 袁良义：《清一条鞭法》，北京大学出版社1995年版，第32页。

况。对此，清政府就着令征收本色。"户部议覆漕运总督林起龙疏言：江南苏、松、常三府，浙江嘉、湖二府白粮折征每石二两，今民间谷价止七八钱，民力不堪，请改征本色。得旨：白粮改折既称苦民，俱着征本色。"①

从以上分析可知，清初统治者在承继明代赋役改革成果的同时，又有所整顿和变化。陈支平总结了两个方面，一是确立以万历年间为基础的定赋原则，二是简明赋役条款和程序，继续推行一条鞭法。② 另外，清廷亦如明廷一样，继续推行蠲免政策。不过，无论是赋税蠲免、编订图甲，还是征收管理上的修修补补，并不能从根本上解决苏州自明初即形成的赋役不均。倒是顺治十八年（1661）爆发的"江南奏销案"，沉重打击了苏州等府的绅衿地主，使其优免特权名存实亡。尽管奏销案因追征钱粮而起，不以均田均役为旨归，但间接为康雍时期的摊丁入亩清除了部分阻碍。

"江南奏销案"是清廷对江南省苏、松、常、镇四府绅衿、衙役欠赋的处分案。明朝政府规定钱粮要足额征收，但实际做法和考成却未必如此。按照清人说法，"有明课吏，征赋六七分，即为上考。纵遇大熟之年，每岁必邀三分之赦。至万历末年，边饷如是告急，然小民纳至八分，上司即揭榜通衢，不许复纳"③。韩世琦也称："明之科征，悬有其额，而民之实完于官者，岁不过十之五六。故彼时殿最苏松之有司，终明之世，以完及七分者，即为上考。"④

四府在全国田赋中占有重要地位，而苏州赋税定额最重，逋欠数量最多，若足额征税，既能满足官员钱粮考成之需，同时又能起震慑作用。因而以江宁巡抚朱国治、吴县知县任维初为首的酷吏，以追比钱粮逋欠为由，对江南士绅实施严厉打击。"凡绅衿欠粮者，无论多寡，一概奏请褫革，名曰奏销。"⑤ 顺治十五年（1658），户部派员查绅衿地主

---

① 《清实录》第四册《圣祖仁皇帝实录》卷二〇，康熙五年十月戊辰，中华书局1985年影印本，第282页下。

② 陈支平：《清代赋役制度演变新探》，厦门大学出版社1988年版，第3页。

③ 《苏松历代财赋考》，《四库全书存目丛书》史部第276册，齐鲁书社1996年影印本，第118页。

④ 乾隆《苏州府志》卷一〇《田赋三》，中国社会科学院历史所馆藏，第11页。

⑤ （清）顾公燮：《丹午笔记》二二四《哭庙异闻》，《江苏地方文献丛书》，江苏古籍出版社1985年版，第154页。

欠赋情况，至十八年（1661），共处理乡绅2071名，生员11346名。由于奏销案的不得人心，江南奏销案的发起者朱国治只能乘丁忧之际黯然离职。

二　康熙朝苏州府的均田均役

韩世琦继任巡抚后，仍按《赋役全书》所载，"有一项之编征，即有一项之拨额，定限考成，必责十分全完"①。即将"顺治十八年分未完钱粮，严督催征，仍一面将绅衿三户有无挂欠，责令各道府确查，造册遵例奏销"②。说明奏销案后，督征赋税仍作为官员的重要职责而力行不辍。在江宁抚任的八年，韩世琦首先厘清了朱国治所留下的纷乱局面，并且钱粮年年报完，完成了清政府赋予他的使命。

然而一味追征税粮，终非治本之策，欲彻底解决钱粮逋欠问题，还须进一步深化均田均役。正如清人赵锡孝所言，"均田役之行，则按年值役之外，俱可自谋身家，以生以养，均田役之法不行，则田不可为恒业，而小民之业田者苦矣"③。康熙元年（1662），江南巡抚韩世琦饬行苏松等地均田均役，通令如下：

> 照得三吴田赋十倍于他省，而徭役困苦莫甚于今日，豪强兼并之家，膏腴满野，力能花诡避役，以致富者日富；贫弱无告之民，役累随身，每至流离逋负，将见穷者益穷。
>
> 近幸庙堂轸念，奉旨均编，当亟遵条例。通计合邑田亩，和盘打算，按图哀益，品搭停匀，务将图外官库自兑，附户花诡等项，尽行删汰，一惟论田起役，纤毫不许躲闪，俾户无无田之役，田无不役之人，庶几积弊顿除，穷檐稍可苏息。④

---

① 乾隆《苏州府志》卷一〇《田赋三》，中国社会科学院历史所馆藏，第11页。

② （清）韩世琦：《抚吴疏草》卷六《顺治十八年三欠奏销印结疏》，《四库未收书辑刊》第8辑第5册，北京出版社1997年版，第527页。

③ （清）赵锡孝：《徭役议》，贺长龄《皇朝经世文编》卷三三《户政八·赋役五》，文海出版社有限公司1966年影印本，第1189页。

④ 同治《苏州府志》卷一三《田赋二》，《中国地方志集成·江苏府县志辑》第7册，江苏古籍出版社1991年版，第351页下；嘉庆《松江府志》卷二七《田赋志·役法》，《续修四库全书》第688册，上海古籍出版社2002年影印本，第13页。

"通计合邑田亩，和盘打算，按图衰益，品搭停匀"，即"将所属各县统计合邑田亩若干，分配区图，逐里均平。将一应图外户名尽归入田"①，"每图若干顷亩，编为定制，办粮当差"②。在均田的基础上，所有差役，一律按田起派，官绅大户概莫能外。"一惟论田起役，纤毫不许躲闪"，实行均役的地区已不再顾及优免制度，优免特权被否定了。常熟县采取的办法甚是具体，全县共490图，每图分十甲，每甲均田337亩。所有差役之经费，论田均差。③

康熙十三年（1674），江苏布政使慕天颜行均田均役定制，"夫均田均役之法……苏松等属仿照均编……通计该州县田地总额与里甲之数，将田地均分，每图若干顷，编为定制办粮当差，田地既均，则赋役自平……请敕行嗣后推收编审，悉照均田均役，听民自相品搭，充足里甲之数，不许田多少役，则隐占、诡寄、包揽诸弊可以永清，实有益于人民矣"④。

韩世琦的均田均役，打破了长期以来的优免特权。慕天颜的做法，也是先整顿里甲，以使图外户名尽归于田；然后均分田地，每图若干；最后照田编役，将丁银摊入田亩。康熙时按亩科征的差役银摊入田亩，有明确记载的当属常熟县。

康熙十九年再订《简明赋役全书》。

实在田地荡沙一万七千三百四十七顷五亩。原额田地派本色米二十万二千五百七十五石，内除奉工部起用石灰改折漕粮正耗米三千四百六十八石六斗外，实征本色米十九万九千一百六石八斗。⑤

原额人丁十万一千五十一丁，该银一千四百八十五两八钱，除优免人丁外，实在当差人丁九万九千九百六十六丁，原额派征银一千四

① 嘉庆《松江府志》卷二七《田赋志·役法》，《续修四库全书》第688册，上海古籍出版社2002年影印本，第13—14页。

② 同治《苏州府志》卷一三《田赋二》，《中国地方志集成·江苏府县志辑》第7册，江苏古籍出版社1991年版，第352页。

③ 康熙《常熟县志》卷九《徭役》，《中国地方志集成·江苏府县志辑》第21册，江苏古籍出版社1991年版，第158页上。

④ 乾隆《苏州府志》卷一一《田赋四》，中国社会科学院历史所馆藏，第13页。

⑤ 康熙《常熟县志》卷八《田赋下》，《中国地方志集成·江苏府县志辑》第21册，江苏古籍出版社1991年版，第137页下。

百六十九两。①

　　以上正杂各项总计该征本色米麦豆二十万八千五百二石，折色银十九万九千五百七十二石三斗。②

　　从《简明赋役全书》可知，此时差役折银已不见名目，成为田赋的一部分。官俸役食和祭祀等银，由清官府在存留地丁银中支出，作为差役折银的遗迹。③ 韩世琦、慕天颜均田均役的结果，显然是明代一条鞭法的进一步推进。清人王庆云说："昔杨炎并租庸调为两税，而丁口之庸钱并入焉；明嘉靖后行一条鞭，均徭、里甲与两税为一，丁随地起非权舆于今日。"④ "丁随地起"，实际上与摊丁入亩还有一段距离。明代苏州府推行的"丁随地起"，是部分摊丁入亩，由盐钞、力役演化而来的丁赋，或曰丁税、丁银并未取消。成化十五年（1479），王恕于苏州吴县所行徭役编银，是一种摊丁入亩的尝试，此后苏州所行徭役编佥，大多以此为底本；尤其嘉靖十七年（1538）以来，苏州府所行徭役编银，丁银所占比重逐渐减少，甚至个别属县、个别年份丁银全部摊入田亩，计亩征收，但却不能成为定制。人头税是中国历代王朝重要的财政收入，明及清前期亦概莫能外。控制了人口，既可确保"赋额不亏"，又能加强统治基础，任何放弃丁税银额，皆是不被允许的。因而若彻底废除丁银制度，还须荡涤控制人户、征发赋役的里甲制度。

　　清初"计丁征银"，其所掌握的人丁数，据以征收的丁银额，亦沿袭了明末旧册。清代前期编审的丁数，亦并非全部人丁，只是政府为维持一定的丁税收入，而必须保证的一定"丁额"。⑤ 由于耕地面积的增加速度远不及人口的增加速度，随着人口的增加，条鞭法下的赋税负担不仅有加重之势，而且会造成新的不均。因而，随着人身依附关系的松弛和商品货

---

① 康熙《常熟县志》卷八《田赋下》，《中国地方志集成·江苏府县志辑》第 21 册，江苏古籍出版社 1991 年版，第 141 页上。

② 同上书，第 141 页下。

③ 袁良义：《清一条鞭法》，北京大学出版社 1995 年版，第 105 页。

④ （清）王庆云：《石渠余纪》卷三《纪丁随地起》，《近代中国史料丛刊》第八辑，文海出版社有限公司 1967 年影印本，第 255 页。

⑤ 史志宏：《关于摊丁入地评价的几个问题》，《中国社会科学院研究生院学报》1986 年第 4 期。

币经济的发展，以编审人丁来征收丁银，越来越没有存在的必要了。康熙五十一年（1712），清政府颁布诏令：“今国帑充裕，屡岁蠲免，辄至千万，而国用所需，并无不足，故将见征钱粮册内有名人丁，永为定数，嗣后所生人丁，免其加增。”① 此之谓“盛世滋丁，永不加赋”。永不加赋的积极作用在于，不仅减除了民户对续生人丁的丁银负担，而且固定了丁银数目，为摊丁入亩提供了必备条件。② “自康熙五十年定丁额之后，滋生者，皆无赋之丁。凡旧时额，丁之开除既难，必本户新添可补，则转移除补易致不公，惟均之于田，可以无额外之多取，而催科易集。其派丁多者，必其田多者也；派丁少者，亦必有田者也。保甲无减匿，里户不逃亡，贫穷免敲扑，一举而数善备焉。所不便者，独家止数丁，而田连阡陌者耳。”③

康熙五十五年（1716），御史董之燧疏请统计丁银，按亩均派：

> 续生人丁永不加赋，皇上轸念民生高厚之恩，真有加无已，但现在人丁尚多偏苦，各省州县丁制亦有不同，有丁从地起者，有丁从丁起者。丁从地起者其法最善，而无知愚民每每急求售地，竟地卖而丁存。至丁从人起者，凡遇编审之年，富豪大户有嘱里书隐匿不报，而小户贫民尽入版册，无地纳税，亦属不堪。一切差役，俱照丁起派，田连阡陌者坐享其逸，贫无立锥者身任其劳。既役其身，复征其税，逃亡者有所不免。一遇逃亡，非亲族赔累，则国课虚悬，现在人丁之累也。嗣后既不增额，则有定数可稽，臣请敕部行令直隶各省地方官，确查各县地亩若干，统计地丁、人丁之银数若干，按亩均派，在有地者所加不为苦，无地者得免赔累实幸。④

奏疏解释了丁从地起、丁从人起与按亩均派也即摊丁入地之不同。丁

---

① 《清朝通典》卷九《食货九》，王云五主编《万有文库》第二集，上海商务印书馆1935年版，第2070页上。

② 袁良义：《清一条鞭法》，北京大学出版社1995年版，第379页。

③ （清）王庆云：《石渠余纪》卷三《纪丁随地起》，《近代中国史料丛刊》第八辑，文海出版社有限公司1967年影印本，第255—256页。

④ 乾隆《江南通志》卷六八《食货志·田赋一》，《中国地方志集成·省志辑》，凤凰出版社2011年影印本，第330页上。

从地起容易导致"地卖而丁存"、买地而无丁的弊端，而丁从丁起就更加偏累了。明代周忱改革前即是如此，赋役不均导致民户逃离、田地荒芜，进一步累及亲族，损耗国课，此正是清廷所不愿看到的。但户部并未接受摊丁入亩的主张，理由是："各省州县地亩人丁原有不同，随地制宜，相沿已久，未便更张。如有情愿买卖地亩而丁应从地起者，其地亦随买主输课。"① 由于部议阻挠，董之燧推行摊丁之议被暂时搁置。不过因有此一议，户部当年同意广东省将全省丁银就各州县地亩分摊，由此为摊丁入亩向全国推广打开了一扇门。

三 雍正朝苏州府摊丁入亩的实现

虽然广东率先揭开了全国性摊丁入亩的序幕，但此后推广并不顺利。盖因清代中央集权的程度远甚于明代，雍正继承大统后，其勤勉亦无出其右者。由于"业户之田散在各图，钱粮不能归户，花分弊生"②，经过数十年均田均役，仍无法杜绝诡寄花、分等弊端。因而，富户之差徭仍然散派各户，劣衿蠹棍则与不肖官吏沆瀣一气，不仅多勒耗费，而且中饱贴银。而且就全国范围而言：

> 国家正赋，田地与人丁并重，今天下州县有丁随田办者，亦有丁田分办者。丁随田办，则计亩分丁，赋均而民易为力，丁田分办，则家无寸土之贫民，亦与田连阡陌者一样照丁科派，未免苦乐不均。查新例五年一编审，核实增减，法非不善，但不肖官吏每以审丁为利薮，富民有钱使用，丁虽多而不增，穷民措钱不遂，丁虽少而不减，弊有不可胜言者。③

雍正初年，升州析县是苏州府应对赋役困境的方式，也是对苏州府社会经济影响较大的事件。雍三年（1725），苏州府进行了历史上最大规模

---

① 乾隆《江南通志》卷六八《食货志·田赋一》，《中国地方志集成·省志辑》，凤凰出版社 2011 年影印本，第 330 页上。

② 光绪《嘉定县志》卷三《赋法沿革》，《中国地方志集成·上海府县志辑》第 8 册，上海书店出版社 1991 年影印本，第 81 页。

③ 《宫中档雍正朝奏折》第一辑，雍正元年二月初八日，王澍奏折，台北"故宫博物院"，1977 年，第 54 页。

的行政区划调整，从长洲析出者名元和，吴江析出者名震泽，常熟析出者名昭文，昆山析出者名新阳，嘉定析出者名宝山，归松江府管辖；太仓升为直隶州后，领崇明、嘉定、镇洋三县。至此，苏州府管辖吴县、长洲、元和、吴江、震泽、常熟、昭文、昆山、新阳九县，除吴县保持区划不变外，长洲、吴江、常熟、昆山均一分为二。

根据吴建华的研究，此次升州析县，并不以辖地辽阔与否为根据，而是以人口多、赋役繁为依归。① 谢湜则认为，从根源上看，它缘起于明代以来，由于经济发展情况下不断增加的地方负担，分县主要就是为了分摊赋税压力；从时间上看，康熙中后期到雍正初年，分县是浮粮减免和赋役改革的一部分。② 范金民的研究则有所不同，雍正分县确实不以辖地是否辽阔做基础，但也不以人口多少为旨归，而只以赋税的多少及官员征收钱粮的考成为根据。如果从赋税轻重、事务繁简、官员考成与政区大小结合的角度观察，析县本质上是为了分摊官员赋税征收和繁剧事务的责任。③

苏州府析县后，地方官员勤政有加，赋役改革的步伐加快了，比如震泽县，雍正四年（1726），知县陶镕即废均田均役之旧，始行版图法。版图法的特征是"以户归田，以田归丘，以丘归圩，以圩归图"④，自此"按图征粮，里之名遂就湮，都之下不系以里，系以图圩"⑤。版图法的实施，是因为人丁失去了徭役征发的意义。雍正五年（1727），两江总督范时绎题请次年实行"摊丁入地"，指出"丁银随田并征最为均平良法，直隶各省历来丁地分征者，节经题明归并，奉有谕旨在案。今江南各州县内，向有丁银随田征输者，亦有丁田各办者。查各属田地，原有高下之殊，按亩起科，亦有轻重之别"，请求"以雍正六年为始，丁随田办"，"所有丁银各就本县地亩均摊"。⑥

① 吴建华：《明清江南人口社会史研究》，群言出版社 2005 年版，第 457 页。

② 谢湜：《清代江南苏松常三府的分县和并县研究》，《历史地理》2007 年第 22 辑。

③ 范金民：《政繁赋重，划界分疆：清代雍正年间江苏升州析县之考察》，《社会科学》2010 年第 5 期。

④ 乾隆《震泽县志》卷三〇《清田粮》，《中国地方志集成·江苏府县志辑》第 23 册，江苏古籍出版社 1991 年影印本，第 272 页上。

⑤ 宣统《太仓州志》卷七《赋役》，《中国地方志集成·江苏府县志辑》第 18 册，江苏古籍出版社 1991 年影印本，第 97 页。

⑥ 乾隆《江南通志》卷六八《食货志·田赋一》，《中国地方志集成·省志辑》，凤凰出版社 2011 年影印本，第 330 页下。

在实施摊丁入亩之前，清政府还对苏州府积欠钱粮进行了清理。江南数府，自康熙五十一年至雍正四年，钱粮积欠多达一千余万两。雍正五年（1727），朝廷派遣户部侍郎彭维新赴江苏清查。彭在两江总督尹继善等人配合下，只查拖欠，不管催征，"悉心查察，一一得实，俾官侵不混入吏蚀，吏蚀不混入民欠，民欠不混入官侵吏蚀"①。雍正初年大规模清查积欠钱粮后，士绅地主"一洗从前积习，皆知敛迹。非公不至，绝无坐大轿者矣"②。这为次年摊丁入亩的全面实施，做了前期准备。

雍正六年（1728），"丁随田办"在苏州府全面实施，以银或粮作为摊入标准。苏州府实征折色银六十五万二百五十三两六钱五厘二毫有奇③，摊征人丁银一万五千一百七十六两三钱八分六厘八毫有奇。④ 详细情况见表6—8、表6—9。

表6—8　　　　雍正六年（1728）苏州府摊丁入亩验派标准　　　单位：两

县域	每石验派			每亩验派	
	税粮银	丁银	匠班银	地亩银	徭里银
长洲	0.2357	0.0087	0.0014	0.0066	0.0131
元和	0.2357	0.0091	0.0017	0.0066	0.0131
吴县	0.2515	0.0264	0.0049	0.0064	0.0199
吴江	0.2674	0.0089	0.0017	0.0069	0.0122
震泽	0.2674	0.0095	0.0017	0.0069	0.0123
常熟	0.2698	0.0043	0.0011	0.0068	0.0075
昭文	0.2698	0.0041	0.0011	0.0068	0.0075
昆山	0.2814	0.0047	0.0009	0.0067	0.0102
新阳	0.2814	0.0046	0.0009	0.0067	0.0102

资料来源：乾隆《江南通志》卷六八《食货志·田赋二》，《中国地方志集成·省志辑》，第341—346页。

① （清）彭维新：《与马虞樽少司空书》，贺长龄《皇朝经世文编》卷二七《户政二·理财下》，文海出版社有限公司1966年影印本，第996页。
② （清）顾公燮：《消夏闲记摘抄》卷上《明季绅衿之横》，《涵芬楼秘笈》第2集，上海商务印书馆1917年版，第5—6页。
③ 乾隆《江南通志》卷六八《食货志·田赋二》，《中国地方志集成·省志辑》，凤凰出版社2011年影印本，第340页下。
④ 同上书，第341页上。

表6—9	雍正六年（1728）苏州府摊丁入亩后的征银额		单位：两
县域	实征银	摊征丁银	匠班银	合计
长洲	81585.04	1937.91	312.70	83835.65
元和	71912.99	1955.12	368.60	74236.71
吴县	61696.29	4007.49	751.95	66455.73
吴江	73479.32	1816.91	354.15	75650.38
震泽	80037.73	2103.88	390.60	82532.21
常熟	81512.86	964.12	250.49	82727.47
昭文	67034.49	740.17	199.48	67974.14
昆山	66599.45	837.44	169.60	67606.49
新阳	66395.47	813.32	165.20	67373.99

资料来源：乾隆《江南通志》卷六八《食货志·田赋二》，《中国地方志集成·省志辑》，第341—346页。

乾隆十一年（1746），苏州府在雍正时期版图法的基础上，实行顺庄法，以保甲制为基础进行户口清查，催办赋役钱粮。顺庄法以村庄为顺编单位，源于康熙三十九年设立的滚单法。"滚单者，每里中或五户或十户，止用一户，于纳户名下，注明田亩若干，该征银若干，春应完若干，秋应完若干。分作十限，每限应完银若干，给甲内首名，挨次滚催。"①顺庄法用保甲滚催，然后编里，里甲组织的主要职能催督税粮被保甲组织取代了。

保甲制以村庄为基础建立基层组织，按庄清查户口、地亩；保长是官府任命的在官人役，以"弭盗"为其主要职责，管理村庄事务。在差役折银摊入地亩，力役改为雇工，"滋生人丁，永不加赋"和保甲制度实施后，在全国性的摊丁入亩风起云涌之时，苏州府终于完成了完全的摊丁入亩。"增丁不增赋，丁随田办，而贫民得以安枕，为自古未有、百世不易之良法也。"②

均平赋役，统一征银，是明代赋役改革的目标，定位为白银货币财政

① 《清朝通志》卷八三《食货略三》，王云五主编《万有文库》第二编，上海商务印书馆1935年版，第7245页。
② 乾隆《江南通志》卷六八《食货志·田赋一》，《中国地方志集成·省志辑》，凤凰出版社2011年影印本，第330页下。

是改革的重要发展趋势。① 而一条鞭法改革，既是赋役改革的内容，亦是达到这一目标的手段。一条鞭法的旨归，必然是将取自人丁的各种徭役折银，尽数摊入田亩中。由于各种条件的制约，明代来不及完成这一历史使命，即退出历史舞台。继之而起的清王朝，在承继明代改革成果的基础上，终于实现了摊丁入亩。摊丁入亩的过程，是一条鞭法深化和完成的过程，亦是实物税变成货币税、人头税归于土地税的过程，意味着数千年来的力役之征在国家法律层面的消弭。

当然，摊丁入亩的完成，并不意味着苏州重赋问题的消失。正如日本学者村松祐次所云，17 世纪后半叶至 19 世纪中叶，苏州地区仍然承担着与其课税面积不相匹配的重税②。同时，也应当看到，力役之征亦未从此退出历史舞台。尽管如此，摊丁入亩的历史意义和社会意义并不会因此而减小。

---

① 万明：《明代赋役改革模式及其特点初探（下）——从海瑞的县级改革谈起》，《河北学刊》2016 年第 4 期。

② ［日］村松祐次：《关于清代所谓苏松重税》，《一桥論叢》第 45 卷第 6 号，1961 年。

结　语

　　明初，太祖以鱼鳞图册和赋役黄册为经纬，以控制人口与田土为手段，建立了严密的里甲组织。该组织适应了小农经济之发展，征发赋税和徭役，是其首要职能。"凡赋役必验民之丁米多寡，产业厚薄"，这一原则在洪武及永乐前期执行比较到位，并且财政收入在短期内有了巨大提升。据《明实录》载，洪武二十六年（1393），国家两税收入为32279800余石①，比洪武十四年（1381）的26105251石②，增加了约1/3。而洪武二十六年，苏州府只秋粮米一项，如前所述，其实征数即达2746990石，占全国总计的11.11%。然而，里甲组织所达成的暂时平衡，在不甚合理的官民田政策、优免政策，以及商品货币经济发展的冲击下，越来越难以维持。土地兼并、赋役不均、农户因逃避赋税而背井离乡，这在国家财赋重地苏州府，表现得尤为突出。

　　因此之故，明代赋税改革，关涉苏州者，可谓史不绝书。宣德时期，鉴于苏州府赋役繁重的现实，明宣宗任命周忱巡抚江南，会同苏州知府况钟进行赋役改革。首先采取"以粮补丁"的加耗法，将按户丁负担的丁役、杂役问题用田赋加耗来解决。其次采用里甲役折银的方式进行"以银补丁"。最后对于官民田畸轻畸重、逋赋严重的问题，同样以银为媒，实行折征法。凡是科则重的官田，让其承担较轻的折色。而嘉靖以降逐渐推行的一条鞭法，赋役征银、丁身役和人头税摊入田亩是其主要特征，周忱赋役改革之重要性可见一斑。

　　嘉靖九年（1530），户部尚书梁材提出了一条鞭法的设想；嘉靖十年（1531）三月，御史傅汉臣将其命名为"一条鞭法"。明代一条鞭法改革，

---

　　① 《明太祖实录》卷二三〇，洪武二十六年冬十月庚子，第3370页。
　　② 《明太祖实录》卷一四〇，洪武十四年十一月庚辰，第2218页。

一般认为始自嘉靖年间。实际上，周忱、况钟于苏州诸府的赋税改革，已具备一条鞭法的某些特质①。加耗折征法中的"加耗"，"以粮补丁"，将按户丁负担的丁役、杂役的问题用田赋的加耗来解决，并直接催生出里甲银，为丁身役和人头税摊入田亩作了最初铺垫；"折征"，实施重额赋税、漕粮、马草等折银，为赋役合一、统一征银进行了有益探索。因此宣德年间的周忱、况钟的赋役改革，可视为"一条鞭法"的最初尝试。

嘉靖时期欧阳铎、王仪在苏州府的赋役改革，则是"一条鞭法"的具体实践。成化十五年（1479），苏州府吴县即尝试从按丁编征差役折银改为丁田兼派。嘉靖十六年（1537）始，苏州知府王仪在进行官民田一则起科的同时，借鉴常州府的改革经验，在苏州进行了归并里甲、均徭，按丁田编银改革。此次均田均役重要贡献有二：一是以折银率为手段，历史性地统一了官民田科则。此后，直至明亡清兴，不仅官民田的差别不复存在，而且如前所论，亦做到了一则起科。二是吸收均徭法等编金原则，在苏州创设徭役折银、计亩均输的征一法。而在此基础上的徭役编银，则有明显的摊丁入亩的趋势。

显然，嘉靖时期的赋税改革比之于宣德，逻辑上具有一定的承继性，实效上则有质的提升。两者皆采用了加耗、折征等方式以均平赋税，只是后者是在"朝野率皆用银"，赋税白银化程度加深的背景下，充分运用了白银这一媒介而已。周忱、况钟未能打破官民田科则的壁垒，实因改革的社会条件还不成熟，物质基础尚不丰满。欧阳铎、王仪的均田均役改革，不仅摧毁了官民田科则的鸿沟，还冲击了画地为牢的里甲赋役系统，当然这一切的主要目的，仍是为了国家贡赋体系更好地运转。此后在明末内忧外患之背景下，苏州府一条鞭法的推进，呈现徘徊和停滞的态势。如万历四十五年（1617）嘉定、崇明完全照田编银，而太仓、吴江、常熟、昆山与嘉靖十七年编银相比，按丁编银的比例均有所提升，则依田编银的比例皆有不同程度的下降。

肇始于正统年间的均徭法，原为解决杂泛差役日渐增多而设。随着银差渐多，并逐渐取代力差，亦为邻近地区均平法、纲银法、十段册法所吸收。而一条鞭法是上述各赋法、役法的集大成者，换言之，正是举

---

① 侯官响：《明代苏州府徭役折银考论》，《明史研究论丛》第十二辑，中国广播电视出版社2014年1月，第65页。

不胜举的赋税改革，为一条鞭法的形成和推广作了层层铺垫。在此过程中，作为财政主要来源的田赋，从明初征收米、麦、丝、绢等实物，到部分征收金花银，直至嘉定漕粮完全征银，是一个从实物税为主到货币税占据优势的发展过程。从全国范围来看，万历清丈后，一条鞭法在全国普遍推广，每年赋税的总征银量达 1500 万两以上。① 吴承明认为万历中期，包括地方财政，田赋已有 40%—50% 纳银，货币化已不可逆转。彼时的货币化已非宋以前之纳钱钞，而是白银化，我国确立贵金属本位，实在 16 世纪。②

16 世纪，中国的白银货币化，实与商品经济的发展休戚相关。因为商品经济的发展，既赖于商品生产与交易的兴盛，又要有充足且稳定的货币流通。明代之前，中国经济的发展规模是居于世界领先位置的，麦迪森甚至认为中国人均收入领先于世界的时间一直持续到 15 世纪③，而 16 世纪初，中国城市的规模与整个欧洲相比也毫不逊色④。但此时桎梏商品生产和流通，尤其大宗贸易及远程贸易的是，没有建立起以贵金属为基础的货币制度。钞币由于不以贵金属为本位，难以保持币值的稳定，加之滥发无度，信用归于丧失殆尽。

而上述赋役改革，以赋役货币化和货币白银化为旨归，是顺应历史发展阶段的。从国内社会经济发展来看，明代用银较前代更为发达，是与信用货币宝钞之失信和失败互为因果的⑤；而从世界经济发展的视域出发，美洲白银大量流入中国，弥补了中国白银之不足，使得更多的中国商品参与世界经济的循环。1571—1821 年美洲生产的白银，至少 1/3 至 1/2 流向中国。⑥ 由于缺乏贵金属，"中国和印度已成为在世界各地流通的贵金

① 傅衣凌主编，杨国桢、陈支平著：《明史》，人民出版社 2006 年版，第 245—246 页。

② 吴承明：《现代化与中国十六、十七世纪的现代化因素》，《中国经济史研究》1998 年第 4 期。

③ ［英］安格斯·麦迪森著：《中国经济的长远未来》，楚序平、吴湘松译，新华出版社 1999 年版，第 25 页。

④ ［英］安格斯·麦迪森著：《中国经济的长期表现——公元 960—2030 年》，伍晓鹰、马德斌译，上海人民出版社 2008 年版，第 30—31 页。

⑤ 朱偰：《明代信用货币之研究》，《明史研究论丛》第二辑，大立出版社 1985 年版，第 466 页。

⑥ ［法］费尔南·布罗代尔著：《15 至 18 世纪的物质文明、经济和资本主义》第 2 卷，顾良译，生活·读书·新知三联书店 1993 年版，第 197 页。

属的最后归宿。贵金属进入这两个国家后，就再也出不来了"①。

白银的大量输入，使朝廷的国库收入逐渐增加，隆庆时开放海禁后，"所贸金钱，岁无虑数十万，公私并赖，其殆天子之南库也"②。至崇祯年间，"天下自京师达四方，无虑皆用白银，乃国家经赋，专以收花文银为主，而银遂踞其极重之势，一切中外公私咸取给焉"③。而原本不属于财政范畴的力役，一变而为征银的人头税，再变为摊入田亩的赋，这在苏州赋税演变中有清晰的脉络。分析苏州所属州县摊丁入亩的演变，可知在徭役编银过程中，田的因素逐渐增加，丁的因素随之减少，摊丁入亩的趋向是逐渐清晰的。

封建赋税制度经过重赋轻役和役并入赋入的改革，特别是经过"一条鞭法"和"摊丁入亩"以及赋税的货币化，扩大了自耕农的经营自由，更有利于农民商品生产的发展。④ 从经济发展的角度来看，一条鞭法因商品货币经济的发展而兴，又促进了商品货币经济的更大发展，这在明代苏州府，演化脉络更为清晰。无论是洞庭商人群体的形成，抑或苏州市镇的勃兴，与白银货币下的赋税改革不无关系。"赋役一出于田"⑤，作为贵金属货币的白银起了燃素的作用。一条鞭法，减轻了农民对土地、里甲组织的依赖，也就松弛了其对国家的人身依附关系，动摇了小农经济赖以生存的基础。土地、户口再也不能将农民束缚在桑梓之地了。苏州人王世贞曰："国家户口登耗有绝不可信者……然则有司之造册，与户科、户部之稽查，皆仅儿戏耳。"⑥ 那些不入版籍，无可稽查者，或虽入户籍，弃本逐末者，皆可自由选择自己的谋生之道。人力资源的自由流动，这是小农经济向商品货币经济和市场经济转变之前提。

商品货币经济的发展，纾解了苏州重赋这一难题。如前所述，苏州重

① ［法］费尔南·布罗代尔著：《15 至 18 世纪的物质文明、经济和资本主义》第 3 卷，顾良译，生活·读书·新知三联书店 1993 年版，第 566 页。

② （明）张燮：《东西洋考》，周起元序，商务印书馆 1935 年版，序第 3 页。

③ （清）孙承泽：《春明梦余录》卷三八《户部尚书侯恂条陈鼓铸事宜》，北京古籍出版社 1992 年版，第 666 页。

④ 方行：《中国封建赋税与商品经济》，《中国社会经济史研究》2002 年第 1 期。

⑤ （明）顾炎武：《天下郡国利病书》原编第七册《常镇》，上海商务印书馆 1935—1936 年影印本，第 17—18 页。

⑥ （明）王世贞：《弇山堂别集》卷一八《户口登耗之异》，中华书局 1985 年版，第 326—327 页。

赋是历史的、政治的、经济的多种因素共同作用的结果。"田连阡陌者许诸科不兴，室如悬磬者无差不至"①，所谓重赋，其实就是赋役不均的问题。自周忱、况钟始，明代苏州府的赋税改革，皆可视之为一种均田均粮运动，通过加耗折征、征银、改革漕运、统一官民科则等手段，赋役不均问题得到一定程度治理。通过考察苏州赋税结构，以及苏州农民的生活状况，可知在均田均役的基础上，多种经营地发展生产，才是最为有效的办法。另外，明代中后期以降，奢靡之风大兴，"江南侈于江北，而江南之侈又莫过于三吴"②，"有千万人之奢华，即有千万人之生理"③，因而苏州重赋，"徒有重赋之名，无有重赋之实"是有一定道理的。而且，直至有清一代，"东南财赋，姑苏最重"，所谓"苏为郡地方，方不过五百里，粮三百万有奇，而盐芦、关税、颜料、杂色之征在外。郡城之户，十万烟火，郊外人民，合之州邑，何啻百万，而缙绅士大夫肩背相望"④。

综上所述，通过对明代苏州赋税演变之梳理，可总结出以下五个方面：

首先，明代苏州府长达近两个世纪的赋税改革，只是全国赋税改革的一个缩影，却透视出中国赋税制度演进的轨迹。从以实物和力役为主，到赋税征收以白银为主，这是实物财政体系向货币财政体系转换的过程。实物税是一定历史条件下的产物，它没有货币税所具备的有利于财政统一结算、方便缴纳和避免运输途中损耗等优点，所以，在商品货币经济发展基础上，在白银货币化进程之中，货币税代替实物税，促使明代财政体系全面转型，这是一种历史发展的进步趋势。⑤ 因而明代中后期，是中国由古代赋役国家向近代赋税国家转型的开端。这个转变过程是曲折的、漫长

---

① （明）罗伦：《与府县言上中户书》，《皇明经世文编》卷八四《罗文毅公集》，文海出版社有限公司1966年影印本，第747页。

② （明）张翰：《松窗梦语》卷四《百工纪》，《元明史料笔记》，中华书局1985年版，第79页。

③ （清）顾公燮：《消夏闲记摘钞》卷上《苏俗奢靡》，《丛书集成续编》第96册，上海书店出版社1994年版，第700页。

④ （清）沈寓：《治苏》，贺长龄《皇朝经世文编》卷二三《吏政九·守令下》，台北文海出版社有限公司1966年影印本，第893页。

⑤ 万明：《16世纪明代财政史的重新检讨——评黄仁宇〈十六世纪明代中国之财政与税收〉》，《史学月刊》2014年第10期。

的，却是浩浩汤汤、不可阻挡的。尽管"一条鞭法行……不能尽遵"①，然而其法所承继的赋役合一、统一征银原则，却是无可更改的了。

其次，明代苏州府赋税演变的脉络表明，商品经济的发展、白银货币的流通，是明代赋税改革不断推向深入的动力和先决条件，而重赋只是原因之一。从宣德时期的加耗折征、里甲纳银，到万历期间"量地计丁"，"一概征银"，明代苏州府赋税演进的历程，实乃一条鞭法酝酿、萌芽、递嬗、成熟的过程，也是明代白银货币化、赋税白银化不断加深的过程。

复次，明代苏州重赋问题，亦应从赋税结构、经济发展的角度进一步阐释。"贫乏之民得以俯仰有资"，是拜以市场需求为导向，商品货币经济发展之所赐。从万历时期苏州府赋税结构可以看出，实际缴纳商税远远低于应纳税额。农副业、工商业经营上的巨额利润，弥补了单纯农业经营之重赋，这是苏州赋重却不见民贫之实质。

再次，明代苏州府赋税演变的曲折历程，昭示了改革的复杂性，而缺乏顶层设计和制度建设加剧了这种复杂性。从长时段、总体上来看，苏州府连绵不断的赋税改革，其趋向无疑是役归于田、统一征银；若聚焦于短时段和个案，则并非如此。反改革的逆流一直存在，人去政息或暂时的停滞、倒退亦不鲜见。

最后，明代一条鞭法的改革未能真正实现赋役合一和摊丁入亩，但其为清康雍乾时期在全国范围的彻底实现奠定了基础。一条鞭法与摊丁入亩实施的过程，即是徭役制由力役进到丁银，再由丁银归入田赋的过程。"明代中国赋役——财政改革的历史进程，可以发现，这一改革过程与白银货币化过程完全重叠在一起。"② 明亡清兴后，新王朝不仅承袭了晚明建立的白银财政体系，而且赋税款项亦沿用明代旧额。清朝是明朝赋役改革的最大受惠者，清初全面继承了明朝万历年间的财政税额，特别是万历以后至明末所编制的《赋役全书》，作为确定田赋和劳役的依据，并汲取明朝的教训，抓住了云南铜矿与日本铜矿开发的机遇，从而建立了以白银

---

① 《明史》卷七八《食货二》，中华书局1974年标点本，第1905页。

② 万明：《明代赋役改革模式及其特点初探（下）——从海瑞的县级改革谈起》，《河北学刊》2016年第4期。

为主、铜钱为辅的货币体系，稳定了王朝统治。① "如果说，一条鞭法的产生和推广，和明中叶以来一系列社会变动密切相关，那么，'摊丁入地'就是一条鞭法中出现的赋役合并，役归于地倾向的逻辑发展"②，并由此开启了中国由古代赋役国家向近代赋税国家的转型。③

---

① 万明：《明代白银货币化的总体视野：一个研究论纲》，《学术研究》2017 年第 5 期。

② 郭松义：《论"摊丁入地"》，《清代赋役、商贸及其他》，天津古籍出版社 2011 年版，第 6 页。

③ 万明：《明代财政体系转型——张居正改革的重新诠释》，载《中国社会科学报》，2012 年 7 月 4 日，A-05。

征引文献书目

古代文献

一　政典史书

《周礼》，王云五《丛书集成续编》，上海商务印书馆 1936 年版。

《尚书》，《四部丛刊》经部，上海涵芬楼借吴兴刘氏嘉业堂宋刊本影印。

《国语》，王云五《万有文库》第一集，上海商务印书馆 1935 年版。

《史记》，中华书局 1959 年标点本。

《汉书》，中华书局 1962 年标点本。

（汉）赵晔：《吴越春秋》，王云五《丛书集成初编》，上海商务印书馆 1937 年影印本。

（汉）郑玄：《周礼郑氏注》，王云五《丛书集成初编》，上海商务印书馆 1936 年版。

《越绝书》，王云五《丛书集成初编》，上海商务印书馆 1937 年版。

《三国志》，中华书局香港分局 1971 年标点本。

（南朝梁）沈约：《宋书》，中华书局 1974 年标点本。

（唐）魏徵：《隋书》，中华书局 1973 年标点本。

（唐）杜佑：《通典》，中华书局 1988 年标点本。

（唐）房玄龄：《晋书》，中华书局 1974 年标点本。

（五代）刘昫：《旧唐书》，中华书局 1975 年标点本。

（宋）王钦若等：《册府元龟》，中华书局 1960 年影印本。

（宋）司马光：《资治通鉴》，中华书局 1956 年标点本。

（宋）李焘：《续资治通鉴长编》，上海古籍出版社 1986 年影印本。

（宋）王溥：《唐会要》，上海古籍出版社 2006 年影印本。

（宋）马令：《南唐书》，王云五《丛书集成初编》，上海商务印书馆 1935 年版。

（宋）欧阳修等：《新唐书》，中华书局 1975 年标点本。

（元）脱脱：《宋史》，中华书局 1977 年标点本。

（元）马端临：《文献通考》，中华书局 1986 年标点本。

《诸司职掌》，《玄览堂丛书》，正中书局 1981 年影印本。

《御制大诰》，《续修四库全书》第 862 册，上海古籍出版社 1995 年影印本。

《御制大诰续编》，上海古籍出版社 2002 年影印本。

《明太祖宝训》，"中研院"史语所 1962 年影印本。

（明）宋濂：《元史》，中华书局 1976 年标点本。

（明）黄佐：《南雍志》，伟文图书出版社有限公司 1976 年影印本。

（正德）《明会典》，《景印文渊阁四库全书》，台湾商务印书馆 1986 年影印本。

（万历）《明会典》，中华书局 1989 年标点本。

《明实录》，"中研院"史语所 1962 年影印本。

（明）王圻：《续文献通考》，《续修四库全书》第 761 册《史部·政书类》，上海古籍出版社 1995 年影印本。

（明）陈仁锡：《皇明世法录》，吴相湘主编《中国史学丛书》，台湾学生书局 1986 年影印本。

（明）张学颜等：《万历会计录》，《北京图书馆古籍珍本丛刊》第 52、53 册，史部，书目文献出版社 1988 年影印本。

（明）邓球：《皇明泳化类编》，《北京图书馆古籍珍本丛刊》第 50 册，史部，书目文献出版社 1988 年影印本。

（明）吕毖：《明朝小史》，清初刊本，正中书局 1981 年影印本。

（明）徐学聚：《国朝典汇》，吴相湘主编《中国史学丛书》，台湾学生书局 1986 年影印本。

（明）张卤：《皇明制书》，《续修四库全书本》第 788 册，上海古籍出版社 1995 年影印本。

（明）王世贞：《弇山堂别集》，中华书局 1985 年版。

（明）王世贞：《弇州史料后集》，万历四十二年（1614）刊本。

（明）谈迁：《国榷》，古籍出版社 1958 年版。

（明）顾炎武：《天下郡国利病书》，《四部丛刊三编》史部，上海商务印书馆 1935—1936 年影印本。

（明）顾炎武：《官田始末考》，广文书局有限公司 1977 年影印本。

（明）何乔远：《名山藏》，《续修四库全书》第 426—427 册，上海古籍出版社 2002 年版。

（明）赵世卿：《司农奏议》，《续修四库全书》史部第 480 册，上海古籍出版社 2002 年版。

（万历）《两浙重订鹾规》，《北京图书馆古籍珍本丛刊》，书目文献出版社 1998 年影印本。

（清）傅维麟：《明书》，王云五《丛书集成初编》，上海商务印书馆 1936 年版。

《明史》，中华书局 1974 年标点本。

《清世祖实录》，中华书局 1985 年影印本。

《清圣祖实录》，中华书局 1985 年影印本。

（清）赵翼：《廿二史札记》，商务印书馆 1958 年版。

《古今图书集成》卷七〇《食货典》，中华书局、巴蜀书社 1985 年影印本。

（清）顾祖禹：《读史方舆纪要》，《中国古代地理总志丛刊》，中华书局 2005 年版。

（清）徐松：《宋会要辑稿》，中华书局 1957 年影印本。

（清）龙文彬：《明会要》，中华书局 1956 年版。

（清）谷应泰：《明史纪事本末》，中华书局 1977 年版。

（清）程钰：《折漕汇编》，光绪九年刻本。

二　地方志书

（唐）陆广微：《吴地记》，《江苏地方文献丛书》，江苏古籍出版社 1999 年标点本。

（宋）朱长文：《吴郡图经续记》，《江苏地方文献丛书》，江苏古籍出版社 1999 年标点本。

（宋）范成大：《吴郡志》，《江苏地方文献丛书》，江苏古籍出版社

1999 年标点本。

（嘉定）《琴川志》，《宋元方志丛刊》，中华书局 1990 年影印本。

（淳祐）《玉峰志》，《续修四库全书》第 696 册，上海古籍出版社 1995 年影印本。

（至正）《昆山郡志》，《昆山宋元三志》，广陵书社 2010 年版。

（洪武）《苏州府志》，洪武十二年钞本，《中国方志丛书》，台北成文出版社有限公司 1983 年影印本。

（永乐）《苏州府志》，永乐大典本，《中国方志丛书》，台北成文出版社有限公司 1983 年影印本。

（弘治）《常熟县志》，《四库全书存目丛书》史部第 185 册，齐鲁书社 1996 年影印本。

（弘治）《吴江志》，刘兆佑主编《中国史学丛书三编》第四辑，台湾学生书局 1987 年影印本。

（正德）《姑苏志》，《天一阁藏明代方志选刊续编》，嘉靖二十一年修订版，上海书店出版社 1990 年影印本；吴相湘主编《中国史学丛书》，台湾学生书局 1986 年影印本。

（正德）《松江府志》，《天一阁藏明代方志选刊续编》第 5—6 册，上海书店出版社 1990 年影印本。

（正德）《朝邑县志》，《中国方志丛书》，成文出版有限公司 1976 年影印本。

（嘉靖）《南畿志》，《四库全书存目丛书》史部第 190 册，齐鲁书社 1996 年版。

（嘉靖）《昆山县志》，《天一阁藏明代方志选刊》第 9 册，上海古籍书店 1963 年影印本。

（嘉靖）《吴邑志》，《天一阁藏明代方志选刊续编》第 10 册，上海书店出版社 1990 年影印本。

（嘉靖）《常熟县志》，吴相湘主编《中国史学丛书》，台湾学生书局 1986 年影印本。

（嘉靖）《太仓州志》，《天一阁藏明代方志选刊续编》第 20 册，上海书店出版社 1990 年影印本。

（嘉靖）《吴江县志》，《中国史学丛书》，台湾学生书局 1987 年影印本。

（嘉靖）《浒墅关志》，《上海图书馆藏稀见方志丛刊》第63册，国家图书馆出版社2011年影印本。

（嘉靖）《太原县志》，《天一阁藏明代方志选刊》第10册，上海古籍书店1981年影印本。

（嘉靖）《江阴县志》，嘉靖二十六年刊万历间修补本。

（隆庆）《长洲县志》，《天一阁明代方志丛书续编》第23册，上海书店出版社1990年影印本。

（万历）《扬州府志》，《北京图书馆古籍珍本丛刊》第25册，书目文献出版社1991年影印本。

（万历）《兖州府志》，《天一阁藏明代方志选刊续编》第55册，上海书店出版社1990年影印本。

（万历）《重修昆山县志》，《中国方志丛书》第433册，成文出版社有限公司1983年影印本。

（万历）《长洲县志》，《中国史学丛书三编》第49册，台湾学生书局1987年影印本。

（万历）《嘉定县志》，《中国方志丛书》第421册，成文出版社有限公司1983年影印本。

（万历）《常熟县私志》，常熟市图书馆钞本。

（万历）《上元县志》，《南京图书馆稀见方志丛刊》第22册，国家图书馆出版社2012年影印本。

（万历）《武进县志》卷四，万历三十三年刊本。

（万历）《福州府志》，万历二十四年刻本。

（万历）《秀水县志》，《中国方志丛书》第57号，成文出版社有限公司1970年影印本。

（崇祯）《常熟县志》，崇祯十二年（1639）钞本，中国社会科学院历史所馆藏。

（崇祯）《吴县志》，《天一阁藏明代方志选刊续编》第15—19册，上海书店出版社1990年影印本。

（崇祯）《松江府志》，《日本藏中国罕见地方志丛刊》，书目文献出版社1990年影印本。

（崇祯）《太仓州志》，崇祯十五年（1642）刻本，国家图书馆馆藏缩微胶卷。

（康熙）《苏州府志》，康熙三十年（1691）刻本，国家图书馆馆藏。

（康熙）《浒墅关志》，国家图书馆馆藏清康熙十二年（1673）影印本。

（乾隆）《江南通志》，凤凰出版社 2011 年影印本。

（乾隆）《苏州府志》，乾隆十三年（1748）刻本，中国社会科学院历史所馆藏。

（乾隆）《锡金识小录》，《中国方志丛书》第 426 号，成文出版社有限公司 1983 年影印本。

（乾隆）《吴江县志》，《中国地方志集成·江苏府县志辑》第 19 册，江苏古籍出版社 1991 年影印本。

（乾隆）《震泽县志》，《中国地方志集成·江苏府县志辑》第 23 册，江苏古籍出版社 1991 年影印本。

（嘉庆）《松江府志》，《续修四库全书》第 688 册，上海古籍出版社 2002 年影印本。

（同治）《苏州府志》，《中国地方志集成·江苏府县志辑》第 10 册，江苏古籍出版社 1991 年影印本。

（清）陈棨：《琴川志注草》，国家图书馆馆藏清钞本。

（光绪）《嘉定县志》，《中国地方志集成·上海府县志辑》第 8 册，上海书店出版社 1991 年影印本。

（光绪）《盛湖志补》，江苏吴江图书馆馆藏。

（民国）《崇明县志》，上海古籍书店 1964 年影印本。

《苏松历代财赋考》，《四库全书存目丛书》史部第 276 册，齐鲁书社 1996 年标点本。

三　子部类书

《管子》，明万历四十八年刊本。

《庄子》，《四部备要》第 53 册，中华书局 1989 年版。

（唐）李吉甫：《元和郡县图志》，中华书局 1983 年标点本。

（宋）张镃：《皇朝仕学规范》，《北京图书馆古籍珍本丛刊》第 68 册，北京图书馆出版社 2002 年影印本。

（宋）朱熹：《孟子集注》，上海商务印书馆 1947 年影印本。

（宋）薛季宣：《浪语集》，《景印文渊阁四库全书》第 1159 册，台湾商务印书馆 1986 年影印本。

（宋）沈括：《梦溪笔谈》，《新世纪万有文库》，辽宁教育出版社 1997 年标点本。

（元）杨维桢：《东维子文集》，《四部丛刊》集部，上海涵芬楼借江南图书馆藏旧钞本。

（明）许元溥：《吴乘窃笔》，《苏州文献丛钞初编》，古吴轩出版社 2005 年版。

（明）余继登：《典故纪闻》，中华书局 1981 年版。

（明）于慎行：《谷山笔麈》，中华书局 1984 年版。

（明）焦竑：《国朝献征录》，《明代传记丛刊综录类》第 26 册，明文书局 1991 年影印本。

（明）顾炎武著，陈垣校：《日知录校注》，安徽大学出版社 2007 年版。

（明）王锜：《寓圃杂记》《元明史料笔记》，中华书局 1984 年标点本。

（明）徐光启：《农政全书》，《钦定四库全书》子部，文渊阁四库全书本。

（明）刘斯洁：《太仓考》，《北京图书馆古籍珍本丛刊》第 56 册，书目文献出版社 2000 年影印本。

（明）章潢：《图书编》，《景印文渊阁四库全书》第 971 册，台湾商务印书馆 1986 年影印本。

（明）郎瑛：《七修类稿》，上海书店出版社 2001 年版。

（明）陆容：《菽园杂记》，《元明史料笔记》，中华书局 1985 年版。

（明）沈德符：《万历野获编》，中华书局 1959 年版。

（明）顾起元：《客座赘语》，《元明史料笔记》，中华书局 1987 年版。

（明）顾清：《傍秋亭杂记》，涵芬楼秘笈第四集七种八册一函，上海商务印书馆 1918 年影印本。

（明）刘仕义：《新知录摘抄》，《丛书集成初编》，上海商务印书馆 1936 年版。

（明）叶盛：《水东日记》，《历代史料笔记丛刊》，中华书局 1980 年版。

（明）朱国祯：《涌幢小品》，《明清笔记丛刊》，中华书局 1959 年版。

（明）归有光：《震川先生集》，上海古籍出版社 1981 年版。

（明）敖英：《东谷赘言》，王云五主编《丛书集成初编》，上海商务印书馆 1937 年版。

（明）张萱：《西园闻见录》，《明代传记丛刊》综录类第 30 册，台北明文书局 1991 年影印本。

（明）孙嘉淦：《南游记》，上海文艺小丛书社 1933 年版。

（明）张翰：《松窗梦语》，《元明史料笔记》，中华书局 1985 年版。

（明）黄汴：《一统路程图记》，《四库全书存目丛书》史部第 166 册，齐鲁书社 1996 年影印本。

（明）郑若曾：《郑开阳杂著》，《钦定四库全书》第 584 册，台湾商务印书馆 1986 年影印本，第 647 页。

（明）伍袁萃：《林居漫录》，《续修四库全书》第 1172 册，上海古籍出版社 2002 年影印本。

（明）黄宗羲：《明夷待访录》，中华书局 1981 年版。

《周文襄公年谱》，宣德六年版，全国图书馆文献缩微中心缩微制品，2003 年。

《沈氏农书》，王云五主编《丛书集成初编》，上海商务印书馆 1936 年版。

（清）孙承泽：《春明梦余录》，北京古籍出版社 1992 年版。

（清）王庆云：《石渠余纪》，《近代中国史料丛刊》第八辑，台北文海出版社有限公司 1967 年影印本。

（清）万斯同：《群书疑辨》，《续修四库全书》第 1145 册，上海古籍出版社 2002 年影印本。

（清）唐甄：《潜书》，四川人民出版社 1984 年版。

（清）顾公燮：《消夏闲记摘钞》，王云五《丛书集成续编》第 96 册，上海书店出版社 1994 年版。

（清）《研堂见闻杂记》，《中国历史研究资料丛书》，上海书店出版社 1982 年版。

（清）陈田：《明诗纪事》，上海古籍出版社 1993 年版。

《明臣奏议》，王云五主编《丛书集成初编》，上海商务印书馆 1935 年版。

四　文集
《全上古三代秦汉三国六朝文》，中华书局 1958 年版。

《文苑英华》，中华书局 1966 年影印本。

《全唐诗》，中华书局 1960 年版。

《全唐文》，中华书局 1983 年版。

《全宋诗》，北京大学出版社 1998 年版。

《苏州文献丛钞初编》，古吴轩出版社 2005 年版。

《吴都文粹续集》，《四库全书珍本初集》，台湾商务印书馆 1969 年影印本。

（宋）王禹偁：《江州广宁监记》，《王黄州小畜集》，线装书局 2004 年影印本。

（宋）吕祖谦：《宋文鉴》，《万有文库》第二集，上海商务印书馆 1937 年版。

（宋）苏轼：《苏轼文集》，语文出版社 2001 年版。

（宋）苏辙：《栾城集》，《国学基本丛书》，台湾商务印书馆 1967 年版。

（宋）苏舜钦：《苏学士文集》，清康熙三十七年震泽徐氏刻本，线装书局 2004 年影印本。

（宋）朱熹：《朱文公文集》，《四部丛刊》初编集部，上海商务印书馆缩印明刊本。

（宋）蔡戡：《定斋集》，《景印文渊阁四库全书》第 1157 册，台湾商务印书馆 1986 年影印本。

（明）况钟：《况太守集》，江苏人民出版社 1983 年版。

（明）周忱：《双崖文集》，《四库未收书辑刊》第 6 辑第 30 册，北京出版社 1997 年版。

（明）顾鼎臣：《顾文康公文草》，《四库全书存目丛书》集部第 55 册，齐鲁书社 1997 年影印本。

（明）欧阳铎：《欧阳恭简公文集》，《四库全书存目丛书》集部第 64 册，齐鲁书社 1997 年影印本。

（明）海瑞著，陈义钟编校：《海瑞集》，中华书局 1962 年版。

（明）唐顺之：《荆川先生文集》，上海涵芬楼藏万历本。

（明）魏校：《魏庄渠先生文集》，王云五主编《丛书集成初编》，上海商务印书馆 1936 年版。

（明）张居正：《张太岳集》，上海古籍出版社 1984 年影印本。

（明）宋仪望：《华阳馆文集》，《四库全书存目丛书》第116册，集部，齐鲁书社1997年影印本。

（明）万表：《皇明经济文录》，全国图书馆文献缩微复制中心，1994年。

（明）黄宗羲辑：《明文海》，中华书局1987年版。

（明）陈子龙等：《明经世文编》，中华书局1962年影印本。

（明）吴宽：《匏翁家藏集》，《四部丛刊》，上海商务印书馆1929年影印本。

（明）唐寅：《唐伯虎全集》，中国书店出版社1985年版。

（明）史鉴：《西村集》，《钦定四库全书》集部六，文渊阁四库全书本。

（清）顾沅：《吴郡文编》，《苏州文献丛书》第一辑，上海古籍出版社2011年版。

（清）贺长龄：《皇朝经世文编》，文海出版社有限公司1966年影印本。

近人研究

一　专著

顾颉刚：《苏州史志笔记》，江苏古籍出版社1987年版。

胡善恒：《赋税论》，上海商务印书馆1934年版。

唐文基：《明代赋役制度史》，中国社会科学出版社1991年版。

梁方仲：《中国历代户口、田地、田赋统计》，中华书局2008年版。

梁方仲：《明代粮长制度》，上海人民出版社1957年版。

梁方仲：《梁方仲经济史论文集》，中华书局1989年版。

赖惠敏：《明代南直隶赋役制度的研究》，台北"国立"台湾大学出版委员会1982年版。

程滨遗、马大英等：《田赋史》，台北正中书局1934年版。

陈登原：《中国田赋史》，商务印书馆1998年版。

吴兆莘：《中国税制史》，商务印书馆1998年版。

万明主编：《晚明社会变迁：问题与研究》，商务印书馆2005年版。

万明、徐英凯：《明代〈万历会计录〉整理与研究》，中国社会科学出版社 2015 年版。

南炳文、汤纲：《明史》，上海人民出版社 2003 年版。

伍丹戈：《明代土地制度和赋役制度的发展》，福建人民出版社 1982 年版。

栾成显：《明代黄册研究》（增订本），中国社会科学出版社 1998 年版。

全汉昇：《中国经济史论丛（一）》，中华书局 2011 年版。

高寿仙：《明代农业经济与农村社会》，黄山书社 2006 年版。

林金树、高寿仙等：《中国明代经济史》，人民出版社 1994 年版。

王毓铨、刘重日、张显清：《中国经济通史》明代经济卷，中国社会科学出版社 2007 年版。

王毓铨：《王毓铨史论集》，中华书局 2005 年版。

傅衣凌：《明清社会经济变迁论》，人民出版社 1989 年版。

傅衣凌：《明代江南市民经济试探》，中华书局 1957 年版。

郁维明：《明代周忱对江南地区的社会经济改革》，台湾商务印书馆 1990 年版。

叶振鹏：《20 世纪中国财政史研究概要》，湖北人民出版社 2005 年版。

张建民、周荣：《明代财政史》，湖南人民出版社 2013 年版。

赵轶峰：《明清帝制农商社会研究》（初编），科学出版社 2017 年版。

刘志伟：《在国家与社会之间——明清广东里甲赋役制度研究》，中山大学出版社 1997 年版。

刘淼：《明代盐业经济研究》，汕头大学出版社 1996 年版。

范金民、夏维中：《苏州地区社会经济史（明清卷）》，南京大学出版社 1993 年版。

范金民：《江南社会经济研究·明清卷》，中国农业出版社 2006 年版。

范金民：《明清江南商业的发展》，南京大学出版社 1998 年版。

陈学文：《明清时期太湖流域的商品经济与市场网络》，浙江人民出版社 2000 年版。

刘重日：《瀹阳集》，黄山书社 2003 年版。

何炳棣：《明初以降人口及其相关问题：1368—1949》，葛剑雄译，生活·读书·新知三联书店 2000 年版。

　　何炳棣：《中国古今土地数字的解释和评价》，中国社会科学出版社 1988 年版。

　　赖建诚：《边镇粮饷：明代中后期的边防经费与国家财政危机》，联经出版事业股份有限公司 2008 年版。

　　陈支平：《民间文书与明清赋役史研究》，黄山书社 2004 年版。

　　刘石吉：《明清时代江南市镇研究》，中国社会科学出版社 1987 年版。

　　刘石吉主编：《中国民生的开拓》，黄山书社 2012 年版。

　　李伯重：《多视角看江南经济史（1250—1850）》，生活·读书·新知三联书店 2003 年版。

　　李伯重：《江南农业的发展》，上海古籍出版社 2007 年版。

　　李伯重：《江南的早期工业化（1550—1850）》，社会科学文献出版社 2000 年版。

　　李伯重、周生春主编：《江南的城市工业与地方文化（960—1850）》，清华大学出版社 2004 年版。

　　谢国桢：《明代社会经济史料选编》，福建人民出版社 2004 年版。

　　吴承明：《经济史：历史观与方法论》，上海财经大学出版社 2006 年版。

　　彭信威：《中国货币史》，上海人民出版社 2007 年版。

　　高王凌：《租佃关系新论》，上海书店出版社 2005 年版。

　　汪圣铎：《两宋财政史》，中华书局 1995 年版。

　　王卫平、王建华：《苏州史纪》，苏州大学出版社 1999 年版。

　　樊树志：《中国封建土地关系发展史》，人民出版社 1988 年版。

　　曾仰丰：《中国盐政史》，上海书店出版社 1984 年版。

　　陈登原：《地赋丛钞》，中国财政经济出版社 1987 年版。

　　洪焕椿：《明清苏州农村经济资料》，江苏古籍出版社 1988 年版。

　　韦庆远：《明代黄册制度》，中华书局 1961 年版。

　　韦庆远：《张居正和明代中后期政局》，广东高等教育出版社 1999 年版。

　　彭云鹤：《明清漕运史》，首都师范大学出版社 1995 年版。

　　李三谋：《明清财经史新探》，山西经济出版社 1990 年版。

孙翊刚：《中国财政史》，中国社会科学出版社 2003 年版。

孙翊刚：《中国赋税史》，中国税务出版社 2003 年版。

冯贤亮：《明清江南地区的环境变动与社会控制》，上海人民出版社 2002 年版。

陈国灿：《中国古代江南城市化研究》，人民出版社 2010 年版。

陈国灿主编：《江南城镇通史》，上海人民出版社 2017 年版。

谢湜：《高乡与低乡——11—16 世纪江南区域历史地理研究》，生活·读书·新知三联书店 2015 年版。

郑学檬：《中国古代经济重心南移和唐宋江南经济研究》，岳麓书社 2003 年版。

赵冈、陈钟毅：《中国土地制度史》，新星出版社 2006 年版。

侯家驹：《中国经济史》，新星出版社 2008 年版。

张海瀛：《张居正改革与万历山西清丈研究》，山西人民出版社 1993 年版。

李文治：《明清时代封建土地关系的松解》，中国社会科学出版社 2007 年版。

冀朝鼎：《中国历史上的基本经济区与水利事业的发展》，中国社会科学出版社 1981 年版。

程利英：《明代北直隶财政研究》，中国社会科学出版社 2009 年版。

吴滔、〔日〕佐藤仁史：《嘉定县事——14—20 世纪初江南地域社会史研究》，广东人民出版社 2014 年版。

陈光焱：《中国财政通史·明代卷》，中国财政经济出版社 2006 年版。

王卫平：《明清时期江南城市史研究》，人民出版社 1999 年版。

韩大成：《明代城市研究》，中国人民大学出版社 1991 年版。

韩大成：《明代社会经济初探》，人民出版社 1986 年版。

袁良义：《清一条鞭法》，北京大学出版社 1995 年版。

庄吉发：《清世宗与赋役制度的改革》，台湾学生书局 1985 年版。

张海鹏、张海瀛主编：《中国十大商帮》，黄山书社 1993 年版。

陈宝良、王熹：《中国风俗通史》明代卷，上海文艺出版社 2005 年版。

林美玲：《晚明辽饷研究》，福建人民出版社 2007 年版。

霍俊江：《计量史学研究入门》，北京大学出版社 2013 年版。

陈勇：《唐代长江下游经济发展研究》，上海人民出版社 2006 年版。

郭松义：《清代赋役、商贸及其他》，天津古籍出版社 2011 年版。

郭道扬：《会计发展史纲》，中央广播电视大学出版社 1984 年版。

郭道扬：《中国会计史稿（下册）》，中国财政经济出版社 1988 年版。

曹树基：《中国人口史》第 4 卷《明时期》，复旦大学出版社 2000 年版。

蒙思明：《元代社会阶级制度》，中华书局 1980 年版。

赵靖、易梦虹：《中国近代经济思想资料选辑（上）》，中华书局 1982 年版。

《明史研究论丛》第二辑，台湾大立出版社 1985 年版。

《江苏省明清以来碑刻资料选集》，生活·读书·新知三联书店 1959 年版。

《上海碑刻资料选辑》，上海人民出版社 1980 年版。

《明清苏州工商业碑刻集》，江苏人民出版社 1981 年版。

《中国历史地图集》第七册《元明》，中华地图学社 1974 年版。

［日］栗林宣夫：《里甲制研究》，文理书院 1971 年版。

［日］川胜守：《中国封建国家の支配构造——明清赋役史の研究》，东京大学出版社 1980 年版。

［日］斯波义信：《宋代江南经济史研究》，方健、何忠礼译，江苏人民出版社 2012 年版。

［日］滨岛敦俊：《明代江南农村社会の研究》，东京大学出版会 1982 年版。

［日］森正夫：《明代江南土地制度の研究》，同朋舍 1988 年版。

［日］森正夫等编：《明清时代史的基本问题》，周绍泉、栾成显译，商务印书馆 2013 年版。

［日］鹤见尚弘：《中国明清社会经济研究》，姜镇庆等译，上海学苑出版社 1989 年版。

［日］岩井茂树：《中国近代财政史研究》，付勇译，社会科学文献出版社 2011 年版。

［日］加藤繁：《中国经济史考证》，吴杰译，商务印书馆 1963 年版。

［日］宫崎市定：《宫崎市定论文选集》，中国科学院历史所译，商务

印书馆 1963 年版。

［英］安格斯·麦迪森：《中国经济的长远未来》，楚序平、吴湘松译，新华出版社 1999 年版。

［英］安格斯·麦迪森：《中国经济的长期表现——公元 960—2030 年》，伍晓鹰、马德斌译，上海人民出版社 2008 年版。

［德］贡德·弗兰克：《白银资本——重视经济全球化的东方》，刘北城译，中央编译出版社 2000 年版。

［法］魁奈：《中华帝国的专制制度》，谈敏译，商务印书馆 1992 年版。

［法］费尔南·布罗代尔：《15 至 18 世纪的物质文明、经济和资本主义》，顾良译，生活·读书·新知三联书店 1993 年版。

［美］珀金斯：《中国农业的发展（1368—1968 年)》，宋海文等译，上海译文出版社 1984 年版。

［美］黄宗智：《长江三角洲小农家庭与乡村发展》，程洪、李荣昌、卢汉超译，中华书局 1992 年版。

［美］约瑟夫·熊彼特：《经济分析史》，朱泱等译，商务印书馆 1991 年版。

［美］林达·约翰逊：《帝国晚期的江南城市》，成一农译，上海人民出版社 2005 年版。

［美］曾小萍：《州县官的银两》，董建中译，中国人民大学出版社 2005 年版。

［美］黄仁宇：《十六世纪明代中国之财政与税收》，阿风等译，生活·读书·新知三联书店 2001 年版。

［美］黄仁宇：《明代的漕运》，张皓、张升译，新星出版社 2005 年版。

［美］王业键：《清代田赋刍论》，高风等译，人民出版社 2008 年版。

John Hicks, *Theory and Economic History*, London, Oxford University Press, 1969.

Dorothy J. Solinger, *Three Welfare Models and Current Chinese Social Assistance: Confucian Justifications, Variable Applications, The Journal of Asian Studies*, 2015（4）.

二　论文

栾成显：《明代里甲编制原则与图保划分》，《史学集刊》1997 年第
4 期。

栾成显：《明代黄册人口登载事项考略》，《历史研究》1998 年第
2 期。

栾成显：《洪武鱼鳞图册考实》，《中国史研究》2004 年第 4 期。

栾成显：《赋役黄册与明代等级身份》，《中国社会科学院研究生院学
报》2007 年第 1 期。

万明：《明代白银货币化的初步考察》，《中国经济史研究》2003 年
第 2 期。

万明：《明代白银货币化：中国与世界连接的新视角》，《河北学刊》
2004 年第 3 期。

万明：《明代白银货币化与明代变迁》，《暨南史学》2003 年第 2 期。

万明：《白银货币化视角下的明代赋役改革》，《学术月刊》2007 年
第 5、6 期。

万明、徐英凯：《明代白银货币化再探——以〈万历会计录〉河南田
赋资料为中心》，中国史学会（日本）、"中央研究院"、台湾政治大学、
《新史学》杂志社《"基调与变奏"7—20 世纪的中国》第二卷，2008
年版。

万明：《明代白银货币化与社会变迁》，张国刚主编《中国社会历史
评论》第五辑，商务印书馆 2007 年版。

万明：《明代财政体系转型——张居正改革的重新诠释》，《中国社会
科学报》2012 年 7 月 4 日，第 A05 版。

万明：《明代浙江均平法考》，《中国史研究》2013 年第 2 期。

万明：《明代财政的转型——以〈万历会计录〉浙江田赋为中心的探
析》，载《明史研究论丛》第十二辑，中国广播电视出版社 2014 年 1 月。

万明：《传统国家近代转型的开端：张居正改革新论》，《文史哲》
2015 年第 1 期。

万明：《明代白银货币化的总体视野：一个研究论纲》，《学术研究》
2017 年第 5 期。

张兆裕：《明代万历时期灾荒中的蠲免》，《中国经济史研究》1999

年第 3 期。

王毓铨:《明朝徭役审编与土地》,《历史研究》1988 年第 1 期。

王毓铨:《明朝的田土赤契与赋役黄册》,《中国经济史研究》1991 年第 1 期。

王毓铨:《纳粮也是当差》,《史学史研究》1989 年第 1 期;《明朝的配户当差制》,《中国史研究》1991 年第 1 期。

张显清:《明代官绅优免和庶民中户的徭役负担》,《历史研究》1986 年第 2 期。

张显清:《论明代官绅优免冒滥之弊》,《中国经济史研究》1992 年第 2 期。

唐文基:《论欧阳铎的赋役制度改革》,《中国社会经济史研究》1991 年第 1 期。

唐文基:《明代"金花银"和田赋货币化趋势》,《福建师范大学学报》1987 年第 2 期。

唐文基:《明代江南重赋问题和国有官田的私有化》,《明史研究论丛》第四辑,江苏古籍出版社 1991 年版。

唐文基:《张居正的丈田运动》,《福建师范大学学报》1988 年第 4 期。

林金树:《关于明代江南官田的几个问题》,《中国经济史研究》1988 年第 1 期。

林金树:《明初江南民田的数量和科则》,《中国社会经济史研究》1987 年第 3 期。

林金树:《明初吴中地区社会经济状况初探》,《明史研究论丛》第二辑,江苏人民出版社 1983 年版。

林金树:《明代中后期江南的土地兼并》,《中国史研究》1987 年第 2 期。

林金树:《试论明代苏松二府的重赋问题》,《明史研究论丛》第一辑,江苏人民出版社 1982 年版。

樊树志:《明代江南官田与重赋之面面观》,《明史研究论丛》第四辑,江苏古籍出版社 1991 年版。

袁良义:《从明一条鞭法到清一条鞭法》,《中国社会科学院研究生院学报》1993 年第 3 期。

高寿仙：《明代人口数额的再认识》，《明史研究》第七辑。

高寿仙：《明代揽纳考论——以解京钱粮物料为中心》，《中国史研究》2007 年第 3 期。

史志宏：《关于摊丁入地评价的几个问题》，《中国社会科学院研究生院学报》1986 年第 4 期。

傅衣凌：《明代前期徽州土地买卖契约中的通货》，《社会科学战线》1980 年第 3 期。

周良霄：《明代苏松地区的官田与重赋问题》，《历史研究》1957 年第 10 期。

范金民：《江南重赋原因的探讨》，《中国农史》1995 年第 3 期。

范金民：《明清江南重赋问题述评》，《中国经济史研究》1996 年第 3 期。

范金民：《鼎革与变迁——明清之际江南士人行为方式的转向》，《清华大学学报》2010 年第 2 期。

范金民：《差之毫厘，谬以千里：说说计量研究》，《安徽师范大学学报》（人文社会科学版）2014 年第 1 期。

曹树基、刘诗古：《历史学的研究方向与范式——曹树基教授访谈》，《学术月刊》2012 年第 12 期。

吴承明：《现代化与中国十六、十七世纪的现代化因素》，《中国经济史研究》1998 年第 4 期。

吴承明：《传统经济、市场经济、现代化》，《中国经济史研究》1997 年第 2 期。

吴承明：《十六、十七世纪的中国市场》，《货殖》1995 年第 1 辑。

方行：《中国封建赋税与商品经济》，《中国社会经济史研究》2002 年第 1 期。

王昊：《明代乡、都、图、里及其关系考辨》，《史学集刊》1991 年第 3 期。

徐泓：《明代的私盐》，《国立台湾大学历史学系报》1980 年第 7 期。

徐泓：《明代后期的盐政改革与商专卖制度的建立》，《“国立”台湾大学历史学系报》1980 年第 4 期。

方志远：《明代的户口食盐与户口盐钞》，《江西师范大学学报》1986 年第 3 期。

伍丹戈:《明代的官田和民田》,《中华文史论丛》1979 年第 1 期。

伍丹戈:《明代徭役的优免》,《中国社会经济史研究》1983 年第 3 期。

伍丹戈:《明代中叶的赋税改革和社会矛盾——所谓均田、均粮运动的开始和周忱的平米法》,《社会科学战线》1979 年第 4 期。

伍丹戈:《明代周忱赋役改革的作用和影响》,《明史研究论丛》第三辑,江苏古籍出版社 1985 年版。

李伯重:《中国全国市场的形成,1500—1840 年》,《清华大学学报》1999 年第 4 期。

李伯重:《历史上的经济革命与经济史的研究方法》,《中国社会科学》2001 年第 6 期。

李伯重:《简论"江南地区"的界定》,《中国社会经济史研究》1991 年第 1 期。

高王凌:《关于明代田赋改征》,《中国史研究》1986 年第 3 期。

高王凌:《明代田赋改征的历史》,高小蒙等著《中国粮食问题研究》,经济管理出版社 1987 年版。

刘志伟:《从"纳粮当差"到"完纳钱粮"——明清王朝国家转型之一大关键》,《史学月刊》2014 年第 7 期。

赵轶峰:《明清江南研究的问题意识》,《探索与争鸣》2016 年第 4 期。

赵轶峰:《试论明代货币制度的演变及其历史影响》,《东北师大学报》1985 年第 4 期。

全汉昇:《明代的银课与银产额》,载《中国经济史研究(二)》,中华书局 2011 年版。

吴缉华:《论明史食货志载太祖迁怒与苏松重赋》,台湾《中国学报》第六辑,1967 年版。

吴缉华:《论明代税粮重心之地域及其重税之由来》,《"中研院"史语所集刊》第 38 册,1968 年版。

赵毅、丁亮:《从银、力差的变迁看明代均徭法的演化路径——以浙江地区为例》,《社会科学辑刊》2013 年第 4 期。

伍跃:《明代中叶差役改革试论》,《文献》1986 年第 2 期。

夏维中:《洪武初期江南农村基层组织的演进》,《江苏社会科学》

2005 年第 6 期。

夏维中：《对明中后期苏州地区农业发展中几个问题的反思》《中国农史》1996 年第 2 期。

李龙潜：《明代税课司、局和商税的征收》，《中国经济史研究》1997 年第 4 期。

陈明光：《20 世纪中国古代财政史研究评述》，《中国史研究动态》2002 年第 12 期。

陈明光、郑学檬：《中国古代赋役制度史研究的回顾与展望》，《历史研究》2001 年第 1 期。

鲍彦邦：《明代白粮解运的方式与危害》，《暨南大学学报》1982 年第 3 期。

鲍彦邦：《明代漕粮折色的派征方式》，《中国史研究》1992 年第 1 期。

卜国群：《试析明代苏松地区的田赋量》，《中国经济史研究》1987 年第 4 期。

王贵民：《试论贡、赋、税的早期历程——先秦时期贡、赋、税源流考》，《中国经济史研究》1988 年第 1 期。

肖立军：《明代财政制度中的起运与存留》，《南开学报》1997 年第 4 期。

林枫：《明代中后期商业发展水平的再认识》，《中国社会经济史研究》2003 年第 4 期。

林枫：《试析明万历前期的营业税》，《厦门大学学报》2000 年第 3 期。

林枫：《明代中后期的盐税》，《中国经济史研究》2000 年第 2 期。

郑克晟：《明代重赋出于政治原因说》，《南开学报》2001 年第 6 期。

郑志章：《明清时期江南的地租率和地息率》，《中国社会经济史研究》1986 年第 3 期。

赵全鹏：《明代漕运与江南重赋》，《历史教学问题》1995 年第 2 期。

彭雨新：《明清两代田地、人口、赋额的增长趋势》，《文史知识》1993 年第 7 期。

彭雨新：《明清赋役改革与官绅地主阶层的逆流》，《中国经济史研究》1989 年第 1 期。

吴滔：《明清江南基层区划的传统与市镇变迁》，《历史研究》2006年第5期。

赵冈：《租税制度与土地分配》，《中国农史》2002年第3期。

李三谋：《明代农业货币税推行问题》，《中国经济史研究》1995年第4期。

李三谋：《明万历以前山西农业货币税推行问题》，《中国社会经济史研究》1999年第1期。

贾大泉：《宋代赋税结构初探》，《社会科学研究》1981年第3期。

胡铁球：《明代"重役"体制的形成》，《社会科学》2012年第6期。

赵中男：《明代物料征收研究》，博士学位论文，北京大学，2005年。

黄阿明：《明代货币与货币流通》，博士学位论文，华东师范大学，2008年。

苏新红：《明代太仓库研究》，博士学位论文，东北师范大学，2009年。

胡克诚：《明代江南逋赋治理研究》，博士学位论文，东北师范大学，2011年。

邱永志：《明代货币白银化与银钱并行格局的形成》，博士学士论文，清华大学，2016年。

［日］鳌宫谷英夫：《近世中国はおける赋役改革》，《歴史評論》卷2号（1946年）。

［日］寺田隆信：《明代苏州平野の农家经济について》，《东洋史研究》第十六卷第一号，1957年版。

［日］森正夫：《十六世紀太湖周邊地带における官田制度の改革》，《东洋史研究》第二十一卷第四号，1963年版。

［日］小山正明：《明代の十段法について》，载氏著《明清社会经济史研究》，东京大学出版会1992年版。

［日］小山正明：《明代的粮长》，载栾成显、南炳文《日本学者研究中国史论著选译》第六卷《明清》，中华书局1993年版。

［日］岩见宏：《明代地方财政之一考察》，载栾成显、南炳文《日本学者研究中国史论著选译》第六卷《明清》，中华书局1993年版。

［日］滨岛敦俊：《围绕均田均役的实施》，载栾成显、南炳文《日本学者研究中国史论著选译》第六卷《明清》，中华书局1993年版。

　　〔日〕滨岛敦俊:《明末南直隶苏松常三府的均田均役法》,《东洋学报》第57卷第3、4期;收入陈支平主编《第九届明史国际学术讨论会暨傅衣凌教授诞辰九十周年纪念论文集》,厦门大学出版社2003年版。

　　〔日〕滨岛敦俊:《土地开发与客商活动——明代中期江南地主之投资活动》,载《"中央研究院"第二届国际汉学会论文集》明清与近代史组,1989年版。

　　〔日〕宫崎市定:《明代苏松地方的士大夫和民众》,载栾成显、南炳文《日本学者研究中国史论著选译》第六卷《明清》,中华书局1993年版。

　　〔日〕佐久间重男:《明代商税征收与财政之间的关系》,日本《史学杂志》1956年第65卷第2期。

　　〔日〕岩见宏:《明代における雑役の賦課について:均徭法と九等法》,《东洋史研究》1965年第24卷第3期。

　　〔日〕岩见宏:《均徭法、九等法与均徭事例》,《明清史国际学术讨论会论文集》,天津人民出版社1982年版。

　　R. M. Solow, *Economic History and Economics*, *Economic History*, Vol. 75, No. 2 (1985).

　　Ralph W. Hidy, *The Journal of Economic History*, Vol. 32, No. 1 (1972).

索　引

后　记

　　2018年上半年的每一天，在教学之余，我几乎在重复着同一件事情：修改毕业论文。在过去的岁月里，每当读书有所悟的时候，尽管偶尔会对其做点滴修补，可当我今年细细审视它时，却觉得既有些生疏，也有些稚嫩，竟然还有那么多的"问题"。也许是学术素养有所增进的缘故，毕竟以前囫囵吞枣的、似是而非的地方，现在有了更多的思考和感悟。

　　四年前，博士学位论文杀青并通过答辩的情景，历历在目。曾经写下的文字，契合当时的心境，至今仍觉未曾远离。"三月的研院，是鲜花竞放、鹊踏枝头的时节。徜徉在海棠、樱花、桃花、丁香环绕的校园小径，不能不让年轻人充满无限的遐想。然于我而言，却是五味杂陈。已届不惑之龄，本应'俯仰有资'、有所作为的年华，却又鬼使神差，在京城度过了从硕士到博士、长达六年的求学生涯。想起二十几年前，第一次负笈北上的情景，更是别有一般滋味在心头。四月的研院，落英缤纷，留香满径，而雾霾却将研院包裹得更加严实。在万籁俱寂的深夜里，伴灯阅读，爬梳整理，也许是挽留时光的最好方式；在偶尔斑驳的阳光中，漫步于草木葱茏的小园香径，另有短暂的温馨与惬意。毕业论文快要写下最后一个字了，我有了一种如释重负之感。"

　　博士学位论文的修改快要告一段落了，而今却仍然觉得重负在身。当年凭借会计学、现代经济史专业的背景，竟然杀入古代史领域，而今又成为经济管理学院的授课老师。即将付梓的经济史专著，现在的学识能够负载吗？在西南边陲小城楚雄，在夜深人静的时候，尽管心绪难平，心情有些忐忑，涌上心头的却是感谢。感谢中国社会科学院！感谢北京工商大学！感谢楚雄师范学院！感谢中国明史学会！感谢中国社会科学出版社！太阳每天都是新的，我们将以什么面目、何种姿态迎接春日里每天喷薄而出的太阳呢?

感谢社科院历史所万明先生,让我忝列门墙,引我跨入明史研究的门槛,并进入学术研究的殿堂;感谢北京工商大学庞毅先生,感谢社科院历史所李世愉先生,不仅传道授业,而且助我走向学术之路;感谢南炳文、栾成显、林金树、高寿仙、王世华、彭勇、张兆裕、张宪博、阿风、张金奎、陈时龙、赵现海、解扬、封越健、何孝荣、李小林、庞乃明、朱亚非、唐立宗诸先生,他们或评阅我的论文初稿,或参加我的论文答辩,或本身即是指导组成员,或惠赐大作,并通过各种方式为我指点迷津。

感谢中国社会科学院研究生院袁宝龙、北京工商大学李时民、临沂大学张国伟、北京青年政治学院王绍欣、安徽师范大学康健、江西财经大学邱永志、聊城大学胡克诚、山东师范大学赵树国、福建中医药大学王尊旺、南通大学王玉鹏、中国人民公安大学禚明亮、南开大学邵世臻等各位老师、同人、同门、同乡对我的关心和帮助。感谢楚雄师范学院有关领导、老师对我的支持和照顾。最后还要特别感谢中国社会科学出版社的宋燕鹏编审,为本书出版所提供的帮助和做出的贡献。

作为跨界步入学术殿堂、初次出版专著之人,学力未逮,谬误或繁之处,伏冀专家学者批评指正。

侯官响
2018 年 6 月于楚雄雁塔山下